KB076499

필름 페미니즘

: 포괄적 입문

Film Feminisms

: A global introduction

필름 페미니즘

: 포괄적 입문

크리스틴 르네 홀, 디야나 옐라차 지음

인현정·안상원 옮김

에디투스

Film Feminisms by Kristin Lené Hole and Dijana Jelača
Copyright © 2019 Kristin Lené Hole and Dijana Jelača
Authorised translation from the English language edition published by
Routledge,
a member of the Taylor & Francis Group.
All rights reserved.
Korean translation rights © 2024 by Editus Publishing Co.
Korean translation rights are arranged with Taylor & Francis Group through
AMO Agency Korea.

이 책의 한국어판 저작권은 AMO 에이전시를 통해 저작권자와 독점 계약한
에디투스에 있습니다.
저작권법에 의해 한국 내에서 보호를 받는 저작물이므로 무단 전재와 무단
복제를 금합니다.

필름 페미니즘: 포괄적 입문

제1판 1쇄 2024년 07월 25일

엮은이 크리스틴 르네 홀·디아나 엘라차
옮긴이 인현정·안상원
번역 감수 황은주
펴낸이 연주희
편집 윤현아
펴낸곳 에디투스
등록번호 제2015-000055호 (2015.06.23)
주소 경기도 성남시 분당구 황새울로351번길 10, 401호
전화 070-8777-4065
팩스 0303-3445-4065
이메일 editus@editus.co.kr / editus2015@gmail.com
제작 (주)상지사피앤비

가격 38,000원
ISBN 979-11-91535-13-6 (93680)

차례

일러두기

1. 이 책은 크리스틴 르네 홀과 디야나 엘리차의 *Film Feminisms*를 우리말로 옮긴 것이다.

2. 맞춤법과 외래어표기법은 국립국어원의 용례를 따랐다. 다만 국내에 이미 굳어진 인명·지명·개념이라고 판단했을 때는 통용되는 표기를 썼다.

3. 단행본·정기간행물에는 겹낫표(『』)를, 단편·신문기사에는 낫표(「」)를, 미술작품·영화 및 영상명에는 홑꺾쇠(〈 〉)를 썼다.

4. 옮긴이가 이해를 돕기 위해 덧붙인 내용의 경우 본문에는 대괄호([ ])로 묶었으며, 각주에는 문장 끝에 '옮긴이.'라고 명시했다.

들어가는 글

오늘날 미디어 환경에서는 젠더와 성평등에 대한 질문이 어디에
나 존재하는 것처럼 보인다. 최근 북미에서 한국에 이르기까지
연예계를 뒤흔든 #미투#MeToo 운동과 타임즈 업Time's Up 운동으
로 대표되는 성희롱 문제부터, 할리우드에서 흑인 여성과 라틴
계 여성들이 겪는 기회의 부족에 대해 커져 가는 인식, 그리고 최
근 발리우드Bollywood에서의 '페미니즘으로의 전환'에 이르기까
지, 영화와 텔레비전에서 젠더의 표현과 여성에게 주어지는 기
회는 전 세계적으로 널리 퍼져 있는 관심사다. 21세기에 이르렀
는데도 여전히 사람들은 여성 감독의 이름 다섯 개를 대는 것조
차 어렵다고 생각한다. 대부분의 사람은 이분법적 성별에 속하
지 않는 감독 이름을 단 하나 떠올리는 것조차 곤란하다고 느낄

것이다(워쇼스키Wachowski 자매는 예외다!). 감독이 여성, 트랜스젠더 혹은 비주류 인종에 속한다는 사실이 그들의 작품이 어떤 식으로든 정치적으로 진보적임을 보장해 주는 것은 아니지만, 권력의 재/생산re/production과 이미지의 정치학에 관한 질문들, 그리고 그것이 이미지를 만드는 사람들과 어떻게 관련이 있는지에 대한 질문은 언제나 영화에 대한 페미니즘적 사유의 한 측면이었다.

페미니즘 이론은 영화학을 하나의 분과학문으로 정립하는 데 기초가 되어 주었다. 『필름 페미니즘Film Feminisms』은 전 지구적 틀 안에서 이루어지는 영화에 관한 사유에 페미니즘 연구가 공헌해 왔고 여전히 공헌하고 있는 것들에 주목한다. 우리는 페미니즘 영화 연구가 그와 관련된 지적 궤적들과 어떻게 교차하고 변화시키는지 설명하기 위해 포스트식민주의postcolonial, 초국가transnational, 퀴어, 장애 연구, 비판적 인종 이론을 활용할 것이다. 제목에서 페미니즘을 복수형으로 쓴 것은* 페미니즘이 하나의 통일된 정치적 지적 관점이 아니라는 사실을 표현하기 위해서다. 우리는 저자성와 관객성으로부터 다큐멘터리의 실천과 장르에 이르기까지 영화 연구의 주요 개념에 대해 젠더, 인종, 계급, 국가라는 사안이 각 맥락에 따라 어떻게 연결되는지 강조하고자 한다. 각 장에서 자료들은 초국가성, 탈식민지성decoloniality, 섹슈얼리티, 계급, 인종과 같은 사안들을 지배적 패러다임들(예: 서구 백인)에 덧붙여진 '특수한' 관점이 아닌, 당면한 주제를 이해

* 이 책의 원제는 'Film Feminisms'로 페미니즘을 복수로 표기한다. — 옮긴이

하는 데 필수적인 것으로서 통합한다. 우리는 다양한 영화들, 영화제작자들, 이론적 텍스트들을 선택해 각 장을 구성했으며, 이를 통해 비주류의 목소리를 존중하고 호기심 많은 관객과 독자가 이용할 수 있는 폭넓은 작품을 보여 주고자 노력했다.

특히 영화에 초점을 맞추고 있지만, 이는 상당 부분 텔레비전 프로그램과 겹치기도 한다. 디지털 미디어 환경에서는 두 가지 형식이 점점 더 융합되고, 동일한 플랫폼에서 액세스 및 시청되며 서로에게 맞춰 조정되기 때문이다. 이 책은 텔레비전을 가끔 언급하는 것에 그치지만, 여기서 논의되는 패러다임들과 제기되는 문제 중 많은 것은 여러분이 좋아하는 텔레비전 시리즈에도 동일하게 적용될 수 있다. 특히 마지막 8장에서는 영화가 다른 미디어 플랫폼, 특히 뉴미디어라고도 부르는 디지털 문화와 교차되는 방식들을 살펴볼 것이다.

여덟 개의 각 장은 페미니즘 영화 연구의 주요 영역을 포괄적으로 개관하도록 구성했다. 독자들이 연관된 주제들과 되풀이되는 관심사들을 연결하는 것을 돕기 위해 서로 관련성이 있는 장들은 상호 참조할 것이다. 우리가 영화와 페미니즘을 이해하는 데 영향을 미치는 스크린 문화의 현재와 진행 중인 변화를 다루는 마지막 장 '영화에서 뉴미디어로: 페미니즘의 새로운 시각들'을 제외하면, 이 책은 선형적인 진행 방식을 따르지 않으므로 어떤 순서로 읽어도 무방하다. 각 장의 주요 용어와 개념들은 굵게 처리해 보다 쉽게 식별하고 방향을 잡을 수 있도록 했다.

1장 '여성 영화제작자들과 페미니스트 저자(성)'에서는 영화 작가라는 개념을 살펴보고 페미니즘 영화 연구가 영화사에서 무언의 편견을 분석하는 데 어떻게 유용한 도구가 되어 왔는지 검토한다. 여기에서 우리는 여성 영화제작자를 페미니즘적인 텍스트 자체와 구분해 다룬다. 특히 여성 영화제작자와 관련해 작가 이론과 단점을 논의하면서 우리는 영화 저자author로서의 여성들이 어떻게 역사적으로 주류 영화사로부터 배제되어 왔는지 보여주고자 한다. 최근의 페미니즘 영화 연구에서 있었던 역사로의 전환, 그리고 전 세계에 두루 등장한 주목할 만한 여성 영화 선구자들에 관해서도 논의한다. 또한 세계 각지에서 활동 중인 현대 페미니즘 영화제작자들을 소개하고, 연출 이외에 시나리오 작성이나 촬영과 같은 영역에서 저자 개념을 탐구할 것이다.

2장 '관객과 수용'에서는 정신분석학적 접근에서 경험적 접근에 이르기까지, 관객과 수용에 관한 페미니즘적 사유의 기반을 탐구한다. 이를 통해 독자들은 영화가 특정 유형의 관객들에게 어떻게 말을 걸어 왔으며 관객들은 역사적으로 자신이 소비하는 이미지들을 어떻게 해석해 왔는지에 대해 생각해 볼 기회를 얻을 수 있을 것이다. 2장은 또한 팬덤fandom과 팬들의 실천을 탐구한다. 우스만 셈벤Ousmane Sembene의 〈흑인 소녀La Noire de...〉(1966, 세네갈)나 발루 메헨드라Balu Mehendra의 〈줄리 가나파티 Julie Ganapathie〉(2003, 인도)에 특히 집중 조명한다.

3장 '영화와 신체'에서는 페미니즘이 개입하는 영역 중 종종 간과되는 한 영역을 소개한다. 이 장에서는 영화라는 현상과 관련해 신체를 사유하는 현대적 접근법에 단단한 기초를 제공하고, 신체를 사유하는 것이 젠더, 섹슈얼리티, 인종, 능력과 같은 범주의 분석과 어떻게 연결되는지 탐구할 것이다. 현상학적 접

근, 정동affect 개념에 기초한 질 들뢰즈Deleuze적 틀 등 다양한 패
러다임들을 검토하고, 〈네네트와 보니Nénette and Boni〉(클레르 드
니Claire Denis, 1996, 프랑스), 〈언더 더 스킨Under the Skin〉(조나단 글
레이저Jonathan Glazer, 2013, 영국)이나 〈올랜도Orlando〉(샐리 포터
Sally Potter, 1992, 영국) 등에 대한 사례 연구에 초점을 맞출 것이
다. 또한 장애 연구와 트라우마 이론을 소개하며 〈녹과 뼈Rust and
Bone〉(자크 오디아르Jacques Audiard, 2012, 프랑스/벨기에)이나 〈판
의 미로Pan's Labyrinth〉(기예르모 델 토로Guillermo del Toro, 2006, 스
페인/멕시코)와 같은 영화들을 논의할 것이다.

4장 '스타: 젠더화된 텍스트, 순환하는 이미지'에서는 스타
연구에 대한 페미니즘적 접근의 주요 용어와 방법론적 고려사항
을 소개한다. 스타를 국가적으로, 그리고 초국가적으로 순유통
하는 텍스트들로 보면서, 우리는 스타가 계급, 젠더, 섹슈얼리티
및 기타 다른 범주들을 둘러싼 문화적 모순들을 체현하고 협상
하는 방식들을 검토할 것이다. 또한 할리우드에서의 인종과 민
족, 발리우드 스타덤의 섹슈얼리티와 피부색, 그리고 초국가적
아시아 남성성의 문제를 살펴볼 것이다.

5장과 6장은 종종 겹치는 두 가지 주요 영화제작 방식인 다
큐멘터리와 실험 영화 및 비디오를 살펴본다. 5장 '다큐멘터리:
지역의 현실, (초)국가적 시각'은 다큐멘터리 리얼리즘, 역사기
록학, 민족지학ethnography에 관한 페미니즘의 관점을 검토한다.
영화의 한 양식으로서 다큐멘터리는 페미니즘의 작업에 있
어 중요하면서도 생동감 넘치는 출구가 되어 준다. 우리는 여성
들이 자전적 다큐멘터리 형식을 통해 광범위한 미디어 환경에

서 비가시적이었던 경험들을 어떻게 표현해 왔는지 탐구할 것
이다. 이 장에서는 〈여성의 해Year of the Woman〉(샌드라 호크먼
Sandra Hochman, 1973, 미국), 〈크리스타 찾기Finding Christa〉(카밀
빌롭스Camille Billops & 제임스 해치James Hatch, 1991, 미국), 〈모퉁이
의 이미지들Images From the Corner〉(야스밀라 주바니치Jasmila Žbanić,
2000, 보스니아-헤르체고비나), 〈소니타Sonita〉(로크사레 가엠 마가
미Rokhsareh Ghaem Maghami, 2015, 이란) 등 그동안 간과되어 왔지
만 주목할 가치가 있는 페미니즘 다큐멘터리에 대해 논의한다.
이 장에서 다루는 주요 논쟁들 중 일부는 다이렉트 시네마direct
cinema, 제3세계주의 영화Third Worldist cinema, 페미니즘 다큐멘터
리 윤리에 초점을 맞추고 있다.

6장 '페미니즘과 실험 영화 및 비디오'는 여성과 역사 속 아
방가르드, 그리고 실험 영화 형식과의 관계를 보다 폭넓게 논의
한다. 6장에서는 무엇이 실험적인 작품을 페미니즘적으로 만드
는가라는 질문을 던지고, 실험적인 영화제작 방식이 비주류적인
이야기를 전달하거나 주류 문화에서 소외된 경험을 공유하는 데
보다 적합해진 몇 가지 이유를 소개한다. 표현적이거나 구조적
인 전통, 그리고 일기 영화 등 실험 영화제작의 주요 맥락을 살펴
본 후, 페미니즘 실험 영화제작의 몇 가지 핵심 전략을 조명할 것
이다. 여기에는 이미지의 전유와 재맥락화, 남성 텍스트 다시 쓰
기, 문화적·정치적으로 소외된 이야기와 정체성 탐구, 공식 기록
이 존재하지 않는 역사를 창조하기 등이 포함된다. 베라 치틸로
바Vera Chytilová의 〈데이지꽃들Daisies〉(1966, 체코슬로바키아)나 바
스마 알 샤리프Basma al Sharif와 무니라 알 솔Mounira al Solh의 작품

을 포함한 사례 연구 통해, 독자들은 실험 영화제작자들과 뉴미디어 비디오 아티스트들을 폭넓게 소개받게 될 것이다.

7장 '서사영화: 젠더와 장르'에서는 특히 이데올로기와 관련된 내용을 다루기 위해 리얼리즘과 대비되는 장르 모드 및 영화 형식을 사용하는 것, 그리고 누구의 이야기를 어떻게 재현하는가의 문제를 둘러싼 페미니즘 영화 연구의 핵심 논쟁들을 소개한다. 멜로드라마, 공포, SF, 액션, 포르노 등 페미니즘 영화 연구에서 지속적으로 다루어 온 여러 장르는 특히 젠더와 장르의 상호작용을 사유하는 방식에 페미니스트 학자들이 기여한 의미 있는 공헌의 관점에서 논의된다. 우리는 또한 장르들이 국제적으로 어떻게 '이동'하는지, 그리고 멜로드라마와 같은 하나의 장르가 어떻게 다양한 국가적·역사적 맥락에 맞춰 조정되어 왔는지를 살펴볼 것이다. 사례 연구는 가나Ghana의 멜로드라마인 〈가라앉는 모래Sinking Sands〉(레일라 드잔시Leila Djansi, 2011)처럼 잘 알려지지 않은 장르영화와 혼성적이며 초국가적인 〈밤을 걷는 뱀파이어 소녀A Girl Walks Home Alone at Night〉(아나 라일리 아미르푸르Ana Lily Amirpour, 2014, 미국)와 같은 장르 영화를 포함한다. 포르노를 다루는 절에서 우리는 페미니스트, 퀴어, 트랜스, 그리고 특히 윤리적 포르노를 위한 뉴미디어 플랫폼의 확산을 제작, 배급, 시청자의 측면에서 살펴볼 것이다.

마지막 장인 '영화에서 뉴미디어로: 페미니즘의 새로운 시각들'은 페미니즘 영화 연구와 뉴미디어 간 교차점을 탐구한다. 7장에서는 디지털 테크놀로지와 문화에 대해 페미니즘 미디어 연구가 제기하는 주요된 질문을 소개하고, 특히 디지털 미디어가 영화 연구의 접근법과 연결되는 방식과 영화 연구의 패러다임에서 벗어나거나 압력을 가하는 방식에 주목한다. 이론과 영화에서 테크놀로지와 가상공간이 개념화되는 방식이 가진 정치적 함의에 주목하고, 아바타 디자인에서 비디오게임의 토론 게시판에 이르기까지 디지털 담론이 현실 세계의 불평등을 재생산하는 방식에 주목할 것이다. 또한 우리는 비주류 집단이 다양한 디지털 공간과 테크놀로지를 활용해 커뮤니티를 형성하거나 행동주의activism에 참여하는 방식을 검토할 것이다. 여기에는 (비딩vidding으로부터 한국의 팬픽fanfic까지를 아우르는) 팬덤fandom, 온라인에서의 괴롭힘online harassment, 비디오게임에 관한 절도 포함된다.

각 장에는 다음과 같은 다양한 교육적 요소가 포함되어 있다.

- 다양한 조사 및 관람 활동. 그중 상당수는 현대 미디어 플랫폼을 포함, 해당 장에서 다룬 내용을 확장하거나 응용한다.
- 대화를 돕거나 핵심 쟁점에 대한 글쓰기를 촉진하기 위해 설계된 토론 질문이다.
- 특정 영화, 영화제작자 또는 관련 이슈에 초점을 맞춘 사례 연구. 이는 중요하지만 간과되어 온 작품들을 조명하며, 각 장의 본문에서 논의된 주제들을 다루거나 효과적으로 설명하는 작품의 사례를 들어 시청하도록 제안하는 기능도 한다.
- 각 장 끝에 제시된 핵심 용어는 각 장이 소개하는 주요 개

넘이다.

- 참고문헌(책 맨 위에 한꺼번에 수록했다)은 보다 심화된 독서와 조사를 제안하는 것으로 기능한다.

이 책이 영화에 관한 페미니즘적 사유 및 페미니즘 영화제작이 갖는 복잡성과 다양성을 소개하는 데 도움이 되기를 바란다. 페미니즘 연구는 영화 연구 발전에 매우 중요한 역할을 해 왔고 여전히 그러하다. 이 책은 빠르게 확장되고 있는 이 분야의 한 단면을 보여 줄 수 있을 뿐이다. 이 책의 독자 중 일부는 의심의 여지 없이 역동적이고 생산적인 방식으로 영화 페미니즘의 미래에 공헌할 것이다.

1장.
여성 영화제작자와
페미니스트 저자(성)

이 장에서 우리는 영화 저자film authorship라는 개념을 따져 보고, 페미니즘 영화 연구가 어떻게 영화사에 존재해 온 "여성 영화제작자들에 관한" 무언의 편견을 밝히는 데 유용한 도구가 되어 왔는지 검토할 것이다. 또한 (차후에 정의 내릴) 작가 이론auteur theory과 특히 그것이 여성 영화제작자들과 관련될 때 어떤 부족한 점이 있는지 면밀히 살펴봄으로써, 영화 저자author로서의 여성이 역사적으로 어떻게 주류 영화사에서 소외되어 왔는지 보여 줄 것이다. 이는 유색 인종 여성들, LGBTQ 여성 또는 이분법적 성별에 속하지 않는 영화제작자들, 그리고 모국의 맥락을 벗어난 채 영화를 만들었던 여성들의 경우에 특히 유효할 것이다. 국가에 대한 고정관념은 종종 한 작가의 입지를 결정하는 중요한 전제들 중 하나이며, 작가가 위치하는 장소로서 서구 영화 산업에 특권을 부여했다. 이어지는 글에서는 다수의 영화가 국가를 주된 구성 틀로 삼는 것을 넘어 혼종적 정체성과 초국적 이동 및 이주 패턴의 산물이 된 방식에 주목하는 최근의 페미니즘 영화 연구 작업에 초점을 맞출 것이다(Wang 2011; White 2015). 이 장에서는 또한 무성영화 시대와 스튜디오 영화 시대를 거쳐간 여성 감독들의 작업을 다룰 것이며, 고전 영화에서 여성들이 어떻게 시나리오 작가, 촬영 기사, 편집자 등으로 다양한 역량을 발휘해 영화에 중요한 영향을 행사했는지 살펴볼 것이다.

영화의 역사와 저자(성)

영화는 일반적으로 협력의 예술이다. 소설이나 조각이 상당히 독자적인 창조적 통찰의 결과물로 보이는 것과 달리 한 편의 영화를 만들기 위해서는 수십에서 수백 명이 함께 작업해야 한다. 영화 발달의 초창기에는 그렇지 않았지만, 20세기를 거쳐 영화가 하나의 예술 형식이자 대중오락 매체로 발전함에 따라 감독은 점차 작가 또는 유일한 창조적 힘으로 간주되었다. 감독이 영화의 주된 작가라는 관념은 1950년대와 1960년대에 두드러졌다. 감독 프랑수아 트뤼포François Truffaut, 비평가 앙드레 바쟁 André Bazin, 그리고 프랑스 영화 잡지 『카이에 뒤 시네마Cahiers du Cinéma』에 기고한 이들은 감독의 작가적 통찰을 영화에 형태를 부여하는 창조적 힘의 핵심으로 간주해야 한다고 주장했다. 이것이 일반적으로 **작가주의**auteurism라고 지칭되는 영화에 대한 접근법이다. 로버트 스탬Robert Stam은 작가주의를 통해 "감독은 이제 기존 텍스트(소설, 영화 대본)의 하인이 아니라 자신의 권리로 창조하는 예술가가 되었다"라고 쓴다(2000: 83). 이 접근법은 후에 미국에서 『빌리지 보이스The Village Voice』의 평론가인 앤드루 새리스Andrew Sarris에 의해 발전해 **작가 이론**으로 알려졌다. 작가 이론은 기존에 존재하는 영화 언어의 패러다임을 '단지' 다시 연출하기보다 독특한 미적 통찰과 세계관에 따라 영화를 주조하는 감독들에게 특히 특권을 준다. 나아가 이 이론은 위대한 영화 작가들이 작품 전체를 관통해 시각적·미학적·주제적 일관성을 보여 준다고 주장한다. "작가 이론에 따르면, 내적으로 확고한 힘을 지닌 감독들은 할리우드 스튜디오에서 일할지라도 수년에 걸쳐 뚜렷한 양식적·주제적 개성을 드러낼 것이다"(Stam: 84). 앨프리드 히치콕Alfred Hitchcock이 좋은 예인데, 전부는 아니더라도 그의 영화 대부분에 일관된 주제적·시각적 패턴이 나타나기 때문이다. 영화제작을 둘러싼 맥락과 관계없이 사실상 그의 모든 영화는 감독 특유의 서스펜스의 창조, 특정한 카메라 앵글 사용, 극적인 편집, (무성영화를 제외하면) 독창적인 음향 활용을 통해 다른 영화들과 구분된다. 그의 영화는 대체로 심리적으로 괴롭힘을 당하는 여성을 중심 인물로 내세움으로써 공포와 스릴러적 함축을 담고 있다. 그러나 영화가 온전히 감독의 의식적인 노력과 의도된 의미의 산물이라고 가정하지 않는 유형의 작가 이론도 있다. 피터 울렌Peter Wollen은 구조주의적 작가 이론에 대해 다음과 같이 논평한다.

감독의 작품 전체를 관통하는 구조가 개인으로서 단 한 명의
감독과 연관되는 것은 그가 영화에서 자기 자신과 자신의 고
유한 통찰을 표현하는 예술가로서의 역할을 수행했기 때문이
아니라, 그가 가진 몰입의 힘을 통해서 무의식적이고 의도되
지 않은 의미가 영화 속으로 번역될 수 있었기 때문이다.(1972:
144)

달리 말하면, 감독의 의식적 의도는 영화의 의미를 전부 통
제하지 못한다. 의식 차원에서 감독을 가장 덜 사로잡았던 것이
사실은 영화에 이념적이거나 주제적인 일관성을 부여하는 것일
수도 있다. 클레어 존스턴Claire Johnston은 여성 시네마 개념을 발
전시키기 위해 정확히 이 구조주의적인 접근법을 사용했다. 이
개념에 대해서는 이어지는 절에서 논의할 것이다.

앞서 논의한 바와 같이 영화는 일반적으로 대규모 작업팀
의 생산물이며, 따라서 영화 작가의 자격을 오로지 한 사람에게
만 돌리는 것은 부적절할 때가 많다. 사실 영화사 초기에는 카메
라 기사를 1차적인 영화 작가로 간주했다. (1920년대와 1940년대
사이) 할리우드의 스튜디오 영화 시대에는 일반적으로 제작자
producer들이 구상에서부터 후반 작업 및 그 이후까지도 영화제작
을 총괄하는 역할을 했기 때문에, 흔히 영화 배후의 지배적인 힘
으로 여겨졌다. 현대 영화계에서도 시나리오 작가, 영화 촬영 기
사, 세트 디자이너, 음향 기술자, 배우 등의 역할을 검토해 보면
감독이 영화의 유일한 작가라는 생각에 이의를 제기할 수 있다.
이것은 이 장 후반부에서 살펴볼 것이다.

영화학에서 작가(성)auteurship과 젠더는 오랫동안 복잡하고
도 어려운 관계를 맺어 왔다. 그것은 상당 부분 남성이 여성보다
영화를 만들 기회를 훨씬 많이 얻어왔다는 사실에서 기인한다.
그 결과 작가(성) 개념에는 역사적으로 여성에게는 거부되어 왔
던 창조적 권위라는 의미가 담겨 있다. 예를 들어, '천재'라는 단
어는 머릿속에 남성의 이미지를 떠올리게 하는 경향이 있는데,
그것은 창조적인 문화적·지적 생산 영역이 대체로 남성의 관할
구역으로 여겨졌기 때문이다. 더구나 '영화 작가film auteur'가 될
수 있는 능력은 인종적·계급적·지정학적 특권과 긴밀히 연관되
기 때문에, 제1세계에 속하지 않는 영화제작자들은 작품에 대한
관심과 지지나 작가로서의 국제적 인정을 덜 받는 경우가 많다.
인도의 사트야지트 레이Satyajit Ray처럼 국제적으로 인정받은 감
독의 경우에도 종종 자신이 속한 국가적 맥락을 뛰어넘어 고급
문화의 사례를 생산한 예외로 여겨지며, 그것도 많은 경우 서구
의 영향, 그리고/또는 서구화된 교육을 통해 가능했던 것으로 간
주된다.

이와 관련해 작가 이론이 작가들, 예컨대 프랑스 작가 트뤼
포나 고다르Jean Luc Godard, 스웨덴 작가 베리만Ingmar Bergman을
국가 문화의 대표로 내세우는 현상을 면밀히 살펴볼 수 있다. 여
기에서 국가는 의도했든 아니든 작가가 지지하고 옹호하는 (혹
은 반대하는) 명확하게 구분되는 단일한 실체로 간주된다. 국가
모델이 부적합하다는 것은 안드레이 타르콥스키Andrei Tarkovsky
의 사례에서 분명히 관찰할 수 있다. 그는 소비에트 연방 바깥
에서 망명 생활을 하며 마지막 영화 몇 편을 만들었지만 그럼

에도 소비에트 영화 작가로 통한다. (실제로 하미드 나피시Hamid Naficy(2001)는 그를 국가 영화제작자라기보다는 망명 영화제작자로 생각한다.) 초국가적 패러다임에 관한 절에서는 특히 현대 국가의 영화 문화와 관련해 여성 영화제작자들의 지위를 심화 고찰할 것이다.

전 세계적으로 여성 영화제작자들이 여전히 남성보다 수적으로 열세에 있는 가운데, 최근 페미니즘 영화 연구에서 발생한 '역사적 전환historical turn'은 영화사 초기에 ('작가(성)'와 구별되는) 저자(성)authorship가 매우 활기차고 광범위하게 존재했다는 증거들을 점점 더 많이 발견한다(Gaines 2018). 작가(성)과 저자(성)은 다음과 같이 규정해 구별할 수 있다. 작가가 생래적으로 영화제작자의 예술적 성취에 대한 성인전적 찬양을 요구할 때가 많은 반면, 저자는 좀 더 민주적이고 고도의 예술적 인정에 대한 부담이 덜하다. 달리 말하면, 저자는 반드시 통찰력 있는 천재(즉 작가)로 간주되지 않더라도 영화제작의 주요 책임자가 될 수 있는 것이다. 다음 절에서는 작가 개념이 아직 존재하지 않았던 영화의 태동기에 활동했던 초기 여성 영화제작자들(저자들)의 작업을 자세히 살펴볼 것이다. 표준적인 영화사에서 오랫동안 거의 무시당하다시피 해 왔지만, 최근 몇 년 동안 여성 영화 선구자들은 마침내 이 매체의 역사에서 정당한 지위를 부여받았다.[*]

---

[*] 저자들은 'auteurship'과 'authorship'을 구분해 사용한다. 영화 작가에 대한 주장이 프랑스에서 제기되었을 때 '작가'를 지칭하는 단어는 당연하게도 프랑스어 단어인 'auteur'였다. 이 책의 저자는 작가주의 내지는 작가 이론이 전개되면서 형성된 작가 감독들에 대한 숭배적 성향을 가리키기 위해 'auteur'를 사용하는 반면, 그동안 감춰져 왔던 여성

여성 영화의 저자(성)에 관한 간략한 역사

이 절에서는 영화사에서 의미 있는 공헌을 한 주목할 만한 전 세계의 여성 영화제작자 몇몇을 조명할 것이다. 우리가 '최초'에 대해 논의할 때, '선구자'라는 틀이 페미니즘 영화 연구의 범위나 초점을 좁게 한정시키는 제한적 장치를 뜻하는 것이 아님을 염두에 두자. 전 세계 영화계에서 수많은 여성이 기여한 바는 초창기 시네마*에 대한 공헌이라는 고전적 의미에서는 '선구적인 것들'로 간주되지 않지만, 그럼에도 당시 역시 그들의 기여는 필수적이었다. 여성 영화제작자라고 해서 반드시 페미니스트 영화제작자는 아니지만, 영화에 종사하는 여성들의 계보를 파악하는 것은 페미니스트 영화사학자들의 작업에서 중심적인 일이었다. 그것은 지배적인 영화사 기록에서 '여성의 비가시성'이라는 문제를 다루고 영화 산업에 종사한 여성들의 아카이브를 만들어, 현재와 미래의 여성 영화제작자들에게 영감을 주고 정당한 유산을

영화인들을 지시하기 위해서는 영어 단어인 'author'를 사용한다. 옮긴이들은 각 단어의 구분이 필요한 경우 'auteur/author'를 '작가/저자'로 번역하고, 'auteurship/authorship'은 '작가(성)/저자(성)'이라고 해 '-ship'의 의미는 괄호로 표기했다. 그런데 저자들도 전자에 혼용의 지점이 있고 후자는 실제 한국어 문장 사용과 관련해 어색하게 느껴지는 부분이 있어, 때에 따라 'auteurship/authorship'을 '작가/저자', '작가/저자의 지위', '작가/저자의 자격' 등으로 번역했음을 밝힌다. — 옮긴이.

* 저자들은 모두 '영화'로 번역할 수 있는 'film', 'cinema', 그리고 'motion picture'를 구분해서 사용한다. '필름'은 'movie'처럼 물리적인 일반 명사로 쓰고 있기에 특별한 구분 없이 모두 '영화'로 번역했으나 'cinema'의 경우는 소위 '시네마'로 표상될 수 있는 영화사 내 다층적 의미를 품고 있는 경우가 많아 후자의 경우는 불가피하게 외래어 음역을 그대로 취했다. 아울러 '모션픽처'도 초기 영화사 내 작품을 언급할 때 등장하기에 맥락을 따라 '활동사진'으로 번역했다. — 옮긴이.

남기기 위함이다.

무성영화 시대의 여성 영화제작자들

오늘날 우리가 일반적으로 고전적 페미니즘 영화 이론이라고 칭
하는 것은, 1970년대와 1980년대의 학문 풍토 속에서 관객, 정신
분석학, 기호학 그리고 시각적 즐거움에 초점을 맞춰(이에 관해
서는 2장에서 논의할 것이다) 여성이 어떻게 스크린에 묘사되는
지를 면밀히 조사했다. 이 시기에는 재현, 관객과 같은 것들이 영
화적 경험의 다른 측면(예컨대 제작, 배급, 역사적 수용)보다 더 주
안점을 이루었다. 지배적인 페미니즘 이론이 주류요 남성 감독
의 영화에서 여성이 어떻게 재현되는지에 초점을 맞추었듯이,
고전적인 페미니즘 영화 이론도 수많은 여성 영화제작자가 초
기 영화사에서 핵심 역할을 했다는 사실을 미처 고려하지 못하
고 소홀히 다루었다. **역사적 전환과 여성 영화 선구자들에 대한**
관심은 상대적으로 최근에 전개되었는데, 이와 관련해 제인 게
인스Jane Gaines(2004)는 다음과 같이 두 가지 질문을 제기한다. 왜
여성 영화제작자들은 유성영화의 출현과 함께 대거 영화계를 떠
났는가? 페미니즘 영화 이론은 왜 그들을 '잊어 버렸는가'? 게인
스는 이론과 역사 사이의 긴장을 되새기면서 후자의 질문이 더
복잡하다는 사실을 발견한다. 그 이유는 후자가 페미니스트 영
화학자들에게 초창기 영화에서 여성이 영화제작자로서 적극적
인 역할을 수행한 것이 싱딩 기간 페미니즘 영화 연구의 사각지

대에 남아 있었던 이유에 관해 생각해 보도록 하기 때문이다. 게인스는 "이 여성들이 왜 잊혀졌는지 묻는 것은 왜 **우리가** 그들을 잊었는지 묻는 것이다"(113, 강조는 원문)라고 지적한다. 동시에 '여성'을 초역사적이고 불변하는 범주로 받아들이지 않기 위해 젠더를 역사화해야 한다면, 모니카 달라스타Monica Dall'Asta가 요약한 다음의 딜레마도 고려해야 한다. 그녀는 "'여성'이라는 개념 자체가 더 이상 단일하고 문제적이지 않은 현실을 묘사하기 위해 쓰이지 않고 지적인 가공물 또는 사회 문화적인 구성물로 여겨지는 오늘날" 우리가 어떻게 여성 영화 선구자들에 대한 연구를 구상할 수 있을지 묻는다(2010: 39). 달라스타는 아이리스 매리언 영Iris Marion Young의 이론에서와 같이 연속체seriality*로서의 젠더 개념(1994)에서 가능한 해결책을 찾는다. 이는 정체성이 복잡하고 유동적이며, "각 개인은 계급, 국적, 민족성, 성적 지향 등으로 형성되는 다양한 여러 계열의 교차점에서 그녀 혹은 그 자신을 발견한다고 주장한다"(Dall'Asta 2010: 42). 따라서 여성의 역할에 영향을 미친 역사 속 성좌들을 구체적으로 그려내는 페미니즘 역사기록학이 효과를 발하기 위해서는, 젠더와 여성의 정체성이 선험적으로 주어졌다고 간주하기보다 역사화할 필요가 있다.

21세기 전환기에 무성영화에 대한 관심이 다시 높아지면서, 초기 여성 영화제작자들은 뒤늦게 영화사학자들로부터 관심을

---

* 시리얼리티seriality는 원래 사르트르의 개념을 아이리스 매리언 영이 취한 것인데, 최근 번역어로 사용되는 '이음체'가 그 의미를 적절하게 반영한다고 보아 이를 따랐다. — 옮긴이.

받게 된다. **여성 영화 선구자들**Women Film Pioneers 프로젝트는 전 세계의 초기 여성 영화 종사자들에 관한 기존의 정보들을 모아둔 온라인 아카이브다.* 이 프로젝트로 출간된 『초기 시네마의 페미니스트 독자A Feminist Reader in Early Cinema』(제니퍼 빈Jennifer M. Bean과 다이앤 네그라Diane Negra 편집, 2002)나 『아카이브 복원: 페미니즘과 영화사Reclaiming the Archive: Feminism and Film History』(비키 캘러핸Vicki Callahan 편집, 2010) 같은 책들은 규범적인 영화사가 카메라 뒤 여성들의 역할을 지운 것을 문제 삼는다. 빈은 『초기 시네마의 페미니스트 독자』 서문에서 다음과 같이 중요한 질문을 제기한다.

> 어떻게 하면 젠더 패러다임을 넘어서는 측면에서 이 시기의 "여성"이라는 두드러지는 기호를, 초기 영화의 제작과 수용에서 여성의 역할을 다룰 수 있을까? 젠더 패러다임은 민족성, 국적, 계급의 구분은커녕 백인이나 흑인-나아가 모든 종류의 인종-을 설명할 수 있을 만큼 충분히 포괄적이었던 적이 없으니 말이다.(2002:2)

역사에 대한 페미니즘적 접근은 젠더 범주에 인종과 계급을 넘어서는 특권을 부여해 더 큰 세계의 권력 비대칭을 페미니즘 역사와 이론 내에 재생산하지 않도록 신중해야 할 것이다. "오늘날의 영화 페미니즘에 이러한 발견이 야기하는 흥분은 역사적

---

* 다음 웹사이트를 보라. https://wfpp.cdrs.columbia.edu/.

이고 분과 학문적인 지식 생산과 관련된 질문들과 결부되어 있다"(2002: 2)라고 빈은 언급한다. 말하자면, 영화학자들은 영화에서 '선구적인' 여성들의 잃어 버린 역사를 되찾은 것에 대해 의심없이 찬양하기보다, 이 역사를 낭만화하거나 젠더, 여성성, 영화작가에 대한 현대적 이해를 통해서만 해석하지 않도록 주의할 필요가 있다. 또한 예컨대 초기 여성 영화 노동자들에 관한 아카이브를 구축하는 데 있어 백인의 우월성이나 계급적 특권을 무심코 되풀이하는 함정을 피해야 한다.

여성 영화 선구자들에 관한 논의에서 우리는 영화 기술이 처음 등장했던 당시, 일반적으로 특권을 가진 사회 구성원들만 그에 접근할 수 있었음을, 따라서 초기 영화의 저자(성)에는 (감독이 여성이든 남성이) 계급적 차원이 상당히 있었음을 인정해야 한다. 게다가 초기 영화 기술은 지구상의 다른 지역보다 이른바 제1세계에 더 열려 있었기에, (대략 1894~1929년 사이인) 무성영화 시대와 관련된 선구자적 틀은 세계의 다른 지역들, 즉 영화 기술이 나중에서야 더 널리 이용할 수 있게 된 지역들에 대해서는 부적합하다. 예를 들어, 많은 아프리카 영화의 '최초'는 탈식민지화가 시작된 1960년대까지 일어나지 않았다. 또한 여성 영화 선구자들은 일반적으로 멕시코, 아르헨티나, 페루, 소련 등 이른바 제1세계에 속하지 않는 지역에서 활동했다는 것에 주의해야 한다.

이 모든 것을 염두에 둔다면, 영화의 초기 역사에서 여성들이 중요한 역할을 했다는 것, 그들의 공헌을 인정하지 않고서는 그 어떤 역사도 불완전하다는 것이 점점 분명해진다. 다음에서는 그들의 업적이 가진 폭과 깊이를 설명하기 위해서 주목할 만한 많은 여성 영화 선구자들을 조명하려 한다.

활동

/

여성 영화 선구자들 프로젝트 웹사이트(https://wfpp.cdrs.
columbia.edu/)를 둘러보고 소감을 기록해 보자. 온라인 아카이브
에서 무엇을 배웠는가? 초기 영화사 속 여성의 역할에 대한 놀라
운 통찰을 발견했는가?

알리스 기 블라셰(Alice Guy Blaché, 1873~1968)

표준적인 영화의 역사는 프랑스 영화의 선구자인 뤼미에르
Lumière 형제와 마찬가지로 같은 프랑스인이자 서사영화와 SF의
아버지로 불리는 조르주 멜리에
스Georges Méliès로부터 시작된다.
1895년에 제작된 뤼미에르 형제
의 작품이 최초의 영화로 알려
져 있지만, 또 다른 프랑스 국적
을 지닌 알리스 기 블라셰([그림
1.1])도 그리 뒤처지지 않았다.
그녀의 첫 번째 영화 〈양배추 요
정La Fée aux Choux〉은 그 이듬해
인 1896년에 제작됐다. 이 60초

(그림 1.1) 알리스 기 블라셰.

짜리 영화는 여성이 만든 최초의 영화로 알려져 있다. 영화는 프랑스의 옛 설화를 바탕으로 양배추 잎에서 나온 아기들을 고르는 요정의 이야기를 묘사한다. 기 블라셰는 남녀의 사회적 역할을 유쾌하게 뒤집어 젠더 불평등을 조롱하는 동시에 페미니즘이 권력과의 관계를 재고해야 한다고 경고하는 풍자 코미디 〈페미니즘의 결과Les Résultats du féminisme〉(1906, 프랑스)를 포함해 수백 편의 영화를 제작했다. 특히 이 단편영화는 젠더 역할을 생물학적으로나 자연적으로 주어진 것이 아닌 사회적으로 수행적인 범주로 취급한다. 영화 속 여성들은 남성들이 자신을 대하는 태도에 진저리가 나면 젠더 역할을 되돌리려 남성에게 집안일과 보육을 맡기고, 자신은 음주와 사교에 참여한다. 그 결과 남성은 일반적으로 여성에게 주어지는 억압된 사회적 지위를 차지하게 된다. 이 풍자적인 짧은 코미디는, (영화와 영화를 넘어서는) 역사가 전통 사회에서 진보적 사회로 이행한다고 하는 선형적 진보를 가정하는 게 부적절하다는 것을 보여 준다. 20세기 초에 이미 기 블라셰는 20세기 후반의 **퀴어 이론**(특히 1990년 주디스 버틀러Judith Butler의 『젠더 트러블Gender Trouble』이 출판된 이후)의 공헌으로 여겨지는 **젠더 수행성**gender performativity에 대해 이미 도발적으로 개입하고 있었기 때문이다.

기 블라셰는 감독 외에도 대본 작성과 장소 섭외부터 미국에 있는 자신의 영화 스튜디오 솔락스Solax에 이르기까지 영화 제작의 여러 부분에 관여했다. 이로 인해 앨리슨 맥머핸Alison McMahan은 기 블라셰의 생애와 작품에 관한 연구서에서 중요한 딜레마에 직면하게 되었다.

기 블라셰의 경력이 갖는 길이와 폭, 업계에서 수행한 역할의 다양성을 고려한다면 (……), 어떤 영화를 그녀의 영화라고 말할 수 있을까? 대본을 쓴 영화들? 감독한 영화들? 제작한 영화들? 아니면 이 모든 것?(2002: xxvii)

이 질문은 영화의 저자성을 영화제작 과정에서의 특정한 한 가지 역할에 고정하기 어려움을 지적한다. 그러나 영화제작의 어떤 부분을 저자의 대표 역할로 강조하든, 기 블라셰가 초기 영화, 특히 여성 영화 저자의 주요 선구자들 중 하나라는 점은 의심의 여지가 없다.

제르맨 뒬라크(Germaine Dulac, 1882~1942)

제르맨 뒬라크([그림 1.2])는 프랑스의 영화감독이자 작가, 영화 이론가였으며, 최초의 페미니스트 영화제작자로 널리 알려져 있다. 특히 그녀는 아방가르드 시네마의 선구자로 인상주의적 서사와 추상적인 작품을 만든 것으로 기억되고 있다. 뒬라크는 다큐멘터리와 뉴스영화newsreel films도 만들었으며, 다작하는 작가이자 영화학 강사였다. 타미 윌리엄스Tami Williams는 뒬라크의 생애와 작품에 관한 연구서에서 그녀를 예술의 해방적 잠

[그림 1.2] 제르맨 뒬라크.

재력을 강력하게 믿었던 평화주의자, 페미니스트, 행동주의자이자 휴머니스트로 묘사한다(2014:4).

뒬라크의 가장 유명한 두 작품은 〈미소 짓는 마담 브데La Souriante Madame Beudet〉(1923, 프랑스)와 〈조개껍질과 성직자La Coquille et le clergyman〉(1927, 프랑스)다. 루이스 부뉴엘Luis Buñuel과 살바도르 달리Salvador Dalí의 〈안달루시아의 개Un Chien Andalou〉(1929, 프랑스)가 이제껏 만들어진 가장 유명한 초현실주의 영화라는 점에는 거의 이견이 없지만, 뒬라크의 초현실주의 걸작 〈조개껍질과 성직자〉(또 한 명의 전위 예술가의 아이콘 앙토냉 아르토Antonin Artaud가 대본을 썼다)는 〈안달루시아의 개〉보다 적어도 1년 앞서 만들어졌다. 나아가 뒬라크는 (후에 앙드레 바쟁이 이어받은) '순수영화pure cinema'와 '확장된 영화expanded cinema'와 같은 개념을 발전시켰다. 그녀는 순수영화를 문학이나 연극과 같은 다른 예술이 채택한 관습에서 벗어난 예술 형식으로 이론화했다. 이는 가장 미시적인 형태로 삶을 포착하는 것이며, 그런 점에서 그녀는 가장 진실하고 순수한 영화 형식으로 뉴스영화를 꼽았다.

로이스 웨버(Lois Weber, 1879~1939)

로이스 웨버는 미국의 영화제작 선구자로, 기 블라셰의 스튜디오에서 남편 필립스 스몰리Phillips Smalley와 함께 영화계 경력을 시작했다. 웨버는 제작자, 시나리오 작가, 배우 그리고 영화사 소유주였다. 그녀는 대략 125편의 영화를 감독했는데, 그중 보존되어 있는 영화는 극소수다. 앤서니 슬라이드Anthony Slide는 『무성

의 페미니스트들The Silent Feminists』(1996)에서 웨버를 "미국 영화
에서 몇 안 되는 진정한 작가라고 일컫는데, 그 이유는 "그녀는
자신이 감독한 영화의 대본을 썼으며" 나아가 "영화를 자신의 관
념과 철학을 위한 매체로 사용했기" 때문이다(viii). 감독으로서
그녀는 위대한 혁신가였다. 예컨대 그녀의 단편영화 〈서스펜스
Suspense〉(1913, 미국)는 평행 액션*을 묘사하기 위해 화면 분할을
사용한 최초의 영화 중 하나로 간주된다.

　한때 웨버는 할리우드에서 가장 높은 보수를 받는 감독이었
고, 영화감독협회Motion Picture Director's Association의 최초이자 유일

〔그림 1.3〕 화면 분할을 사용해 평행 액션을 보여 주는 초기 방식의 한 예(〈서스펜스〉).

*　영화에서 같은 시간 다른 장소에서 일어나는 관련된 사건을 보여 주는 것을 말한
다. ─ 옮긴이.

한 여성 회원이었다(Stamp 2010: 141). 셸리 스탬프Shelley Stamp는 웨버의 초기 할리우드에서의 삶과 작품을 다룬 연구에서 웨버가 "영화 기법이라는 무기arsenal of cinematic techniques"를 통해 "영화가 상상하는 부르주아 관객들이 의존하는 바로 그 제도, 즉 이성애 결혼, 여성의 예의범절, 계급적 특권"을 날카롭게 비판했다고 주장한다(2015: 35). 스탬프는 웨버의 영화 〈못 보는 눈Eyes That See Not〉(1912, 미국)을 특히 강조하는데, 이 영화는 자기 중심적이고 부유한 한 여성이 남편의 제분소 직원들이 견뎌 내는 가혹한 삶의 현실을 목도하고 나서 변화하는 내용을 담고 있다.

유성영화가 등장하고 조합과 전문 협회를 통해 영화 산업이 더욱 구획되면서, 다방면에서 활동하던 여성 영화인들은 어려움을 겪었고, 베버도 예외는 아니었다. 그녀는 생애 마지막 몇 년 동안 영화계의 주변부로 밀려나 거의 잊혀졌지만, 새 밀레니엄의 페미니즘 영화 역사가들에 의해 마침내 재발견된다.

조라 닐 허스턴(Zora Neale Hurston, 1891~1960)

조라 닐 허스턴([그림 1.4])은 소설가이자 할렘 르네상스Harlem Renaissance의 핵심 인물로 더 잘 알려져 있다. 그녀는 엘로이스 킹 패트릭 기스트Eloyce King Patrick Gist, 트레시 수더스Tressie Souders, 마리아 윌리엄스Maria P. Williams 등과 더불어 최초의 아프리카계 미국인 여성 감독 중 한 명이다(Welbon 2001). 그녀는 민족지적인 영화들을 만들었는데, 아프리카계 미국인 공동체와 남부, 특히 그녀가 자란 플로리다의 일상, 민담, 의례들을 다큐멘터리로 담았다. 이 영상들footage* 중 상당수가 유실되었는데, 남아 있는

것들은 〈현장 연구The Fieldwork〉
(1928, 미국) 컬렉션에 정리되어
있다. 이 영상들에는 세례식, 춤
추고 게임을 하며 노는 아이들,
미국에 마지막으로(1859년) 도
착한 노예선 클로틸드Clotilde호
의 최후 생존자였던 쿠조 루이
스Cudjo Lewis의 기록이 담겨 있
다. 이 작품은 노예 무역을 통해
미국으로 강제 이송된 아프리카

〔그림 1.4〕 조라 닐 허스턴.

사람을 촬영한 유일한 영상으로
알려져 있으며, 매우 중요한 역사적 기록물이라 할 수 있다.

미미 데르바(Mimí Derba, 1893~1953)

미미 데르바라는 이름으로 알려진 마리아 에르미니아 페레스 데
레온María Herminia Pérez de León**은 멕시코 최초의 여성 감독 중 한
명이다. (그녀의 공동 감독 데뷔작은 〈요부La tigresa〉(1917, 멕시코)
다(〔그림 1.5〕).) 그녀는 엔리케 로사스Enrique Rosas와 함께 1917년
아스테카 영화사Azteca Film Company를 설립했고, 배우, 작가이자

---

* 영화의 잘린 장면들을 일컫는 말. 본문에서는 단순히 '촬영된 이미지'라는 의미로 사
용되었지만, 푸티지는 주로 편집 다큐멘터리 작품에서 맥락을 달리해 삽입해 활용한다
는 의미로 사용된다. 이 책에서는 특별히 원어의 의미를 살려야 하는 경우가 아니라면,
가독성을 높이기 위해 '영상'으로 번역했다. ─ 옮긴이.

** 그녀의 본명에 관해서는 https://en.wikipedia.org/wiki/Mim%C3%AD_Derba을 참
고하라. ─ 옮긴이.

〔그림 1.5〕〈요부〉의 스틸 사진(미미 데르바 & 엔리케 로사스, 1917).

영화제작자였다. 그녀는 후에 영화 산업에 환멸을 느끼고 가끔 씩 연기하는 것을 제외하고는 대부분의 활동에서 은퇴한다.

알라 나지모바(Alla Nazimova, 1875~1945)

알라 나지모바는 미국으로 망명한 러시아계 유대인 무대 배우로, 자신의 회사를 위해 스타 비히클을 제작하고 연출하기도 했다. 그녀는 감독과 제작자로 일했고, 자신의 이미지와 셀레브리티로서의 페르소나를 재창조한 것으로 알려져 있다. 레즈비언임을 공개했으며, "사픽 할리우드Sapphic Hollywood의 창시자founding mother"이기도 했다McLellan 2000: xxiiii). 퍼트리샤 화이트에 따르면, 그녀는 "가장 악명 높은 할리우드 레즈비언 여배우"였다 (1999: 187)(Horne 2013에서 인용). 그녀의 가장 잘 알려진 작품은

의심의 여지없이 〈살로메Salome〉
(1923, 미국)일 것이다. 이 작품
은 오스카 와일드Oscar Wilde의
희곡을 원작으로 한 무성영화
로, 와일드에 대한 오마주로서
구상되었다. 이 영화의 감독 크
레딧은 찰스 브라이언트Charles
Bryant에게 돌아갔지만, 영화사
가들은 나지모바가 이 영화의
중심 저자라는 점에 동의한다.
그녀는 이 영화에서 주연으로
출연했는데, 영화제작자 케네

[그림 1.6] 〈살로메〉의 알라 나지모
바(알라 나지모바 & 찰스 브라이언트,
1923).

스 앵거Kenneth Anger에 따르면 그녀는 이 영화의 다른 배우들도
모두 게이와 레즈비언으로 캐스팅해야 한다고 주장했다고 한다
(Horne 2013). 오늘날에도 나지모바는 퀴어 할리우드의 숨겨진
역사를 상징하는 컬트적인 인물로 남아 있다([그림 1.6]).

로테 라이니거(Lotte Reiniger, 1899~1981)

독일의 로테 라이니거는 '실루엣 애니메이션'의 발명가인데, '실
루엣 애니메이션'이란 인물들이 검은 실루엣으로 보이는 영상
을 말한다. 이 기법은 고대 예술의 그림자극에서 영감을 받았다
[그림 1.7]. 그녀의 가장 상징적이고 영향력 있는 작품은 현존하
는 가장 오래된 장편 애니메이션 영화인 〈아흐메드 왕자의 모험
The Adventures of Prince Achmed(Die Abenteuer des Prinzen Achmed)〉(1926,

〔그림 1.7〕〈아흐메드 왕자의 모험〉의 스틸 사진(로테 라이니거, 1926).

독일)이다. 이 영화는 『천일야화』를 구성하는 아랍 민화에 부분
적으로 영향을 받았다. 또한 이 영화는 라이니거의 유일한 장편
이기도 한데, 그녀가 자신의 화려한 경력 중 나머지를 단편을 만
드는 데 집중했기 때문이다. 제2차 세계대전 이후에 발표한 작품
대부분은 영국에서 완성했다. 대략 60여 편의 영화를 만들었지
만 남아 있는 것은 불과 40여 편이다.

사례 연구
초기 소비에트 영화의 저자(성)에 대해 다시 생각해 보기
/

초기 소련의 시네마는 세르게이 예이젠시테인Sergei Eisen-stein, 레프 쿨레쇼프Lev Kuleshov, 프세볼로트 푸돕킨Vsevolod Pudovkin, 그리고 지가 베르토프Dziga Vertov 같은 혁신적인 영화제작자와 영화 이론가 들을 통해 영화 형식이 발전하는 데 큰 영향을 미쳤다. 그들은 새롭고 획기적인 영화 언어를 발명했으며, 소비에트 몽타주Soviet montage와 키노프라우다Kino-Pravda, '영화진실film truth'로 알려진 것을 이론화했다. 초기 소비에트 시네마에서 가장 주목할 만한 상징적인 두 작품은 예이젠시테인의 〈전함 포템킨Bronenosets Potyomkin〉(1925, 소련)과 베르토프의 〈영화촬영기를 든 사나이Chelovek s kinoaparatom〉(1929, 소련)이다. 이 남성들이 영화사에서 마땅히 차지해야 할 중심 자리에 있는 반면, 소비에트 여성 영화제작자들은 러시아 영화의 황금기를 만들어 낸 중요한 인물로 충분히 인정받지 못한다. 역사 기록에 따르면 역시 의심할 여지없이 중요한 창작 세력이었음에도 말이다. 여기서는 초기 소비에트 영화에서 주목할 만한 여성 영화제작자 몇몇을 조명할 것이다.

엘리자베타 스빌로바(Elizaveta Svilova, 1900~1975)
지가 베르토프는 유명한 영화 선구자 중 한 명인데, 그의 아내인 엘리자베타 스빌로바가 활발한 영화제작자였고 베르토프

[그림 1.8] 〈영화 촬영기를 든 사나이〉 편집 데스크에 앉아 있는 엘리자베타 스빌로바.

와 자주 짝을 이뤄 일했다는 사실은 잘 알려지지 않았다. 그녀는 획기적인 편집으로 영화계의 전설이 된 〈영화 촬영기를 든 사나이〉[그림 1.8]를 비롯해 그의 대표작 모두를 편집했다. 그들의 영화적 협력은 키녹스Kinoks 또는 키노오키(Kino-oki, '영화의 눈film eyes')라고 불린 집단에서 이루어진 것으로, 이는 베르토프의 영화 작업에 필요불가결한 역할을 했다. 스빌로바는 이제 〈레닌의 세 노래Tri pesni o Lenine〉(1934, 소련) 같은 영화에서는 공동 연출자로 간주된다. 스빌로바가 평생 열정을 바친 것은 다큐멘터리 영화였다. 그녀는 1945년 나치 항복 이후 적군의 아우슈비츠 입성을 기록하는 데 역사적인 역할을 했다. 궨덜린 오드리 포스터Gwendolyn Audrey Foster는 이를 다음과 같은 말로 적절히 언급한다. "엘리자베타 스빌로바의 유산

(그림 1.9)〈앨리타, 로봇들의 반란〉의 율리아 솔른체바.

은 유명한 남편에 의해 삶이 가려진 많은 여성 감독과 마찬가
지로 재발견되고 맥락화되어야 한다"(1995:350).

율리야 솔른체바(Yuliya Solntseva, 1901~1989)

초기 소비에트 시네마의 또 다른 주목할 만한 여성 영화제작
자로는 율리야 솔른체바가 있다. 그녀는 소비에트 감독의 아
이콘인 알렉산드르 도브첸코Alexandr Dovzhenko와 결혼했다.
배우로서 그녀는 최초의 소비에트 SF 영화로 알려진 〈앨리
타, 로봇들의 반란Aelita〉(야코프 프로타자노프Yakov Protazanov,
1924, 소련)에서 주인공인 화성의 여왕 앨리타를 연기했다([그
림 1.9]). 하지만 그녀는 영화제작 과정 중 다른 측면에도 관여
했고, 도브첸코와 함께 많은 영화를 공동 감독했다. 그러나 두

사람이 공동 창작하는 기간 동안 그가 더 인정받았고, 솔른체바는 자신의 영화를 감독하기 시작한 1939년 이후에서야 영화감독으로서 완전히 인정받았다.

〔그림 1.10〕지가 베르토프의 〈영화 촬영기를 든 사나이〉의 에스피르 슈프.

에스피르 슈프(Esfir Shub, 1894~1959)

예이젠시테인이 소비에트 몽타주가 보여 준 장점과 가장 관련이 있는 이름이라면, 역사적 기록은 그가 소비에트 영화 시대의 저명한 여성 인물인 에스피르 슈프로부터 기법 중 상당 부분을 배웠다는 것을 보여 준다. 그런데도 그녀는 남성들의 그늘에 가려져 왔다. 슈프는 매우 숙련된 편집자였기 때문에, 소련 정부는 1922년 미국 영화를 러시아 관객에게 '적합하게' 재편집하는 일에 그녀를 고용했다. 이것은 슈프가 이른바 '편집 다큐멘터리compilation documentary' 기법, 즉 영화제작자가 아카이브 영상, 뉴스영화, 그리고 파운드 푸티지found footage으로부터 수집한 기존의 시각 자료만을 사용하는 기법을 개발하는 데 도움을 주었다. 현존하는 그녀의 가장 유명한 편집 다큐멘터리인 〈로마노프 왕조의 몰락Padenie dinastii Romanovykh〉(1927, 소련)은 10월 혁명 10주년을 기념해 위촉받아 만든 것이다. 슈프는 몇 시간 분량의 다큐멘터리와 뉴스영화를 장편 영화 한 편으로 재구성해 편집자이자 저자로서 자신의 인장을 확고히 남겼다.

알렉산드라 호흘로바(Alexandra Khokhlova, 1897~1985)

알렉산드라 호흘로바는 소비에트 시네마의 또 다른 전설적인 인물인 레프 쿨레쇼프의 배우자이자 창작 파트너였다. 그녀는 아방가르드한 연기 스타일로 유명한 영화배우였는데, 그녀의 가장 뛰어난 연기 중 하나는 쿨레쇼프의 〈합법적으로 Po Zakonu〉(1926, 소련)로 알려져 있다([그림 1.11]). 쿨레쇼프는 그들의 창조적인 파트너십을 회상하면서 다음과 같이 썼다. "내가 영화감독, 교육, 인생에서 했던 거의 모든 것은 아이디어와 예술적 실천이라는 점에서 [호흘로바와] 관련이 있다"(Olenina, 2014에서 인용). 호흘로바는 두 편의 무성 서사영화, 즉 〈포옹 사건An Affair of the Clasps〉(1929, 소련)과 〈사샤 Sasha〉(1930, 소련), 그리고 아이들의 장난감 역사에 관한 다큐멘터리 〈장난감Toys〉(1931, 소련)도 연출했다. 그녀는 프롤레타리아 출신이 아니었기 때문에 소비에트 당국과 문제가 생겼고, 그 결과 경력 후반부에는 작업 기회가 제한되었다.

볼셰비키혁명의 지적인 전제에는 젠더 평등에 관한 확고한 의지가 포함되어 있었다. 평등이 실제로 온전히 실현되지 않았다고 해도 말이다. 1917년 혁명 이후 사회주의적 개혁의 일환으로 더 많은 여성이 사회에 진출했고, 소련의 선구적인 영화 산업도 예외는 아니었다. 그러나 사회주의 국가의 공식적인 젠더 정치는 당시로서는 진보적이었지만, 소비에트 여성 영화제작자들이 자신을 페미니스트로 간주했을지는 여전히

[그림 1.11] 쿨레쇼프의 〈합법적으로〉에서 알렉산드라 호흘로바.

의문으로 남아 있다. 그들이 성별 간 평등을 적극적으로 지지
했더라도 말이다. 중요한 것은, 페미니즘이라는 용어에 관한
이러한 부정적인 입장은 그것이 서구의 구성물이라거나 러시
아적 문맥상 부적합한 용어로 인식되었기 때문은 아니라는
점이다. 그보다는 제1물결 페미니즘(주로 여성의 참정권 요구
로 정의된다)이 모두의 사회적·정치적 평등을 위한 광범위한
노력에서 계급투쟁의 중심성을 인정하지 않은 운동으로 비춰
진 데 있다. 다시 말해, 페미니즘은 계급적으로 이미 특권을
누리던 여성들의 권리를 향상시키기 위해 노력하는 부르주아
운동으로 인식되면서 계급 차별의 철폐를 선언적 기반으로
하는 사회주의 사회에는 부적합했다. 그들을 페미니스트라고
부르든 아니든 간에, 소비에트 여성 영화 종사자들은 영화사

전반에, 특히 여성 영화사에서 없어서는 안 될 선구자였음이 틀림없다.

보고 토론하기

소비에트 여성 영화 선구자

/

1. 러시아 여성 영화 선구자들의 작품 일부는 저작권이 없으며 유튜브와 같은 비디오 스트리밍 사이트에서 찾아볼 수 있다. 그들의 작품을 시청하고 그들을 페미니스트 영화제작자로 볼 수 있는지 생각해 보자.

2. 그들의 작품에서 젠더와 관련된 정치적·사회적 비판을 발견할 수 있는가?

3. 파운드 푸티지와 기존에 존재하는 영상을 활용한 에스피르 슈프의 '편집 다큐멘터리' 기법은 당시로서 획기적이고 혁신적이었다. 현대 영화에서도 비슷한 기법이 사용된 예를 떠올릴 수 있는가?

'선구자' 관점의 확장

'여성 영화 선구자'라는 용어는 무성영화 시대와 가장 밀접하게 연관이 있지만, 일부 지역의 여성들은 유성영화가 개발된 후에야 제작자가 될 기회를 얻을 수 있었다. 이 여성들은 세계 다른 지역의 무성영화 시대 여성들만큼이나 자신이 처한 지리적·역사적 맥락에서 선구적인 역할을 했다. 따라서 '여성 영화 선구자'라는 개념은 여성이 영화제작자가 된 다양한 역사적 상황을 설명할 수 있도록 시간적·공간적으로 확장할 필요가 있다. 예를 들면, 프랑스의 식민지였던 아프리카와 같은 지역은 탈식민지화되기 전까지 영화제작에 대한 접근이 사실상 거부당했다. 따라서 영화사학자들은 여성이 처음으로 영화인이 될 수 있었던 지정학적 맥락과 지역적 복잡성을 염두에 둘 필요가 있다. 다음에서는 20세기 중후반 유성영화 시대에 첫 영화를 만든 여성 영화 선구자 몇몇을 조명한다.

다나카 기누요(田中絹代, 1909~1977)

다나카 기누요([그림 1.12])는 일본 최초의 여성 감독으로, 일본의 저명한 남성 감독인 오즈 야스지로小津安二郎, 미조구치 겐지溝口健二의 영화에 배우로도 출연했다. 연기 경력을 쌓는 과정에서 기억할 만한 두각을 보인 뒤, 감독으로 눈을 돌려 1953년 첫 영화 〈러브 레터恋文〉(일본)를 만들었다. 오즈와 공동으로 각본을 쓴 두 번째 영화 〈달이 떴다月は上りぬ〉(1955, 일본)는 평온한 삶을 사는 젊은 여성에게 부과된 사회적 제약을 묘사했는데, 이 과

[(그림 1.12) 〈인생의 짐人生のお荷物〉(고쇼 헤이노스케五所平之助, 1935)에서 다나카 기누요.

정에서 뚜렷한 페미니스트적인 함축을 담았다. 그녀의 영화들은 가부장적 통제, 유방암, 성 노동 등 여성들에게 영향을 미치는 중요한 사회적 주제들을 다룬다. 그녀의 주인공들이 가부장적 사회에서 선택권이 제한되는 현실에 종종 직면하는 것처럼, 다나카 감독의 연출 경력도 마찬가지로 "남성 위주의 스튜디오 시스템 때문에"(Kohn & Radstone 1990: 399) 짧게 그쳤다. 그럼에도 불구하고 그녀는 일본과 아시아 영화, 그리고 세계 영화로서의 여성 시네마라는 맥락에서 중요하고도 선구적인 인물로 남아 있다.

박남옥(1923~2017)

박남옥 감독은 영화 〈미망인〉(1955, 한국)([그림 1.13])을 감독한

〔그림 1.13〕〈미망인〉의 스틸.

한국 최초의 여성 감독으로 꼽힌다. 이 영화는 한국전쟁 시기 한 미망인의 욕망을 중심으로 여성의 시각에서 이야기를 전개한다. 박남옥은 영화의 흥행 부진으로 남성 위주의 영화계를 떠나기로 결심하고, 미국으로 건너가 여생을 보냈다. 〈미망인〉은 분실되어 갑작스럽게 끝나는 등 결말이 불명확하게 남아 있다. 이 영화는 1997년 서울에서 열린 제1회 여성영화제에서 상영되어 비평적 으로 재발견되었는데, 이를 계기로 여성 영화제에서 전 세계 여성 영화인들의 소외된 작품을 소개하는 것의 중요성을 보여 주었다.

카르멘 산토스(Carmen Santos, 1904~1952)
카르멘 산토스는 감독, 시나리오 작가, 배우, 제작자로 활동한 브라질 영화의 중요한 선구자였다. 전설적인 스크린 속에 담긴 페르소나 덕분에 유명해진 산토스는 이후 영화를 제작하며 자신의 경력을 더욱 주도적으로 이끌어갔다. "거침없는 개척자"(Shaw & Dennison, 2007: 58)로서 그녀는 1934년에 브라질 보스 영화사Brazil Vox Film를 공동 창립하기도 했다(이 회사는 나중에 브라질 비타 영화사Brasil Vita Filmes가 된다). 그녀의 영화들은 사회적·정치적으로 중요한 문제들을 종종 다뤘다. 가장 유명한 영화는 그녀가 각본·제작·감독·주연을 맡은 〈미나스의 음모Inconfidência Mineira〉(1948, 브라질)로, 이 영화로 산토스는 브라질에서 장편영화를 감독한 두 번째 여성이 되었다. 이 영화는 1789년 포르투갈에 대항하다 실패한 반식민지적 봉기를 따라가는데, 개봉 당시 "바르가스Getúlio Dorneles Vargas 독재 시기(1930~1954년) 정치권력의 불법성에 대해 간접적으로 언급하며"(Marsh, 2012: 94) 현대적 함의를 뚜렷하게 드러냈다.

사피 파이(Safi Faye, 1943~)

세네갈의 사피 파이는 사하라사막 이남의 아프리카 여성 영화제작자로서는 처음으로 상업적으로 배급된 장편영화 〈우리 마을에서 온 편지Kaddu Beykat〉(1975, 세네갈)를 감독해 국제적인 명성을 얻었다. 시골 출신인 그녀는 일찍부터 영화에 관심을 보였고, 루이 뤼미에르 영화학교Louis Lumière film School에서 영화제작을 공부했다. 그녀는 민족지학자ethnographer이자 배우기도 했다. 시네마 베리테cinéma vérité*의 선구자인 장 루슈Jean Rouch와 협력하면서 사실주의 다큐멘터리 영화제작 방식에 특히 관심을 가졌

[그림 1.14] 〈모사네〉의 스틸.

다. 〈우리 마을에서 온 편지〉는 자신의 고향 마을에서 영감을 얻어 만든 가상 다큐멘터리다. 그녀는 자신의 모든 영화가 세계 영화 무대에서 잘 조명되지 않는 아프리카 관객들을 위해 만들어졌다고 주장한다. 그리하여 파이의 영화들은 외국 관객을 위해 아프리카를 이국적으로 묘사하거나 아프리카 여성들을 수동적 피해자로 그리는 것을 피한다. 그녀는 자신의 영화제작 방식을 두고 영화제작은 혼자 하는 것이 아니라 "다른 사람들과 함께, 그들을 통해" 작업하는 세심한 과정이라고 묘사한다. 또한 "모든 사람이 능동적으로 참여하는 공동 작업"이라고 덧붙인다. "그녀의 영화 〈모사네Mossane〉(1996, 세네갈)([그림 1.14])에서는 여성의

---

* 핸드 카메라나 가두街頭 녹음 등으로 현실을 있는 그대로 그려내는 기법.─옮긴이.

영역이 중심이 되고 남성 캐릭터들은 부차적인 역할로 밀려난다"(Thackway 2003: 115). 현재 파이는 프랑스 파리에서 거주하며 작품 활동 중이다.

20세기: 여성 영화란 무엇인가? 페미니즘 영화란 무엇인가?

작가성은 한 사람의 영화에 작가로서의 고유한 인장이 찍힌다는 것을 시사하지만, 이 절에서는 여성 시네마와 여성의 발언 형식을 구성하는 것들에 대해 좀 더 폭넓게 논의할 것이다. 이를 위해서 여성 감독의 작업이 작가적 일관성을 명시적으로 충족시키는지 여부와 상관없이 좀 더 폭넓은 관점에서 살펴보려 한다. 앞 절에서 논의했듯, 여성 영화제작자들이 초기 영화사에서 핵심적인 역할을 담당했다는 역사적 증거가 점점 더 많이 밝혀졌다. 그러나 영화가 확고하게 자리 잡고 복잡한 산업이 되어가면서 다양한 맥락 속에서 여성 영화제작자들이 줄어들자 페미니스트 영화학자들은 그 이유를 묻기 시작했다. 20세기 대부분 동안 여성들은 영화 작가로서 제대로 인정받지 못했을 뿐 아니라 수적으로도 남자에 비해 적었지만, 몇몇 주목할 만한 여성 영화제작자들은 주류 영화계에 진출해 업계에서 인정받는 유명 인사가 되었다. 그들은 예외적인 사례이긴 하지만, 그럼에도 여성 영화의 저자성에 관한 논의에서 중심에 서 있다.

　고전 할리우드 시대에 메이 웨스트Mae West는 스타덤에 오르며 강력한 인물이 되었다. 그녀는 자신의 성적 욕망을 표현하는 데 두려워하지 않는 지배적인 유혹자로서 스크린 페르소나를 구축하는 것에 맞춰 도발적인 성적 내용을 담는다. 웨스트의 인기는 1934년 영화에서 노골적인 성적 내용을 금지하는 제작 강령The Production Code이 시작되면서 하락세를 보였다. 영화제작자 도로시 아즈너Dorothy Arzner와 이다 루피노Ida Lupino는 수많은 영화를 연출했으며, 남성이 지배적인 업계에서 자신의 작업에 대한 창작 통제권을 가졌다. 아즈너는 미국 영화감독조합DGA에 가입한 최초의 여성이었고, "1930년대와 1940년대 할리우드 스튜디오 시스템 전성기에 영화감독으로서 일련의 작품을 제작한 유일한 여성"이었다(Kohn & Radstone, 1990: 24). 배우로서 경력을 시작한 루피노는 1949년에 영화사를 설립했고, 1950년대 할리우드에서 감독과 제작자로 일한 유일한 여성이었다. 1995년 그녀가 사망하자 마틴 스코세이지Martin Scorsese는 그녀를 다음과 같이 묘사했다.

그녀는 비범한 재능을 가진 여성이었고, 그 재능 중 하나는 연출이었다. 배우로서 그녀의 강인하고 빛나는 감정 연기는 잘 기억되지만, 제작자로서 그녀가 이룬 상당한 성취는 대부분 잊혔다. 그래서는 안 된다. 1949년부터 1953년 사이에 그녀가 연출한 다섯 편의 영화는 도전적인 주제를 다큐멘터리와 가까운 방식으로 명료하게 다룬 주목할 만한 작품들로, 미국 영화에 독보적인 업적으로 남았다.*

* 다음에서 인용함. Christoph Huber, "Mother of all of us: Ida Lupino, the filmmaker,"

20세기 중반 세계 다른 곳에서도 여배우들은 예술적 성취를 위해 연출에 뛰어들었다. 예를 들어, 노르웨이의 에디트 칼마르Edith Carlmar, 스웨덴의 마이 세텔링Mai Zetterling, 덴마크의 보딜 입센Bodil Ipsen, 그리고 앞서 언급한 일본의 다나카가 그들이다.

1960년대와 1970년대 전 세계 각지에서는 반제국주의 혁명부터 반전 운동 및 여성 인권 운동까지 수많은 사회적·정치적 격변이 일어났고, 영화도 점점 더 노골적으로 정치화되기 시작했다. 이는 전 세계 수많은 여성 영화제작자의 작품에 반영되었다. 베네수엘라의 마르고트 베나세라프Margot Benacerraf는 주목할 만한 다큐멘터리 〈아라야Araya〉(1958)를 만들었는데, 이 영화는 베네수엘라 아라야반도의 해안에서 소금을 채취하는 노동자들의 희망이 사라져가는 현실을 다루었다. 콜롬비아에서는 마르타 로드리게스Marta Rodríguez와 호르헤 실바Jorge Silva가 여러 해에 걸쳐 노동 착취와 사회 불의를 다룬 영향력 있는 다큐멘터리 〈벽돌 제조공들Chircales〉(1972)을 제작했다. 쿠바에서는 사라 고메스Sara Gómez가 아바나의 가난한 주민들의 투쟁을 다큐멘터리와 허구를 혼합해 묘사한 〈어떤 방법으로De Cierta Manera〉(1974)로 명성을 얻었다. 이란의 영화제작자 포루그 파로흐자드Forough Farrokhzad는 나환자촌의 삶을 그린 시적이고 영향력 있는 다큐멘터리 〈그 집은 검다Khane siah ast〉(1962, 이란)를 통해 사회적 위계질서와 차별을 탐구했다. 서유럽에서는 아네스 바르다Agnès Varda

---

Cinema-Scope, https://cinema-scope.com/features/mother-of-all-of-us-ida-lupino-the-filmmaker/.

가 프랑스 누벨바그nouvelle vague*에서 남성 동료들만큼이나 중추
적인 역할을 했다. 예를 들어, 바르다의 〈5시부터 7시까지의 클
레오Cléo de 5 à 7〉(1962, 프랑스)는 알제리인들이 프랑스의 식민
통치로부터 자유를 얻기 위해 싸웠던 프랑스-알제리 전쟁을 배
경으로 파리의 보헤미안 클레오 이야기를 보여 줌으로써 서구의
특권, 여성성, 허영심, 우울 등을 탐색했다. 동유럽에서는 1968년
에 이른바 '사회주의권'에 속하는 나라들 전반에 걸쳐 사회 격변
이 일어났고, 영화는 정치적 전복의 무기가 되었다. 이런 분위기
에서 베라 치틸로바의 〈데이지꽃〉(1966, 체코슬로바키아)은 적어
도 도발적인 남성 동료들의 영화만큼이나 전복적이었다(이 영화
에 대한 자세한 분석은 이 책 6장을 보라). 소련에서는 키라 무라토
바Kira Muratova, 라리사 셰피트코Larisa Shepitko, 디나라 아사노바
Dinara Asanova 등이 당시 체제에 대해 명시적으로나 암묵적으로
비판적인 영화들을 만들었다.

그러나 여성 영화제작자들을 오직 진보적이거나 전복적인
영화제작과만 연관 짓는 것은 여성 예술가의 역할을 낭만화하는
일일 수 있다. 사실 여성들의 영화 작업이 갖는 범위와 복잡성은
여성 영화의 저자성이 필연적으로 페미니즘적이지는 않다는 것,
그리고 진보인 사회적 대의에 반드시 동조하지도 않는다는 것
을 분명히 보여 준다(이 책 5장 레니 리펜슈탈에 관한 논의를 볼
것). 뿐만 아니라 페미니즘 영화는 남성 감독이 만들 수도 있고,

* 누벨바그는 '새로운 물결'이라는 뜻으로 1950년대 후반부터 프랑스 영화계에서 일어
난 새로운 풍조의 영화운동을 말한다. 기존의 영화 작법을 타파하고 즉흥 연출, 비약적
장면 연결, 대담한 표사 등을 시도했다. ─ 옮긴이.

실제로도 자주 그렇다. 칼 테오도르 드레이어Carl Theodor Dreyer 의 〈잔 다르크의 수난La Passion de Jeanne d'Arc〉(1928, 프랑스/덴마크), 미조구치 겐지의 〈여성의 승리女性の勝利〉(1946, 일본, 다나카 기누요 주연), 윌리엄 와일러William Wyler의 〈아이들의 시간The Children's Hour〉(1961, 미국), 우스만 셈벤의 〈할라Xala〉(1974, 세네갈) 또는 토드 헤인즈Todd Haynes의 〈파 프롬 헤븐Far from Heaven〉 (2002, 미국)과 같은 작품이 그 예다. 매카시Joseph McCarthy 시대에 할리우드에서 공산주의자로 블랙리스트에 오른 남성 영화 노동자들이 만든 1954년 영화 〈대지의 소금Salt of the Earth〉(허버트 비버먼Herbert J. Biberman, 미국)은 사회주의적 페미니즘 영화에서 획기적인 작업이다. 이 영화는 자본주의적 노동 착취뿐만 아니라 자본주의적으로 구조화된 젠더 불평등에 대한 유물론적 비판을 제공한다. 영화의 주인공은 멕시코 여배우 로사우라 레부엘타스 Rosaura Revueltas([그림 1.15])가 맡았는데, 그녀는 촬영 중에 공산주의자로 낙인찍혀 추방당하고 다시는 미국에서 일하지 못했다. 〈대지의 소금〉 같은 영화들은 영화의 저자성, 더 정확하게는 감독의 젠더 정체성이 영화가 전달하는 메시지의 종류를 어느 정도 결정하고, 나아가 페미니즘 영화는 여성만이 만들 수 있다는 통념을 복잡하게 한다. 환원적인 정체성 정치에 의존하는 가정들을 피한다면, '여성' 정체성과 '페미니즘'의 의미는 항구적으로 재정의되는 사회적 구성물로서 복잡하고 유동적인 상태로 남을 수 있다. 또 다른 사례는 유고슬라비아 최초의 여성 장편영화 감독인 소피아 소야 요바노비치Sofia Soja Jovanović이다. 유고슬라비아의 뉴필름Yugoslav New Film의 혁신과 그중에서도 특히 전복적

(그림 1.15) 〈대지의 소금〉에서 에스페란사 역을 한 로사우라 레부엘타스.

이었던 검은 물결Black Wave이 한창이었을 때조차, 그녀는 (겉보기에) 정치적 내용이 결여된 고도로 대중적인 주류 코미디들을 계속 제작했다.

　　페미니즘 영화 연구에서는 종종 '여성 영화'와 '여성(들)의 시네마women's cinema'를 구별한다. **여성 영화**는 멜로드라마와 밀접하게 연관이 있고(이는 7장 장르론에서 논의할 것이다), 여성 중심적 서사를(종종 전형적인 방식으로) 다루며, 타겟 관객이 주로 여성인 영화제작 장르다. 예를 들어, 이러한 영화는 어머니와 딸 혹은 여성과 질병에 초점을 맞출 수 있다. 남성 감독들이 연출하는 경우도 많다(사실 스튜디오 영화 시대에는 거의 독점했다). 반면에 **여성(들)의 시네마**women's cinema는 일반적으로 여성이나 젠더에 관련된 이슈를 표현하는 것뿐만 아니라, 여성 저자성의 특징을 강하게 띨 때 적용된다. 많은 여성female 감독이 '여성 감독 woman director'이라는 수식어를 거절했는데, 이는 그들의 영화가 열등하거나 특정한 관객, 즉 여성들에게만 어필한다는 것을 암시했기 때문이다. '여성 감독'이라는 용어는 작품을 제한하는 꼬리표가 될 수 있으며, 이 경우 감독은 여성 집단 모두에 대해 책임을 갖는 대표자로 간주된다. 남자 감독들은 이와 같은 기대나 부담을 떠맡는 일이 드물다. 클레르 드니와 켈리 라이카트Kelly Reichardt 같은 중요한 현대 여성 작가들은 자신의 작업과 여성적 특수성을 등치시키는 일에 공개적으로 거리를 두었다. 샹탈 애커만Chantal Akerman도 마찬가지였는데, 이는 나중에 더 자세히 논의할 것이다. 그녀는 페미니즘 영화 연구에서 상징적인 인물이지만, 여성 작가로 간주되기보다 그저 작가이길 원한 것으로 유명하다.

락샨 바니 에테마드Rakhshan Bani-E'temad 같은 여성 제작자도 있다. 그녀는 종종 '이란 영화의 퍼스트레이디'로 일컬어지는데, 그녀의 영화에는 강인한 여성 주인공들이 자주 등장함에도 페미니스트 제작자로 불리기를 명시적으로 거부한다. 그러한 명칭은 서구의 관점에서 본 여성 해방의 틀로 해석될 때가 많기 때문이다.* 따라서 앞에서 언급한 바와 같이 여성 영화제작자와 페미니스트 영화제작자를 구별할 필요가 있다. 때로는 두 범주가 겹치기도 하지만, 자신을 페미니스트로 여기지 않는 여성 제작자

---

* Milos Stehlik, "Interview," www.firouzanfilms.com/HallOfFame/Inductees/ RakhshanBaniEtemad.html.

가 다수 있고, 자신을 페미니스트로 여기는 남성 제작자도 많다.

　1973년에 출간된 클레어 존스턴의 영향력 있는 논문 「대항영화로서 여성 시네마Women's Cinema as Counter-Cinema」에서 그녀는 문화가 획일적이며 여성에 대한 단순한 고정관념을 유지한다는 생각을 비판하기 위해 기호학을 사용했다. 그러한 접근방식은 "여성 영화를 위한 전략을 개발하는 데 유용할 수 있는 비평의 가능성을 차단한다"는 것이다(32). 달리 말하면, 문화를 여성을 억압하는 불변하고 동질적인 것으로 단정 짓는 것은 여성들이 지배적인 재현 코드들과 창조적으로 상호작용하고 도전할 수 있는 가능성을 부정한다. 동시에 존스턴은 영화가 진공 상태에서 만들어지지 않음을 강조하며, 영화가 고유의 도상학iconography을 개발하고 그것을 특정한 의미들과 연관시키지만, "그것을 지배하는 신화들은 다른 문화 상품들을 지배하는 신화와 다르지 않고, 한 사회의 모든 문화 시스템에 영향을 미치는 표준적인 가치 체계와 연결되어 있다"라고 말한다. 그녀의 분석에서 고정관념이란 시간이 지나면서 자연화되는 문화적 신화다. 존스턴은 예술영화art cinema가 여성을 묘사하는 데 있어 주류 영화보다 더 진보적이라고 보는 단순한 이분법에 반대하면서, 예술영화는 성차별적 저의가 예술이라는 보호막 아래 숨겨질 수 있기 때문에 종종 더 문제적인 매체가 된다고 주장한다. 예술영화는 주류 영화보다 덜 신화적이고 덜 멜로드라마틱해 **보이고**(즉 고정관념에 덜 의존하고) 리얼리즘의 관습에 더 많이 의존한다. 바로 그 리얼리즘의 외양 덕택에 예술영화는 여성성과 여성의 섹슈얼리티에 대한 신화를 강화하는 방식을 감출 수 있다. 이런 맥락에서 존스턴은 작가 이론을 받아들인다. 그것은 할리우드의 규범이 아니라 특정 작가의 특이성에 기반한 주류 영화를 해석할 때 특권을 부여하기 때문이다. 그녀는 주류 영화의 명백함에는 도상icon과 신화 사이의 연결 고리를 재구성하거나 재전유해 여성의 묘사가 의지하는 가부장적 전제들을 교란할 수 있는 더 큰 잠재력이 존재한다고 주장한다. 예를 들어, 존스턴은 아즈너의 영화 〈댄스, 걸, 댄스Dance, Girl, Dance〉(1940, 미국)를 논하면서, 여성 댄서가 응시의 대상이 되는 것을 거부하고 자신을 비웃는 관객을 정면으로 바라보는 순간을 강조한다. 관객들의 관음증을 고발하는 그녀의 열정적인 연설은 남성의 시선과 스펙터클화되는 여성 신체에 대한 비판으로서 영화적 내러티브 속에 담긴다. 존스턴은 이것을 아즈너가 여성의 시선을 영화에 새겨 넣는 방법을 반영한 것이자, 주류 할리우드에 반기를 드는 사례로 본다.

존스턴은 모든 영화가 "최종 분석에서는 경제적 관계 체계의 산물이 된다"(36)라고 주장하면서 마르크스주의적 접근법을 취한다. 우리는 이러한 이해 속에서 전복의 가능성을 찾고, 예술에 변화를 촉구할 책임을 불어넣어야 한다. 할리우드 여성 제작자들의 작품을 면밀히 조사한 존스턴은 다소 논쟁의 여지가 있기는 하지만 다음과 같은 사실을 확인한다. "메이 웨스트의 페르소나는 전적으로 성차별적 이데올로기와 일치한다. 그것은 현존하는 신화를 전복하지 않고 오히려 강화한다"(34). 한편 존스턴은 아즈너와 루피노의 영화들이 텍스트 자체에서 성차별적 이데올로기를 전복하고 여성 시네마가 가진 잠재력을 성찰한다는 것을 발견한다. 이 두 감독에 주목한 존스턴은 할리우드 영화 안에 전복의 가능성이 있으며, 여성 시네마가 어떻게 변혁적인 대항 시네마로 작용할 수 있을지 더 잘 이해하기 위해서는 페미니즘 영화 연구가 그 가능성을 파악하는 일에 더 많은 노력을 기울여야 한다고 제안한다.

존스턴은 여성 저자(성)라는 사실만으로 사회적 조건에 관한 진실을 드러내거나 나아가 페미니즘 비평으로 기능할 수 있다는 생각을 거부한다. 오히려 항상 이데올로기가 내재해 있는 영화적 도구들을 사용해 영화 텍스트 안에서 새로운 의미를 적극적으로 만들어야 한다. 이를 위해서 여성 영화는 (이데올로기를 벗어날 수 없는) 객관적 진실을 단순히 '기록'하는 것이 아니라, 현실에 개입해 새로운 의미와 해석을 부과해야 한다. 더욱이 오락과 정치 사이에 선을 긋지 않고 이 둘을 결합함으로써 그렇게 해야 한다. 작가 이론이 영화 예술가로서의 감독을 유럽의 예술영화 감독만이 아니라 할리우드 감독도 포함하도록 확장시켜 이해했듯이, 존스턴의 에세이가 페미니스트 작가 이론과 관련해 기여한 중요한 점은 일반적으로 여성 저자나 페미니스트 성향과 연관되지 않는 할리우드 고전 시대의 전성기에도 페미니스트 여성 감독을 찾을 수 있음을 확실히 한 것이다.

1970년대에는 여성 해방 운동이 발전하고 페미니즘 영화 이론이 영향력 있는 학문 분야로 부상하면서 **시네페미니즘** cinefeminism과 **페미니즘 작가**feminist auteur가 등장했다. 이는 샹탈 애커만에게서 가장 두드러지는데, 그의 대표작 〈잔느 딜망Jeanne Dielman, 23, Quai du Commerce, 1080 Bruxelles([그림 1.16])〉은 1975년 칸영화제에서 초연된 후 지속적인 영향을 미쳤다. 이 영화는 세

[그림 1.16] 〈잔느 딜망〉의 스틸.

시간이 넘는 상영 시간 동안 요리하고 청소하며 어머니로서의 의무를 다하고 또 성노동자로서 돈을 버는, 주인공의 평범한 3일간의 일상을 그린다. 여성 시네마 개념이 페미니즘 영화학을 하나로 묶어 주는 구심점이 되면서 여성의 미학이나 여성적 미학이라는 것이 존재하는지, 또는 카메라 뒤 여성의 존재를 드러낼 수 있는 시각적 표식과 같은 것이 있는지 여부도 중요해졌다. 테레사 데 라우레티스Teresa de Lauretis는 "여성의 미학이나 여성적 미학이 있는지, 혹은 여성 시네마 특유의 언어가 있는지를 묻는 것은 여전히 주인의 집에 붙잡혀 있는 것이다"라고 주장했다(1985: 158). 다른 말로 하면, 그녀는 여성적 주체성과 경험을 진실하게 표현할 수 있는 공간을 찾기 위해서 우리가 이미 아는 영화 언어, 즉 주인의 집으로부터 어떻게든 벗어나야 하는 것은 아닌지 묻는다. 그녀는 전통적 영화 코드와 다른 방식으로 이미지, 몸짓, 경험을 그려내면서 전-미학pre-aesthetic을 전달하는 여성 시네마의 예시로 〈잔느 딜망〉에 관해 논한다. 앞서 언급한 일상의 지루함, 반복적인 일, 집안일 등 일상적인 모티브는 지극히 평범해서 지금까지 대형 스크린에 많이 등장하지 않았던 상황을 전-미학의 영화적 묘사로 표현하려고 노력한 것이라 할 수 있다. 특히 데 라우레티스는 이러한 미학적이고 형식적인 구조성은 "관객의 젠더와 상관없이"(161) 관객을 여성으로서 대한다고 이해한다. 이를 통해 데 라우레티스는 여성 시네마를 여성 제작자뿐만이 아니라 여성 관객까지 우선으로 전제하는, 여성을 **위한**, 여성에 **의한** 영화로 이론화한다.

1970년대와 1980년대에 페미니즘 영화, 특히 페미니즘 다큐멘터리(그중 일부는 5장에서 논할 것이다)는 제2물결 페미니즘과 여성 시네마에 있어서 매우 중요한 행동주의적 실천이 되었다. 예를 들어, 리지 보든Lizzie Borden의 〈불꽃 속에 태어나서Born in Flames〉(1983, 미국)는 후에 교차성 페미니즘intersectional feminism으로 알려지는 흐름의 주요 특징을 보여 주는데, 이는 성 불평등을 동성애 혐오, 인종 차별, 계급주의를 포함한 다른 중첩된 권력 구조와 교차하는 차별의 한 형태로 보는 행동주의를 말한다. 데 라우레티스는 〈잔느 딜망〉과 마찬가지로 〈불꽃 속에 태어나서〉도 관객을 여성으로 설정하지만, '여성'이라는 범주 안에서도 개개인의 인종, 계급, 섹슈얼리티를 따라 각기 다르게 새겨진 차이들을 직면하게 하는 방식으로 접근한다고 지적한다. 〈불꽃 속에 태어나서〉는 대안적 현실을 상상하는 다큐 픽션/SF 혼성물인데, 그 안에서 미국은 사회주의적 민주주의 국가이며, 다양한 풀뿌리 페미니스트들과 LGBTQ 그룹이 가부장제, 이성애 규범성, 인종주의가 교차하는 강력한 지점을 겨냥해 게릴라 활동을 한다. 데 라우레티스는 이 영화의 단편적인 성격과 해결되지 않은 결말이 여성들 간의 차이를 포용하도록 만든다고 결론짓는다. 이 차이는 고정된 정체성, 즉 "여성Woman이란 이름으로 모든 여성이 갖는 동질성이나 쉽게 이용할 수 있는 일관된 이미지로서의 페미니즘으로 무화될 수 없다"(168). 여성들이 연대해 빈번하게 정치적 개입을 하는 가운데, 〈잔느 딜망〉과 〈불꽃 속에 태어나서〉 간의 차이는 어떠한 경험(백인, 중산층, 이성애자)이 어떻게 다른 경험(비백인, 하층 계급, 퀴어)보다 이데올로기적으로 특권을 갖는지를 설명하는 데 사용될 수 있다. 〈불꽃 속에 태어나서〉가 시사하듯, 페미니스트 정치 연합은 그러한 경향을 고치기 위해 노력하며 고군분투한다.

좀 더 최근에는 앨리슨 버틀러(Alison Butler 2002)가 여성 시네마가 점점 대항 영화보다는 소수 영화로 나타난다고 주장했다. 들뢰즈와 펠릭스 가타리Félix Guattari는 소수 문학을 지배적인 다수의 언어로 쓰인 소외 집단의 문학으로 이론화했는데, 그녀는 이 이론으로부터 소수 영화 개념을 발전시킨다. 영화와 관련해 쓰일 때 이 용어는 소외된 집단이 자신의 이야기를 전달하기 위해 그들이 창조한 것이 아닌 지배적인 영화 언어를 사용한다는 것을 함축한다. 버틀러는 "모든 것이 정치적이라는 감각, 모든 것이 집단적 가치를 갖게 되는 경향"(20)과 함께 여성 영화에도 존재하는 소수 문학의 세 가지 주요 특징, 즉 전치displacement, 박

탈dispossession, 탈영토화deterritorialization를 추적한다. 버틀러는 이
러한 접근법이 여성 시네마의 개념을 정립할 때 '여성'을 하나의
정체성으로 이해하는 본질주의를 피할 수 있도록 한다고 주장한
다. "여성 시네마가 상상하는 공동체는 여성 시네마에 속하는 영
화들만큼이나 많고 다양하며, 각각은 고유한 역사적 순간에 연
루되어 있기"(21) 때문이다. 소수 영화는 또한 아방가르드 영화
와 주류 영화 사이의 이분법뿐만 아니라 저항적인 영화제작과
반동적인 영화제작 사이의 이분법도 피할 수 있게 도와준다. 여
성 시네마를 소수 영화로 이해하게 되면 형식과 내용 모두 저항
적인 정치적 성향을 따라야 한다는 부담을 덜 수 있다.

　20세기 후반에는 여성 저자들이 문화적으로 더욱 두각을 나
타냈다. 논의한 대로 애커만은 영화계의 아이콘이 되었고, 포터
는 1979년에 획기적인 페미니즘 영화 〈스릴러Thriller〉(영국)를 만
들었으며, 무엇보다도 1992년에 성별이 변해가는 것을 다룬 〈올
랜도Orlando〉(영국)를 연출했다(포터에 대해서는 3장과 6장에서도
논의할 것이다). 제인 캠피온Jane Campion은 특히 〈피아노The Piano〉
(1993, 뉴질랜드)로 세계 최고 권위를 가진 영화상인 칸영화제
황금종려상을 수상한 최초의 여성 감독이 되었다. 이 시기에는
줄리 대시Julie Dash 또한 자신의 가장 영향력 있는 작품인 〈환영
Illusions〉(1982, 미국)과 〈먼지의 딸들Daughters of the Dust〉(1991, 미
국)을 만들었다. 후자는 아프리카계 미국인 여성이 연출해서 미
국에서 극장 배급이 된 최초의 장편영화였으며, 최근에는 비욘
세Beyoncé의 비주얼 앨범visual album 〈레모네이드Lemonade〉*(2016,
미국, 이 책 4장을 보라)에 영향을 준 작품으로 다시 주목받았다.

이 시기에 (〈불꽃 속에 태어나서〉에도 출연했던) 캐스린 비글로Kathryn Bigelow는 스토커를 주제로 한 〈블루 스틸Blue Steel〉(1989, 미국)과 같은 스릴러와 액션영화를 연출하며 호평을 받았다. 그녀의 명성은 2009년에 절정에 달했으며, 〈허트 로커The Hurt Locker〉(미국)로 아카데미 감독상을 수상한 최초의 여성이 되었다. 이 영화는 작품상도 수상했다. 다른 장르에서는 1990년대에 들어 노라 에프론Nora Ephron과 같은 제작자가 여성 영화의 대중적 변종인 이른바 '칙플릿 영화chick flick'로 명성을 날렸다. 그녀의 영화 중 잘 알려진 작품으로는 〈시애틀의 잠 못 이루는 밤Sleepless in Seattle〉(1993, 미국)과 〈유브 갓 메일You've Got Mail〉(1998, 미국)이 있다.

---

* 미국인 가수 비욘세의 여섯 번째 정규 앨범이자 그녀의 두 번째 비주얼 앨범이다. 앨범 전체가 한 시간 분량의 영화로 제작되어 공개되었다. ─ 옮긴이.

사례 연구

리나 베르트뮐러(Lina Wertmüller, 1928~)

/

리나 베르트뮐러는 매우 다작을 하는 이탈리아의 시나리오 작가이자 감독이며, 영화 〈세븐 뷰티스Pasqualino Settebellezze〉 (1975, 이탈리아)로 아카데미 감독상 후보로 지명된 첫 번째 여성이다. 그녀는 페데리코 펠리니Federico Fellini의 〈8½〉(1963, 이탈리아)에서 조감독으로 일한 뒤, 1960년대에 감독 경력을 시작했다. 1970년대에 이르러서야 감독으로서 진정한 국제적 명성을 얻었는데, 앞서 언급한 〈세븐 뷰티스〉, 〈미미의 유혹Mimì metallurgico ferito nell'onore〉(1972, 이탈리아), 〈사랑과 무정부Film d'amore e d'anarchia, ovvero stamattina alle 10 in via dei Fiori nella nota casa di tolleranza…〉(1973, 이탈리아), 〈귀부인과 승무원Travolti da un insolito destino nell'azzurro mare d'agosto〉(1974, 이탈리아) 등이 이 시기의 작품이다. 그녀는 독특하고도 그로테스크한 영화 스타일을 창조했고, 유머와 비극뿐 아니라 섹스와 폭력을 혼합한 도발적인 작품을 많이 보여 주었다([그림 1.17]).

베르트뮐러의 영화들에는 젠더 외에도 사회계급에 대한 관심이 빈번하게 스며들어 있으며, 종종 개인과 마르크스주의/사회주의 정치 사이의 관계를 탐구하기도 한다(Russo Bullaro, 2006). 베르트뮐러는 영화에 그로테스크한 외모를 한 여성들을 자주 등장시켰고, 당연하게도 이러한 경향은 페미니스트 비평가들에게 주목을 끌었다. 이러한 특징은 여러 다른 방식

[그림 1.17] 리나 베르트뮐러의 〈사랑과 무정부〉.

으로 해석될 수 있지만, 클라우디아 콘솔라티Claudia Consolati에 따르면, 적어도 어느 정도까지는, "이 기형적인 여성 캐릭터들이 주류 가부장 질서와 여성성을 제한하고 대상화하는 관념들을 전복하는 것으로 간주될 수 있다"(2013: 40). 예를 들어, 〈세븐 뷰티스〉에는 여자들만 사는 가정에서 자란 파스콸레라는 이탈리아 남자가 나오는데, 제목인 '세븐 뷰티스'가 그의 별명에서 나왔을 정도로 바람둥이다. 제2차 세계대전 중 그는 부대를 탈영했다가 결국 독일 강제수용소에 들어간다. 이 수용소는 가학적인 한 독일 여성이 운영했는데, 파스콸레는 살아남기 위해 그녀를 유혹하려 한다. 베르트뮐러의 영화는 나치 죽음의 수용소에서 높은 지위에 있는 여성 인물을 제시함으로써, 여성을 전시의 수동적인 희생자로만 생각하는 통념에 이의를 제기한다. 여기에서 여성들은 나치의 이데올로기에 적극적 참여하며 전적으로 동조한다. 그들은 집단 학살 계획을 수행하는 데 도움을 주며, 수용소 지휘관과 파스콸레 사이의 역학 관계에서는 전통적인 젠더 역할이 완전히 뒤바뀐다.

보고 토론하기

리나 베스트뮐러의 영화들

/

1. 베르트뮐러와 같은 인물이 앞에서 논의한 작가주의에 대한 규범적인 가정들에 어떻게 도전할 수 있는가?
2. 그녀의 작품은 소수 영화의 사례로 볼 수 있는가?
3. 베르트뮐러를 페미니스트 영화제작자로 생각해야 하는가?
4. 1977년 베르트뮐러가 획기적으로 오스카 감독상 후보가 된 이래로, 오직 네 명의 여성만이 (2018년을 기준으로) 같은 부문 후보에 올랐다. 이들이 누구인지 찾아보고 그들의 작품을 아는지 살펴보자.

활동

/

〈짧은 만남Brief Encounters〉(키라 무라토바, 1967, 소련)과 〈잔느 딜망〉을 감상해 보자. 이 두 편의 중요한 영화는 두 가지 서로 다른 정치·사회적 환경에 처해 있는 여성들에 초점을 맞춘다. 둘 다 상징적인 여성 제작자들의 작품이다. 두 영화가 여성 시네마로서 기능하고 여성 문제를 표현하는 방식에 있어서 비슷한 점은 무엇이고 다른 점은 무엇인가? 두 영화는 가사노동과 여성의 일을 어떻게 다루는가? 영화의 형식은 각 영화가 보여 주는 페미니즘 정치와 관련해 어떤 역할을 하는가? 영화 속에서 여성들은 정치적 주체로서 어떤 위치에 있는가(혹은 있지 않는가)?

페미니즘, 그리고 뉴밀레니엄의 저자성

새천년이 되었지만 여성이 주류 영화 산업에 참여하는 일은 구조적인 불평등으로 인해 계속 제약을 받는다. 여전히 세계 영화 산업을 지배하는 할리우드에서, 여성 제작자들은 기획을 승인받고 자금을 얻는 데 빈번하게 어려움을 겪는다. 설령 그들이 할리우드에서 연출 기회를 얻는다고 해도, 구조적·물질적 요인들의 제약 때문에(가장 중요한 것은 영화제작이 돈이 많이 드는 과정이라는 점이다) 한 편 이상의 장편영화를 만들기가 어렵다. 이러한 제약은 남성보다 여성, 특히 소수자 그룹 여성에게 더 불리하게 작용한다. 아넨버그Annenberg 커뮤니케이션 및 저널리즘 스쿨이 발표한 영화와 드라마 시리즈물의 포용성과 다양성에 관한 2016년 보고서에 따르면, 2014년에 개봉한 영화를 조사한 결과 109편의 표본에서 전체 감독 중 3.4%만이 여성이었다고 한다. 게다가 인종과 민족의 경우, 감독의 87.3%가 백인인 반면 12.7%는 소수 집단에 속했다(이 보고서는 인종과 젠더를 교차 적용해 조사하지 않았다).**

이러한 상황은 세계 다른 지역의 주류 영화 산업에서도 크게 다르지 않다. 예를 들어, 인도 영화에 관한 최근의 한 연구에 따르면 열 명의 감독 중 한 명만이 여성인 것으로 나타났다.** 힌디어 영화는 "존경받는 유명한 여성 제작자들의 풍요로운 역사"를 갖지만, 여전히 남성 제작자들에 비해 수적으로 훨씬 열세다.*** 세계에서 가장 많은 작품을 제작하는 곳 중 하나인 나이지리아의 놀리우드Nollywood는, 여성 감독이 소수이긴 하지만 영향력 있는 인물로 활약해 왔다. 제작자이자 아마카 이그웨 스튜디오의 설립자인 아마카 이그웨Amaka Igwe는 비디오 시대에 놀리우드 영화의 질을 향상한 공로를 크게 인정받았다. 그리고 '변화를 위한 소통Communicating for Change'의 창립자이자 활동가, 제작자인 산드라 음바네포 오비아고Sandra Mbanefo Obiago가 있다. 한국에는 임순례가 있는데, 코리아 뉴웨이브의 한 축을 담당하는 몇 안 되는 여성 중 하나다. 그녀는 〈아름다운 생존: 여성 영화인이

---

* Eric Deggans, "Hollywood has a major diversity problem, USC study finds," www.npr.org/sections/thetwo-way/2016/02/22/467665890/hollywood-has-a-major-diversity-problem-usc-study-finds.

** "'인도 영화의 젠더 재현'에 관한 연구는 인도에서 열 명의 감독 중 오직 한 명만이 여성이라는 것을 발견했다." www.dnaindia.com/entertainment/reportonly-1-in-10-directors-in-india-are-women-finds-study-on-gender-representation-in-indian-films-2178976.

*** Mehrotra, S., "Is 2016 the year of the female directors in Bollywood?" www.filminquiry.com/2016-year-female-director-bollywood/.

말하는 영화Keeping the Vision Alive〉(2002)라는 중요한 다큐멘터리를 만들었는데, 이 영화는 번영하는 한국 영화 산업에서 여성 영화 노동자들이 겪는 어려움들을 다룬 영화다. (이 다큐멘터리는 앞서 언급한 한국 최초의 여성 감독 박남옥에 대한 오마주이기도 하다.)

20세기 후반과 21세기 초반, 젠더, 성차性差, 섹슈얼리티, 인종, 계급, 민족, 국가 정체성과 관련된 비판 이론이 확산되면서, 이러한 범주들이 영화와 어떻게 상호작용하는지에 대한 새로운 이해가 생겨났다. 무심코 서구 백인 여성을 중심 연구 대상으로 삼았던 페미니즘 영화 연구의 고전적 패러다임은 스크린에 반영되는 페미니즘 정치의 범위를 확장하기 위해 변화한다. 예를 들어, 교차성 페미니즘이 젠더가 인종 및 구조적 권력(혹은 그것의 결여)과 어떻게 상호작용하는지 확인하려 했다면, 퀴어 이론은 많은 페미니즘 기획의 암묵적인 이성애 규범성에 이의를 제기했다. 이 두 시각을 결합한 중요한 영화가 셰릴 더니Cheryl Dunye의 〈워터멜론 우먼The Watermelon Woman〉(1996, 미국)이다. 이 영화의 스토리와 자기 반영적 구조는 영화사에서의 화이트워싱whitewashing*과 이성애 규범성에 대한 신랄한 비판을 제공한다. 주인공 셰릴은 아프리카계 미국인 레즈비언으로, 스튜디오 시대에 전형적인 '유모' 역할을 연기했지만 크레디트에는 오직 '수박 여인'으로만 표시된 잊혀진 할리우드 여배우에 대한 영화

---

* 화이트워싱 혹은 백색화, 영화에서 백인이 아닌 캐릭터인데도, 백색 인종 배우를 캐스팅하는 것.─옮긴이.

를 제작할 계획을 세운다. 셰릴의 영화 프로젝트는 영화제작에 관한 영화라는 서사를 통해 체계적으로 소외된 인물의 예속된 역사를 회복하고자 하는 교차성 페미니스트 역사기록학의 한 실험이다(이 영화에 대한 좀 더 알고 싶다면 6장을 볼 것).

최근에는 **초국가적 페미니즘**transnational feminism이 점점 더 글로벌화되는 세상에서 국가 개념이 제한적이고 한정적인 범주로 작용한다는 것을 문제 삼았다. 전쟁, 이민, 식민주의, 망명 때문에 거주 중인 국민국가와 자신의 정체성을 동일시하지 않는 경우가 많을 뿐 아니라 많은 사람이 다양한 국가와 문화 사이에 존재한다고 느낀다. 영화제작에서 이것의 의미는 개별 영화가 국가 영화nation cinema 혹은 민족 영화national cinema라는 개념으로 이해하는 게 최선이 아닐 수 있다는 것이다. 초국가라는 개념은 국가를 넘어선 전 지구적 해석의 틀 아래에서 움직이는 권력/지식의 구조와 흐름이라고 설명할 수 있다. 이제 저자성은 젠더, 성정체성, 인종, 민족적·국가적 배경 등 지금까지 당연하게 여겨졌던 범주들이 재고되고 흔들려야 함을 의미한다. 마르치니아크Katarzyna Marciniak, 임레, 오힐리Áine O'Healy는 "초국가적 페미니즘 매체 연구는 포스트 식민 이론에서 활동하는 페미니스트들의 글쓰기로 그 가능성이 입증된 학제 간 연구와 교차성을 바탕에 두며, 이는 통약 불가능성, 반反헤게모니적인 해석, 진술 방식 등의 쟁점들과도 관련되어 있다"라고 주장한다(2007:11-12). 단순히 국가와 '동일시하지' 않는 것을 넘어 여성, 인종, 성 소수자, 장애인 등 지배적인 국가 문화를 대표한다고 볼 수 없는 경험을 지닌 영화제작자들이 초국가적 페미니즘 작품을 많이 제작한다.

『중국 여성(들)의 시네마Chinese Women's Cinema』 서문에서 왕링전 Wang Lingzhen은 여성 제작자의 작품을 논의할 때 그들을 "일괄적 으로 묶지" 않는 것이 중요하다고 강조한다. 하나로 묶어 버리는 것은 "세계 여성들의 고유한 사회경제적·역사적 경험들을 배제 하는 보편적 본질주의로" 이어지기 때문이다(2011:10). 왕링전은 그 대안으로 초국가적 페미니즘의 틀을 채택하는데, 이를 통해 페미니즘 기획은 지역의 특수성과 복잡성을 시야에서 놓치지 않 으면서도 점점 더 상호 연결되고 글로벌화되는 세상에서 자신의 역할을 자리매김할 수 있다. 지역적 특수성에 대한 관심은 왕링 전이 "30년간 이어진 국가 사회주의 페미니즘 이후, 포스트 사회 주의 중국에서 서구의 영화 페미니즘이 여성 시네마 발전에 큰 역할을 하지 못했던 이유"를 설명하는 데 도움을 주었다(16). 따 라서 중국의 여성 시네마를 논의할 때 이러한 지적 전통의 차이 를 인정해야 할 필요가 있다. 예를 들어, 궈샤오루(郭小櫓, Xiaolu Guo)의 영화 〈그녀, 중국인She, a Chinese〉(2009, 영국/중국)은 단 순히 서구 페미니즘의 전통에서 해석할 수는 없다. 중국의 포스 트 사회주의의 고유한 주제, 특히 글로벌화의 흐름이 젊은 여성 들의 삶과 전망, 다가올 기회에 어떤 영향을 미치는지 다루기 때 문이다. 영화와 페미니즘에 대한 초국가적 접근은, 전 세계의 페 미니즘과 여성 영화의 역사를 단일하게 이해하는 함정을 피하는 데 효과적으로 도움을 준다.

하미드 나피시가 디아스포라 유랑 영화제작을 설명하기 위 해 **악센트 영화**accented cinema(2001, 3장을 참조할 것)라는 용어를 사용한 것노 초국가 개념과 밀접하게 관련이 있다. 이주, 이동,

혼종적 민족, 국가 정체성 등이 점점 더 많은 사람의 경험을 규정한다면, 영화 역시 이러한 경향을 주제나(예를 들어, 〈바벨Babel〉(알레한드로 곤잘레스 이냐리투Alejandro González Iñárritu, 2006, 미국) 같은 영화) 저자성 자체에 반영한다. 후자는 디아스포라 혹은 망명의 삶을 살아가는 제작자들이 종종 그러한 삶의 시각을 반영하는 영화를 만드는 데서 잘 드러난다. 인도계 캐나다인 디파 메타Deepa Mehta(〈파이어Fire〉(1996), 〈물Water〉(2005)), 인도계 미국인 미라 네어Mira Nair(〈미시시피 마살라Mississippi Masala〉(1991)), 이란계 미국인 시린 네샤트Shirin Neshat(〈남자 없는 여자Women Without Men〉(2009)), 애나 릴리 아미르푸르(〈밤을 걷는 뱀파이어 소녀〉(2014), 〈더 배드 배치The Bad Batch〉(2016)), 영국계 나이지리아인 응고지 온우라Ngozi Onwurah(〈커피색 아이들Coffee Colored Children〉(1988), 〈몸 아름다운The Body Beautiful〉(1991)) 등이 그 예다. 이틀은 트레이시 모팻Tracey Moffatt 같은 원주민 제작자들에게까지 확장될 수 있다. 예를 들어 그의 영화 〈피부색이 좋은 소녀들 Nice Colored Girls〉(1987)과 〈밤 울음소리: 시골의 비극Night Crys: A Runrical Carity〉(1990)은 호주가 원주민과 그들의 문화유산 및 전통을 잘못된 태도로 대한 것이 오늘날 어떤 결과를 초래했는지 다룬다(모팻과 온우라는 모두 6장에서 좀 더 논의할 것이다). 영화가 하나의 언어라면, 이 제작자들은 말 그대로 악센트가 섞인 영화를 '말한다.' 즉 이들의 영화는 지배적인 영화 언어와 맺는 관계를 성찰하고 이것은 곧 번역 행위이기도 하다. 자신들의 관심을 형식적으로, 서사적으로 구성하는 다양한 방식들을 피력한다.

악센트 영화는 포스트 식민주의 패러다임하에서 각광받았고, 비서구 문화를 지배적인 서구적 관점에서 재현해 온 것을 복구하려는 탈식민적 관점을 강조한다. 일부 이론가들은 "탈"식민적 시각이 중요하긴 하지만, 식민 권력의 지배가 이미 지난 과거의 일이라고 너무 서둘러서 암시하는 경우가 많다고 지적한다. 엘라 쇼해트Ella Shohat와 로버트 스탬Robert Stam은 영향력 있는 저서 『유럽 중심주의 버리기Unthinking Eurocentrism』에서 '포스트 식민'은 "식민주의가 끝났음을 암시함으로써 현재 남아 있는 식민주의의 변형된 흔적들을 감춘다"(1994: 40)고 지적했다. 다른 한편으로, 탈식민적 시각은 오늘날에도 계속되는 (신)식민 권력 역학의 변형된 흔적과 숨겨진 경로를 파악하고자 한다. **탈식민 페미니즘**decolonial feminism은 인종, 섹슈얼리티, 젠더 등의 개념이 식민적/자본주의적으로 형성되면서 어떤 범주적이고 위계적인 논리를 갖는지 폭로한다(Lugones, 2010). 이러한 틀 아래서, 젠더는 그 자체로 지배 문화가 식민 통치를 통해 피지배 문화에 부과한 식민적인 범주로 취급된다. 페미니즘 영화의 저자성을 구성하는 요소와 여성 제작자들이 전 세계의 다양한 지역적 맥락에서 차지하는 서로 다른 역할 및 사회적 지위를 고려할 때, 이 틀을 염두에 두어야만 한다. 예를 들어, 이슬람과 여성이라는 쟁점을 논의할 때, 이는 특히 민감한 주제가 된다. 초국가적이고 탈식민적인 페미니즘의 틀은 다수의 이슬람 국가에서 여성 제작자들이 의심의 여지없이 본질적으로 억압받는 위치에 있다고 규정하는 것에 저항하도록 돕는다. 이는 이 문제에 대한 지배적이면서 단순화된 접근법으로 서구의 이슬람 혐오적 편견을 조장해 왔다.

사례 연구

〈칠판Blackboards〉

(사미라 마흐말바프Samira Makhmalbaf, 2000, 이란)

/

퍼트리샤 화이트는 『여성 시네마, 세계 시네마Women's Cinema, World Cinema』에서 여성 작가와 국가 영화 사이의 불편한 관계에 대해 언급한다. 그녀는 "오늘날 영화를 만드는 여성들이 페미니즘에 대해 어떤 태도를 갖는다고 공언하건 간에, 그들은 유럽 중심주의와 할리우드 헤게모니를 대체하면서 젠더, 정치, 장소, 미래 사이의 새로운 관계들을 구상한다"라고 주장한다(2015: 27). 화이트의 사례 연구는 아르헨티나의 루크레시아 마르텔Lucrecia Martel이나 이란의 사미라 마흐말바프처럼([그림 1.18]) 2000년 이후 영화계에서 활동하는 전 세계의 탁월한 여성 제작자들을 두루 포함한다. 두 여성 모두 국제적으로 상당한 예술적 인정을 받았으며, 특히 전 세계 여성 제작자들의 작품이 소개될 기회를 제공하는 주요 장소가 된 영화제에서 두각을 나타냈다. 예를 들어, 마르텔의 〈머리 없는 여인 The Headless Woman〉(2008, 아르헨티나)은 칸 영화제 경쟁 부문에서 상영되었고 다른 국제 영화제에서도 여러 번 수상했다. 마흐말바프는 〈칠판〉과 〈오후 5시At Five in the Afternoon〉(2003, 이란)로 칸영화제에서 두 번이나 심사위원상을 받았다. A급 국제 영화제에서 인정받은 그들은 21세기 세계 영화의 탁월한 페미니스트 작가로 자리매김했다.

[그림 1.18] 다큐멘터리 〈사미라 마흐말바프는 어떻게 〈칠판〉을 만들었는가〉 (마이삼 마흐말바프Maysam Makhmalbaf, 2000)에서 〈칠판〉의 세트에서 연기를 지도하는 사미라 마흐말바프.

마흐말바프는 오늘날 이란 영화계에서 가장 탁월한 감독 중 한 명이다. 그녀는 제작자 집안 출신이다. 아버지인 모흐센 마흐말바프Mohsen Makhmalbaf도 탁월한 감독으로, 그는 딸들에게 주어지는 교육 기회에 만족하지 못해 집에서 영화 학교를 시작했다. 사미라의 여동생 하나Hana와 새어머니 마르지예 메쉬키니Marzieh Meshkini 모두 마흐말바프 필름 하우스Makhmalbaf Film House라는 레이블로 작품을 제작했으며, 여기서 작업한 모든 영화는 공동 제작 방식을 채택했다. 마흐말바프는 18세에 데뷔작 〈사과The Apple〉(1998, 이란)가 '주목할 만한 시선' 프로그램에서 상영되면서 칸영화제에서 작품을 상영한 역대 최연소 감독 중 한 명이 되었다. 이 영화에 이어 그녀는 국경과 가정, 인간의 노동이 지닌 본성에 대한 초국가적 고찰을 담은

〈칠판〉을 만들었다. 쿠르드어 대사로만 이루어진 이 영화는 이라크와 이란 사이 산악 국경 지대 어딘가를 도보로 여행하는 쿠르드족 교사들을 따라간다. 일거리를 찾아 험준한 국경 지대를 헤매는 모습 등 영화의 서사에는 난민 집단의 무국적성이 깊숙이 박혀 있다. 이 영화는 주거와 경제적 안정에 대한 기본적인 요구가 충족되지 않는 사람들에게 교육을 강요하는 순회 교사들의 아이러니를 분명하게 드러낸다. 예를 들어, (쿠르드계 이란인 감독인 바흐만 고바디Bahman Ghobadi가 연기한) 교사 리부아르는 이란-이라크 국경을 가로질러 밀수품을 나르면서 운반책으로 일하는 쿠르드족 아이들에게 알파벳을 가르치려고 필사적으로 노력한다. 삶이 항상 위험에 처해 있는 아이들에게 읽기와 쓰기는 거의 소용이 없다. 영화의 제목인 칠판은 교육용 도구로서의 역할만 빼고 거의 모든 기능을 한다. 공중에서 감시하는 국경 순찰대로부터 교사들을 숨기는 위장막이 되어 주고, 주거 공간을 만들어 주는 벽, 빨래를 너는 지지대, 즉석 결혼식에서 사용되는 가벽으로 쓰이다 결국에는 아이의 상처에 대는 부목으로 사용하기 위해 부서진다. 이 영화 속 유일한 여성 인물은 어린 아들과 연로한 아버지를 데리고 여행하는 여성인데, 그녀는 현실적인 필요 때문에 교사 중 한 명과 결혼한다. 그녀는 이 영화에서 가장 완고하고 독립적인 인물이기도 하다. 교사는 그녀와 결혼하면 제자를 얻게 되리라 희망하고, 그녀에게 "사랑해I love you"라는 구절을 읽도록 끈질기게 가르친다. 여기서 유머는 안정과 안전이 결여된 사람들에 대한 어두운 묘사와 대비되며 긴장감을 조성한다(쿠르드족은 역사적으로 이라크로부터 화학 공격을 당하는 등 박해를 받아 왔으며, 국제 분쟁이 남긴 지뢰가 가득한 국경 지역을 주로 점유한다). 이 여성을 포함한 일행은 계속되는 총격과 화학 폭격에 시달리다가 안개가 자욱하지만 평화로운 장소, 문자 그대로이면서 상징적인 장소이기도 한 아무도 살 수 없는 땅no man's land에 도착한다. 아마도 화학물질의 영향이겠지만 일행 중 몇몇은 이곳이 집home이라고 선언한다. 결국 이 영화가 말하는 바는 쿠르드인들처럼 조직적으로 박해를 받아온 사람들에게는 사실상 집이 불가능하다는 것이다.

보고 토론하기
〈칠판〉
/

1. 이 영화는 디아스포라적 정체성 혹은 무국적적 정체성을 어떻게 다루는가?

2. 젠더는 인물들이 관계를 맺는 방식에 영향을 주는가?

3. 영화의 결말에 대해 어떻게 생각하는가? 공동체의 미래에 대해서 희망적인가, 아니면 모호한가? 그들의 '집'은 어디에 있는가?

4. 초국가적 페미니즘이라는 개념이 〈칠판〉과 같은 영화를 분석하는 데 도움이 되는가? 그렇다면 그 이유는 무엇이며, 그렇지 않다면 왜 그러한가?

트랜스 영화와 저자(성)

페미니스트 영화제작과 여성 저자를 단순히 동일선상에 놓기 어렵게 하는 또 하나의 틀은 **트랜스 영화**trans cinema로, 이는 정체성 범주로서 젠더와 성의 유동성을 더 선명하게 강조한다. 엘리자 스타인복Eliza Steinbock은 "퀴어 영화가 에이즈AIDS 위기에 대응하고 좀 더 접근성이 좋은 영화제작 기술이 출현하면서 번성했던 것처럼, 1980년대 중반과 1990년대에 들어 트렌스젠더가 제작한 시청각 작품들이 점점 더 많이 등장했다"라고 지적한다(2017: 400). 그러나 관련 주제들이 영화에 새로운 것은 아니었으며, 특별히 새천년에만 국한된 것도 아니었다. 로라 호라크Laura Horak의 연구(2016)는 초기 영화가 크로스드레싱, 젠더와 성별 불확정성, 나아가 젠더와 성의 전환 가능성 등의 개념에 대해서도 고심했음을 보여 준다. 영화는 오래전부터 트랜스베스팃transvestite*인 인물을 자극적이거나 문제가 되는 방식으로 등장시켜 왔다. 후자의 방식과 관련한 영화로는 브라이언 드 팔마Brian de Palma의 〈드레스드 투 킬Dressed to Kill〉(1980, 미국)과 조너선 드미Jonathan Demme의 〈양들의 침묵The Silence of the Lambs〉(1991, 미국) 등이 있으며, 이들은 트랜스젠더 주인공들을 가학적이고 사이코패스적인 살인자로 만들어 트랜스 정체성을 병리적으로 그려냈다는 비판을 받았다. 이는 최근 몇 년 동안 트랜스젠더에

---

* 다른 성별의 옷을 입는 사람을 트랜스베스팃, 그러한 행위를 트랜스베스티즘transvestism이라고 한다. 일반적으로 사용하는 '복장 도착'이라는 역어의 부정적인 어감이 문맥과 맞지 않기에 이하 '트랜스베스팃'과 '트랜스베스티즘'으로 옮긴다.―옮긴이.

의해, 트랜스젠더를 위해 만든 트랜스 영화에 대한 요구가 늘어난 중요한 이유기도 하다.

1999년 킴벌리 퍼스Kimberly Peirce는 네브래스카에서 지인에게 잔인하게 살해당한 청소년 브랜든 티나의 실화를 바탕으로 한 영화 〈소년은 울지 않는다Boys Don't Cry〉(미국)를 공동 각본 및 연출했다. 브랜던 티나 역을 맡은 힐러리 스웽크Hilary Swank는 이 연기로 첫 번째 아카데미상을 받았다. 영화 평론가들과 핼버스탬(J. Halberstam, 2005) 같은 학자들은 이 영화가 트랜스젠더를 표현하는 데 있어 이정표를 세웠다고 찬사를 보냈다. 핼버스탬(2005)이 보기에, 이 영화의 시각적·서사적 틀은 "트랜스젠더적 시선"을 요청하는데, 이는 규범적인 이분법적 젠더 틀에서 벗어난 렌즈를 통해 관객들에게 말을 걸고, 트랜스젠더 개개인의 관점을 이성애 규범의 양극성 바깥에 위치한 전복적 방식으로 구현해 낸다는 것이다.

주류 관객들에게 가닿은 트랜스 이야기에서 또 하나의 이정표를 차지하는 것은 영화 〈헤드윅Hedwig and the Angry Inch〉(존 캐머런 미첼John Cameron Mitchell, 2001, 미국)이다. 이 영화는 존 캐머런 미첼의 오프브로드웨이off-Broadway 뮤지컬*이 원작인데, 시스젠더cis-gender** 게이인 미첼은 영화의 연출자 겸 주인공을 맡

---

* 오프브로드웨이 뮤지컬이란 뉴욕 브로드웨이 밖에 있는, 비상업적 연극을 상연하는 극장 또는 그 연극을 말한다. 브로드웨이 연극에 대항하다보니 더 근본적이고 예술적인 가치를 추구하거나 전위적이고 실험적인 연극을 시도한다. 더불어 상대적으로 소규모이면서 적은 입장료를 받는다. —옮긴이.

** 생물학적 성과 성 정체성이 일치하는 사람으로 트랜스젠더의 반대 개념이다. —옮긴이.

았다. 이 영화는 냉전 시대 동독에서 한젤Hansel이라는 이름의 남자아이로 자라다가 미국으로 이민한 헤드윅의 이야기를 들려주며 음악과 유머라는 방식을 활용한다. 철의 장막을 넘어 서구로 이주하고 싶어 하는 한젤의 꿈을 이룰 수 있는 유일한 방법은 성전환 수술을 받은 후 장벽을 순찰하는 미국인 군인과 결혼하는 것이었다. 헤드윅의 트랜스 정체성은 외부의 지정학적 요인들과 다양한 신체들의 이동을 규제하는 전 세계적 권력의 흐름으로 인해 더욱 복잡해진다. 게다가 헤드윅은 미국에 도착하고 얼마 지나지 않아 미국 사회가 약속하는 것들에 대해 환멸을 느낀다. 번영에 대한 희망은 트레일러 주차장에 살면서 간신히 먹고 살 만큼 벌기 위해 고군분투하는 현실로 대체되기 때문이다.

〈헤드윅〉과 〈소년은 울지 않는다〉 모두 트랜스 정체성을 표현하는 역할에 시스젠더 배우들을 기용했던 반면, 2015년에 제작된 〈탠저린Tangerine〉(션 베이커Sean Baker, 미국)은 트랜스 경험을 다루는 **동시에** 트랜스 배우들에게 중심 역할을 맡긴 저예산 영화로 호평을 받았다(8장 참조). 이 영화는 아이폰으로만 촬영했는데, 이는 뉴미디어 기술이 주변부의 이야기를 전달하고 확장시킬 수 있는 가능성을 더 활짝 열었음을 보여 준다. 이러한 이정표들에 힘입어 트랜스 제작자가 만들고 트랜스 배우들이 출연하는 트랜스 영화에 대한 수요가 증가했다. 젠더 및 성별 불일치는 전 세계 다양한 영화 저자들이 계속 씨름하는 중요한 사회적·정치적 쟁점이다. 이란의 네가르 아자르바이야니Negar Azarbayjani, 중국의 장웨이Zhang Wei, 스웨덴의 에스테르 마르틴 베리스마르크Ester Martin Bergsmark 같은 영화 저자들을 예로 들 수 있다. 네

〔그림 1.19〕〈페이싱 미러즈〉속 뜻밖의 우정.

가르 아자르바이야니의 영화 〈페이싱 미러즈Aynehaye Rooberoo〉
(2011, 이란)에서는 가부장제와 전통이라는 짐으로 고통받는 여
성 택시 운전사와 사회적 낙인을 마주한 트랜스젠더 승객이 우
연히 만나 여행하는 과정에서 유대감을 느끼고 사회에서 소외된
서로의 위치에 공감대를 형성한다(〔그림 1.19〕).

연출을 넘어서

영화 저자가 반드시 감독이어야 한다는 생각에 문제를 제기하
면, 영화의 역사를 확장하고 영화 작업에서 잘 드러나지 않는 차
원을 탐구할 수 있다. 이런 맥락에서 시나리오는 여성의 시각

을 스크린에 투영할 수 있는 특별한 기회를 제공하기 때문에 여성의 영화 작업에서 특히 중요한 부분이다. 실제로 여성들은 시나리오를 통해 영화계에 흔적을 남겨 왔다. 질 넴스Jill Nelmes와 줄 셀보Jule Selbo의 『여성 시나리오 작가들: 국제적 개괄Women Screenwriters: An International Guide』(2015)은 전 세계 영화 산업에서 여성 시나리오의 풍부하고 다양한 전통을 살펴보면서, 여성의 각본 쓰기에 관한 전 지구적인 시각을 제시한다. 여성 감독과 마찬가지로(실제로 이 책에 실린 많은 여성 시나리오 작가들은 감독을 겸하기도 했다), 초창기 영화는 여성 시나리오 작가들이 창의성을 발휘할 수 있던 비옥한 땅이었지만, 유성영화가 도래하면서 영화 산업은 남성 중심적이 되었다. 그 결과 많은 여성 작가writer가 텔레비전 대본 쓰기로 넘어갔으며, 엘리트주의적인 성격이 덜한 문화 형태로 간주된 텔레비전을 통해 여성들의 목소리에 좀 더 쉽게 접근하는 게 가능해졌다.

20세기 할리우드 영화계에서 가장 유명한 여성 시나리오 작가 중 하나인 프랜시스 매리언Frances Marion은 영화 〈빅 하우스The Big House〉(조지 힐George W. Hill, 1930, 미국)로 아카데미 각색상을 수상한 최초의 여성이었다. 매리언은 영화 〈챔프The Champ〉(킹 비더King Vidor, 1932, 미국)로 각색상을 또 한 번 수상하면서 오스카상을 두 번이나 수상한 최초의 시나리오 작가가 되었다. 또 다른 저명한 시나리오 작가인 준 매시스June Mathis, 〈네 기수의 묵시록 The Four Horseman of the Apocalypse〉, 렉스 잉그럼Rex Ingram, 1921, 미국)는 할리우드 최초의 여성 경영 간부 중 한 명이었다. 애니타 루스Anita Loos는 1912년에 대본을 쓰기 시작해 수십 년간 수많

은 인상적인 시나리오에 기여했다(〈여자들The Women〉(조지 쿠커
George Cukor, 1939, 미국)과 〈신사는 금발을 좋아해Gentlemen Prefer
Blondes〉(하워드 호크스Howard Hawks, 1953, 미국) 등이 있다). 아르
헨티나에서는 1930년대와 1940년대에 스크린에서 인기를 끌었
던 배우 니니 마르샬Niní Marshall이 종종 자신의 대사를 직접 작
성해 자신이 연기하는 인물을 잘 구현하는 데 도왔다(크레디트에
각본가로 이름을 올리지 못했을 때도 말이다). 현대 영화 문화에서
는 가장 저명한 아르헨티나 감독 중 한 명인 루크레시아 마르텔
과 페루의 저명한 감독인 클라우디아 요사Claudia Llosa가 직접 시
나리오를 쓴다.

1장 앞부분에서 언급했듯이, 할리우드 스튜디오 시스템에
서 제작자는 종종 영화 저자성의 중심인물로 간주되었다. 무성
영화 시대에는 여성 스타들이 자신의 영화에서 제작자로 자주
활동했던 반면, 스튜디오 시스템에서 제작자로 일하는 여성은
거의 없었다. 오늘날에는 여성 제작자나 영화사 및 스튜디오의
여성 수장이 좀 더 흔해졌지만, 여전히 남성이 훨씬 많다. 특히
독립 제작사에서 페미니스트 제작자는 자신이 제작과 자금 조
달, 전반적 관리를 담당하는 영화의 종류에 따라 일관적이고 눈
에 띄는 저자로서 흔적을 남길 수 있다.

할리우드에서는 메건 엘리슨Megan Ellison과 그녀가 2011년
설립한 제작사 안나푸르나 픽처스Annapurna Pictures가 최근 몇 년
간 〈제로 다크 서티Zero Dark Thirty〉(캐스린 비글로, 2012, 미국), 〈그
녀Her〉(스파이크 존즈Spike Jonze, 2013, 미국), 〈우리의 20세기20th
Century Women〉(마이크 밀스Mike Mills, 2016, 미국) 등의 영화를 제

작하며 두각을 나타내고 있다. 소외된 이야기와 목소리를 조명하는 데 중요한 역할을 하는 여성 제작자의 예로는 독립영화제작자이자 (패멀라 코플러Pamela Koffler와 함께) 킬러 필름스Killer Films를 공동 설립한 크리스틴 배콘Christine Vachon의 화려한 경력을 들 수 있다. 1990년대부터 배콘은 〈포이즌Poison〉(토드 헤인즈, 1991, 미국), 〈나는 앤디 워홀을 쏘았다I Shot Andy Warhol〉(메리 해런Mary Harron, 1996, 미국), 〈소년은 울지 않는다〉(킴벌리 퍼스, 1999, 미국), 〈헤드윅〉(존 캐머런 미첼, 2001, 미국), 〈캐롤Carol〉(토드 헤인즈, 2015, 미국) 등의 획기적인 LGBTQ 및 여성 주도 영화 옹호자로 일해 왔다. 그녀는 잠재적 투자자들로부터 "출연出演 남자 배우가 누구냐?"*라는 질문을 자주 듣는다고 언급하면서, 최근의 여성 주도 영화들이 자금 확보에 지속적인 어려움을 겪는다고 거듭 강조했다.

　여성들은 편집자로서도 중요한 역할을 해 왔다. 남성들이 고안한 것으로 여겨지는 대표적인 소비에트 몽타주 작품들의 편집을 담당하며 저자로서 눈에 띄는 자취를 남긴 초기 소비에트 여성 선구자들로부터 고전기 할리우드 시대의 여성 편집자들(Smyth, 2017), 그리고 스코세이지와 자주 작업했던 편집자 델마 슌메이커Thelma Schoonmaker가 거둔 최근의 성공에 이르기까지, 여성의 편집 작업은 영화를 제작하는 과정에서 중요한 단계로 인식해야 하며, 편집도 영화 저자성의 적법한 한 형식으로 인정해

---

* Ed Meza, "Producer Christine Vachon discusses LGBT movies, challenges of financing female-driven films," http://variety.com/2016/film/news/christine-vachon-lgbt-movies-female-driven-films-1201708261/.

야 한다. 이와 관련한 최근 사례로 마거릿 식셀Margaret Sixel을 들 수 있다. 그녀는 페미니즘 액션 블록버스터 〈매드 맥스: 분노의 도로Mad Max: Fury Road〉(조지 밀러George Miller, 2015, 미국)를 편집했고, 이 작업으로 아카데미상을 수상했다. 감독이자 식셀의 남편인 조지 밀러가 주장했던 대로, 이 영화의 액션 시퀀스 구성과 연출은 이 영화가 편집실에서 '만들어진' 영화임을 분명히 보여 준다. 이러한 시각에서 본다면 식셀은 감독-각본가 남편만큼이나 〈분노의 도로〉의 저자라고 할 수 있다.

여성 촬영 감독directors of photography 혹은 DP에 대한 관심도 늘어나는 중이다. 2016년에는 여성 촬영 감독이 이례적이라는 생각을 불식하기 위해 국제여성촬영기사단체가 결성되었다.* 현대 영화에 중대한 영향력을 미치는 여성 촬영 감독으로는 엘런 쿠라스Ellen Kuras, 나우신 다다보이Nausheen Dadabhoy, 타미 레이커 Tami Reiker, 리드 모라노Reed Morano, 아녜스 고다르Agnès Godard, 조제 데제Josée Deshaies, 카롤린 샹프티에Caroline Champetier, 마리즈 알베르티Maryse Alberti, 샤를로테 브루스 크리스텐센Charlotte Bruus Christensen, 꾸옌 짠Quyen Tran, 맨디 워커Mandy Walker 등이 유명하다. 2018년에는 레이철 모리슨Rachel Morrison이 〈치욕의 대지 Mudbound〉(디 리스Dee Rees, 2017, 미국)라는 작품으로 아카데미 촬영상 후보에 오른 최초의 여성이 되었다.

* 다음 웹사이트를 참조하라. http://icfcfilm.com/.

사례 연구

〈카메라를 든 사람Cameraperson〉

(커스틴 존슨Kirsten Johnson, 2016, 미국)

/

〈악마에게 지옥으로 돌아오라고 빌다Pray the Devil Back to Hell〉 (지니 레티커Gini Reticker, 2008, 미국)와 〈시티즌포Citizenfour〉 (로라 포이트라스Laura Poitras, 2014, 미국) 등 다수의 다큐멘터리 영화에서 촬영 감독으로 활동한 커스틴 존슨은 촬영 기사로서의 경력에 관한 개인적 다큐멘터리인 〈카메라를 든 사람〉을 연출했다. 이 영화에서 그녀는 자신이 기존에 작업한 영화에서 사용하지 않은 숏과 사적인 가족 비디오를 결합해 창의적이고도 개인적인 여정을 담은 회고록을 엮어 낸다. 개인적인 홈 비디오에는 자녀들뿐만 아니라 알츠하이머로 고통받는 어머니가 서서히 기억을 잃어 가면서 가까운 가족을 알아보지 못하는 영상이 포함된다([그림 1.20]). 이 영화는 그녀의 직업적 삶의 (영화를 찍다가 그녀와 팀원들이 위험에 처하는 상황을 포함해서) 몇몇 장면을 회고하는 것 외에도 수년간 촬영한 영상이 자신에게 남긴 흔적을 이야기한다. 이 독특한 에세이 영화에서 촬영cinematography은 곧 영화의 저자성이 된다. 존슨이 촬영 감독으로서 찍었던 영상들이 이제는 그녀 자신에 관한 영화만이 아니라 영화의 저자라는 문제를 다루는, 더 영화의 기본이 되기 때문이다.

[그림 1.20] 〈카메라를 든 사람〉에서 커스틴 존슨의 병든 어머니.

보고 토론하기

〈카메라를 든 사람〉

/

1. 〈카메라를 든 사람〉은 어떻게 개인적인 영상과 직업적인 영상을 독특한 방식으로 결합시키는가? 이 결합은 어떤 목적으로 사용되었는가?

2. 이 다큐멘터리는 무엇보다 존슨이 이전에 다른 감독들을 위해 촬영했던 다양한 영화의 영상들로 만든 콜라주다. 그녀가 기존의 영상을 사용한 것은 에스피르 슈프의 '발췌 영화compilation film' 기술에 공명하는가? 만약 그렇다면, 어떤 방식으로 공명하는가?

3. 이 다큐멘터리에서 촬영 기사는 영화의 실제 저자다. 그렇다면 이 영화는 촬영 기사가 연출을 하지 않을 때도 저자로서의 활동에 참여한다는 것을 시사한다고 생각하는가? 상세히 설명하라.

활동

/

여성 촬영 감독들은 여러 주목할 만한 영화에서 촬영 감독으로 활약해 왔다. 〈이터널 선샤인Eternal Sunshine of the Spotless Mind〉(미셸 공드리Michel Gondry, 2004, 미국), 〈홀리 모터스Holy Motors〉(레오 카락스Leos Carax, 2012, 프랑스), 〈아름다운 작업Beau Travail〉(클레르 드니, 1999, 프랑스), 〈크리드Creed〉(라이언 쿠글러Ryan Coogler, 2015, 미국), 〈프로즌 리버Frozen River〉(코트니 헌트Courtney Hunt, 2008, 미국)에서 활약한 여성 촬영 감독들에 대해 조사해 보자. 이들은 어떤 영화를 촬영했으며, 영화에서 드러나는 그들만의 독특한 시각적 특성은 무엇인가?

토론을 위한 질문

/

1. 초기 여성 제작자들은 '영화의 선구자'로 여겨져야 하는가, 아

니면 '영화의 여성 선구자'로 여겨져야 하는가? 한쪽을 택할 경우 얻거나 잃는 것은 무엇인가?

2. 오늘날 페미니스트 작가는 어떻게 정의할 수 있는가? 여성이 만든 영화와 페미니스트 작가 사이에는 필연적인 상관관계가 있는가? 오늘날 활동 중인 남성 감독 중에 페미니즘적 작업을 한다고 생각하는 사람이 있는가?

3. 페미니스트 감독은 지배적인 영화 모델들과 비교했을 때 어떻게 작품의 내용뿐만 아니라 형식도 바꿀 수 있는가?

4. 우리에게 친숙한 작품을 만든 여성 감독을 생각해 보자. 그 감독은 특정한 국가의 영화와 관련이 있는가? 작품에서 국가에 대한 특정한 관념을 어떻게 다루는가? 혹은 반대로 그 주제가 국가적인 것을 대표하지 않는 이유는 무엇인가?

5. 영화제작자와 그들이 표현하는 주제는 어떤 관계여야 하는가? 예를 들어, 트랜스젠더 제작자만이 트랜스젠더 이야기를 해야 하는가? 그렇지 않다면, 트랜스젠더가 아닌 제작자들은 그들이 재현하는 커뮤니티에 대해 어떤 책임을 져야 하는가?

6. 텔레비전은 여성들에게 '작가'가 될 수 있는 더 많은 기회를 제공했는가? 오늘날 텔레비전에서 페미니즘적 목소리로를 내는 이는 누구인가?

핵심 용어

/

#악센트 영화 #작가주의 #작가 이론 #영화페미니즘 #고전적 페미니즘 영화 이론 #탈식민 페미니즘 #페미니스트 작가 #젠더 수행성 #역사적 전환 #교차성 페미니즘 #멜로드라마 #소수 영화 #전미학 #퀴어 이론 #트랜스 영화 #초국가적 페미니즘 #여성 영화 #여성 영화 선구자 #여성 시네마

2장.
관객과 수용

페미니즘, 관객, 정신분석

우리가 영화를 볼 때 청각과 같은 감각도 중요한 역할을 하지만, 영화는 주로 보는 행위가 중심인 시각 매체다. 좋아하는 영화를 봤을 때를 떠올려 보라. 당신은 어떤 감정과 반응을 경험했는가? 그 영화는 어떻게 당신을 관객으로 참여시키고, 스크린 위의 주인공들과 동일시하게 했는가? 영화와 '함께했다'는 말은 무엇을 의미하는가?

    고전적 페미니즘 영화 이론Classical feminist film theory은 영화를 볼 때 관객들이 의식적·무의식적인 욕망, 두려움, 충동에 사로잡힌다고 가정하는 영화에 대한 정신분석학적 접근법에 근거를 둔다. 우리가 보는 영화는 반드시 의식적으로 인식되지는 않더라도 일반적인 사회적 정신을 구성하고 개별 관객에게 영향을 미치는 다양한 경향을 우리에게 되비춘다. 고립된 텍스트로서의 개별 영화만이 아니라, 물질적이고 정신적인 영역 모두에서 관객의 감상viewing 경험을 고려하는 이론을 보통 **영화 장치**cinematic apparatus 이론이라고 한다.

정신분석적 영화 이론이 등장하는 데 기여한 중요한 이론가는 크리스티앙 메츠Christian Metz다. 그의 『영화 언어: 영화의 기호학Film Language: A Semiotics of the Cinema』(1974)은 구조주의의 언어학적 접근법과 정신분석학을 결합해 영화 장치를 검토한다. 메츠는 프랑스의 정신분석학자 자크 라캉Jacques Lacan에게 큰 영향을 받았다. 라캉은 **거울 단계**the mirror stage를 어린아이가 상상계 질서(이미지, 자아와 타자의 이원론을 중심으로 구성된 정신적 영역)에 들어감으로써 주체성 또는 자아 감각을 획득하는 결정적 순간이라 규정한다. 거울 단계는 생후 6개월에서 18개월 사이의 아이가 거울에 비친 자신의 모습을 보고 처음으로 '나'로 인식하는 순간이다. 그러나 바로 그 순간 결정적인 **오인**misrecognition 역시 발생하는데, 거울 속 형상은 진정한 자신이 아니라 자신의 **상**reflection이기 때문이다. 거울 이미지는 아이 자신의 운동 조정력을 넘어서는 능력을 지닌 통일되고 일관된 전체로 나타난다. 아이의 시각 능력은 감각 운동의 조정력보다 발달해 있기에, 아이는 자신보다 우월하고 자신을 보다 잘 통제하는 것처럼 보이는 그 이미지와 동일시한다. 그 결과, 우리는 평생 자신의 상을 '진정한 자아'로 생각한다. 이러한 오인은 영화에 적합한 은유다. 스크린 속 인물들에 대한 정서적 투사와 동일시의 어떤 측면을 정신분석학적 용어로 설명하는 데 사용될 수 있기 때문이다. 즉, 관객은 영화를 관람하며 주체성 혹은 정체성의 감각이 시작되는 거울 단계를 반복해 경험하는 것이다.

마치 이런 정신분석학적 모델을 반영하듯, 많은 영화에서 주인공들이 다른 사람을 간절하게 응시하고, 염탐하고, 시각적으로 포착하려고 시도함으로써 보는 행위에 주의를 기울이도록 노골적으로 환기시킨다. 이런 예는 〈이브의 모든 것All About Eve〉(조지프 맹키위츠Joseph L. Mankiewicz, 1950, 미국), 〈이창Rear Window〉(앨프리드 히치콕, 1954, 미국), 〈저주의 카메라Peeping Tom〉(마이클 파월Michael Powell, 1960, 영국), 〈욕망Blow-Up〉(미켈란젤로 안토니오니Michelangelo Antonioni, 1966, 영국/이탈리아)에서부터, 〈멀홀랜드 드라이브Mulholland Drive〉(데이비드 린치David Lynch, 2001, 미국), 〈가장 따뜻한 색, 블루Blue Is the Warmest Color〉(압델라티프 케시시Abdellatif Kechiche, 2013, 프랑스), 〈엑스 마키나Ex Machina〉(앨릭스 갈런드Alex Garland, 2015, 영국) 등 수없이 많다.

절시증Scopophilia*은 보는 행위가 주는 쾌락을 묘사하는 데 사용되는 용어다. 절시증에 대한 정신분석학적 이해에 따르면, 타인을 바라보는 것은 우리가 무의식적으로 끌리는, 본질적으로 쾌락적인 활동이다. 타인을 보는 행위는 진공 상태에서 일어나지 않는다. 오히려 가부장제나 이성애 규범성과 같은 사회적 권력 체계에 의해 구조화된다. 정신분석적인 페미니즘 영화 이론

---

* 다른 사람의 나체나 성행위를 보고 쾌감을 느끼는 증세를 말한다. ―옮긴이.

〔그림 2.1〕여성을 향하는 남성의 시선과 카메라 렌즈(〈욕망〉).

은 이러한 기저의 구조를 파악해 보는 쾌락이 갖는 지배적 구조
물들을 의식적이자 명시적으로 만들고 현 상태를 변화시키고자
한다.

　　갈망하는 남성이 시선과 카메라 렌즈를 여성을 향해 돌리는
영화 속 사례는 무수히 많다(〔그림 2.1〕). 그런데 대안적 시선의
관계들이 가부장적 역학을 복잡하게 만들 수도 있다. 예를 들어,
1950년대를 배경으로 레즈비언 로맨스를 다룬 영화인 〈캐롤〉의
한 장면에서, 테레즈Therese는 카메라 렌즈를 자신이 욕망하는 여
성인 '캐롤'을 향해 돌린다. 캐롤이 크리스마스트리를 사는 동안
그녀는 멀리서 사랑하는 사람을 사진에 담는다. 이 단순해 보이
는 장면은 가부장적이고 이성애 규범적인 담론, 즉 스크린 속 여
성은 남성의 통제하는 시선과 욕망의 단순한 대상일 뿐이라는

(그림 2.2) 〈캐롤〉에서 갈망하는 한 여성이 시선과 카메라 렌즈를 다른 여성을 향해 돌리고 있다.

통념에 도전한다. 〈캐롤〉에서 다른 여성을 성적으로 욕망하는 한 여성은 카메라 렌즈를 돌리면서 시각 장치의 소유권을 획득해 지배적인 가부장적 틀 바깥에서 여성의 리비도를 위한 공간을 만들어 낸다. 이에 관객들은 테레즈의 시선과 동일시하게 되고 캐롤을 향한 레즈비언적 욕망에 동조하는 쪽에 끌린다. 이는 스크린 속 여성들에 대한 가부장적이고 이성애적인 성적 대상화를 적극적으로 훼손하는 시선 행위이다.

통제하는 남성의 시선controlling male gaze은 고전적 할리우드 영화 형식의 영화 장치에서 만연했으며, 이는 1970년대의 고전적 페미니즘 영화 이론의 주요 관심사였다. 특히 정신분석적 접근법을 활용한 로라 멀비Laura Mulvey의 획기적인 1975년 논문 「시각적 쾌락과 서사영화Visual Pleasure and Narrative Cinema」는 스크린 위 여성이 **바라봄의-대상-되기**to-be-looked-at-ness를 구현하고, 남성적 욕망의 대상으로 그려지는 고전적 할리우드 영화의 지배적 패턴들을 밝혔다. 이 욕망은 남성 주인공의 시선을 통해 전달되며, 이 시선은 다시 영화 카메라와 결합한다. 남성 주인공의 시점이 서사를 주도하고 프레임을 지배하며, 대리자로서의 관객은 남성적 시선과 욕망에 동일시되도록 이끌린다. 멀비는 이 시선이 가부장적 틀을 영속화하는 통제 장치라고 주장하는데, 이를 통해 여성은 남성적 욕망의 성적 대상으로 존재한다.

나아가 스크린 속 여성은 위협적인 존재로, 정신분석적 접근법은 이를 거세 위협(또는 거세 불안)으로 이론화한다. 여성의 이미지는 쾌락적이지만, 이 여성은 남성 관객에게 성적 차이의 존재, 즉 남성이 세상에서 갖는 권력과 권위의 자리인 남근phallus을 잃을 수 있다는 사실을 상기시키며 위협한다. 멀비에 따르면, 고전적 서사영화에서 거세 불안은 그녀가 **페티시적인 절시증**이라고 부르는 성적 대상화나 **가학적 관음증**sadistic voyeurism에 뿌리를 둔 처벌을 통해 완화된다. 멀비는 페티시적인 절시증의 한 예로, 젊은 마를레네 디트리히Marlene Dietrich가 등장하는 요제프 폰 스턴버그Josef von Sternberg의 〈푸른 천사Blue Angel〉(1930, 독일)를 든다. 디트리히의 인물들은 종종 깃털 장식이나 베일, 턱시도, 인종적 함의를 띤 고릴라 의상처럼 페티시즘적 의상을 입고 등장한다. 이러한 장신구나 의복에 관한 결정은 모두 정신분석적으로 '사라진' 페니스의 대리물로 읽힐 수 있다(정통 정신분석적인 설명은 프로이트가 1927년에 발표한 에세이 「페티시즘Fetishism」을 볼 것). 스턴버그 영화의 서사는 종종 완전히 멈추어서 디트리히가 분한 인물이 노래를 부르게 하거나 카메라가 디트리히의 신체 일부에 머물게 한다. 정신분석적 모델에 따르면, 그녀를 물신화된 모습으로 프레임 속에 담으면 관객들이 그녀의 성적 차이를 부인할 수 있다. "그녀가 페니스가 없다는 것을 알지만, 그럼에도 그녀는" 남근을 대신할 수 있는 어떤 힘을 지닌다는 것이다.

반면에 히치콕의 영화들은 페티시적인 절시증과 가학적 관음증을 모두 보여 준다. 멀비는 그 상호작용의 표현으로 특히 〈이창〉과 〈현기증Vertigo〉(1958, 미국)에 주목한다. 두 영화의 시나리오에서 여성은 수사搜査의 대상이 되며, 마치 그녀에게는 거세된/탈권력화된 지위가 마땅하다는 것을 입증하려는 듯 심문이나 재판을 통해 유무죄를 밝힌다. 이런 점에서 〈현기증〉은 주목할 만하다. 주디/매들린Judy/Madeleine 캐릭터는 주인공에 의해 이전의 범죄 현장으로 끌려가서 심문자를 향한 죄와 사랑을 고백하게끔 거칠게 위협당한다. 그녀는 무의식 차원에서 자신의 차이가 유죄임을 입증하게 되는 것이다. 그녀를 용서하는 것은 그녀의 죽음을 재촉한다([그림 2.3]).

멀비의 매우 영향력 있는 이 논문은, 특히 고전적 할리우드 영화에서 나타나며 고전적 할리우드 영화에 의해 만들어진 남성과 여성의 위치 설정에 대해 많은 핵심적 통찰을 제공한다. 그러

(그림 2.3) 통제하려는 연인에 의해 벌을 받는 주디/매들린(〈현기증〉).

나 이것은 하나의 논쟁으로 읽힐 때 가장 강력하다. 시선의 관계에 대한 논의는 영화에 관객의 위치를 다르게 설정하는, 실험적 실천을 요구하는 틀로 볼 수 있기 때문이다. 멀비의 아이디어는 정신분석적 이론을 자신들의 삶과 결부시켜 이해했던 1970년대의 한 여성 독서 모임에서 비롯됐다. 멀비의 논문은 할리우드의 고전적 서사 전통에 속하는 몇몇 영화들을 겨냥한 하나의 정치적 행위다. 이러한 멀비의 틀은 정신분석 이론이 일반적으로 그렇듯이(예를 들어, 가부장제, 젠더 역학, 가족 구조의 서구적 형태가 보편적이라고 가정할 때처럼), 서구 중심적이다. 실험 영화제작자였던 멀비는 주류 영화가 여성의 쾌락을 실현할 가능성을 인정하지 않는다고 여기는데, 그것은 그녀가 보기에 시선 자체가 본질적으로 남성적이기 때문이다. 물론 이러한 입장은 서구의 여성 관객들까지 복잡한 입장에 처하게 한다. 만약 그러한 영화들이 남성 관객의 무의식적 환상과 공포를 겨냥했다면, 여성들이 영화를 좋아한다는 사실을 어떻게 설명할 수 있는가? 몇 년 후 멀비는 여성 관객이 실제로 스크린 남성의 시선과 동일시할 수 있지만, 이러한 동일시가 일종의 젠더 가면극masquerade이나 '트랜스베스티즘'을 수행한다는 것을 인정함으로써 초기 이론을 약간 수정했다(1981).

많은 이론가가 멀비의 모델이 두 가지 가능성을 간과한다고 주장하면서 여성적 쾌락이 주류 영화에서 절대적으로 거부된다는 멀비의 명제에 이의를 제기한다. 두 가지 가능성이란 '이미지로서의 여성, 시선의 소유자로서의 남성'이라는 생각에 도전하는 퀴어적 독해 가능성, 그리고 보다 폭넓게는 본성을 거스르는 독해reading against the grain의 가능성을 말한다. (1장에서 논의한 클레어 존스턴의 견해, 즉 주류 영화가 실제로는 예술영화보다 이데올로기적 전복과 대항적 독해counter reading에 더 유용하다는 견해를 떠올려 보라.) 일부 이론가는 모성 멜로드라마 같은 여성 지향적인 장르들에 주목했는데, 이는 영화가 가부장제하에서 여성을 아내나 어머니로서의 지위에 따라 어떻게 다르게 다루는지를 이해하기 위해서였다. 앤 캐플런E. Ann Kaplan은 "시선이 반드시 말 그대로 남성의 것은 아니지만, 우리의 언어와 무의식의 구조를 고려해 볼 때 그 시선을 소유하고 활성화하는 것은 '남성적인' 위치에 있다"라고 지적한다(1983: 30). 멀비에 대한 이러한 비판들이 시사하는 바는, 이론상의(즉 이론적으로 상정되지만 경험적으로 관찰되지는 않는) 관객이 욕망과 동일시에 있어 자신이나 영화 주인공의 젠더, 성별, 섹슈얼리티, 인종, 그리고 기타 정체성 요소들에 의해 엄격하게 제약되지 않는다는 것이다. 달리 말하면, 관객은 자신과 다른 스크린 속 인물을 동일시할 수 있으며, 때로는 그 차이가 극단적일 수도 있다. 나아가 관객은 자신의 특유한 선호에 따라 영화를 의도와 다르게 해석할 수도 있다(그 장 뒷부분에서 다양한 형태의 대립적인 독해oppositional readings, 본성을 거스르는 독해에 대해 논의할 것이다). 주디스 메인Judith Mayne은 『영화와 관객Cinema and Spectatorship』에서 관객은 영화 연구에서 가장 중요한 측면 중 하나지만 가장 잘못 이해되는 부분이라면서, 이는 "대체로 비판 대 찬사, 혹은 '비판적인' 관객 대 '만족하는' 관객과 같은 이원적 범주에 강박적으로 집착하기 때문"(1993: 4)이라고 지적한다. 관객에 관해 다루는 많은 학술적 글들은 우리가 영화를 볼 때 정신적으로 참여하는 다양한 단계를 아우르는 공간을 만들기보다, 보는 행위가 전적으로 비판적이거나 완전히 부정적이라는 입장을 취했던 것이다.

　　일반적으로 멀비의 이론적 통찰의 교과서적인 사례로 여겨지는 감독인 히치콕의 영화들도 보다 긍정적인 접근을 통해 해석되어 왔다. 알렉산더 도티Alexander Doty는 히치콕의 영화들이 젠더와 섹슈얼리티의 틀에서 종종 퀴어적인 요소들을 포함한다는 점에 주목한다(2011). 예를 들어, 〈레베카Rebecca〉(1940, 미국)([그림 2.4])는 억압된 레즈비언의 욕망에 초점을 맞추고, 〈사이코Psycho〉(1960, 미국)에서는 여장이 두드러지는 요소로 나타난다. 페미니즘 영화 연구는 여러 번에 걸쳐 이 두 영화를 철저히 검토했는데 긍정적으로 독해될 때도, 부정적으로 독해될 때도 있었

[그림 2.4] 히치콕의 〈레베카〉에 나타난 억압된 레즈비언의 욕망.

다. 이는 히치콕처럼 복잡한 제작자의 작품이 다양한 해석과 분석적 접근에 열려 있다는 것을 확인시켜 준다.

히치콕의 여성 주인공에 관한 책에서 타니아 모들스키Tania Modleski는 "그의 영화는 언제나 매혹적이고 무한한 힘을 가진 여성들에 의해 전복될 위험에 처해 있다"(1988:1)라고 말한다. 마찬가지로 테레사 데 라우레티스도 『앨리스는 하지 않는다: 페미니즘, 기호학, 영화Alice Doesn't: Feminism, Semiotics, Cinema』(1984)에서 **여성 관객**the female spectator을 이론화하기 위해 히치콕의 〈레베카〉와 〈현기증〉을 활용한다. 이는 관객이 남성적일 수밖에 없다는 멀비의 견해에서 벗어나는 것이다. 데 라우레티스는 "각 영화에서 특정한 영화적 서사 코드가 관객의 동일시를 실행시키고 방향 짓는다면, 이러한 코드들을 통해 여성의 오이디푸스 상황을 정의하는 두 가지 욕망의 자리로 동일시의 방향을 바꾸는 작업을 해나갈 수 있어야 한다"라고 쓴다(153). 데 라우레티스는 불완전하게 여겨지는 여성의 오이디푸스콤플렉스를 언급한다. 여기서 여성은 아버지 때문에 어머니에 대한 욕망을 완전히 포기하지는 않는다. 남자아이와 여자아이 모두 어머니를 첫 번째 사랑의 대상으로 삼지만, (이성애 발달 모델에서) 여자아이는 아빠에게 애정을 옮기면서도 엄마를 완전히 포기하지는 않는다(그래서 '욕망의 두 자리'가 생겨난다). **오이디푸스콤플렉스 시나리오** Oedipal scenario에서 남자아이는 **문자 그대로의** 어머니를 포기해야 하지만, 여성이라는 욕망의 대상을 간직하기 때문에(이 또한 이성애적 정신분석의 발달 모델을 따른다) 남성이 자신의 욕망과 맺는 관계는 덜 양성적이고 덜 모호하다. 데 라우레티스는 〈레베카〉와 〈현기증〉처럼 남근적 질투/결핍으로 정의되는 여성의 오이디푸스적 서사에 집중하는 영화들이 이중적이면서 여성 중심적인 독해 역시 가능하게 한다고 본다. 이러한 독해는 "욕망의 문제를 수수께끼, 모순, 동일성으로 환원할 수 없는 차이로" 본다(157). 이는 스크린 위에 영사된 여성이 객석에 있는 여성 관객과 같지 않을뿐더러 완전히 환원될 수도 없다는 뜻이며, 바로 그 이유로 여성 관객은 스크린 위의 대상화된 위치와 자신을 동일시하지 **않을** 수 있게 된다(Bergstrom & Doane 1989도 볼 것).

메리 앤 돈Mary Ann Doane은 "여성 관객에게는 이미지의 과잉-현전이 문제다. 그녀가 **바로** 이미지다"(1982: 78, 강조는 원문)라고 주장한다. 돈은 여성 관객이 남자 주인공과 동일시하는 과정에서 트랜스베스티즘(복장 도착)을 실천한다는 멀비의 주장을 보다 복잡하게 만든다. 그녀는 여성 관객이 스크린 위의 여성 대상과 맺는 관계에 대한 이론을 만들면서, 여성 관객이 스크린 위에 표현된 여성성의 과잉에 의해 가장무도회에 참여하게 된다고 주장한다. 가장무도회는 "여성성 그 자체가 가면으로 구축된 것임을 받아들이게 하며,"(81) 그리하여 여성 관객은 스크린 위의 과도하게 여성적인 대상과 거리를 두거나 그녀의 이미지를 동요시킬 수 있다. 달리 말하면, 여성 관객은 스크린 위에 현전하는 여성의 가장무도회가 인위적임을 알아차리기에 그 이미지를 고스란히 내면화하거나 수동적으로 동일시하지 않는다는 것이다. 이러한 입장은 앞서 논의한 존스턴의 여성 시네마 이론과 연결될 수 있다. 그에 따르면 겉보기에 반동적이고 가부장적인 주류 영화들은 정반대로 독해할 더 큰 가능성을 지니는데, 그것은 주류 영화가 여성을 재현하는 방식이 노골적으로 전형적이기 때문이다.

　이러한 태도는 예술가 신디 셔먼Cindy Sherman의 작업에서 확연히 드러난다. 셔먼의 가장 유명한 프로젝트 중 하나인 〈무제 영화 스틸Untitled Film Stills〉(1977~1980)([그림 2.5])에서 그녀는 일련의 사진 자화상을 제작했는데, 여기서 그녀가 착용한 여러 의상은 전후 할리우드의 여성적 매력의 클리셰들을 환기시킨다. 이와 같은 퍼포먼스로 셔먼은 가장무도회를 통해 여성성이 구성된 가면임을 인정한다는 돈의 말과 공명한다. 이 작업에서 셔먼은 널리 알려진 영화적 여성성의 원형을 구현하는 동시에 그것이 인공적임에 주목하게 한다. 재키 스테이시Jackie Stacey는 "그리하여 고전적인 여성성의 도상들이 유발했던 관습적인 시각적 쾌

〔그림 2.5〕 신디 셔먼의 〈무제 영화 스틸 #43〉 신디 셔먼과 메트로 픽쳐스Metro Pictures, New York 제공.

락은 구성되는 동시에 해체된다"라고 말한다(1994:7). 이처럼 페미니스트 문화 노동자들과 학자들은 과도한 여성성을 재전유하고 이를 도발적인 목적으로 사용될 수 있는 사회적 구성물로 드러내는 일의 전복적 가능성을 인지해 왔다.

관객을 이해하기 위해 오이디푸스콤플렉스의 틀을 사용할 필요가 있는지 이의를 제기한 이론가들도 있다. 게일린 스터들러Gaylyn Studlar는 페미니즘 영화 이론이 **전오이디푸스기**pre-Oedipal stage에 초점을 맞춤으로써 시야를 넓힐 수 있다고 주장한

다(1984). 정신분석 이론에서 전오이디푸스기는 **구강기**oral stage
를 포함하는데, 이는 아이의 발달에서 남근 선망이나 거세 불안
을 야기하는 남근적 오이디푸스기보다 앞선다. 스터들러에 따르
면, 전오이디푸스기에 더 주의를 기울일 때 우리는 영화가 어떻
게 "거세, 성적 차이, 여성의 결핍 등의 쟁점에서 벗어나서 관객
의 쾌락을 형성할 수 있"는지 더 잘 이해할 수 있다(1985: 5). 우
리가 영화의 시각적 쾌락에 집중하는 것이 유아기에서 기원한다
면, 영화는 오이디푸스기보다 앞서는 유아기의 성적 양식을 만
족시켜 준다고 스터들러는 주장한다. 스터들러는 아이의 생물학
적 성별과 무관하게 발달 단계 중 전오이디푸스기, 전남근기에
서 어머니가 중심인물이 되는 방식을 추적한다. 이 단계에서 어
머니는 오이디푸스적 틀 안에서 종종 그러하듯 수동적으로 덧붙
여진 개념이 아닌 능동적이고 강력한 인물로 인식된다. 이 과정
에서 동경의 대상이자 분리 불안의 대상인이기도 한 어머니와의
양가적 관계가 야기하는 불안을 표출하는 한 방법으로서 **마조히
즘**masochism, 즉 고통에서 쾌락을 끌어내는 행위가 나타난다. 그
결과 "여성은 처벌하는 다정한 가해자로 신비스럽게 이상화된
다"(8). 스터들러는 이러한 역학관계의 예를 요제프 폰 스턴버그
의 영화, 특히 우상과도 같은 마를레네 디트리히가 주연을 맡은
영화에서 찾는다. 멀비는 이 영화들에서 디트리히가 오이디푸스
이후의 페티시적(능동적) 절시증을 나타내는 기능을 한다고 보
는 반면, 스터들러는 디트리히가 훨씬 더 수동적이고 여성화되
었으며 마조히즘적인 오이디푸스 이전의 공상들을 이용해 그녀
를 재현한다고 본다. 정신분석적 페미니즘 영화 이론에서 스터

들러의 개입은 중대한 것으로, 관객의 위치를 일반적으로 오이디푸스의 틀로 정의하는 능동/수동, 남성/여성의 이분법을 넘어서는 더 복잡한 것으로 사고할 수 있는 가능성을 열어 주었다.

그러나 여성 관객과 시선에 대한 이러한 설명은 대부분 할리우드와 서유럽에서 만들어지는 백인 중심적이고 이성애 중심적인 영화의 틀을 벗어나지 못한다. 비이성애 중심적·비서구적·비백인적 관점을 고려할 때, 이러한 이론적인 통찰은 어떻게 더 복잡해지거나 나아가 불충분한 것으로 드러날 수 있을까? 크리스틴 글레드힐Christine Gledhill은 「유쾌한 협상들Pleasurable Negotiations」이라는 논문에서 영화에 대한 정신분석을 비판한다. 그것이 (여성) 관객을 극도로 부정적인 용어로 묘사할 뿐만 아니라, 텍스트에서 상정되는 관객을 "초계급적 구축성물"의 자리에 놓기 때문이다. 그 결과 "여성 이미지나 여성 관객을 계급 차이라는 관점에서 다루기가 어려워졌다"(2006: 112). 또한 제인 게인스Jane Gaines는 당대의 주류 영화와 지배적인 페미니즘 이론에서 비가시적이었던 인종을 중요한 요소로 도입한다. 게인스는 페미니즘 영화 이론에서 남성/여성 구분에 대해서만 집중하다 보니 인종 문제가 모호해졌다고 주장한다. "유색 인종 여성은 레즈비언처럼 페미니즘 분석에서 부차적인 고려 사항으로 덧붙여졌다"(65). 특히 게인스는 〈마호가니Mahogany〉(베리 고디Berry Gordy & 토니 리처드슨Tony Richardson, 1975, 미국)에 관한 분석에서 게인스는 흑인 여성성을 프레이밍하는 중요한 요소로서 "사회적 적대감의 계급적 본성"에 대해 논의한다는 점이다(72). 이를 통해 그녀는 물질적 현실에 바탕을 둔 마르크스주의적 분석을 제시한다. 어떤 면에서 이러한 논쟁들은 데 라우레티스(1990)가 "여성의 역설"이라고 불렀던 것으로 수렴한다고 볼 수 있다. 페미니즘 이론은 한편으로는 '여성'을 선험적으로 주어진 자연적 범주가 아니라 구성된 범주로 간주해 그것을 탈자연화하고 해체하는 일에 몰두해 왔다(자주 인용되는 시몬 드 보부아르Simone de Beauvoir 의 말, "여성은 태어나는 것이 아니라 만들어지는becomes 것이다"를 상기해 보라). 그러나 '여성'이라는 정체성을 해체하는 일은 실제 삶에서 억압의 경험을 부정하는 상대주의의 한 형태로 쉽게 빠질 수 있다. 반면에 '여성들'을 대표해 주장하는 일은 여성들 사이에 존재하는 차이, 즉 지역적으로 특수하며 역사적으로 우발적인 삶의 상황에 기초한 차이들을 단순하게 만들 수 있다.

활동

/

이 장에서 논의한 히치콕의 영화 중 한 편을 보고, 그것이 가부장제에 대한 비판인지, 여성에 대한 전통적인 견해를 지지하는 것인지 생각해 보자. 정신분석적인 페미니즘 접근법을 통해 이 영화를 어떻게 해석할 것인가?

사례 연구

〈아이들의 시간The Children's Hour〉

(윌리엄 와일러William Wyler, 1961, 미국)

/

멀비는 고전적 서사영화가 남성적 시선을 조장한다고 주장했지만, 20세기 중반의 할리우드 영화에도 관객이 스크린 속 여성의 욕망과 동일시하도록 이끄는 사례는 수없이 많다. 〈아이들의 시간〉가 그 한 예다. 이야기는 사립 여자 기숙 학교를 운영하는 두 여성 캐런Karen과 마사Martha(오드리 헵번Audrey Hepburn과 셜리 매클레인Shirley MacLaine이 연기한다)를 중심으로 전개된다([그림 2.6]).

〈아이들의 시간〉에서 두 여성은 정서적 유대감을 나누지만, 동성애적 욕망에 대한 사회적 낙인 때문에 그 감정은 우정의 영역에 머문다. 캐런이 지역 의사와 약혼하자 마사는 격렬한 질투심을 표출하는데, 그녀의 이모는 이에 대해 '자연스럽지 않다'고 말한다. 이모는 마사가 어린아이였을 때에도 항상 이런 '자연스럽지 않은' 경향이 있었음을 상기시킨다. 마사는 자신의 감정이 병적 징후로 받아들여지는 데 좌절하면서 "당신이 나를 아프게 하고 있어요"라고 대답한다. 이 대화를 엿들은 한 여학생은 할머니에게 캐런과 마사가 성적 관계에 있다고 암시함으로써 학교를 그만둘 기회로 이용하겠다고 결심한다. 캐런과 마사가 연인 관계라는 소문은 빠르게 퍼져 나가고, 얼마 지나지 않아 여학생들은 모두 학교를 나가며, 두 여성은 공

[그림 2.6] 〈아이들의 시간〉에 나타난 동성애적 욕망에 대한 낙인.

동체로부터 버림받는다.

　이 영화는 캐런과 마사의 시각에서 여성의 섹슈얼리티에 대한 공동체의 편집증을 드러내며 관객들에게 공감을 얻는다. 이 영화에서 레즈비언의 욕망은 결코 명명되지 않고, "여성 간 죄악시된 성적 지식"과 같은 여러 다른 용어로 암시된다. 학교를 잃고 명예 훼손 소송에서도 패한 후, 마사는 캐런에게 사랑을 고백한다. 여학생의 거짓말에는 일말의 진실이 담겨 있었고, 그를 통해 마사는 캐런에 대한 감정을 처음으로 분명하게 깨달은 것이다. 한 학생이 거짓말에 가담했음을 인정하면서 그들은 면죄부를 받지만, 마사는 자신의 사랑이 캐런의 삶을 계속 힘들게 할 뿐이라는 절망감에 자살한다. 마지막 장면에서 캐런은 마사의 무덤 앞에서 애틋한 작별을 고하고, 자신을 비난한 여성들을 당당하게 지나쳐 걸어간다. 그녀의 미래는 불확실하지만 그녀는 비극을 통해 자신을 새로이 이해할 수 있었다. 이 영화는 비토 루소Vito Russo가 지적했듯 게이나 레즈비언 등장인물이 비극적 운명을 맞이하는 함정을 피해가지는 못하지만, (여성의) 섹슈얼리티와 사랑을 감시하는 우려스러운 공동체 도덕에 대해 중요하게 다룬 영화적 연구로서의 가치를 지닌다.

이 영화는 릴리언 헬먼Lillian Hellman이 쓴 1934년 브로드웨이의 인기 연극을 각색한 것이다. 이 연극은 헬먼 자신이 스크린을 위해 각색하며 먼저 영화화되었는데 부적절한 내용, 특히 성적으로 부적절한 내용을 금지하는 ('더 코드the Code'로 알려진) 할리우드 제작 강령에 의거해 상영금지 처분을 받았다. 제작사가 요구받은 양보 사항 중 하나는 노골적으로 여성 동성애를 언급하는 장면들을 삭제하는 것이었다. 퍼트리샤 화이트가 『초대받지 않은: 고전적 할리우드 영화와 레즈비언의 재현 가능성UnInvited: Classical Hollywood Cinema and Lesbian Representability』에서 언급했듯이, 이는 "연극에서의 모순"을 배가시켰다. "말하지 않은 것은 말할 수 없는 것으로 선언되고, 이제 우렁찬 속삭임으로서 (…) 울려 퍼진다. 각색에 대한 이러한 검열은 이미 레즈비언의 재현 가능성에 관한 의문을 제기했던 원작 텍스트에 주의를 쏠리게 했다"(1999: 21, 강조는 원문). 결국 이 연극의 첫 번째 영화 각색은 〈이 세 사람These Three〉(이것도 윌리엄 와일러가 1936년에 연출했다)이라는 제목으로 변경되고, 마사, 캐런과 캐런의 약혼자 조 사이의 이성애적 삼각관계에 초점을 맞췄다. 화이트는 이 영화가 레즈비어니즘lesbianism을 보여 주고 사회적 낙인과 억압의 서사를 통해 그 존재를 분명히 표현하기 위한 목적에서 "레즈비어니즘에 관해 거짓말을 한다"(28)라고 주장한다.

1961년에 이르러서야 연극은 영화로 온전하게 각색된다— 같은 감독이 연출하고 헬먼이 다시 대본을 썼다. 하나의 속삭임으로서 레즈비어니즘이 돌아온 것이다. 실제로 영국에서는 이 새로운 버전이 〈가장 커다란 속삭임The Loudest Whisper〉이라는 제목으로 개봉되었다. 새로운 판본의 출현에 대해서는 역사적 문맥을 따져 볼 필요가 있다. 이 영화가 나온 1961년은 미국에서 보수적인 가족 가치와 젠더 역할을 공고화시킨 것으로 알려진지 10년이 얼마 지나지 않은 시점이기 때문이다. 실제로 헬먼 자신도 전후 할리우드 블랙리스트의 표적이었다.* 그러나 이 시기는 또한 1948년의 파라마운트 판결Paramount Decision로 제작 강령이 실효성을 상실하고 스튜디오 시스템이 붕괴되면서 이전에 금기시되던 주제들을 영화에서

---

* 제2차 세계대전 이후 새롭게 전개된 미국과 소련의 냉전 구도 속에서, 반공주의가 미국 사회를 강타한다. 할리우드 블랙리스트란 매카시즘으로 대표되는 반공주의의 광기 속에서 작성된 공산주의자 영화인들의 목록을 말한다. 여기에는 찰리 채플린Charlie Chaplin 같은 감독들도 있었지만, 주로 시나리오 작가들이 포함되었다. —옮긴이.

어느 정도 다룰 수 있게 된 시점이기도 하다. 그런 점에서 볼 때, 말로 표현되지 않는 여성의 동성애적 욕망에 초점을 맞추고, 나아가 관객이 남성적 시선의 바깥에서 **동일시할 수 있는** 여성 주인공들을 제시한 것은 주류 할리우드 영화에 중요한 출발점이 되었다. 화이트는 "〈아이들의 시간〉의 제작과 각색 사례가 30년에 걸친 상업적 대중문화와 자기 규제의 역사에서 레즈비언의 재현 가능성의 바로미터가 어떠했는지 살펴볼 수 있게 해 준다"라고 지적한다(24).

보고 토론하기

〈아이들의 시간〉

/

1. 이 영화가 여성의 섹슈얼리티에 대한 사회적 감시를 효과적으로 표현한다고 생각하는가, 아니면 비운의 레즈비언의 사랑에 대한 고정관념에 영합한다고 생각하는가?

2. 메리 앤 돈은 "시선을 전유하려는 여성들, 보고자 하는 여성들에게는 항상 어떤 과도함, 난관이 존재한다"라고 주장한다(1982: 83). 〈아이들의 시간〉에서 그런 양상을 확인할 수 있는가? 자세히 답변하라.

3. 남성의 시선이 유일한 시선의 틀로 제공되고 여성이 문제적인 방식으로 대상화되는 현대 영화의 사례로 떠오르는 것이 있는가? 여성이 시선을 소유하는 영화의 사례로 무엇이 있는가?

관객에 관한 포스트 식민주의의 비판적 관점들

지리적·경제적·역사적 맥락이 변경되고 유럽/서양의 (남성) 주체가 규범적인 기준이 아니게 되면 정신분석적 접근법도 도전받는다. 특히 정치적으로 **탈식민적 접근들**decolonizing approaches에 동조하는 페미니즘은 어떻게 고전적 시선 이론과 다른 방식으로 여성 관객을 개념화할까?

이러한 논의가 주로 문제삼는 것은 (신)식민주의(neo)colonialism의 지속적인 영향이다. (신)식민주의는 서구적 가치와 삶의 방식을 문명과 진보의 유일한 이정표로 내세우며, 그 이데올로기적 확장으로서 **유럽 중심주의**Eurocentrism를 강요한다. 타잔과 킹콩에서부터 로빈슨 크루소Robinson Crusoe의 동료 프라이데이Friday에 이르기까지, 대중문화 속 많은 인물과 비유에서 식민적 담론이 실행된다는 점을 추적할 수 있다. 여기서 백인은 현대성, 계몽, 진보의 원천으로 재확인되는 반면, 백인이 아닌 주체들은 말 그대로도 상징적으로도 동물적이거나 유아적인 야만인의 자리를 차지한다([그림 2.7]). 이러한 논리의 연장선상에서 식민 이데올로기는 식민화된 문화가 유럽 중심적 기준에 따라 계몽되고 현대화될 필요가 있으므로 식민화되는 것이 마땅하다며 스스로를 정당화한다. 식민주의 프리즘을 통해 정신분석을 활용한 가장 영향력 있는 작업 중 하나는 프란츠 파농Frantz Fanon의 『검은 피부, 하얀 가면Peau noire, masques blancs』(1952)이다. 이 책에서 파농은 식민의 맥락에서 백인과 비백인 공동체 사이에 존재하는 권력 역학에 대해 정신분석학적 해석을 전개한다. 파농은

〔그림 2.7〕 킹콩과 연약하지만 매혹적인 백인 여성성(〈킹콩〉, 피터 잭슨Peter Jackson).

식민주의가 식민국가와 피식민국가 모두에게 미치는 영향을 연구한 분석가였다. 이 책은 시선의 권력에 대해 설명할 뿐 아니라 비백인 주체들이 식민지적 맥락, 그리고 지배적인 백인 우월주의적 담론들이 야기하는 정신적 열등감과 어떻게 협상했는지를 조사한다. 파농의 저작은 정신분석을 이용해 체계적 억압이 초래하는 공포와 장기간에 걸친 파괴적인 영향력을 탐구하는 핵심 텍스트 중 하나다.

영화는 식민주의적 기획과 식민주의에 대한 저항 양자 모두에서 결코 소평가할 수 없는 역할을 했다. 엘라 쇼해트와 로버트 스탬이 지적하듯이, "영화의 시작은 유럽의 제국주의적 기획이 아찔한 높이에서 절정기를 맞아 광활한 외부 영토와 수많은 피

정복 민족을 지배하던 시대와 일치했다"(1994: 100). 그 결과, "영화는 세계의 탁월한 이야기꾼으로서 국가와 제국의 입장이 투영된 서사를 전달하는 데 더할 나위 없이 효과적이었다"(101). 산드라 폰자네시Sandra Ponzanesi는 "젠더, 인종, 계급에 대한 식민적 이미지들은 제국의 인식론과 인종분류학을 강화시키는 이데올로기적 함의를 담고 있어서, 다큐멘터리나 극영화를 가리지 않고 원주민들을 야만적이고 원시적이며 근대성 바깥에 존재하는 것으로 묘사해 왔다"라고 말한다(2017: 25-26). 뿐만 아니라 식민화된 지역사회들은 보통 영화제작에 필요한 값비싼 장비에 접근할 수 없어 스스로를 표현할 능력을 갖출 수 없었다. 『어두운 대륙Dark Continents』(2003)에서 란자나 칸나Ranjana Khanna는 프로이트가 여성의 섹슈얼리티에 '어두운 대륙'이라는 악명 높은 명칭을 붙인 일을 들며 정신분석학이 식민주의와 공공연하게 연관되어 왔음을 주목한다. 이 용어에는 비백인 '타자'에 대한 식민주의적 관점이 녹아 있으며, 아프리카를 구별 짓기 위해 사용되어 왔기 때문이다. 이처럼 프로이트는 "여성에 대한 이론에 자신의 지식 부족을" 투영한다(Khanna, 50). 게다가 '어두운 대륙'이라는 용어에 젠더적 의미를 부여하면서 정신분석학은 차이를 젠더화시키는 대가로 인종 문제를 삭제한다. 칸나의 지적에 따르면 "이처럼 차이들을 통합해 버리는 정신분석학의 초기 작업은 흑인 여성들의 존재를 총체적으로 지워 버려서" 정신분석학뿐만 아니라 수행적이고 사회적으로 구성된 기능으로서의 여성성에 관한 이론에서도, 흑인과 비백인의 경험을 일관되게 배제했다(48). 관객성에 대한 정신분석적 이론이 인종 차이를 설명하는 데 있어 완전히 부적절하다고 할 수는 없을지라도, 왜 늦어졌는지 그 이유를 여기서 찾을 수 있을 것이다.

칸나와 같은 학자들은 정신분석학을 탈영토화된 '순수' 이론으로 여기기보다는, 특정한 시간과 장소, 지정학적 맥락에 뿌리를 둔 인식론적 실천으로서 접근한다. 다시 말해 그녀는 "정신분석학을 맥락 바깥에 있거나 지역적 특성과 무관한 것이 아닌 민족지학으로 읽는다면, 국민국가nation-state의 대안적 모델이 나타나기 시작한다"라고 주장한다(64). 여기서 칸나는 자아(특히 자아의 무의식)와 국가 사이에 엄격한 경계를 고수하기를 거부한다. 만약 이것을 관객(성)spectatorship에 대한 정신분석적 이론으로 확장한다면, 텍스트가 상정하는 관객이나 이론상의 관객 역시 비역사적 인물이 아니라, 식민지와 국가 등 매우 구체적인 지정학적 역사의 틀 속에 뿌리박힌 인물이라고 할 수 있을 것이다. 그리고 이는 스크린과 관객의 문제에서 남성과 여성의 시선의 위치, 동일시, 성차 등을 개념화하는 방식이 초국가적인 식민주의의 역사와 민족사가 현실의 타자나 상상 속 타자들과의 관계 속에서 '남성'과 '여성'을 구성하는 방식에 크게 의존한다는 것을 의미한다.

영향력 있는 흑인 페미니스트 사상가 벨 훅스bell hooks*에 의해 이론화된 **대항적 시선**the oppositional gaze의 메커니즘은 이를 잘 보여 주는 실례다. 그녀는 노예 소유주들이 단지 바라본다는

---

* 글로리아 진 왓킨스Gloria Jean Watkins의 필명이며, 이름을 소문자로 표기하는 것은 그녀의 의도에 따른 것이다.─옮긴이.

이유로(너무 당당하게, 너무 반항적으로, 또는 기타 다른 방식으로) 노예들을 처벌했던 고통스러운 트라우마의 역사를 다루면서, 흑인 부모들이 자녀에게 그 트라우마를 외면하도록 수세대에 걸쳐 가르쳐 온 사실에 주목한다. "지배하는 힘으로서의 권력은 다양한 장소에서 유사한 장치, 전략, 통제 메커니즘을 활용해 스스로를 재생산한다"(1992:115). 그러나 힘 있는 자들이 시선을 감시하게 되면 힘 없는 자들은 바라보려는 더 깊은 욕망을 갖게 되고, 그리하여 이른바 예속된 사람들의 대항적 시선이 만들어진다. 지배가 더 악랄해지는 순간에도 시선을 억압하는 지배 구조에 맞서 자신의 시선을 통제할 수 있는 능력은 행위자agency로서의 가능성을 열어준다"라고 훅스는 말한다. "이 '시선'은 식민화된 흑인들에게는 저항의 자리가 되어 왔으며 그 점은 현재도 마찬가지다"(116). 여기서 우리는 시선이 단지 가부장적 권력의 도구로만 간주되는 이론적 관점에서 완전히 벗어난다. 정반대로 비판적인 탈식민적 접근을 통해 대항적 시선은 대상화하는 식민적 시선에 맞서 저항할 수 있는 전복적 기회의 장소로 이론화되고, 그것은 때때로 예속된 사람들에게 허용된 유일한 무기가 된다. 시선, 영화가 시선을 활용하는 기술 등에 대한 비판적 검토는 제3영화Third Cinema와 같은 반식민적 운동으로 이어졌다(1장과 5장을 볼 것). 여기에서 주목해야 할 점은 정신분석학이 가부장적이고 식민적인 권력 역학을 단순히 반복하는 것이 아니라, 그것을 드러내고 이해할 수 있는 패러다임으로 재전유될 수 있다는 것이다.

사례 연구

〈흑인 소녀〉

(우스만 셈벤, 1966, 세네갈)

/

〈흑인 소녀〉는 사하라 이남의 아프리카 출신 감독이 만든 첫 번째 장편영화로 꼽힌다. 이 영화에서 세네갈의 전설적인 감독 우스만 셈벤은 젊은 세네갈 여성 듀아나의 이야기를 그린다. 그녀는 다카르를 떠나 프랑스 남부로 가서 부유한 백인 프랑스인 부부의 하녀로 일한다. 영화 내내 그녀는 프랑스인 부부에게 보이지 않는 타자이자 침묵하는 타자이며, 그녀의 목소리는 오직 보이스오버voiceover* 내레이션으로만 들을 수 있다. 그녀가 거기 있는 것은 오로지 유용한 노동을 제공하기 위해서일 뿐, 고유한 권리를 가진 한 사람으로 취급받지는 못한다. 이는 듀아나가 세네갈에서 가져온 부부에게 선물한 전통 가면으로 상징되며, 가면은 '부족적' 장식물로 벽에 걸려 부부" 친구들에게 깊은 인상을 남긴다. 불안정한 상황을 벗어날 방법을 찾지 못한 듀아나는 영화가 끝날 무렵 결국 비극적으로 자살한다. 그녀의 고용주는 가면을 포함한 그녀의 소지품들을 모아 다카르로 가져간다. 그곳에서 그는 듀아나의 어머니를 찾아가 그녀에게 돈을 주려고 하지만, 그녀는 거절한다.

---

* 영화 또는 텔레비전과 같은 영상물에서 화면상에 모습을 드러내지 않으면서 대사와 해설 따위를 설명하는, 목소리로만 들리는 것을 말한다. —옮긴이.

[그림 2.8] 〈흑인 소녀〉에서 억압된 것의 귀환.

한 어린 세네갈 소년이 그 가면을 가져가 쓰고는 차로 돌아가
는 방문객의 뒤를 따라간다. 소년은 제4의 벽*을 허물면서" 카
메라를 똑바로 응시하는데, 이는 파농의 책 제목 『검은 피부,
하얀 가면』을 시각적으로 환기시킨다([그림 2.8]).

정신분석의 관점에서 이것은 억압된 것의 귀환으로 볼 수
있다. 여기에서 백인과 (신)식민 권력은 착취적 특권을 드러내
며, 예속되고 침묵해 온 타자는 시선을 돌려줌으로써 백인의
죄를 경감해 주길 거부한다. 이 영화는 식민주의의 억압적 시

* 프랑스의 철학자 디드로가 주창한 개념. 연극 등 무대예술에서 연기자와 관객
사이에는 세4의 벽이 가로놓여 있다고 기정되며, 작품이 진행되는 동안에는 서로
간섭할 수 없다.─옮긴이.

119

스템이 끝난 이후에도 그 영향력이 지속되는 현실을 비판적으로 조명하는 데 관심이 있다. 실제로 듀아나의 운명을 규정하는 신식민적 상황은 과거 식민 세력의 문화적·사회적·정치적 헤게모니가 여전히 건재함을 가리킨다. 백인 프랑스인 주인공들이 듀아나를 하나의 인격체가 아니라 민족지학적 대상으로 취급하는 것은 이를 잘 드러내는 사례다.

보고 토론하기

〈흑인 소녀〉

/

1. 이 영화에서 탈식민적이고 페미니즘적인 비판을 제공해 주는 형식적이거나 서사적인 장치로는 어떤 것들이 있는가?
2. 영화의 의미를 드러내는 기본 구조를 분석할 때 정신분석적 접근법은 어떤 점에서 부적절할 수 있는가?
3. 정신분석적 틀이 영화에 대한 통찰을 제공하는 방식이 있는가?

관객과 수용: 시선 되찾기

20세기 후반과 21세기 초, **디지털 시대**the digital era가 초래한 변화
는 관객의 영화 수용뿐만 아니라 영화 관람 경험에도 중대한 변
화를 가져왔다. 오늘날 관객들은 보통 혼성적이고 능동적이라
고 여겨진다. 그리하여 영화와 매체 연구는 가능한 관객의 자리
들을 추상적으로 상정해 사변적으로 성찰하기보다는 **경험적 연
구**empirical research를 통해 **수용**reception을 연구하는 데 점점 더 초
점을 맞추게 됐다. 미리엄 핸슨Miriam Hansen은 1993년 「초기 영
화, 후기 영화: 공공 영역에서의 변환들Early cinema, Late cinema:
Permutations of the Public Sphere」이라는 논문에서 관객에 관한 정신
분석적 이해의 역사적 중요성을 재평가하고 공공 영역에서 영화
가 수행했던 역사적 역할에 초점을 맞춘다. 핸슨은 20세기 후반
에 이르러 "제도적으로 덜 규제되는 관람 환경에서 영화를 소비
하는 사례가 사회적으로 확산되면서, 영화가 하나의 완전한 생
산물이자 상품으로서 관객의 수용을 통제한다는 고전적인 원리
가 약화되었다"(198)라고 말한다. 여기서 핸슨은 텔레비전의 부
상과 그와 함께 발전한 비디오 재생, 위성, 케이블 기술 등을 강
조한다. 1950년대 이후로 텔레비전은 영화관 관람의 우위에 도
전하며 지배적인 오락거리가 되었다. 핸슨은 영화관으로부터 텔
레비전 및 새로운 전자 기술로의 이행을 통일된 대중문화의 종
말과 결부시키며, 이를 통해 관객의 다양성과 이질성이 수면 위
로 떠오른다고 주장한다. 고전적 영화 장치가 자리 잡은 곳은 영
화관이었지만, 그것은 이제 보다 사적인 관람 환경으로 분화되

었다. (케이블 텔레비전 같은) 오늘날의 대중문화는 다양한 장르를 아우르는 영화로 '무엇을 원하든 무언가를' 제공하고 다양한 취향을 충족시킴으로써 이러한 분화에 기여한다. 핸슨은 "오늘날의 포스트모던하고 전 지구화된 소비문화는 동일화보다는 다양화를 통해 작동하며, 새롭고 그 어느 때보다 더 포착하기 어려운 권력과 상품화의 기술을 발전시켜 왔다"는 것에 주목한다. 따라서 "고전적 할리우드 영화와 미국의 대중문화 모델에 근거한 이론들과는 다른 수용 이론과 동일시 이론이 필요하다"(1993: 199). 핸슨은 제작, 배급, 소비하는 새로운 방식들이 빠르게 확산되는 디지털 시대에 이르러 미디어에 어떤 중대한 변화들이 구조적으로, 역사적으로, 또 문화적으로 일어나는지 확인한다. 중요한 것은 이것이 관객성에 관한 정신분석학적 이론을 완전히 폐기해야 한다는 것이 아니라, 수용 연구, 관객 연구와 같은 다른 접근 방식들과 균형을 이룰 필요성이 있다는 의미라는 점이다. "대중의 관점에서 영화를 사유하기 위해서는 이론적인 탐구 방식과 역사적인 탐구 방식을, 텍스트적인 탐구 방식과 맥락적인 contextual 탐구 방식을 아우르는 접근이 필요하기" 때문이다(206). 이러한 접근법은 "서로 갈등하는 다양한 정체성과 성향"(208)을 설명할 수 있게 해 주며, 이를 통해 관객의 다양한 위치와 영화에 대한 우리의 이해를 보다 폭넓게 파악할 수 있다.

앞에서 살펴본 바와 같이, 관객의 위치에 관한 정신분석적 접근은 **민족지학**ethnography이나 **현장 연구**fieldwork를 통해 관찰된 실제 사례에 뿌리내리지 않고 사변적으로 접근하는 경우가 많다. 반면, 란자나 칸나와 같은 비판적인 포스트 식민주의 이론가

[그림 2.9] 〈내 여자친구의 결혼식Bridesmaids〉(폴 페이그Paul Feig, 2011)은 흥행에서 커다란 성공을 거두었는데, 이 영화는 특히 여성 관객들을 만족시켰다.

들은 정신분석을 맥락이 배제된 '순수한' 이론으로 취급하는 것을 경계하며 정신분석 이론이 민족학ethnology의 정반대에 있다는 가정을 효과적으로 무너뜨린다. 나아가 칸나는 정신분석이 "민족학에 의존하며, 비서구 지역을 위해 고안된 민족학적 분석 형식으로부터 서양에 적합한 종류의 민족학을 구성해 낸 것이다"라고 주장한다(68). 이 절에서 다룬 다른 논의들은 정신분석적인 관객(성) 이론과 관객 및 수용에 관한 경험적 연구 사이에 분열이 존재한다고 보지만, 칸나와 같은 탈식민적 입장은 그러한 기본 전제에 도전하는 것이다.

　　정신분석적 접근법은 관객이 영화 텍스트와의 상호작용을 통해 영향을 받고 구성된다는 이론을 내세웠지만, 이 개념이 이론적 관객과 실제로 살아 숨 쉬는 관객 사이의 간극을 메우지 못한다고 지적하는 페미니즘 영화 이론가들이 점점 늘어났다. 이러한 비판은 커뮤니케이션과 문화 연구에 뿌리를 둔 **경험적 관객 연구**empirical audience research로 이어졌다. 정신분석적 틀과 경험적 틀은 상호 배타적이지 않으며, 오히려 관객의 경험을 아우르는 다양한 측면에 대해 상호 보완적인 통찰을 제공한다. 예를 들어, 텍스트 자체가 명시적으로 보여 주지는 않지만 일부 관객이 경험하는 것들이 있을 수 있는데, 그러한 관점에서 관객의 위치를 밝혀내는 것에는 경험적 관객 연구가 효과적이다. 하지만 이것만으로는 관객의 무의식적 충동과 동기를 완전히 설명할 수 없다. 그 동기는 정의상 관객 개인이 의식적으로 자각하는 것이 아니기 때문이다.

영화에 관한 것은 아니지만, 재니스 래드웨이Janice Radway의 『로맨스물 읽기Reading the Romance』(1984)는 영화를 포함한 광범위한 미디어 분야에서의 관객 및 수용을 연구한 매우 영향력 있는 작업이다. 이 연구에서 래드웨이는 대중용 로맨스 소설의 팬인 여성들의 독서 실천을 경험적으로 관찰하고 분석한다. 래드웨이의 연구는 인터뷰부터 정신분석에 이르기까지 다양한 방법을 활용해 여성들의 독서 실천을 이해한다. 궁극적으로 그녀는 단일한 접근법으로는 여성이 누리는 독서의 즐거움과 그 현상의 복잡성을 완전히 설명할 수 없지만, 이러한 독서 실천이 장르의 이데올로기와 완전히 대립하지도 공모하지도 않는다는 것을 이해하는 데 여러 관점의 분석 각각이 나름의 기여를 한다는 결론을 내린다.

크리스틴 글레드힐은 텍스트에 의해 구축된 여성 관객 spectator과 계급, 인종, 나이, 섹슈얼리티, 국적, 민족 등 다양한 사회적 요인으로 인해 균열되어 그 집단 정체성의 본질을 규정하기 어려운 **여성 관객**the female audience을 구분한다. 글레드힐은 "주류 텍스트 안에는 저항적 독해나 해체적 독해의 가능성이 텍스트적으로 존재한다"(113)고 주장하며 클레어 존스턴을 환기시킨다. 그리고 이것을 설명하기 위해 그녀는 **협상**negotiation 개념을 제시한다. 이것은 관객에 접근하는 방식 중 하나로, 이를 통해 "텍스트상의 주체와 사회적 주체 사이의 간극"(114)을 메울 수 있고, 관람 행위의 복잡성을 이해해 성급하게 긍정적이거나 부정적인 결론을 내리는 일을 피할 수 있다. 관객을 협상 과정으로 이해하게 되면, 특정 가능성에 과도하게 초점을 맞춘 나머지 다른 가능성을 배제하는 지나치게 결정론적인 견해를 피할 수 있게 된다. 글레드힐의 틀에 따르면, "의미는 강요되는 것도 아니고 수동적으로 흡수되는 것도 아니다. 의미는 참조reference, 동기 부여, 경험 등 경쟁하는 프레임들 간의 투쟁과 협상으로부터 생겨난다"(114). 글레드힐의 논문 제목 「즐거운 협상Pleasurable negotiations」이 시사하듯이, 한 편의 영화 안에서 의도된 의미와 종종 그와 모순되는 의미 사이에서 협상하는 일은 실제로 관람자에게 즐거움의 원천이 될 수 있다.

재키 스테이시는 여성 관객에 대한 영향력 있는 경험적 연구인 『스타 응시하기: 할리우드 영화와 여성 관객Star Gazing: Hollywood Cinema and Female Spectatorship』(1994)에서 1940년대와 1950년대 할리우드 여성 스타들의 팬이었던 영국 여성들이 작

성한 서면 피드백을 분석했다. 스테이시가 이 분석에 착수하면
서 관심을 가진 문제는 정신분석적 페미니즘 영화 연구에서 텍
스트-내-관객이 가졌던 중심성을 교란하는 것이었다. 뿐만 아니
라 그녀는 "특정한 사회적·역사적 담론과 재현의 관행을 통해
영화 안팎에서 정체성이 고정되는 방식"(31-32)에 대해 조사하
는 일에도 흥미를 갖는다. 이를 위해 그녀는 관객을 일반화되고
generalized 초역사적trans-historical이며 초지리학적인transgeographical
개념으로 이론화하기보다 현실의 관객 개개인이 속한 역사적 장
소와 사회적 담론을 고려할 필요가 있다고 본다. 스테이시는 관
객과 수용에 대한 문화 연구가 지닌 접근법들이 시선을 배타적
인 이론의 대상으로 삼는 정신분석적 접근법보다 맥락화된 분석
의 가능성을 더 넓게 열어준다는 것을 발견했다([그림 2.10]).

영화 연구	문화 연구
관객의 위치 정하기	관객의 독해
텍스트 분석	민족지적 방법
생산자 중심의 의미	소비자 중심의 의미
수동적 관람자	능동적 관람자
무의식	의식
비관적	낙관적

[그림 2.10] 영화 연구와 문화 연구의 대조적인 패러다임을 보여 주
는 재키 스테이시의 도표(『스타 응시하기』(1994:24)).

관객과 수용 연구는 전통적으로 텔레비전과 더 긴밀하게 연관이 있는데, 이는 아마도 텔레비전이 보다 즉각적이고 가정적 형태의 엔터테인먼트로서 좀 더 적극적으로 관객의 일상 일부가 되는 문화적 지위를 갖기 때문일 것이다. 그러나 영화 관객과 수용 연구에 대한 관심이 높아진 것은 영화 연구에 있어서 '역사적 전환'이 확장된 시점과 일치한다. 예를 들어, 재닛 스타이거Janet Staiger의 『영화 해석하기Interpreting Films』(1992)는 영화 수용에 관한 중대한 초기 작업으로, 관객 개개인의 심리나 영화 텍스트에 의해 구성된 관객보다는 역사적 맥락에 초점을 맞춘 유물론적 역사학을 제시한다. 스타이거는 다음과 같이 중요한 점을 지적한다. **수용 연구**reception studies는 "개인이 텍스트를 어떻게 이해해 왔을 수 있고 언젠가 어떻게 이해하게 될지에 대한 일반화되고 체계적인 설명을 구성하려 하는 것이 아니라, 개인이 실제로 이해해 온 방식을 설명하고자 한다. 그 결과 수용 연구는 이상적인 독자 개념을 몰역사화한 것으로 비판받았다"(8). 물론 시간이 흐르면서 작품에 대한 이해가 변할 가능성도 있고, 기타 여러 가지 이유로 관객들이 '실제로' 어떻게 이해해 왔는지 정확히 파악하기도 어렵다. 그럼에도 수용 연구는 실제 관객 개개인의 반응을 맥락과 상황을 고려해 설명하려 한다. 앞서 논의한 경험적 접근법과 달리, 스타이거는 **담론 분석**discourse analysis에 초점을 맞춘다. 관객 개개인을 인터뷰하는 대신 영화에 대한 미디어의 수용을 검토함으로써 그 영화의 의미를 특정한 맥락 속에 두려 한다. 예를 들어, 〈양들의 침묵〉([그림 2.11])의 수용에 대한 그녀의 유명한 연구는 이 영화에서 연쇄 살인범을 재현하는 방식이 지닌

〔그림 2.11〕 젠더 표현을 뒤집은 연쇄 살인범 버펄로 빌.

동성애 혐오와 계급적 차원을 살핀다. 그녀는 영화에 담긴 호모
포비아와 오늘날 우리가 트랜스포비아라고 부르는 것을 에이즈
위기라는 맥락 속에 위치시키는데 이는 영화의 개봉에 역사적
맥락을 제공한다. 스타이거는 이 영화의 배우 조디 포스터Jodie
Foster가 여성 관객에게는 강한 여성의 이미지로 비쳤지만, 게이
커뮤니티에서는 위선자로서 보았다는 점을 언급한다. 클로짓 레
즈비언*으로 추정되는 배우가 1990년대 초반 미국의 성 정치
맥락에서 동성애 혐오로 읽히는 영화에 출연했기 때문이다. 그
당시 자신의 섹슈얼리티에 대해 침묵하던 포스터는 결국 언론을

---

* 자신의 성적 지향이나 성 정체성을 공개하지 않는 성소수자를 지칭할 때 사용하는 표
현이다. — 옮긴이.

통해 '아웃팅'*의 희생양이 된다. 이렇듯 스타이거는 〈양들의 침묵〉이 개봉 당시의 특유한 역사적·문화적 맥락 속에서 수용되고, 이 영화를 둘러싼 복잡하면서도 모순적인 의미들이 미디어를 통해 표현되던 것에 관심을 갖는다.

수용 연구에서 가장 빼어난 사례 중 하나는 흑인 여성 관람자들이 〈컬러 퍼플The Color Purple〉(스티븐 스필버그, 1985, 미국)([그림 2.12])을 수용한 방식에 관한 재클린 보보Jacqueline Bobo의 작업이다(1988). 앨리스 워커Alice Walker에게 문학상을 안겨 주었던 1982년 작 소설을 각색한 이 영화는 엇갈리는 평을 받으면서 논란을 키웠는데, 이는 몇몇 평론가들이 남부 흑인 커뮤니티에 대한 묘사가 지나치게 부정적이고 전형적이라고 생각했기 때문이다. 이러한 혐의는 할리우드 주류 영화제작자이며 특권층 백인 남성인 스필버그가 이 영화를 연출했다는 사실과 이 이야기가 인종에 관한 것이 아니라는 그의 주장 때문에 더욱 문제가 되었다. 특히 책에서는 명백했던 젠더 정치가 영화에서는 서사 전략, 개조, 생략 등으로 인해 씻겨 나갔다는 우려가 있었다. 그런데도 흑인 여성 관객들은 이 영화를 압도적으로 열렬하게 받아들였고, 이에 자극받은 보보는 "관객이 주류 텍스트로부터 의미를 창조하는 방식과 재구성된 의미를 활용해 자신과 자신이 속한 사회 집단에 힘을 실어 주는 방식을 검토"(93)할 수 있었다. 연구 방법론의 일환으로 보보는 집단 인터뷰를 진행했고, 흑인 여성 관람자들이 인종이나 젠더 관련 쟁점을 다루는 할리우드 주

---

* 성소수자의 성적 지향이나 성 정체성을 본인의 동의 없이 밝히는 행위다. ―옮긴이.

〔그림 2.12〕 여성들의 결속. 〈컬러 퍼플〉.

류 영화에 대해 상반된 독해를 하는 방식에 대해 평가했다.

보보는 텍스트를 이해하고 해독하는 다양한 방식을 설명하는 스튜어트 홀Stuart Hall의 부호/해독encoding/decoding 해석 모델을 활용한다(1980). 우선 지배적 해석 또는 창작자가 의도한 해석이 있고, 협상된 독해, 즉 의도된 의미들을 고려하지만 당연하게 받아들이지 않는 독해가 있으며, 마지막으로 상반된 독해, 즉 의도된 해석과 어긋나는 독해가 있다. 이러한 이론 틀을 통해 보보는 흑인 여성들이 〈컬러 퍼플〉을 긍정적으로 수용한 것이 단순히 "백인 이데올로기나 '허위의식'이 부과한 부정적인 선입견을 내면화"한 사례일 가능성을 일축한다(102). 오히려 보보가 접촉한 관람자들은 텍스트를 훨씬 더 능동적으로 독해했고, 자신들의 경험이 "주류 매체에서 적절하게 다뤄진 적이 없다"(102)는 것을 비판적으로 인지하고 있었다.

관람자들은 텍스트가 설정한 한계에 수동적으로 굴복하는 것이 아니라 텍스트가 제공하는 주체로서의 위치를 협상하고 재전유하는 데 적극적으로 참여한다. 관람 주체는 영화를 수용하는 데 그치지 않고 관람 행위 속에서 의미를 새롭게 창조한다. 이는 정체성이 유동적이고 가변적임을 암시하며, 우리 정체성을 형성하는 특성과 스크린에 묘사된 인물의 정체성 간의 완벽한 동맹이 당연히 주어지는 것도 아니고, 동일시를 가능하게 하는 유일한 근거도 아님을 뜻한다. 스크린 위 인물과의 동일시는 자신과 가장 닮은 인물에게 감정적으로 반응하는거울과 같은 과정을 따르지 않는다. 또한 관람자로서의 우리 정체성도 영화 밖 세계에서 안정적으로 고정되어 있지 않다. 다음 절에서는 동일시와 전유cooptation의 과정이 두드러지는 팬덤 현상에 대해 논의할 것이다.

활동

/

최근 상영한 영화 한 편을 골라 간단한 설문지를 만들어 돌려라. 이 영화에 대한 온라인 리뷰 3~5편을 찾아보고, 미디어에서 이 영화를 어떻게 수용하는지 살펴보라.

조별로 모여 설문 조사에 대해 토론해 보자. 설문 조사를 통해 수집할 수 있었던 정보에는 어떤 것들이 있으며, 포착하지 못했던 관객의 경험은 무엇인가? 인터뷰는 생산적인 접근법인가? 리뷰와 비교했을 때 설문 조사와 조별 토론은 영화 수용의 다른 차원을 강조했는가? 이러한 차이가 나타나는 이유는 무엇인가?

미디어 팬덤과 참여 문화

이번 절에서는 능동적인 팬과 **팬덤**을 중심으로 전개된 문화 활동이 어떻게 관객과 수용 연구의 지형을 바꾸고 우리 삶에서 영화와 미디어가 수행하는 역할을 이해하는 방식을 변화시켰는지 논의할 것이다. 팬덤은 새로운 현상도 아니고 디지털 시대에만 존재하는 것도 아니지만, 디지털 기술은 관람자와 스크린의 관계를 사유하는 데 있어 새로운 질문들을 제기했다(팬덤에 대해 더 많이 알고 싶다면 8장을 볼 것). 우리는 헨리 젱킨스Henry Jenkins가 **융합 문화**convergence culture라고 부르는 시대에 살고 있다. 이 시대에는 "낡은 미디어와 새로운 미디어가 충돌하고, 풀뿌리 미디어와 기업 미디어가 교차하며, 미디어 생산자의 권력과 미디어 소비자의 권력이 예측할 수 없는 방식으로 상호작용한다"(2006: 2). 이 충돌에서 **참여 문화**participatory culture가 발생하는데, 젱킨스는 이를 미디어 생산자와 미디어 소비자 사이의 경계가 희미해지는 것으로 규정한다. 젱킨스는 팬이라는 존재가 전통 문화에서 참여 문화로의 이동을 보여 주는 가장 흥미로운 현대적 사례 중 하나라고 생각한다. 오늘날 팬은 특정 미디어 콘텐츠를 좋아하고 그것에 참여하는 사람일 뿐만 아니라, 원본 텍스

트(들)를 재배치해 새로운 콘텐츠를 생산해 내는 사람이기도 하
다. 참여 문화에서는 주체와 객체, 의미 생산자와 의미 수용자
간의 이항 대립이 완전히 폐기되지는 않더라도 흐릿해진다. 이
에 대한 증거는 로튼 토마토Rotten Tomatoes, 아마존, 넷플릭스 등
과 같은 웹사이트에서 관객이 주도하는 집계 점수뿐만 아니라,
원본 텍스트—영화, 텔레비전 쇼, 책 모두 가능하다—를 발판 삼
아 팬들이 직접 문화의 생산, 상호작용 및 교류에 참여하는 **팬 아
트**fan art나 **팬 픽션**fanfiction(혹은 팬픽)에서도 찾을 수 있다. 이러한
활동의 원천은 처음에는 주류 미디어의 텍스트일 수 있지만, 뒤
따르는 팬들의 상호작용은 대부분 주류 미디어의 경로 밖에서
이루어지며, 따라서 문화 콘텐츠의 생산자나 감독자로서 기업이
중심에 놓이는 것을 피해 간다. 팬덤 현상은 관객이 종종 예측할
수 없는 다양한 방식으로 텍스트를 수용해 텍스트를 자신의 것
으로 만든다는 이론을 여러 측면에서 두드러지게 확인시켜 주었
다. 그 결과 팬 연구는 관객이 수동적이고 텍스트가 우선시하는
의미를 무비판적으로 수용한다는 가정에 팬덤이 어떻게 도전하
는지 주목했다.

　　가장 잘 알려진 초창기 미디어 팬덤의 형태 중 하나는 텔
레비전 시리즈 (및 그 후속 영화들을 포함하는) 〈스타 트렉'Star
Trek〉에서 영감을 받았다. 오리지널 시리즈는 1960년대에 방영
되기 시작했고, 상당한 여성을 포함해 컬트적인 추종자들을 빠
르게 얻었다. 〈스타 트렉〉 팬덤은 등장인물인 커크Kirk와 스팍
Spock을 로맨틱하고 성적인 성격을 갖는 다양한 시나리오로 엮어
내며 **슬래시 픽션**slash fiction*이 탄생하는 데 영향을 미쳤다. 슬래

시 픽션이란 이름은 팬들이 소설 속에서 '짝지어진' 두 캐릭터 사
이에 슬래시를 긋는 것에서(이 경우에는 'Kirk/Spock' 또는 'K/S')
유래했다. 콘스턴스 펜리Constance Penley는 슬래시 장르가 처음 등
장한 것이 1970년대 전반이라고 추정한다(1970). 슬래시 장르의
출현 이후 슬래시 소설 작가들은 대부분 이성애자 여성이었는
데, 조애나 러스Joanna Russ는 이를 "여성에 의한, 여성을 위한, 사
랑을 담은 포르노그래피"(1985: 79)라고 묘사한다. 펜리가 보기
에는 만족스러운 여성 인물의 부재는 여성들이 자신이 동일시할
수 있는 유일한 인물, 즉 남성 인물들을 이용해 서사를 다시 쓰도
록 자극했다. 게다가 커크와 스팍은 연인이지만 게이는 아닌 것
으로 설정되었는데, 이를 통해 여성 슬래시 작가들은 그 둘의 관
계에서 어느 쪽의 자리든 차지할 수 있었고, 잠재적인 관찰자도
될 수 있었다. 다시 말해 그들은 주인공들의 성적 취향 때문에 배
제되지 않았을 수 있었다. 따라서 펜리는 팬픽에서 젠더 교차적
동일시가 작동하는 것을 확인할 수 있었다. 사라 궨리언 존스Sara
Gwenllian Jones는 다음과 같이 관찰한다. 〈스타 트렉〉 팬덤은 처음
에는 당대의 다른 팬덤과 마찬가지로 인쇄된 팬 잡지fanzine를 통
해 배포되었지만, 1990년대 중반에 이르러 "슬래시는 다른 팬덤
대부분과 함께 웹web으로 옮겨 갔고, 이로 인해 가시성과 접근성
이 모두 높아졌다"(2002: 80). 온라인 팬덤은 여성 인물 중심의 슬
래시 픽션이 확산되는 데도 기여했는데—예를 들어 〈여전사 지
나Xena: Warrior Princess〉([그림 2.13])의 지나와 개브리엘—이를 펨

* 작품이나 유명인의 팬이 쓴 2차 창작 소설로 특히 동성애적 사랑을 다룬다.—옮긴이.

〔그림 2.13〕 펨슬래시 픽션에 영감을 준 지나와 개브리엘(〈여전사 지나〉).

슬래시femslash라고 한다. 그것은 퀴어 여성 팬픽 작가들의 활발함을 가시화하기도 했다. 존스는 슬래시 픽션을 더 잘 이해하기 위해서는, 그것을 단지 본성을 거스르는 전복적 독해의 한 형태가 아닌, "텍스트에 이미 잠재된 요소들을 현실화하는 것으로" 접근해야 한다고 본다(82). 이는 팬들이 종종 프로그램에서 말해지지 않는 하위 텍스트subtext들을 포착하고 그로부터 팬픽션을 구축한다는 것을 의미한다. 이는 "컬트 텔레비전 시리즈가 환상적인 가상현실을 구성할 때 이미 '퀴어하기queer' 때문에 가능한 일이다. 이 가상현실은 자기만의 진실성을 지키고 일상으로부터 거리를 유지하기 위해서 이성애적 과정을 지워야 하고 이성애를 문제 삼아야 한다"(90). 그렇다면 팬픽션을 단순한 재전유로 보기보다는, 팬과 미디어 콘텐츠 간의 능동적이고 개방적인 상호작용이 갖는 순환적인 성격에 주목하는 것이 더 유용할 수 있다. 슬래시 픽션과 관련된 다른 주목할 만한 팬덤으로는 〈엑스파일The X-Files〉, 〈뱀파이어 해결사Buffy the Vampire Slayer〉, 〈해리 포터Harry Potter〉 등이 있다. 오늘날에는 팬덤이 주로 소셜미디어 그룹, 웹사이트, 블로그, 포럼forum 등과 같은 온라인 플랫폼을 통해 조직되기 때문에 지리적 경계에 구애받지 않고 더 쉽게 연결된다. 그러나 이러한 가시성으로 인해 기업은 더 쉽게 팬들의 창작물에 접근할 수 있게 되면서 그것을 재전유하거나 이의를 제기할 가능성도 높아졌다.

문화적으로 미디어 팬덤의 위상이 높아졌다는 것은 페미니즘 영화 및 미디어 연구에 중요한 함의를 지닌다. 그것은 미디어가 여성 관객과 페미니즘 정치에 미치는 영향을 이해하게 해 주는 동시에 그동안의 무지에서 벗어나 팬들이 미디어 산업에 미치는 영향을 이해하기 위한 새로운 통로를 열어 주기 때문이다. 팬덤 연구는 상향식 문화 정치에 대한 통찰을 주는데 여기서 풀뿌리 팬 커뮤니티는 콘텐츠 소비라는 수용적 위치에만 머무르지 않고 주류 미디어에 점점 더 많은 영향을 준다. 이것은 여성, 퀴어, 트랜스젠더 등 그동안 소외되어 왔던 이야기들에서 특히 중요하다. 한 온라인 팬 아카이브의 이름인 '우리만의 아카이브An Archive of Our Own'는 버지니아 울프의 『자기만의 방』에서 따온 것으로 이러한 재현의 정치를 시사한다. 인터넷의 익명성은 (종종 사회적으로 승인되지 않는) 욕망을 창조하고 표현할 수 있는 공간을 만드는 데 도움을 준다. 투고자들은 이러한 포럼을 통해 공동체에 속한다고 느끼는 동시에, 일정 수준의 익명성을 유지하며

'실제 세계'에 미칠 반향에 대한 두려움에서 벗어날 수 있다(인터넷에 관한 더 폭넓은 논의를 다루는 이 책 8장에서는 디지털 영역 밖의 불평등이 종종 온라인상에서 재생산되는 방식에 관해 논할 것이다). '우리만의 아카이브' 같은 공간은 종종 비규범적 정체성에 적대적이기도 한 웹상에서 커뮤니티를 구축할 수 있는 하위문화적 공간을 제공한다. 이 아카이브는 수천 편의 팬픽 작품을 소장하고 있다. 여기에는 특히 트랜스젠더 인물들이 등장하는 최신 팬픽션 장르인 **트랜스픽**transfic 작품들도 있는데, 이 작품들 인물들은 보통 원작에서는 트렌스젠더로 그려지지 않는다. 그렇지만 마블Marvel의 어벤져스Avengers나 피터 파커Peter Parker/스파이더맨Spider-Man과 같은 대중문화의 인기 있는 캐릭터들이 트랜스픽에서는 트랜스젠더 캐릭터로 등장한다.

할리우드가 리한나Rihanna와 루피타 뇽오Lupita Nyong'o가 주연을 맡은 영화를 제작하도록 풀뿌리 팬덤이 주도했던 일은 팬덤이 더 폭넓은 문화적 영향력을 행사한 사례다. 이는 한 팬이 패션쇼에 참석한 두 여성의 사진을 텀블러Tumblr에 올리며 그들을 강도 영화의 주인공으로 상상한 데서 시작되었다([그림 2.14]). 두 스타는 모두 트위터를 통해 이 발상을 받아들였고, 에바 두버네이Ava DuVernay는 영화 연출에 관심을 표했으며, 잇사 레이Issa Rae는 대본 집필에 동의했다. 넷플릭스는 사전 계약을 성사시켰는데 이는 참여 문화가 할리우드 영화제작의 수직적 산업 구조에 어떻게 침투했는지를 보여 준다.* 흑인 여성들의 경험으로 제

---

* Yohana Desta, "That Twitter inspired Rihanna-Lupita heist movie is actually

chettish @chettish · Jun 29

COMPLEX Netflix is creating a **movie** starring **Rihanna and Lupita** Nyong'o, thanks mostly to **Twitter** dev.dlvr.it/2dV1HR END

〔그림 2.14〕리한나와 루피나 눙오. '트위터 영화'와 풀뿌리 팬 활동의 힘.

작되고 추진되는 주류 영화 서사의 부재, 혹은 흑인 여성들이 구조가 필요한 희생자 이상의 존재로 등장하는 영화의 부재는 리한나와 루피타 눙오의 '트위터 영화'가 그만큼 더 시급하고 시의적절했음을 웅변한다. 크리스티나 부세Kristina Busse는 "미디어 팬덤의 이야기는 여성들이 상업적인 매체가 제공하지 않는 서사를 직접 만들어 내기 시작했던 초창기부터 경제와 젠더에 대한 관심으로 차 있었다"(2009: 105)라고 지적한다. 팬들이 주류 미디어가 도외시한 콘텐츠를 생산하게 되면 부세가 말하는 이른바 "디지털 재전유라는 급진적 정치"(106)가 촉발될 수 있다.

이처럼 팬들은 주류 문화에서 누락되어 온 콘텐츠를 능동적

happening," www.vanityfair.com/hollywood/2017/05/rihanna-lupita-movie-netflix.

으로 생산하거나 그에 영감을 주어 왔고, 그 과정에서 충분히 표현되지 못했거나 간과되어 온 경험에 주의를 환기시킬 수 있었다. 동시에 팬 문화는 점점 더 '산업화'되고 거대한 복합 미디어 기업들의 의사결정에 통합되었는데, 그 범위는 새로운 기획이 코믹콘Comic-Con* 모임에서 최초로 소문이 나는 것부터 로튼 토마토에서 팬들이 영화를 평가하는 것에까지 이른다. 부세는 다음의 질문을 던진다. "미디어 산업이 특정 유형의 팬들을 호명할 때, 그 유형에 맞지 않는 이들에게는 어떤 일이 생기는가?"(2015: 111) 지배 미디어는 어떤 팬들의 목소리는 듣고 검토하지만, 다른 팬들의 목소리는 무시하거나 배제된다. 페미니즘과 팬덤을 성찰하면서 부세는 "긍정적(백인, 남성, 이성애적·지적·비정치적) 팬 정체성과 부정적(유색 인종, 여성, 퀴어, 육체적·정치적) 팬 정체성 사이에 괴상한 위계가 새롭게 나타남을" 확인한다. 이 위계는 "합법적이고 경제적인 균열"(114)을 만들며, 이를 통해 기존의 권력 구조가 해체되는 것이 아니라 되풀이될 수 있다. 컬트 팬덤의 숭배 대상은 종종 남성으로 성별화되는데, 이는 〈매드 맥스: 분노의 도로〉나 〈고스트버스터즈Ghostbusters〉(폴 페이그, 2016, 미국)([그림 2.15]) 같은 최신 영화에 대해 일부 남성 팬들이 보인 폭력적인 반응에서도 확인할 수 있다. 두 경우 모두 강력한 여성이 등장해 영화의 서사적 진행을 통제하는데, 일부 남성 팬들은 이를 원래의 남성 컬트 대상을 모욕한 것으로 여겼다.

게다가 미디어 생산품에 대한 팬들의 사랑은 미디어 산업에

---

* 미국 샌디에이고에서 매년 열리는 만화 관련 대규모 박람회.―옮긴이.

〔그림 2.15〕 주인공을 모두 여성으로 리메이크한 〈고스트버스터즈〉는 기획이 발표된 순간부터 온라인 트롤들*에게 지속적인 네거티브 여론몰이의 대상이 되었다.

의해 악용될 수 있다. 팬들의 노동은 실제 노동, 즉 유급 노동이 아닌 '사랑의 노동'으로 취급된다. 팬들이 만든 자료는 기업 미디어에 의해 출처 없이 참고되거나 인용되고, 심지어 표절될 수도 있다. 부세에 따르면 팬 노동은 페미니즘의 중요한 쟁점이다. "페미니즘은 재생산 노동이 무급으로 이용되거나 임금을 적게 받는 문제에 관심을 기울이며 오랫동안 노동 이론에 중요성을 부여해왔기 때문이다." 바로 이 때문에 팬 문화에 대한 페미니즘의 개입은 학술 연구와 문화 활동 모두에서 필수적이다. 나아가 페미니즘 팬 연구는 전 세계 디지털 문화에 대한 서구 중심적 접근과

* 인터넷에서 남의 화를 부추기기 위해 쓰거나 보낸 메시지, 혹은 메시지를 쓰거나 보내는 사람.— 옮긴이.

영어권 콘텐츠의 지배가 영속화되는 것을 피할 수 있게 해 준다. 이를 위해서는 서구의 지배적 헤게모니를 암묵적으로 재확인하지 않는 방식으로, 지리적인 경계와 그 밖의 모든 경계를 가로지르는 팬덤의 초국가적 연결과 궤적에 주의를 기울여 볼 수 있을 것이다(비서구권 팬덤에 대해 더 알고 싶다면 8장을 볼 것).

활동

/

미디어 팬덤에 대해 인터넷 조사를 실시한다(fanfic.net이나 Ao3.org, 즉 '우리만의 아카이브' 같은 웹사이트를 방문한다). 요즘 슬래시 픽션이나 트랜스 픽션의 대상이 되는 인기 있는 텔레비전 시리즈나 영화에는 어떤 것이 있는가? 이 이야기들에는 텔레비전 원작에는 없는 어떤 묘사가 등장하는가? 이 픽션은 문화적으로 전복적인가? 이러한 형태의 능동적인 팬덤은 관객 및/또는 수용 이론에 어떻게 도전하는가? 혹은 그것을 어떻게 확장하는가? 창작자들은 온라인 문화의 익명성에 의해 어떻게 보호받는가?

사례 연구

〈미저리Misery〉(로브 라이너Rob Reiner, 1990, 미국)와 〈줄리

가나파티Julie Ganapathi〉(발루 마헨드라Balu Mahendra, 2003, 인도)

/

스티븐 킹Stephen King의 동명 소설을 원작으로 한 심리 공포영
화 〈미저리〉([그림 2.16])에서 정신 질환자 여성 팬인 애니 월
크스Annie Wilkes는 유명 작가 폴 셸던Paul Sheldon을 인질로 잡
아 그에게 로맨스 소설 시리즈의 다음 권을 쓰라고 명령한다.
이 시리즈의 전권은 영화 제목과 이름이 같은 여주인공 '미저
리'를 죽이는 것으로 끝이 났다. 콜로라도의 시골에 사는 중년
의 독신 여성 애니는 이 시리즈에 병적으로 집착하고, 여주인

[그림 2.16] 〈미저리〉의 광기 어린 팬.

공이 죽는다는 생각은 그녀를 정신병으로 몰고 가 작가의 공포를 점점 고조시킨다. 이 영화는 작가, 텍스트, 팬 사이에 이루어지는 상호작용의 어두운 경계를 탐문하는데, 때때로 각자의 역할이 서로 바뀌기도 하고 작가와 소비자 사이의 경계가 흐려지기도 한다. 예를 들어, 새 소설의 초안이 마음에 들지 않았던 애니는 광적인 팬인 자신을 만족시킬 내용을 담아 소설을 새로 쓰라고 폴에게 명령한다. 장르적 한계 때문에 이 영화는 애니의 정신질환을 공포와 위협을 유발하는 것으로 묘사하는 것 이상으로 깊게 파고들지 않는다. 결국 외롭고 욕구불만인 여성 팬에 대한 고정관념은 해체되거나 도전받기보다는 플롯의 유용한 장치가 되어 병리학적 영역으로 밀려난다.

킹의 소설은 인도 타밀의 심리 스릴러인 〈줄리 가나파티〉([그림 2.17])로 다시 한번 각색되었다. 타밀 영화는 인도의 타밀 나두Tamil Nadu주에서 타밀어로 영화를 제작하는, 인도 영화 산업의 가장 큰 분파 중 하나로 '콜리우드Kollywood'라고 불리기도 한다. 〈줄리 가나파티〉는 인도 영화의 일반적인 관습에 따라 노래와 춤 장면을 집어넣긴 했지만, 전반적으로 충실한 각색이라고 할 수 있다. 주인공 줄리가 〈망가Manga〉라는 텔레비전 프로그램에 집착해 제작자인 텐카시를 인질로 잡고, 그녀를 만족시킬 대본을 쓰게 한다는 한 가지 중요한 업데이트를 제외한다면 말이다. 이 문화 교차적인 각색에서 팬덤은 로맨스 소설에서 텔레비전 프로그램으로 옮겨 가지만, 집착하는 팬은 여전히 외롭고 욕구불만인 과체중 여성으로 남아

(그림 2.17) 〈미저리〉의 인도 타밀판 리메이크인 〈줄리 가나파티〉.

팬덤으로서 삶의 여러 공허를 채우고자 한다.

　두 영화 모두 나름의 방식으로 미디어 제작과 수용에서의 젠더 역학에 대한 통찰을 제공하며, 특히 〈줄리 가나파티〉의 경우에는 여성 관객에 대한 통찰도 담고 있다. 두 영화는 각각 로맨스 소설과 멜로드라마(연속극)라는 형식으로 여성 소비자를 위해 특별히 고안된 남성 미디어 제작자의 콘텐츠에 초점을 맞춘다. 남성 작가의 작품이 누리는 인기는 전적으로 여성 지지자들의 헌신에 의존한다. 두 영화 모두 팬의 헌신이 병적으로 변할 때 일어나는 일을 탐구한다. 그러나 두 영화에서 남성 작가는 관객이 전적으로 공감할 수 있는 미친 여자의 희생자로 묘사되지 않는다. 그들은 자신이 만들어 낸 콘텐츠에 회의적이거나 그것을 (암시적으로는 그 콘텐츠의 팬들까지) 경멸할 때조차, 관객을 계속 매료시키기 위해 여성 팬덤을 이용하고 다양한 전형을 재생산한다. 두 작품 모두에서 남성 작가는 결국 살아남아 자신의 희생과 생존의 이야기를 전하지만, 그 자신의 공모관계는 모호한 채로 남는다.

보고 토론하기
〈미저리〉와 〈줄리 가나파티〉

/

1. 오늘날의 팬덤 개념은 〈미저리〉와 〈줄리 가나파티〉에서 그려지는 팬에 대한 오래된 고정관념에 어떻게 도전하는가?
2. 문화적으로 봤을 때 남성 팬은 여성 팬과 같은 방식으로 간주되는가?
3. 젠더 역할이 뒤바뀐다면, 〈미저리〉와 〈줄리 가나파티〉에서 나타나는 권력의 역학과 심리적 병리화가 다르게 보일까?(남성 팬이 남성 스타에 집착하는 발리우드 영화는 4장의 〈팬〉에 대한 논의를 볼 것).

토론을 위한 질문

/

1. 이 수업을 위해서든 평소 본 것이든 가장 최근에 관람한 영화에 대해 생각해 보자. 이 장에서 논의한 정신분석적 관객 이론을 통

해 분석할 경우 그 영화의 젠더 정치에 관한 무엇을 알 수 있는
가? 그 영화는 '남성적 시선'에 영합하는가, 아니면 그것에 대항
하는가?

2. 젠더 정치를 통해 고정관념을 문제시하는 영화 한 편을 떠올려
보자. 이 장에서 논의한 핵심 개념과 지적 논쟁 중 어떤 것이 그
영화를 조명하고 비평하는 데 도움이 되는가?

3. 영화 리뷰는 영화의 소비와 수용에서 어떤 역할을 수행하는
가? 이미 보았거나 보고 싶은 영화에 관한 글을 어디에서 찾아
읽는가? 영화 비평계의 주요 인물로는 누가 있는가? 그들은 영
화에 대해 어떤 관점을 갖는가?

4. 오늘날의 영화 문화에서 로튼 토마토나 메타크리틱Metacritic 같
은 웹사이트의 관객 리뷰는 전통적인 미디어의 리뷰보다 더 영
향력이 있다. 대중이 참여한 영화 평점은 암묵적인 젠더 편견에
따라 왜곡되어 있는가? 아니면 영화 산업에서 전달하고 지원
하는 이야기가 다양해지는 것에 기여하는가?

5. 디지털 문화는 관객이 문화 생산에 능동적으로 참여할 수 있는
새로운 방법을 제공해 왔다. (팬덤, 온라인 리뷰 작성, 예고편 찬
반 투표 등) 오늘날의 영화 문화에 능동적으로 참여하는 방법에
는 어떤 것들이 있으며, 이것은 제작되는 콘텐츠의 유형에 어떤
영향을 미칠 수 있는가?

핵심 용어

/

#영화 장치 #고전적 페미니즘 영화 이론 #통제하는 남성의 시선 #융합 문화 #탈식민적 접근들 #디지털 시대 #담론 분석 #경험적 관객 연구 #민족지학 #유럽중심주의 #팬 #팬 아트 #팬덤 #팬픽 #펨슬래시 #여성 관객 #여성 관객 #페티시적인 절시증 #현장 연구 #마조히즘 #거울 단계 #협상 #오이디푸스의 시나리오 #대항 시선 #구강기 #전오이디푸스기 #참여 문화 #수용 연구 #가학적 관음증 #절시증 #슬래시 픽션 #바라봄의-대상-되기 #트랜스픽

3장.
영화와 신체

들어가며

초기 페미니즘 영화 연구에서는 패러다임이나 기호학적 패러다임이 매우 지배적이었는데, 이 패러다임이 갖는 잠재적인 단점 중 하나는 정동affect, 감정, 관객과 영화의 신체적 만남을 설명하는 데 한계가 있다는 점이다. 예를 들어, 정신분석학적 시선 이론은 관객을 (젠더화된) 동일시의 심리적 과정의 측면에서 보는 경향이 있는 반면, 신체가 영화를 어떻게 경험하는지에 대한 설명은 부족하다. 역사적으로 여성은 정신과 대립되는 것으로서 신체와 연관되어 왔기 때문에, 페미니스트들은 여기에 의문을 제기해 왔다. 신체, 감정 및 정동적 감각affective sensation으로의 전환은 (남성화된) 정신을 위해 (여성화된) 신체를 폄훼하는 데카르트적 경향을 바로잡아, 신체를 지식과 의미의 원천으로 재평가하는 동시에 정신-육체 이원론의 기반을 약화시키기 위한 페미니스트들의 전략이었다. 3장에서 설명하겠지만, 영화 이론가들은 영화 속 신체와 영화적 신체에 대해 이야기하기 위해서 보다 철학적인 전통에 눈을 돌렸다. 예를 들어, 정동을 강조했던 들뢰즈 같은 철학자나 현상학자의 작업이 대표적이다. 이러한 신체로의 전환은 영화적 표현과 영화 감상 모두에 경험의 물질성을 강조하는데, 이는 심신의 이분법적 분할보다는 상호간의 불가분성에 기초한다. 앞으로 살펴보겠지만, 신체를 통해 우리는 장르가 수행하는 문화적 작업을 더 잘 이해하고, 영화를 접할 때 현상학을 묘사할 수 있으며, 여러 문화와 정체성 사이에 존재하는 영화제작자의 일을 이해할 수 있고, 영화가 지닌 서사-외적인 감각의 힘을 포스트휴먼posthuman적*으로 설명할 수 있게 될 것이다.

* 포스트휴먼은 현 인류보다 더 확장된 능력을 갖춘 존재로서, 지식과 기술의 사용 등에서 현존하는 인류보다 월등히 앞설 것이라고 상상된다. 인간과 로봇 및 기술의 경계가 사라진 시대에 등장하는 이 진화된 인류는 현재 인간이 갖는 생물학적 능력을 뛰어넘은 능력을 갖추기에 현재의 인간 기준으로는 분류될 수 없다고 보고 인간 이후post라 칭한다. 포스트휴먼이 갖게 되는 진화는 단순히 생체학적 진화가 아니라 기술을 온전히 소유함으로써 인간 한계를 뛰어넘기에 반영구적인 불멸을 이룰 것이라고 추징한다.—옮긴이.

신체 장르

영화와 맞물려 있는 신체를 설명하려는 시도 가운데 영향력 있
는 글을 논하자면 신체 장르body genres에 관한 린다 윌리엄스
Linda Williams의 논문을 살펴보지 않을 수 없다(1991). 이 글에서
윌리엄스는 멜로드라마("여자의 영화"), 포르노, 공포물 등 "역겨
운" 장르들을 살펴본다. 일반적으로 이 영화들은 저급한 문화 형
태로 생각되는 경향이 있다. 윌리엄스는 이러한 문화적 평가 절
하를 관객에게 신체적 반응을 일으키는 장르적 경향과 연관짓는
다. '여자의 영화'는 울음, 포르노는 성적, 공포물은 두려움과 불
안을 유발한다. 윌리엄스는 이러한 육체적 참여의 형태들을 특
정한 정신적 판타지, 그리고 대상 관객의 종류(예를 들어 남성 또
는 여성)와 연결시킨다. 다른 말로 하자면, 포르노, 멜로드라마,
공포물 등은 각기 다른 젠더의 관객을 대상으로 하며, 성적 발달
과 관련된 다양한 환상과 협상할 수 있게 한다.

예를 들어 공포는 사춘기 남성을 대상으로 거세라는 정신적 위
협을 다루는데, 이는 이분법적 성차의 기원이 된다. 희생자들은
살인자의 손에 죽음을 맞이할 준비가 전혀 되어 있지 않으며, 첫
번째 희생자는 대부분 모종의 성적 활동에 연루된 여성들이다.
또한 신체 장르는 관객의 신체적 반응을 모방하는 방식으로 여
성의 몸을 화면에 비춘다. 멜로드라마에서 울고 있는 여성은 관
객의 눈물을, 포르노에서 흥분하거나 황홀경에 빠진 여성은 관
객의 육체적 흥분을, 공포물에서 극도의 두려움에 빠진 여성은
관객이 경험하는 공포를 모방한다. 그리하여 윌리엄스의 분석은

장르가 젠더화되는 방식에까지 나아간다. 이런 식으로 윌리엄스는 정신분석학, 관객의 신체, 그리고 페미니즘의 관점을 결합했다. 그러나 윌리엄스의 논문이 영향력이 컸던 만큼, 신체와 영화에 대한 이 이론이 서구(혹은 미국) 영화를 기준으로 만들어졌다는 점을 맥락화하는 일도 필요하다. 이 이론적 모델이 다른 문화적 맥락에서도 '신체적' 영화 장르에 유용하게 적용될 수 있을지는 여전히 미해결 과제로 남아 있다(이에 대해서는 7장에서 더 자세히 논할 것이다).

현상학

영화와 관련해 관객의 신체를 이론화하는 가장 초창기 방법론적 접근법 중 하나는 **현상학**에서 나왔다. 현상학은 자신을 둘러싼 세상에 대한 관객의 경험에 기반을 둔다. 또한 현상학은 **심층 기술**thick description이라고 불리는 것을 선호한다. 다시 말해 현상학자는 영화 관람으로 유발되는 (주로 무의식적인) 심리적 과정을 분석하거나 영화적 서사에 근본적인 형태를 부여하는 구조와 대립을 분석하기보다는, 영화에 대한 의식적이고 구체화된 경험이나 지각을 설명하는 데 더 관심을 기울인다.

　　비비언 소브책Vivian Sobchack은 『눈의 진술The Address of the Eye』(1991)에서 영화에 대한 현상학적 접근을 발전시켜 온 영향력 있는 학자다. 현상학은 이전에도 영화 이론(가장 대표적인 것은 앙드레 바쟁의 작품이다)에 영향을 미쳤지만, 소브책은 영화

와 관객의 만남이 가진 구체성과 **상호 주관성**intersubjectivity을 강
조하기 위해서 다른 방식으로 현상학을 받아들였다. 상호 주관
성이란 둘 이상의 의식(보통 둘 이상의 인간이 해당되지만, 여기
서는 영화 자체에도 의식의 지위가 부여된다) 사이에 나타나는 것
을 가리킨다. 소브책 이전의 주요 현상학자로는 에드문트 후설,
마르틴 하이데거, 그리고 모리스 메를로 퐁티 등이 있다. 초월
성, 의식, 지향성, 관념론과 같은 개념들은 이론이 현상학적 관점
을 취한다는 단서가 된다. 현상학에서 지각하는 주체는 **초월적
의식**transcendent consciousness이다. 초월적 의식은 세계로 향한다.
그리고 이 세계에 대한 경험은 세계에 대한 지식의 근거를 이루
며, 세계에 의미를 부여한다. 이 맥락에서 **지향성**Intentionality은 세
계의 어떤 대상, 여기서는 영화라는 대상을 향하는(지향하는) 의
식을 의미한다. 현상학은 종종 **관념론**Idealism과 연관되는데, 세계
가 외부의 물질적인 경험 현실에 바탕을 두기보다는 관객의 정
신 속에서 그 의미를 부여받기 때문이다. 후설과 같은 초기 현상
학자들은 세계에 대한 선입견을 괄호 안에 넣고 세계를 객관적
으로 마주할 수 있는 체화되지 않은 초월적 의식을 옹호했다. 그
러나 소브책은 앞서 언급된 현상학자 중에서 후대의 사상가인
메를로 퐁티의 글에 특히 관심을 기울인다. 메를로 퐁티는 지각
하는 의식이 물리적이고 물질적인 세계에 체화되어 위치해 있
음을 가장 완강하게 주장한 이였다. 메를로 퐁티에게 지각은 필
연적으로 위치를 갖고 구체화되어야 한다. 그는 『지각의 현상학
Phénoménologie de la perception』에서 "우리는 우리의 몸을 통해 세계
에 존재하며, 우리의 몸으로 세계를 지각하는 한에서 존재한다"

라고 쓴다(1962:239). 그러므로 현상학적 관점에서 영화나 미디어 대상과의 만남은 상호 주관적이며 관객의 신체적이고도 의식적인 경험에 기초한다. 소브책은 다음과 같이 쓴다.

> "영화를 본다는 것은 무엇인가?"라는 질문을 던진다는 것은, 다음의 질문을 이중으로 수반한다. 본다는 것은 무엇인가? 보는 것은 어떻게 존재하며 무엇을 의미하는가? 보는 존재는 누구이고 보이는 것은 무엇인가? 이러한 질문들은 영화**의** 관객뿐만이 아니라 관객**으로서의** 영화에도 해당한다.(49)

현상학적 접근법은 영화의 주제적 의미나 서사 구조에 관심을 갖기 이전에, 영화가 어떻게 **느껴지는지**, 어떤 감각을 불러일으키는지 등 감각을 묘사할 때가 많다. 이는 특히 주제에 접근하는 방식이 보다 감각적이고 덜 설명적인 감독들의 작업을 논할 때 유용할 수 있다.

대화와 심리적 설명보다 감각과 만남을 우선시하는 영화 감독의 한 예로 현대 프랑스의 영화감독 클레어 드니가 있다(앞서 언급했던 사례 연구를 참조할 것). 드니가 풀어 내는 이야기들은 종종 생략적이고, 설명적인 대화에 의존하는 경우가 거의 없다. 이야기는 다양한 논리를 따라 한 순간에서 다음 순간으로 이동하고, 움직이는 신체를 노출하거나 후각, 촉각 등의 감각을 불러일으키기도 한다. 이러한 방식은 인지적인 것보다 정서적인 것에 특권을 부여하고, 언어의 바깥이나 그 너머에 있는 지식의 형태를 중시하는 경향을 보인다.

페미니즘이 현상학에 접근할 때는 주로 체화된 의식을 강조하는 메를로 퐁티의 현상학적 철학을 바탕에 둔다. 따라서 페미니스트들은 구체화된 의식이 사회적 위치에 따라 세상을 다르게 경험할 수 있다는 사실에 유념한다. 즉, 각 관객이 세상을 경험할 때 인종, 계급, 젠더, 나이, 신체적 능력 등의 범주와 맺는 관계에 의해 형성된다는 것이다. 그 결과 한 사람이 이미지를 읽는 방법은 다른 정체성 범주에 속하거나 다른 인생 경험을 한 사람과 다를 수 있다. 달리 말하면, 우리의 체화된 경험은 역사적으로나 문화적으로 고유하며, 우리가 세상을 어떻게 인식하는지에 영향을 미친다는 것이다.

여성들에게 이는 각자 자신의 신체를 다르게 자각함을 의미할 수 있다. 소브책이 썼던 것처럼 "여성으로 사는 경우 몸-체험lived-body이 갖는 초월성은 모호해진다"(153). 현상학적 접근법이 실제로 어떤 역할을 할 수 있는지 살펴보기 전에, 여성 신체가 갖는 이 **모호한 초월성**ambiguous transcendence 개념을 고려하는 것이 중요하다. 아이리스 매리언 영은 고전이 된 그녀의 에세이『계집애처럼 던지기Throwing Like a Girl』(1980)에서, 여성이 자신의 몸에 더 자의식적이 되고 신체의 모든 운동 범위를 충분히 활용하지 못하도록 사회화되는 방식에 대해 살펴본 바 있다. 여성들은 과도하게 체화되어 있다고 느낄 때가 많다. 아이리스 영은 한 현상학적 심리학을 출발점 삼아, 소녀들이 소년들과는 다르게 물건을 던지는 경향이 있다는 것을 발견한다. 소녀들은 가능한 운동 범위를 모두 활용하지 않는 경향이 있었고, 팔을 제외한 신체는(사실 팔도 완전히 펴지 않는다) 상대적으로 덜 움직였다. 아이리스 영은 이어 "다른 신체 활동에서 여성의 몸가짐과 신체적 움직임을 생각해 보면 던지기의 경우와 마찬가지로 신체의 공간적이고 측면적인 잠재력을 충분히 활용하지 못하는 경우가 많다는 것을 알 수 있다(142)"라고 말한다. 그녀는 계속해서 여성들이 보행 시 몸을 덜 개방하는 경향이 있고, 앉을 때 공간을 덜 차지하며, 다리를 꼬거나 팔짱을 낄 때가 많고, 책 같은 물건을 가슴 가까이에 들고 다니곤 한다고 말한다(93). 이러한 관찰은 30년이 지난 것이고 영 자신도 이 관찰에 보편성이 있는 것은 아님을 인정하지만, 그녀는 이것이 여성이 몸을 사용하고 몸 안에서 살아가는 방식에 대한 일반적인 경향임은 지적한다. 그녀는 여성이 남성만큼 많은 공간을 차지해선 안 된다는 사회적 명령을 신체적으로 표현한다고 주장한다. 그리하여 여성은 주변 환경과 어우러지는 경향이 떨어질 뿐 아니라 지향성이 억제되며(즉, 세계에 대해 자발적이고 자신감 있는 투사를 하지 못하고), 끝내 모호한 초월성을 보인다. 여성은 능동적 의식을 지닌 현상학적 주체라기보다 철학적 주체의 현상학적 의식을 완전히 체화하지 못한 채 자신을 객체이자 주체로서 인식하는 경향이 있다. 그렇다면 현상학적 접근은 영화를 관객과 영화 사이에서의 구체화된 만남으로 다루면서도, 영화적 경험을 하는 관객들의 신체와 공간에 대한 신체적 관계가 모두 동일하지 않다는 것을 인정해야 한다.

제니퍼 바커Jennifer Barker는 신체와 현상학의 문제에 초점을 맞추며 다음과 같이 쓴다.

우리는 영화를 촉각적으로 경험하며 그에 따른 이해에 이른다.

피부를 통해 우리는 타인과 역사와의 관계 속에서 자신에 대한 보다 선명한 그림을 얻고, 그 관계를 상호 침투성으로 인식한다.(2009: 62)

따라서 영화는 현상학적인 주체가 세계에 대한 더 큰 이해로 나아가는 계기가 된다. 여기서 관객은 이미지에 촉각적으로 참여하는 신체를 부여받지만, 매체와 시청자는 분리된 두 실체로 간주되고 서로 영향을 주고받으며 각자의 능력을 실현한다. **촉각적 이미지**haptic image라는 관념은 장악보다는 느낌을 장려하고, 쉽게 인지 가능한 대상보다는 질감이나 색깔을 더 많이 드러내며 촉감을 자극하는 이미지를 가리킨다.

예를 들어, 바커는 영화의 "피부skin" 개념에 관해 논의하면서 캐롤리 슈니먼Carolee Schneemann의 실험적 작품 〈퓨즈Fuses〉(1965, 미국)를 검토한다. 16밀리미터로 촬영된 이 영화에는 슈니먼과 그녀의 파트너가 섹스하는 모습이 담겨 있으며, 고양이가 그들을 바라보는 이미지들도 함께 배치된다. 노골적으로 에로틱한 (동시에 일상적인) 내용을 담을 뿐 아니라 슈니먼은 셀룰로이드에 색을 칠하고 그것을 긁어 내 영화의 피부 자체를 물리적으로 변화시킨다. 또한 고양이의 털과 솜털 조각은 이미지들의 질감으로 표현 되기도 한다([그림 3.1]과 [그림 3.2]).

영화는 그 자체로 흔적이 표시된 피부를 지닌 물질적인 신체로 취급된다. 바커는 다음과 같이 쓴다.

영화는 음영과 합성을 사용해 신중하기보다는 장난스럽게 사

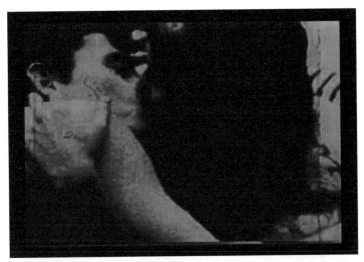

[그림 3.1], [그림 3.2] 캐롤리 슈니먼의 〈퓨즈〉 속 장면들.

물을 모호하게 만드는데, 이는 무엇보다 관객의 시야를 곤란하
게 만들어 관객들이 영화를 보기보다는 느끼도록, 영화의 피부

와 접촉하도록 유도한다. 그리고 우리는 그에 반응한다. (…) 우리의 눈은 영화 위로 잽싸게 달려 나가며, 식별할 수 없지만 느낄 수 있는 질감을 즐긴다. 혹은 눈을 가늘게 뜨고 영화를 붙잡으려고 노력하며, 흩날리는 먼지와 고양이 털 흔적을 지나쳐 더 선명한 시야를 확보하고자 한다.(23)

〈퓨즈〉는 이미지의 물질성을 강조하는 동시에 여성의 관점에서 여성의 욕망을 강력하게 표현한 작품이다.

이미지가 촉각적으로 작동할 수 있게 하는 또 다른 방법은 공간과 차원을 가진 이미지 표현을 통해서다. 〈테이크 셸터 Take Shelter〉(제프 니콜스Jeff Nichols, 2011, 미국)와 〈금요일 밤Friday Night〉(클레어 드니, 2002, 프랑스)의 이미지를 비교해 보자.

첫 번째 이미지는 많은 영화가 그렇듯 물리적 원근감의 깊이를 전달하는 르네상스 전통을 따르는 반면, 두 번째 이미지는 이해나 인식보다 감각을 우선시해 이미지를 느끼도록 유도한다. 이 이미지는 우리의 눈이 다르게 작동하도록 요구하고, 관객으로서 우리가 이미지에 좀 더 개방적일 것을 요구한다. 페미니즘 사상가들이 촉각적 영상에 관심을 가진 이유 중 하나는 그것이 시각을 장악력이나 거리와 동일시하기보다, 근접성과 신체적 취약성을 포함하는 시각의 차원으로 우리를 끌어들이기 때문이다. 촉각적 영상을 본다는 것은 이미지를 소유하는 것이 아니라 지배적인 형태의 지식을 재현하지 않는 방식으로 이미지와 관계를 맺는 것이다.

로라 U. 마크스Laura U. Marks는 자신의 글에서 이른바 "상호

〔그림 3.3〕 공간의 표상을 다르게 하기. 〈테이크 셸터〉.

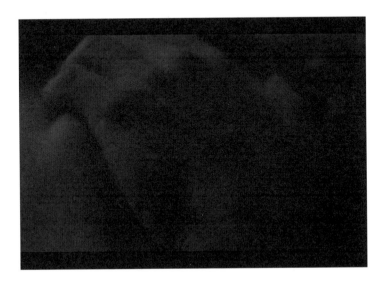

〔그림 3.4〕 공간의 표상을 다르게 하기. 〈금요일 밤〉.

문화적 영화제작자들", 즉 다양한 민족적 정체성과 문화적 정체성 사이에서 활동하는 영화제작자의 작품과 촉각적 이미지들을 특별히 연결했다. 그녀는 2000년에 출간한 저서 『영화의 피부The Skin of the Film』에서 역사적이고 개인적인 기억과 신체 사이의 관계에 초점을 맞춘다(이 장 끝부분에 있는 '트라우마' 부분도 참고할 것). 그녀는 "기억은 공감각적으로 기능하기 때문에, 영화 작품이 두 가지 감각에만 직접 관여할지라도 그것은 필연적으로 모든 감각을 포함하는 기억을 활성화한다"라고 말한다. 이어 "나는 영화라는 구체화된 경험을 이해하는 일은 시각으로는 불가능한 문화적 경험을 표현하기 위해서 특히 중요하다고 본다"(22)고 쓴다. 리 타지리Rea Tajiri의 〈역사와 기억: 아키코와 다카시게History and Memory: For Akiko and Takashige〉(1991, 미국)과 모나 하툼Mona Hatoum의 〈거리 측정Measures of Distance〉(1988, 영국) 같은 작품들은 지리적이거나 시간적인 불일치로 접근할 수 없는 사건과 사람 또는 표현 사이에서 발생하는 간극을 이슈로 삼는다.

타지리는 일본계 미국인으로 그의 부모와 조부모는 진주만 폭격 이후 미국의 강제수용소에 억류된 경험이 있다. 그녀는 과거에 대한 증거를 찾아 기록보관소를 뒤지고 가족 구성원과 그에 대해 대화를 나누었는데, 그들 다수가 삶에서 이 시기를 기억할 수 없었거나 기억하지 않기를 선택했다.

그녀의 영화에는 전쟁과 일본인을 다룬 할리우드 영화, 역사적 뉴스영화, 타지리가 직접 가족이 억류되었던 장소를 순례하는 이미지, 그리고 기억을 재연하는 화면이 섞여 있다. 그리고 거기에는 내레이션, 가족의 음성 인터뷰, 그리고 일본계 미국인의 억류 문제를 다룬 영화 〈폭풍의 나날Come See the Paradise〉(앨런 파커Alan Parker, 1990, 미국)에 대해 조카가 쓴 평 같은 글들을 낭독하는 목소리들이 입혀져 있다. 마크스가 지적한 바와 같이 이 영화는 그녀의 할머니가 수용소에서 조각한 나무 새처럼 기억의 저장소 역할을 하는 유물에 의존하는 경우가 많다. 그녀의 할머니는 타지리가 국가 기록보관소에서 새를 조각하는 작업장의 사진(그 사진에는 그녀의 할머니가 있다)을 발견할 때까지 그 새가 어디에서 왔는지 기억하지 못한다. 공식적인 영상들이 이런 잊히지 않는 유물과 과거를 재구성하는 시도와 병치되면서 전해지는 것이 누구의 이야기인지, 권력은 우리가 받아들이는 역사의 판본을 어떻게 구성하는지에 대해 중요한 의문을 제기한다. 수용소에서 일본계 미국인들에게는 라디오와 카메라 사용이 금지되었기 때문에, 그들의 관점이 담긴 영상은 상당히 부족하다. 그런 맥락에서 영화는 한 여성에 대한 이미지 기억, 여기서는 타지리가 연기한 그녀의 어머니가 먼지가 많고 건조한 환경(이주수용소)에서 수통에 시원한 물을 채우는 모습을 표현하며 마무리된다. 마크스가 언급하는 것처럼 "상호 문화적인 작업은 이러한 좌초된 이미지들을 바로 이 현재로, 심지어 관객의 몸 속으로까지 가져옴으로써 그것들을 되살려낸다"(53). 이를 이미지화한 것 중에 물이 여성의 손을 타고 흘러가는 장면이 있는데, 여기서 물은 그 자체가 억류의 기억을 재현하는 파악할 수 없지만 느껴지고, 삶에서 빠져나가는 듯하지만 필수적인 것으로 표현된다([그림 3.5]). 마크스가 보기에 이 이미지 중 상당수는 시각적으로 "얇고" 심도가 부족하게 표현되었는데, 이는 어떤 의미에서 접근 불

〔그림 3.5〕〈역사와 기억〉의 '얇은 이미지.'

가능한 사건에 도달하려는 시도로 설명된다. 이러한 접근 불가
능성은 트라우마에서 비롯된 것으로 볼 수 있는데, 이에 대해서
는 다음 절에서 논의하겠다. 이미지들에는 보통의 다른 재현에
서 나타날 법한 충만함이 결여되어 있다. 타지리의 해설 음성이
말해 주듯, 어머니는 수용소를 기억하지 못하지만 왜 기억할 수
없는지는 기억한다. 어머니의 음성은 사운드트랙에 삽입되어,
도무지 잊을 수 없었던 한 여자가 그 결과 어떻게 기억을 놓아 버
리게 되었는지 이야기한다.

　　영화 〈거리 측정〉은 〈역사와 기억〉과 마찬가지로 음향과 영
상 트랙이 겹겹이 층을 이룬다. 하툼의 영화에서는 이 중층적 층
들이 훨씬 더 연속적이어서 일련의 기억이나 거리를 중심으로
밀도 높은 음향과 시각적 직조를 구성해 낸다. 팔레스타인에서

[그림 3.6] "네 아버지는 아직도 내가 그에게만 속한 것을 주었던 것처럼 잔소리를 하는구나." 하툼은 〈거리 측정〉에서 어머니가 아랍어로 쓴 편지를 번역한다. 여기서 어머니는 하툼이 찍은 자신의 누드 사진을 본 아버지의 반응에 대해 이야기한다.

레바논으로 추방된 하툼의 어머니의 누드 이미지는 그녀가 쓴 아랍어 편지 밑에서 서서히 초점이 맞춰진다([그림 3.6]). 아랍어로 녹음된 대화가 영어로 번역된 편지를 읽는 하툼과 겹쳐진다. 그 편지는 어머니와 딸 사이의 거리, 어머니와 딸과 조국 사이의 거리를 다루며, 누드 사진을 찍으면서 나눈 여성 간의 친밀하고 솔직한 교류는 신체와 섹슈얼리티의 이슈도 담는다. 오디오와 시각적 층들은 사진과 편지라는 부재의 표식, 즉 현실에서 직접 보거나 들을 수 있도록 바로 거기에 존재하지 않는 신체를 통해 여성들 사이의 거리, 그리고 현재와 과거 사이의 거리를 증대시킨다. 이처럼 이 두 영화는 모두 온전히 거기 존재하지 못하는 어떤 것, 즉 욕망하는 어머니의 신체와 강제 이주의 역사에 접근하기 위해서 사물들을 사용한다.

두 영화는 모두 하미드 나피시가 **악센트 영화**accented cinema라고 부르는 것의 예시이기도 하다(2001, 1장을 참조할 것). 상호문화적 영화처럼 악센트 영화는 국경을 넘나들며 발생하는 초국가적(종종 페미니즘적인) 문화 생산의 한 형태다. 악센트 영화는 망명, 디아스포라의 재정착, 이주, 다민족적 맥락에서의 출생 등으로 인해 국가와 문화 사이에서 살아가는 사람들에 관해 다루며 그들에 의해 만들어진다. 이는 점점 더 글로벌화되는 세계에서 끊임없이 증가하는 사람들의 살아 있는 경험을 묘사한다. 나피시에 따르면, 악센트 영화의 특징 중 하나는 촉각적 광학이다.

시각의 지배는 (…) 망명자들에게 다른 감각들이 두드러지면서 약화된다. 다른 감각은 돌이킬 수 없어 보이는 차이, 상실 부적응을 지속적으로 신랄하게 상기시킨다. 언덕길 특유의 향기, 레스토랑에서 훔쳐보는 시선, 붐비는 거리에서 부딪히는 몸, 엘리베이터에 탄 사람의 어떤 자세, 매일의 대화 속에 스쳐 지나가는 기억의 섬광, 빨강 신호등에서 옆 차로부터 듣게 되는 익숙한 모국어 대화 소리 등 감각의 보고 하나하나는 개인적 기억을 활성화하고 삶을 계속 살아나가기 위해 억눌러왔던 **자리 밖**displacement의 감정을 강화한다. 하지만 이러한 감각의 보고가 빈번하고 강력하게 나타나는 만큼, 연결성을 되찾을 경우에는 회복과 **자리 잡기**emplacement라는 정반대의 기능을 수행할 수도 있다.(28)

　　나피시에게 촉각적 광학은 감각적이고 질감적인 이미지 외에도 "다양한 공간, 시간, 음성, 서사, 초점"을 붕괴시키거나 병치시키는 몽타주를 포함하는 등 종종 비선형적인 형태로도 나타난다(29). 이러한 미학은 타지리와 하툼의 작품 모두에서 분명하게 드러난다.

활동

/

1. 수업 시간에 본 마지막 영화에서 눈에 띄는 신체적 반응이 나왔던 장면을 선택하자. 그 장면과 몸이 그 장면을 경험했던 방식을 묘사해 보자. 여러분의 글은 그 영화를 경험하는 데 있어 내용/주제에 관련된 형식적 요소들만 분석했을 때 놓칠 수도 있었던 중요한 것을 담는가?

2. 평소에 잘 가지 않는 극장에서 영화를 보자. 영화를 관람하는 공간이 영화를 경험하는 데 어떤 영향을 미쳤는지 설명해 보자. 좌석은 편했는가? 어떤 부류의 관객과 그 공간을 공유했는가? 이 경험을 집에서 컴퓨터로 영화를 보는 것과 비교해 보자.

3. 스파이크 리Spike Lee의 단편영화 〈몬 데이비스Mo'ne Davis〉(2014, 미국)를 보자. 이 영화는 여성적 운동성에 대한 아이리스 영의 결론에 도전하는가, 아니면 그것을 확증하는가?

사례 연구

⟨네네트와 보니Nénette and Boni⟩(클레어 드니, 1996, 프랑스)

/

프랑스의 영화감독 클레어 드니의 네 번째 장편영화 ⟨네네트와 보니⟩는 전작들과 비교했을 때 서사로부터 더 멀리 나아가 인지되는 것보다 감각적인 것에 특권을 부여한다. 이 영화는 10대 소녀 네네트가 기숙 학교에서 도망쳐서 마르세유에 있는 오빠 보니의 집으로 가는 이야기를 담는다. 보니는 겨우 열아홉 살로 죽은 어머니의 아파트를 물려받아 친구들과 반려동물 토끼와 함께 살고 있다. 냉장고는 텅 비어 있고, 부엌은 엉망으로 어질러져 있으며, 아파트는 임시적이고 관리되지 않은 느낌을 준다. 보니는 룸메이트와 함께 트럭에서 피자를 팔며 암시장에도 손을 대고 있다.

보니는 제빵사의 아내인 빵집 여주인boulangère의 캐릭터에 사랑과 성적 환상을 투영한다. 보니는 이 영화의 상당 부분을 이 여성에 대한 공격적인 성적 환상을 이야기하는 데 할애하며, 때로는 꿈같은 시각적 영상이 삽입되기도 한다. 네네트는 자신이 임신했다는 사실을 밝힐 때조차 성에 대해 무관심한 것처럼 보인다. 이따금 이 영화는 아이의 아버지가 네네트의 친아버지일 수도 있다는 것을 암시한다. 보니는 아버지와 소원한데, 그의 아버지는 영화 내내 범죄의 암흑가와 연관되어 있고 결국엔 총에 맞는다. 이 영화는 많은 것을 생략하는 방식으로 남매의 관계를 추적하며, 이는 'under x'라는 아이의 탄생으로 절정을 맞는다. 네네트는 익명으로 아이를 낳고 그 아이를 포기하려고 한다. 결국 보니는 총으로 위협해 아이를 병원에서 데려오는데, 아마도 아이를 직접 키울 생각일 것이다. 10대 임신, 살인, 범죄, 유괴와 같은 다양한 줄거리 요소 때문에 매우 드라마틱한 영화로 보일 수도 있지만, 사건을 묘사하는 방식은 차분하고 멜로드라마적이지 않다. 이 영화는 음악과 편집, 카메라 워크를 통해 인물과 장면 사이를 꿈처럼 떠다니는 듯한 질감을 만들고 냄새, 색채, 소리, 감정이 선형적 서사와 대화를 압도하게끔 연출한다. 대화는 드물뿐 아니라 거의 사운드트랙의 일부가 되며, 미장센은 클로즈업 숏이 주를 이룬다. 이 숏은 종종 흔들리는 핸드헬드 카메라로 찍었으며, 카메라는 얼굴, 몸, 공간들을 따라 다니며 천천히 이동하곤 한다.

이 영화의 미학과 편집은 두 남매가 세상에서 표류하는 방식을 반영하기 위해 형식적 수준에서 표류적 특성을 만들어 낸다. 네네트의 첫 번째 이미지는 그녀가 물속을 떠다니는 무감각하고 덧없는 모습을 보여 준다([그림 3.7]). 이어지는 장면에서 보니와 친구는 마르세유 거리를 난폭하게 운전하는데, 그들은 빵집을 지나치며 여주인에게 저속한 욕설을 내뱉는다. 이 영화는 관능적인 표류를 통해 언어로 표현하기 어려운 의미들을 탐색한다. 생략적 편집과 장면들 사이의 공감각적이고 비인과적 움직임으로 인해 관객들은 의미나 교훈을 찾기보다는 영화가 드러내는 존재를 인식이나 이해의 방식 바깥에서 경험한다.

[그림 3.7] 〈네네트와 보니〉에서 물에 떠 있는 네네트.

드니의 영화에서는 종종 우리가 누구의 꿈(인물의 꿈일까, 카메라의 꿈일까?)을 보는지, 이미지는 기억인지 환상인지 불분명할 때가 있다. 많은 이미지 시퀀스는 인과 관계나 심리를 설명하기보다 화면을 떠다니며 그것을 향기, 질감, 색, 정동으로 채운다. 동시에 이러한 이미지들은 영화의 세계를 분열시키면서 디에게시스diegesis*에 온전히 장악할 수 없는 unmasterable 차이를 삽입한다. 영화의 한 장면에서 보니는 잠을 깨서 브리오슈가 줄지어 놓인 복도를 따라 내려간다. 보니

---

* 영화에 나오는 이야기와 "그것을 전달하는" 실제의 말하기를 구분하기 위해 서사 이론에서 사용하는 용어로, '미메시스'가 사물이나 사건을 가능한 한 완전하게 모방해 재현하는 것을 뜻하는 반면, "디에게시스"는 사물이나 사건에 대해 이야기하는 것을 의미한다.—옮긴이.

(그림 3.8) 줄지어 놓인 브리오슈를 따라가는 보니.

의 세계는 종종 환상적인 이미지로 가득 차 있어서, 관객은 이것이 에로틱한 시나리오로 이어지리라 추측한다. 보니는 브리오슈를 집어 들고 부드럽게 어루만지면서 "안녕" 하고 인사하고 그다음에 우리는 보니가 파티오에서 페이스트리를 베어 무는 것을 본다. 다음 장면에서 보니는 다시 실내로 들어가 커피 메이커 옆에 앉는다. 브리오슈는 작은 산더미를 이루고 이 뒤에 있는 커피 메이커는 꼬르륵거리며 관능적으로 숨을 내쉰다(이 커피 메이커는 사운드트랙에서 매우 촉각적이고 에로틱한 측면을 구성한다). 보니는 브리오슈 하나를 들어 리드미컬하게 쥐어짠다.

네네트가 빵집에 대한 판타지를 기록한 보니의 일기를 읽고 빵을 사서 줄지어 놓았을 가능성도 있지만, 영화는 이를 불

〔그림 3.9〕 브리오슈를 어루만지는 보니.

분명하게 남겨 둔다. 빵이 보니의 판타지적 삶을 구성하는 요
소가 아니라면 빵의 존재를 즉시 받아들이는 보니의 모습은
이해하기 어렵다. 여기서는 꿈과 현실 사이의 경계가 초현실
적으로 흐려지는데, 영화의 전반적인 톤은 관객이 이를 받아
들이고 함께 떠다니도록 부추긴다. 이는 시청자의 이해보다
감각적인 표류에 특권을 주면서 직접적인 서사적 의미에 대
항하며 작용한다.

이 영화는 가족 관계의 단절과 10대 임신에 대해 다루지만,
등장인물에 대해 판단을 내리거나 도덕적으로 훈계하지 않
는다. 영화의 시선은 단정적categorical이기보다는 호기심을 드
러낸다. 진통이 시작되자 간호사에게 "훈계하지 마!"라고 네
네트가 말하는 것처럼 말이다. 이는 영화에 정치성 자체가 결

여되어 있음을 뜻하는 것이 아니라, 관객이 영화를 보고 일련의 격언이나 진리를 얻거나 재확인하면서 자기 만족감을 느끼고 돌아가는 것을 목표로 삼지 않는다는 것이다. 이 영화는 네네트의 임신이나 이에 대한 그녀의 태도에 대해 도덕적 판단을 하지 않는다. 그녀는 아이를 낙태하고 싶어 하지만, 이미 늦어 버렸다는 말을 듣는다. 그녀는 겨자로 채운 욕조에서 목욕을 해 아이를 낙태히려 하지만 그 또한 보니의 개입으로 중단된다. 모성애에 관한 표준적 서사와는 달리 네네트는 아이에게 긍정적인 감정을 보이지 않는다. 초음파 검사를 하는 동안에도 무관심하고, 그 시술자를 "멍청한 년"이라고 부르기도 하며, 태어난 아이를 보거나 만지는 것도 거부한다. 그녀의 진통은 견딜 수 없는 고통으로 경험되고, 드니는 아이의 탄생을 네네트의 멜로드라마틱한 모성의 각성 순간으로 바꾸지 않는다. 여러모로 네네트는 우리의 동정을 거부하는 동시에 어떤 이해도 거부한다. 이 영화는 그녀의 고유함이 인식되기보다는 감지되어야 한다고 보며, 그에 대해 열려 있는 태도를 가질 것을 북돋운다. 그녀는 10대, 소녀 또는 어머니 등 여타의 의미가 부여된 라벨 아래로 포섭되기 이전에 **존재**하고 있다.

보니 역시 마찬가지로 비난이나 구원을 거부한다. 그는 밀수품 판매에 종사하며, 빵집 여주인과 다른 여성들에게 공격적이고 비양심적인 성적 판타지를 갖는 것으로 그려진다. (그의 언어 생활에는 "이년들아, 이리 와. 아빠 먹으러 오라고"처럼 다채로운 명령문의 양념이 쳐져 있다.) 그의 꿈은 빵집 카운터에 다가가 여주인에게 "긴 프랑스 막대기"*를 달라고 요구하면서 현실의 영역으로 넘어간다. 그녀는 눈에 띄게 불편함을 내비치며 남편에게 구운 빵을 보충해 달라고 소리친다. 보통 여성혐오와 억압된 감정적 분노를 가진 보니와 같은 주인공은 여성 감독의 렌즈 앞에서 상당히 비호감인 인물로 그려지리라고 짐작할 것이다. 하지만 드니는 인터뷰에서 보니와 동일한 감정을 느꼈다고 밝혔고, 보니를 영화화한 방식을 보면 그녀가 혐오보다는 매력을 느꼈음을 알 수 있"다. 보니는 단순히 어떤 범주나 유형으로 치부되지 않고 인간으로서의 복잡성을 충만하게 갖는다. 이러한 처리는 남성성이 어떻게 형성되는지 이해하도록 돕고, 우리가 시선을 둘 자명한 가치가 있다고 여겨지는 인물들만을 조명하는 것을 거부한다. 결국 보니 역시 살아남기 위해 고군분투하는 변방의 위치에 있기 때문이다. 그렇다면 보니와 네네트 둘 다 재현에 있어 페미니즘 윤리가 작동한다고 할 수 있을 것이다. 여기서 윤리는 타자를 대상화하거나 억압하지 않는 관계 방식을 말한다. 이 경우에는 '여성,' '비행 청소년,' '어머니' 같은 사회적 범주를 가지고 사람을 정의하는 것을 거부하는 것이 윤리다. 그러한 규정은 사람을 그의 고유함 속에서 경험하기도 전에 미리 결정하고 제한할 수 있기 때문이다. 대신 이 윤리는 우리가 개방적인 태도로 인물을 있는 그대로 경험하도록 요구하며, 이는 그들의 복잡한 성격을 미리 정의된 단순한 용어로 축소하지 않고 그들이 계속 움직이거나 표류할 수 있게 해 준다.

---

* 바게트를 의미한다. ─옮긴이.

보고 토론하기

〈네네트와 보니〉

/

1. 이 영화의 어떤 점 때문에 현상학적 읽기가 좋은 방법론적 선택이 되는가?

2. 이 영화는 어떻게 냄새, 맛 또는 다른 감각을 불러일으키는가?

3. 여러분이 생각하기에 이 영화는 무엇에 관한 영화인가? 이 영화의 의미는 우리가 영화를 보면서 이해하게 되는 것들과 더 관련이 있는가, 아니면 우리가 영화에서 느끼는 것들과 더 관련이 있는가?

4. 이 영화에서 음악은 어떻게 작동하는가?

5. 정체성 범주와 스크린 속 인물들의 현실 사이에는 어떠한 관계가 있는가? 그들은 관객의 기대를 저버리거나 충족시키는가?

들뢰즈주의적 접근

레오 카락스의 영화 〈홀리 모터스Holy Motors〉(2012, 프랑스)의 시작 부분에는 부유한 사업가가 현대식 저택을 나와 자녀들에게 작별 인사를 하고 넓은 진입로에서 그를 기다리는 리무진에 탑승하는 장면이 나온다. 그의 비서는 잘 차려입은 매력적인 여성이다. 그들은 환담을 나누고, 그녀는 남자에게 그날의 첫 번째 임무를 내준다. 그가 건네받은 폴더를 훑어보며 휴대전화로 업무 전화를 하면서, 그가 중요한 회의나 협상, 혹은 인터뷰를 앞두고 있으리라 기대가 생긴다. 그러나 관객은 그의 임무가 옷을 갈아 입고 다른 신분을 연기하는 것임을 알게 되고, 영화가 끝날 무렵 에는 이 사업가의 정체성마저 연기이며 그의 '진짜 자아'는 본 적 도 없고 접근할 수도 없다는 것을 깨닫는다.

리무진 뒷좌석에 앉은 인물은 '미스터 오스카'로 불리는 사 람으로, 그는 우리의 눈앞에서 다양한 연령과 성별로 변신하며 환상적인 세계로 뻗어 나간다. 두 번째 임무에서 그는 얼굴만 제 외하고 모든 것을 가리는 검은색의 딱 맞는 수트 차림으로 등장 한다. 그는 창고로 들어가서 크고 어두운 방에 놓여 있는 모션 캡 처 앞에서 스릴 넘치는 곡예를 한다. 그는 혼자서 몸을 날려 영웅 처럼 싸우고, 러닝머신 위에서 기관총을 쏘며 최고 속도로 달리 는데, 그때 그의 모션 캡처 수트에서는 빛이 뿜어져 나온다. 의상 과 조명으로 가려져 정체를 알 수 없는 그는 빛과 움직임으로 이 루어진 세상의 힘에 불과하다. 갑자기 한 여자가 빨간 라텍스를 입고 들어온다. 그녀의 얼굴은 라텍스 마스크로 가려져 있고, 두 사람의 몸은 뒤엉키기 시작한다. 그들은 발레 포즈를 취하며 함 께 에로틱하게 움직인다. 그들은 하나의 힘, 하나의 이미지가 된 다. 이 장면에는 본질적으로 서사적 내용이 없으며, 두 사람은 익 명적이고 즉흥적으로 보이는 방식으로 강도intensities와 정동을 교환할 뿐이다.

사운드트랙은 박동하고 호흡하는 리듬을 들려주면서 다형 적인 에로티시즘의 교환을 강조한다. 나중에 카메라는 커플의 움직임을 렌더링하는 CGI* 로 이동하며, 거기서 그들은 바위투성이의 황량한 풍경에서 성적으로 얽힌 외계의 뱀 두 마리와 같은 형상으로 그려진다. 인간과 외계인, 포유류와 파충류, 실제적인 것과 만화적인 것, 신체적인 것과 기술적인 것 사이에서 연속체continuum가 형성된다. 나아가 이 영화는 CGI 이미지가 '실제' 장소와 사람을 대체하기에 이른 영화 매체 자체의 지속적인 기술 발전에 주목할 것을 요구한다.

이 장면과 영화 전반을 심리적 동일시나 서사 및 주제의 차원에 초점을 맞추어 다룰 수도 있겠지만, 이러한 틀로는 장면과 영화 전체가 하는 일에 대한 중요한 지점을 놓칠 수 있다. 캐릭터가 겪는 내적 변화, 서사의 구성, 장면의 의미 같은 차원에만 초점을 맞춘다면 영화 속에서 움직이는 힘과 이미지의 정동적 역량은 설명되지 않은 채로 남을 것이다. 여기서 들뢰즈적 접근법은 이미지가 가진 보다 신체적이고 주체를 넘어서는 차원을 일부 설명할 수 있다. **들뢰즈주의적 접근법**Deleuzian approaches은 철학자 들뢰즈로부터 유래한 것으로, 그의 가장 영향력 있는 저서 중 몇 편은 가타리와 함께 집필되었다. 들뢰즈주의적 접근 방식은 정동에 초점을 맞추며, 주체로서의 관객/시청자와는 거리를 둔다. 관객은 주체가 아니라 끊임없이 유동하는 힘들의 성좌constellation가 된다. 들뢰즈주의적 접근은 복잡한 전문 어휘들을 사용한다. 예를 들어 탈주선, 시간-이미지, 아상블라주(assemblages, 배치), 실재적인 것과 잠재적인 것, 그리고 기관 없

* 컴퓨터 영상 합성 기술computer generated imagery을 말한다.—옮긴이.

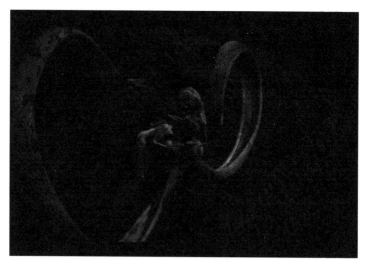

[그림 3.10], [그림 3.11] 〈홀리 모터스〉의 모션 캡처 룸 장면.

는 신체 같은 것들이 있으며, 이것들은 들뢰즈주의적 설명에서 볼 수 있는 이론에 특화된 전문 용어 중 일부에 불과하다. 새로우면서도 종종 추상적인 이 어휘들은 지배적인 패러다임으로부터 우리의 사고를 전환하는 데 필수적이다. 지배적인 패러다임은 주체를 이미 형성되어 있는, 상대적으로 안정된 실체entities로 생각하는 경향이 있다. 이와 대조적으로 들뢰즈주의적 철학은 우리가 힘의 관점에서 생각하도록 하고, 주체성을 존재하는 것being이 아닌 항상 되어 가는(생성되는) 것becoming 경계에 고정되어 있는 것이 아니라 자신의 바깥에서 항상 변형되는 것transforming으로 재구성한다.

들뢰즈주의적 접근은 일반적으로 영화와 관객 모두를 가로지르는 힘에 초점을 맞추며, 안정적인 성격을 띠는 캐릭터, 정체성, 위치, 서사 논리 같은 거시적인 체계에 대항해 작동하는 힘에 관심이 있다. 들뢰즈주의적 틀에서 우리는 고정적 실체로 존재하는 것이 아니라 항상 되어 가는(생성되는) 중이며, 기계, 공기, 돌, 동물, 나아가 미디어와 연접conjunction되어 항상 변화하는 중이다. 바로 이 점이 현상학적 접근과 달라지는 주요한 지점이다. 현상학적 접근은 관객과 영화 사이의 관계를 상호 주체적으로 보지만, 들뢰즈주의적 접근은 주체성에 이르지 못하거나 그것을 초과하는 단계에 관심을 갖는다. 다시 말해 들뢰즈주의적 접근은 지각하는 의식을 토대로 세계와 세계 내 사물들에 고정된 의미를 부여하는 일관적이고 안정된 구조로서의 자아나 인간 개념을 비판한다. 정치적 정체성과 젠더 정체성 등 정체성은 곧 세계 내 힘의 흐름을 더 일관되고 안정적인 체계로 고정하거나 안정화하려는 노력의 결과다. 실제로 들뢰즈 이론가들의 관심을 끄는 것은 미시적인 수준으로, 거기서는 정동과 강도가 세계 안의 존재를 가로지르고 변화시켜서 어떤 것도 하나의 사물로 최종적으로 존재하지 않고, 우리는 항상 생성의 상태에 놓인다. 이 방정식에 영화를 대입해 본다면, 영화는 세계에서 작동하는 정동적인 강도의 일부분이고, 우리는 영화와 더불어 인간-기계의 아상블라주 안에서 생성된다. 이러한 미시적인 힘은 단순히 철학적 추상화라기보다는 들뢰즈와 가타리가 '탈주선lines of flight'이라고 부른 것을 표현하는 것으로, 정체성이 지닌 감옥과 같은 본성(이 정체성은 자아, 국가, 교회의 정체성일 수도, 다른 정체성일 수도 있다)에서 벗어나는 혁명적인 길이다. 들뢰즈의 철학이 페미니즘 방법론으로 받아들여지는 것은 특히 이 지점에서다.

디야나 옐라차Dijana Jelača는 들뢰즈주의적 틀에 대해 다음과 같이 서술한다.

(들뢰즈주의적 틀은) 페미니즘적인 정치 기획으로 연결될 수 있다. 이 기획은 '여성'을 항상 생성 중에 있으며 동시에 그 생성이 무효화되는, 그럼에도 그 모든 개념적 불안정성 속에서 자신을 고수하는 것이 중요한 존재로 본다. 이러한 [여성의] 모습은 경쟁하는 의미들을 두고 다툴 뿐만이 아니라 지속적인 물질적 불평등에도 대항하는 정치적 투쟁의 자리가 된다. 그리고 이는 '여성'이라는 개념이 이론적 환영으로서 해체된 이후에도 계속된다. (…) 전략적으로 '여성' 개념의 일시적 안정성을 유지함으로써(동시에 본질주의의 함정에 유념하면서), 우리는 상대주의로 빠지지 않고 현상 유지에 도전하는 정치적 기획으로서 페미

니즘의 지속적 생명력을 인식할 수 있다.(2017:450)

이러한 틀에서 여성성womanhood과 페미니즘은 고정된 것이 아니라 끊임없이 변화하는 개념이다. 레즈비언과 게이, 트랜스 젠더, 혹은 장애인과 같은 범주로서의 여성 개념은 정치적으로 유용하고 필요할 수도 있지만, 들뢰즈주의적 틀에 따르면 이러한 범주 역시 항상 상황적이고 유동적인 것으로 이해할 수 있다. 여기서 정동은 핵심 개념으로 쓰이는데, 이론적 용례를 통해 그 의미를 더 자세히 살펴보도록 하자.

정동은 감각적인 것the sensory 또는 감각sensation과 연결되어 있다. 감정과 **달리** 정동은 하나의 의미로 규정하거나 어떤 것이라고 분류하기 어렵다. 감정이나 느낌을 표현하는 말들은 우리가 경험하는 신체적 감각에 의미를 부여하려는 시도다. 예를 들어 공포영화를 보면서 경험하는 신체적 감각들을 '공포'나 '긴장'이라고 이름 붙일 수 있을 것이다. 이러한 이름들은 부분적으로는 정확할 수 있지만, 들뢰즈주의적 관점에서 정동이 '의미'하는 바를 시간 속에 고정하는 기호는 역동적이고 이름 붙일 수 없는 정동의 실재를 얼어붙게 만든다. 정동적 접근은 고정된 의미, 정의, 그리고 정체성보다 흐름과 움직임을 선호하는 경향이 있다. 정동적 접근은 (〈홀리모터스〉에서—옮긴이) 미스터 오스카가 연기하는 모션 캡처의 중요한 차원이 우리가 언어로 묘사할 수 있는 능력을 벗어나는 것처럼 정의나 일관된 표현을 벗어나는 현실에 관심을 갖는다. 정동을 사유하는 한 가지 방법은 과잉의 관점에서 접근하는 것이다. 어떤 경험이든 그것을 표현하거나 이름 붙이려고 할 때 놓치면 측면이 항상 있기 마련이다. 정동은 우리를 둘러싼 세계에 이름을 붙이거나 장악하고자 하는 시도를 초과하는 것을 설명하려 한다. 또한 과잉 개념은 예컨대 '남자'나 '여자,' '이성애자'나 '게이'처럼 실재적이면서 물질적으로 생산적인 범주들이 우리의 경험과 능력을 설명하고자 할 때 초래하는 긴장을 설명하는 데 도움을 준다. 우리의 경험과 항상 하나의 정체성 범주를 초과해 존재하기 때문이다. 이것이 몇몇 페미니스트들이 들뢰즈주의적 틀을 유용하다고 보는 이유다. 들뢰즈주의적 틀은 종종 제한적이고 상처를 주는 정체성 범주의 수준 아래나 그 너머로 이동할 방법을 제공하며, 범주들을 고정된 의미를 지닌 일관된 자리로 특권화하지 않는 방식으로 인종이나 젠더 같은 개념을 창조적으로 사유할 수 있게 한다.

영화 형식에 대한 들뢰즈주의적 접근법의 예시는 마르틴 뵈뉴Martine Beugnet의 저술(2007)에서 찾을 수 있다. 여기서 그녀는 "감각의 시네마a cinema of sensation"라고 부르는 것을 주장한다. 뵈뉴는 특히 카트린 브레야Catherine Breillat, 클레어 드니, 아녜스 바르다 등 프랑스 여성 영화인들의 작품에 초점을 맞춰 클로즈업과 같은 형식적 기법이 특정한 방식으로 사용될 때 어떻게 이미지를 감각적 경험으로 바꿀 수 있는지를 살핀다. 이때 감각적 경험은 정체성, 시각적 장악, 고정된 의미보다 탐색과 감각에 특권을 부여한다.

클레어 드니의 다른 영화인 〈트러블 에브리 데이Trouble Every Day〉(2001, 프랑스)의 이미지를 예로 들어 보자.

이 이미지에서 카메라는 몸을 가로질러 움직이면서 몸을 풍

〔그림 3.12〕〈트러블 에브리 데이〉의 촉각적 이미지.

경처럼 탐색한다. 사실 관객은 무엇을 보는지 정확히 알기 어렵다. 크리스틴 르네 홀Kristin Lené Hole은 이 이 장면에 대해 다음과 같이 쓴다.

> 스크린을 가득 채우는 체모는 여성의 음부, 배꼽, 혹은 겨드랑이일 수 있다. 신체가 이처럼 노출되는 것은 관객의 눈에 기이하게 보이며, 풍경 또는 박동하는 유기체로 나타나는 이 이미지를 관객은 시각적으로 장악하거나 소유한다는 감각 없이 그저 마주해야 한다. 관객은 쉬운 관점을 허락하지 않는 이미지에 노출되는 것이다. 이는 관객이 이미지에 대해 열린 상태를 유지해야 함을 의미하는데, 왜냐하면 이미지는 자신의 원초적

인 힘 안에서 서서히 계시되기 때문이다.(2016:142)

이는 앞에서 논의한 촉각학haptics과 연결된다. "이 사람은 여자다. 이것은 여성의 가슴이다"라고 할 때처럼 정체성을 따지기보다 관객은 그들이 정확히 무엇을 보는지 알지 못하더라도 그 이미지의 물질성, 감촉성, 무형성을 편안하게 체험하도록 요청받는다. 이는 영화제작의 지배적인 관점이나 스타일과는 매우 다르다([그림 3.3]과 [그림 3.4] 이미지 비교를 참조할 것). 자신의 글에서 현상학적 요소와 들뢰즈의 이론의 요소를 모두 사용하는 뵈뉴에게 이것이 중요한 이유는, 우리가 구체적인 형태나 전체로서의 신체보다 아래 단계로 내려갈 때 남성, 여성처럼 제한하고/제한하거나 억압적인 정체성 범주들에서 벗어날 수 있기 때문이다. 그녀는 다음과 같이 쓴다.

> 미디엄 숏이나 롱 숏으로 포착된 신체와 달리 클로즈업 촬영은 사회적이고 문화적인 기능, 나아가 젠더의 기표로서의 기능으로부터 일시적으로 해방된 신체, 즉 남성/여성 이원론의 전통적 질서에서 벗어난 신체를 환기시킬 수 있다.(2007: 96)

여기서 우리는 미리 설정된 범주에 특권을 주지 않고 여러 정동적 연결을 열기 위해서 영화가 정체성보다 낮은 수준에서 작동할 때의 이론적 이점을 볼 수 있다. 이것은 특정한 카메라 기법이 어떻게 의미보다 감각을 우선시할 수 있는지 보여 주는 예시지만, 들뢰즈주의적 접근법이 실제로 무엇을 할 수 있고 어떤 모습을 보일 수 있는지에 관해서는 다른 가능성도 존재한다.

예를 들어, 버지니아 울프의 동명 소설을 원작으로 한 샐리 포터의 영화 〈올랜도〉를 보자. 이 영화는 300년 넘게 살면서 남성에서 여성으로 성을 바꾸는 인물을 회화적이고 관능적으로 그려 낸다. 이 영화에서 우리는 올랜도가 단순히 생물학적 성을 넘어, 여왕이 선택한 상속자에서부터 연인, 시인, 외교관, 어머니, 작가에 이르기까지 수많은 정체성을 갖게 되는 것을 본다. 이 영화는 성 정체성과 젠더 정체성이 문화적·역사적인 맥락에 기반을 둔 규제와 규범을 따라 수행적이고 유동적이며 가변적임을 보여 준다. 그런 의미에서 이 영화는 젠더와 기타 정체성이 항상 있기보다는 **되어가는** 것임을 보여 준다. '사랑,' '정치,' '남성'과 같은 범주들은 삶의 역동적 흐름 속에서 일시적 응결인 것으로 드러난다. 바버라 케네디Barbara Kennedy 역시 『들뢰즈와 시네마Deleuze and Cinema: The Aesthetics of Sensation』(2000)에서 이 영화가 미학적 양식의 측면에서 들뢰즈적인 차원을 갖고 있음을 밝혀낸다. 이 영화의 앞부분에는 인물들이 빙판 위에서 스케이트를 타며 다양한 결합과 분리의 패턴을 그리는 장면이 나오는데, 여기서 (젊은 남자인) 올랜도는 러시아 외교관의 딸 사샤와 사랑에 빠진다.

케네디는 사샤와 같은 인물들에 대해 다음과 같이 쓴다.

이러한 인물들은 젠더화된 주체성이나 정체성 개념 밖에서 움직인다. 그들은 원原 주체적이고 정동적인 영역에서 뇌/몸이 갖는 더 깊은 수준의 물질성을 관통해 움직인다. 스타일에 있어

183

〔그림 3.13〕 올랜도가 사샤를 잡으려 한다. 여기서 사샤는 '정체성이라는 고정된 위치'에 놓이기보다는 힘으로 나타난다.

서 영화는 그러한 '정동적 강도'를 운동과 진동들로 분절한다. (…) 따라서 사샤는 서사적 궤적을 지닌 캐릭터로서 '읽히기'보다는, (…) 정체성이라는 고정된 위치가 아니라 추상적인 힘으로서 움직이면서 기능한다.(136)

여기서도 알 수 있듯 들뢰즈 이론가들이 영화에 접근하는 한 가지 방법은 영화가 무엇을 의미하고 캐릭터가 무엇을 재현하는지 분석하는 것이 아니라, 영화가 만드는 감각과 정동을 기술하는 것이다. 들뢰즈는 사물들이 무엇인지보다 사물들이 무엇을 하는지에 더 관심을 가진다. 이 접근 방식이 주목하는 것은 안정적인 실체로서의 '캐릭터들'이 아니라 그들이 화면에서 표현하는 힘이다. 다시 말해 들뢰즈는 캐릭터들이 강도를 지닌 형상으로 굳어지는 방식, 다양한 만남과 맥락, 상황을 통해 계속 움직이고 변화하며 결코 고정된 의미로 유지되지 않는 방식에 주목한다. 〈올랜도〉에서 올랜도가 18세기의 미로를 가로질러 달리다가 19세기 중반의 여성으로 변모하는 장면은 이를 시각적으로 보여 주는 강력한 실례다. 그녀는 세상을 가로질러 움직이는 힘이며, 우리의 눈앞에서 변모하는 존재다. 이번에는 '여성'으로 남아 있지만 파우더 가발과 파스텔톤 장신구는 어두운 색의 차분한 드레스와 덜 꾸민 자연스러운 헤어스타일로 바뀌는데, 이는 '여성'의 의미가 시대에 따라 어떻게 변화하는지 보여 준다." 영화의 다른 장면들에서 그녀의 성별이 바뀌었던 것처럼, 미로라는 공간에서는 젠더를 나타내는 시각적 기표들과 그 기표에 부착된 의미들이 바뀐다.

영화의 마지막 장면에서 올랜도는 현대 런던의 한 나무 아래 앉아 있고, 그녀의 딸은 공원을 뛰어다니면서 눈앞에 보이는 장면들을 비디오로 찍는다. 여기서 이미지는 비디오가 촬영한 흐릿하고 역동적인 화면과 감독 포터의 카메라가 찍은 화면 사이를 교차한다. 올랜도는 한 퀴어 천사가 떠 있는 것을 올려다보고, 천사는 사운드트랙의 댄스 음악에 맞춰 가성으로 노래한다: "여기 내가 있다!/ 여자도, 남자도 아닌./ 우린 결합되었고, 우린 하나가 되었다./ 인간의 얼굴을 하고/ 나는 지구에 있다./ 그리고 나는 우주outer space에 있다./ 나는 태어나고 또 죽어 가고 있도다." 이 가사는 들뢰즈주의적 되기becoming의 퀴어적 개념을 분명하게 표현한다.

〔그림 3.14〕, 〔그림 3.15〕 올랜도는 시간의 미로를 가로질러 여행한다.

또한 마지막 장면에 현대적인 비디오 기술을 등장시키면서 영화는 젠더 수렴*과 영화 기술의 변화가 재현의 정치와 긴밀하게 연결되어 있음을 언급한다.

들뢰즈주의적 방법은 현상학에서와 같이 심층 기술의 방식을 사용하는데, 여기에는 영화가 제공하는 소리, 색채, 톤은 무엇이며, 그것들이 어떻게 결합해 특정한 감각이나 정동을 유발하는지 등 형식에 대한 관심도 포함된다. 대화보다는 춤이나 리드미컬한 구성을 특징으로 하는 영화들은 다른 접근법보다 들뢰즈주의적 틀로 읽을 때 더 풍부해질 수 있는 종류의 텍스트다. 많은 사상가가 들뢰즈주의적 전통을 현상학적 전통과 혼합하거나 정동 개념을 사용하되 그것을 정신분석학(이와 관련해서는 트라우마에 관한 절에서 다룰 것이다)과 같은 다른 패러다임과 연결시키는 등 다양한 접근 방식을 함께 사용한다는 점을 유념해야 한다. 3장의 사례 연구는 이러한 접근법들이 어떻게 적용되어 영화를 풍부하게 독해하도록 돕는지 그 예시를 제공할 것이다.

활동

/

현상학적 접근, 들뢰즈적 접근, 정신분석학적 접근을 하는, 세 부류 사상가가 나누는 대화를 연출해 보자. 그들이 어떤 영화나 영화의 특정 장면이 지닌 의미에 관해 토론하는 대본을 작성해 보자.

---

* 젠더를 엄격하게 나누지 않고 보다 중성적인 방식으로 받아들이는 경향을 말한다. — 옮긴이.

이를 비디오로 녹화해도 좋고, 수업에서 공연해도 좋다. 각 관점은 영화 경험의 서로 다른 차원을 어떻게 강조하는가?

사례 연구

〈언더 더 스킨Under the Skin〉

(조너선 글레이저Jonathan Glazer, 2013, 영국)

/

〈언더 더 스킨〉은 포스트휴먼의 조건에 대한 우화로서 **여성되기**becoming-woman에 관한 장르 연구로 접근할 수 있다. 들뢰즈의 주장에 따르면, 정체성은 단순히 존재하는 것이 아니다. 정체성은 항상 되기(생성)의 과정에 있다. 그렇다면 여성성도 자연적 범주natural category로 주어진 것이 아니라 정체성에 관한 피상적 가설이며, 그 '피부 아래' 통제할 수 없는 이질적인 덩어리를 감추고 있다.

이 영화에서는 어느 이름 모를 수수께끼의 외계인이 지구에 도착한다. 이 외계인은 젊고 매력적인 여성의 모습이다(이 역은 스칼릿 조핸슨Scarlett Johansson이 맡았다). 오프닝 시퀀스는 관객이 영화의 이질적인 형식 속에 확고히 자리 잡게 하며, 그 형식은 항상 우리의 이해력이 파악할 수 있는 범위 바깥에 있다. 무조 음악이 빠르고 극적인 리듬으로 연주되는 동안 우리는 일련의 혼란스러운 이미지들을 본다. 신비한 원이 갑자기 맥동하는 사람의 눈이 되고([그림 3.16]), 한 여성의 음성이 소

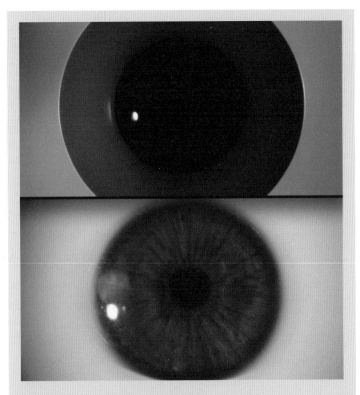

[그림 3.16] 포스트휴먼 되기(〈언더 더 스킨〉).

리를 내다가 말하기 시작한다. 이렇게 영화의 오프닝은 포스
트휴먼 되기becoming-posthuman 과정과 유기물과 무기물의 시너
지 효과, 그리고 주체성의 기표인 언어로의 진입을 묘사한다.
이 시퀀스와 사운드는 타이틀 카드title card*로 인해 갑자기 중

* 무성영화 시절 영화배우의 대사나 영화 줄거리를 글로 정리해 삽입한 화면에
서 유래하며, 일반적으로는 영화 속에 삽입한 설명 화면을 말한다. 〈언더더스킨〉
에서는 영화 제목이 카드 화면으로 등장한다.—옮긴이.

단되고, 폭포를 담은 야외 숏으로 전환되는데, 이는 이 영화에서 처음으로 등장하는 관습적인 프레이밍임에도 불구하고 같이 연주되는 음악의 섬뜩함 때문에 위협의 느낌과 이질적인 분위기를 자아낸다.

이 외계인 여자는 하얀 밴을 타고 글래스고를 돌아다니며 밤낮을 보낸다. 그녀는 여성적인 매력을 발휘해 의심하지 않는 남자들을 유혹하고 꾀며, 그녀에게 사로잡혀 위험을 의식하지 못한 남자들을 칠흑 같은 무無의 늪에 빠뜨려 결국 사라지게 만든다. 이 영화는 특히 의심하지 않는 남성 희생자를 찾아 거리를 누비는 그녀를 보여 주기 위해 외계인의 관점을 구현한 카메라로 유령처럼 미끄러지는 시퀀스를 자주 사용한다. 그녀는 홀로 활약하는 자경단으로 임무 수행 중인데, 그 동기는 설명되지 않지만 그녀가 이 세계의 존재이며 급진적인 페미니즘의 위협을 구현한다는 점은 확실하다. 이러한 혼종적 위상으로 인해 이 외계인 여자는 한계적 인물이 되며, 영화가 끝날 무렵 피해자 여성이라는 전통적인 틀이 주어졌을 때에야 비로소 온전히 공감받을 수 있게 된다. 외계인 캐릭터를 **포스트휴먼**posthuman의 관점에서 읽는 것은 생산적이다. 왜냐하면 이 개념은 정체성, 신체의 온전성, 주체성 등에 관한 인간중심적 이해를 낳는 전통적인 휴머니즘적 틀이 세계에 대한 우리의 경험을 충분히 설명하기에 부족하다고 보기 때문이다. 포스트휴먼의 신체는 "권력과 쾌락, 가상과 현실, 섹스와 그 결과가 맺는 포스트모던적 관계들"의 교차점에 있다(Halberstam and Livingstone 1995: 3). 포스트휴먼 개념은 시공간을 초월해 지속되는 안정된 실체로서의 정체성 개념에 도전하고, 나아가 고정된 범주로서의 인간에게도 도전한다.

이 영화의 초반부에서는 외계인-여성의 형상을 한 포스트휴먼적 팜므파탈이 인간중심적인 동기와 충동을 갖지 않은 것으로 나타난다. 영화의 형식은 한 외계인의 관점과 공명하며, 외계인의 시점과 일상의 기이한 측면을 강조하는 프레이밍을 사용함으로써 익숙한 것은 자주 낯설어 지고 기묘해진다. 그녀가 공간을 이동하며 일상을 관찰하는 동안 관객은 이 외계인의 관점에 동조하게 되고, 평범하다고 여겨온 것의 익숙함을 당연시하지 않는 현상학적 인식 변화가 일어난다.

이 외계인의 주체성은 심각한 얼굴 기형 때문에 사회적에서 배척당하는 한 남자를 만날 때까지 비-인간중심적인(즉 인간에 중점을 두지 않는) 도덕적 공백 상태에서 정서적 냉담함을 유지한다. 이들이 교류하며 주고받은 무언가는 이 외계인을 감정적으로 움직이고, 그리하여 그녀는 공감에 이른다. 이는 아마도 지금껏 그녀가 알지 못했던 인간주의적 정상신체중심성humanist ableism의 구조가 어떤 사람들을 그녀와 같은 비인간으로 간주한다는 것을 알게 되며 얻은 공감일 것이다. 그를 검은 늪으로 데려간 후, 그녀는 거울 앞에 멈추어 자신을 자세히 들여다보며 일종의 거울 단계(2장에서 논의한 바 있다)를 실행한다. 그런 후 그녀는 그를 풀어 준다. (그러나 그는 나중에 외계인의 남성 조력자에게 붙잡힌다.) 장애를 가진 타자와의 만남은 그러므로 주체성의 도래이자 윤리의 출현이다. 그녀는 모든 희생자가 똑같지 않음을 깨달은 듯 보인다. 이는 또한 그녀가 처음으로 인간 존재를 이해하고 그들과 연결되는 순간이기도 하다. 소외되고 비인간으로 취급되었던 흉한 얼굴의 이 남자에게서, 그녀는 아마도 자신의 피부 아래 있는 것과 같은 외계인의 모습을 알아보았을 것이다.

이 영화는 전통적인 서사 구조나 설명보다는 감각적이고 촉각적인 경험의 영역을 중시한다. 영화가 끝날 무렵 숲으로 도망치는 외계인은 경비원과 마주치고 그와 대화를 나눈다. 이제 역할은 완전히 뒤바뀐다. 경비원은 무심코 그녀에게 혼자인지 묻는데, 이는 그녀가 피해자들에게 던졌던 질문과 똑같다. 실제로 그는 나중에 그녀를 공격하고, 성폭력의 위협은 현실화된다. 이어지는 몸싸움에서 그녀의 피부가 벗겨지기 시작하고 휴머노이드humanoid*의 피부층 아래에 있던 외계인이 노출된다. 그러므로 이 피부는 외계인의 형체를 담는 임시적인 휴머노이드적 용기容器라고 할 수 있다. 피부 밑에는 무엇이 있는가? 형태를 바꾸는 것, 물질적이지만 파악하기 힘든 무언가, 무기물로 만들어졌지만 여성의 형태 역시 띠는 것, 즉 여성이자 외계인인 포스트휴먼이다. 하지만 인간 여성으로서의 그녀의 정체성이 껍데기에 불과하다는 것이 드러난 때조차 외계인은 여성의 가혹한 운명에서 벗어날 수 없다. 인간이 되어갈수록 그녀는 남성적 폭력의 위협에 더 취약해진다. 피부가 벗겨지기 시작하면서 외계인은 그녀가 인간이던 시절의

---

* 인간의 형상을 닮은 로봇에 대한 총칭. 인간의 행동을 가장 잘 모방할 수 있는 로봇으로 인간의 신체와 유사한 모습으로 표현된다. 인간human과 '……와 비슷한', '……와 닮은'의 뜻을 가진 접미사 -oid의 합성어다. ─옮긴이.

(그림 3.17) 포스트휴먼 외계인이 여성의 모습을 한 자신의 얼굴을 들여다보고 있다.

얼굴을 들여다본다. 이는 포스트휴먼적 거울 단계로서, 여기서 그녀는 자아를 궁극의 타자로서 마주하며, 이는 정체성이 아니라 자신의 죽음이라는 불가능한 경험으로 가는 입구가 된다. 남성 공격자는 인간의 가죽이 벗겨져나간 외계인에게 불을 지르고, 외계인은 숲 밖으로 기어 나가 무심한 풍경의 고요에 둘러싸여 죽음을 맞이한다. 영화의 마지막 장면에서 카메라는 천천히 눈이 내리는 하얀 하늘을 향한다. 주인공을 유기체의 형상과 무기물적 형상의 융합으로 표현하면서, 이 작품은 이질적이고 포스트휴먼적인 존재로서의 여성에 대한 하나의 영화적 연구가 된다.

　일반적으로 피부는 인간 신체, 나아가 존재의 한계 표면으로 이해된다. 예기치 못한 방식으로 수축하고 팽창한다 할지라도 외계인의 휴머노이드 피부는 들뢰즈적 어휘를 빌자면 말 그대로 **기관 없는 신체**body without organs를 은폐하는 것처럼 보인다.

들뢰즈와 가타리는 표면에서 보이는 것보다 더 깊은 곳에서 작동하는 구조들을 이론화하기 위해서 기관 없는 신체라는 개념을 사용한다. 기관 없는 신체는 "이행과 생성을 표시하는 경사도를 횡단"하는 형태들이며, "특정 벡터들을 따라 전개되는 주체의 목적지"이다(1984.21). 동시에 검은 늪으로 빨려 들어가는 남자들을 묘사한 〈언더 더 스킨〉의 시퀀스에서 그들의 신체는 몸 안에서부터 녹아내려 피부만 남는 지점까지 이른다. 그들은 기관 없는 피부가 된다. 한 외계인 시퀀스에서는 신체가 녹아내린 후 붉은 덩어리가 떠다니는 장면이 나온다. 〈언더 더 스킨〉의 포스트휴먼적이고 외계적인 틀 안에서 여성의 피부는 인간의 몸을 가리는 것이 아닌 외계적 형상이며, 그것은 인간-되기를 시도하다 끝내 잔인한 죽음을 맞이한다. 여성-되기는 피부 아래에 있는 외계적 형상에 휴머노이드의 형태를 부여해 자신이 외계인임을 효과적으로 은폐하는 지난한 과정이다(자세한 내용은 Jelača 2018 참조).

보고 토론하기
〈언더 더 스킨〉

/

1. 영화 제목의 의미는 무엇인가? 그것은 체현embodiment이라는

문제와 어떤 관련이 있는가?

2. 오프닝 장면의 의미는 무엇인가?

3. 언어는 '그녀의' 세계 경험과 어떤 관련이 있는가? 그녀가 언어
   와 맺는 관계는 영화 전반에 걸쳐 어떻게 변하는가?

4. 이 영화는 젠더에 대해 무엇을 드러내는가? 주인공이 '인간성'
   을 탐구하는 데 관심을 가지면서 젠더 역할의 경험은 어떻게 달
   라졌는가?

5. 그녀가 신경섬유종증 환자를 만나면서 어떤 일이 일어나는가?

6. 그녀가 케이크를 주문하는 장면이 감독의 형식적 선택이라는
   측면에서 중요한 의미를 지닌다는 것을 어떻게 알 수 있는가?
   이 장면이 왜 중요하다고 생각하며, 그것은 감각적 경험과 어떤
   관련이 있는가?

장애와 신체

신체와 영화의 관계에서 장애 문제로 눈을 돌린다는 것은 일반
적으로 '장애인'으로 분류되는 신체들이 스크린에서 어떻게 표현
되는지 평가한다는 뜻이다(신체에 초점을 맞추는 3장은 지적 장애
나 덜 '가시적'인 장애를 다루지 않지만, 그렇다고 그러한 장애들을
매체의 재현이라는 측면에서 검토하는 일이 덜 중요하지는 않음을
유의하자).

영화 연구에서 장애의 표현에 대한 연구는 인종과 젠더와

관련된 분석보다 다소 늦게 시작되었으며, 1980년대에 장애 연구가 하나의 분과가 되면서 발전할 수 있었다. 「고정관념 상영하기Screening Stereotypes」(1985)라는 폴 롱모어Paul Longmore의 선구적 에세이는 주류 영화에서 장애가 주로 어떤 양상으로 표현되는지 조사한다. 장애인을 동정이 가는 "괴물", "불구자" 범죄자, 문제에 대처하는 법을 배워나가는 상이군인 등으로 묘사하는 것이 그 예다. 롱모어는 부분적으로는 행동주의적인 관점에 서서 많은 영화가 장애를 극복해야 하는 개인의 문제로 축소하거나, 경우에 따라서는 자살이나 조력 자살*을 통해 논리적으로 해결되는 문제로 보는 것을 비판한다. 장애의 표현에 관한 또 다른 진지한 비판은, 장애인 캐릭터가 등장하는 서사들이 그들을 비장애인의 발전을 위한 촉매로 사용할 때가 많다는 점이다.

클린트 이스트우드Clint Eastwood의 〈밀리언 달러 베이비 Million Dollar Baby〉(2004, 미국)는 이러한 서사적 장치가 어떻게 작동하는지 잘 보여 주는 최근의 사례다. 이 영화는 오스카 감독상과 여우 주연상(힐러리 스웽크)을 수상하며 평단에서 큰 성공을 거두었다. 이 영화에서 매기는 이스트우드가 연기하는 프랭키에게 자신의 복싱 코치가 되어 달라고 설득한다. 프랭키의 세계에서 여자인 매기는 복싱 챔피언감이 될 수 없지만 말이다. 링에서 큰 성공을 거둔 매기는 경기 중 목이 부러져 사지 마비 환자가 된다. 결국 매기는 다른 몸으로 살아야 하는 삶은 살 가치가 없다고 판단하고 프랭키에게 자살을 도와달라고 설득한다. 이 영화에

---

* 저자는 assisted suicide 대신 assisted death라는 표현을 사용한다.—옮긴이.

대한 비평가들의 긍정적인 반응에도 불구하고, 장애 커뮤니티는 이 영화가 척추 부상을 안고 살아가는 사람들에게 최선의 선택이 죽음이라고 묘사한 점을 크게 비판했다. 강하고 끈질긴 여성인 매기는 사지 마비 환자가 되자 갑자기 모든 의지를 잃어 버리고, 이전처럼 제 기능을 하지 못하는 몸으로는 살아갈 이유가 없는 것처럼 표현된다. 매기의 캐릭터가 겪는 내적 변화는 차라리 죽는 것이 나을 정도로 고통받는 고립된 장애인의 신체를 표현한다. 또한 그녀는 비장애인의 신체able-bodied를 가진 백인 남성 인물 프랭키의 감정적·개인적 성장을 위한 촉매제 역할을 한다. 몇몇 학자들이 지적했듯이, 매기의 신체는 장애인으로 표현되었을 뿐만 아니라 매우 계급화되어 있고(매기가 애팔래치아 노동 계급 출신이라는 점이 캐릭터의 큰 부분을 차지한다) 당연히 젠더화되어 있기도 하다. 제이 돌마지Jay Dolmage와 윌리엄 디제나로 William DeGenaro는 계급을 극복하려는 매기의 욕망은 장애와 마찬가지로 열심히 하면 극복할 수 있는 개인의 문제로 표현된다고 주장한다(2005). 노동 계급인 매기의 어머니는 비만으로 나오는데, 이는 환유적으로 게으름, 몰취미, 탐욕을 상징하며, 이 모두는 타고난 성격적 특성과 연관되어 계급의 신화를 영속시키는 역할을 한다. 매기의 계급적 위상은 그녀의 탄탄하고 강한 몸으로도 드러난다. 돌마지와 디제나로는 다음과 같이 쓴다. "매기에게 계급은 극복되어야 하는 것이자 극복할 **수 있는** 대상이다. 하지만 장애는 (영화에서 개인적이고 신체적인 실패로 그려지듯) 매기가 극복할 **수 없는** 것이다. 차이는 개인성에 있다." 즉 개인은 장애를 독립적으로 극복할 수 없다. 그리고 이 영화는 부적합한 신체the non-conforming body를 위한 어떤 공동체의 가능성도 부정한다.

마틴 노든Martin Norden은 바로 이러한 고립이 주류 영화의 장애 표현을 규정한다고 보며, 그것을 "고립 영화the cinema of isolation"라고 부른다(1994). 노든은 다음과 같이 쓴다.

> 영화 산업은 오랫동안 고립의 관행 일환으로 신체 장애가 있는 사람들에 대한 여러 고정관념을 만들거나 강화해 왔다. 이 고정관념은 너무도 견고하고 만연해 장애인에 대한 주류 사회의 인식이 되었고, 장애인들의 자기 인식을 완전히 대체하지는 않더라도 모호하게 만들었다. (…) 고정관념의 더 흔한 표현으로는, 믿을 수 없는 역경에 맞서 외로이 투쟁하는 비범한(그리고 종종 처음에는 비통해하는) 개인들과 그들의 용기와 승리가 만들어 내는 감동 스토리, 파괴당하기만을 갈구해 폭력을 유발하는 짐승들, 기저귀 트러블을 일으키고 다니는 부주의하고 우스꽝스러운 인물들, 혜안을 지닌 성스러운 현자, 선량함과 순수함 덕분에 고립으로부터 탈출하는 편도 승차권을 얻어 내 기적적으로 치료 받는 사랑스러운 젊은이 등이 있다.(3)

그러나 장애인 공동체 내부에서 만든 장애의 표현은 극적으로 달랐다. 단편 다큐멘터리 〈자기 보존: 리바 레러의 예술Self Preservation: The Art of Riva Lehrer〉(샤론 스나이더Sharon Snyder, 미국, 2004)은 장애에 대한 고정관념과 지배적인 장애 표현 모두에 도전한다는 점에서 주목할 만하다. 이 영화는 장애인 권리 커뮤니티의 중요한 인물들을 화폭에 담아 기념비적이고 아름다운 작품을 만들어 낸 예술가라는 주제를 통해 장애 표현의 역사 그 자체를 논의한다. 그녀가 그린 인물들 상당수는 카메라 앞에 직접 등장해 미술사학자와 비판적 장애학자들, 그리고 작가 자신과 함께 그림에 대해 대화를 나누는데, 그들에게 그 그림들은 **예술**인 동시에 지배적인 장애 표현에 대해 중요한 대조점을 제공해 주는 것이다. 이 영화는 그림이 했던 것과 마찬가지로 장애가 타자성, 결핍, 취약함, 혹은 고립의 원천이라는 통념에 도전하며, 다양한 방식으로 개인의 고유성과 경험의 고유성, 세계에 대한 비전을 그려낼 수 있음을 보여 준다. 니콜 마르코틱Nicole Markotic이 장애와 영화에 대해 서술했듯이, "'상실'의 경험을 말하는 것으로는 장애의 경험을 거의 표현하지 못한다. 능력의 부재에 초점을 맞춘 영화들은 대부분 장애인의 경험과는 정반대되는 경험을 전달할 뿐이다"(2008: 7). 〈자기 보존〉에 등장하는 퀴어 장애학 학자 일라이 클레어Eli Clare가 지적하듯, 많은 의학 교과서가 장애인을 그릴 때 검은 표시로 눈을 가린다. 이는 장애인을 비인간화하고, 타인의 시선에 맞서 바라볼 수 없는 존재로 만든다. 레러의 작업에서 눈에 띄는 점은 장애인의 시선이 귀환한다는 점이다. 그녀의 그림은 캔버스 위의 신체들을 비인간화하지 않고, 일방적인 시선의 대상으로 만들기를 거부한다. 이 전략은 다큐멘터리가 저 놀랍도록 강인한 인물들을 재현할 때도 반영되며, 그 인물들에는 무엇보다 레러 자신이 포함된다.

　　장애가 있는 사람들people with disabilities, PWDs이나 그들의 동맹들이 만든 영화는 "독립영화 시장에서 경제적으로 가장 외진 자리를 차지하는 경향이 있다."(Mitchell and Snyder, 2008: 20). 이 영화들은 자기표현으로서 비규범적인 신체들의 경험을 조명하는데, 이는 대체로 건강하고 자유로운 신체를 가진 주체들을 선호하는 주류 영화의 표현과는 확연히 다르다. 이 목록에서 주목할 만한 작품으로는 〈괴짜로 태어나다Born Freak〉(폴 사핀Paul Sapin 2002, 영국)가 있다. 이 영화는 탈리도마이드 복용*으로 팔에 장애를 갖고 태어난 배우 겸 코미디언 매트 프레이저Mat Fraser가 '프릭쇼freak show**'의 역사 안에서 그에 대항해 자신의 몸을 이해하기 위해 벌이는 투쟁을 기록한다. 영화 〈오스틴 언바운드Austin Unbound〉(일리이자 그린우드Eliza Greenwood, 2011, 미국)는 청각장애인 트랜스 남성 오스틴 그린우드Austin Greenwood가 성전환을 위해 상체 수술top surgery을 하는 과정을 기록한다. 〈골칫거리 두 배, 재미 두 배Double the Trouble, Twice the Fun〉(프라티바 파르마르 Pratibha Parmar, 1992, 영국)는 게이와 레즈비언 장애인들의 성별을 주제로 삼는다. 이는 다큐멘터리 형식을 취해 장애에 대한 지배문화와는 다른 대안적인 표현을 제공하고자 하는 영화의 극히

* 탈리도마이드는 1950년대 독일에서 개발된 약으로 의사의 처방 없이도 구입할 수 있는 진정제, 수면제로 전 세계에 시판되었다. 특히 입덧을 완화하는 데 효과가 있고 무독성을 전면에 내세워 광고했기에 많은 임산부가 복용했으나, 이 약을 복용한 산모에게서 사지가 없거나 짧은 신생아들이 태어나는 치명적인 부작용이 나타났다. 1만 2,000여 명 이상의 기형아가 태어났고 낮은 생존율 속에서 살아남아 성인이 된 경우도 평생을 후유증으로 살아가야 했기에 현대 의약학 역사상 최악의 사건 중 하나로 기록되어 있다. 상품명을 따서 '콘테르간 스캔들Contergan-Skandal'이라 부르기로 하며 기형아로 태어난 아이들을 '콘티키즈' 혹은 '탈리도마이드 베이비'라고도 한다. ─옮긴이.
** 기형적인 사람이나 동물을 보여 주는, 혹은 도착적인 흥미를 위해 기괴한 것들을 보여 주는 쇼다. ─옮긴이.

일부 사례일 뿐이다. 이 영화들은 모두 인물들의 섹슈얼리티, 주체성, 때로는 유머를 강조하며, 그들을 병리화하는 시선을 거부한다.

〈씨 인사이드Mar adentro〉(알레한드로 아메나바르Alejandro Amenábar, 2004, Spain)와 〈러스트 앤 본〉에서부터 블록버스터 〈매드맥스: 분노의 도로〉에 이르기까지, 장애에 관한 도전적이고 비전통적인 관점을 보여 주는 인기 장편 서사영화도 늘어나고 있다. 〈매드맥스〉에서 주인공인 사령관 퓨리오사는 래디컬페미니즘 전사로 표현되는데, 신체적 장애도 그녀가 영화에서 가장 강력하고 통제력이 뛰어난 캐릭터가 되는 것을 막지 못한다([그림 3.18]). 자막 없이 우크라이나 수화(수어)로만 진행되는 매우 도발적인 영화인 〈트라이브Plemya〉(미로슬라프 슬라보시피츠키Myroslav Slaboshpytskyi, 2014, 우크라이나)는 청각장애와 언어장애를 가진 비행 청소년들의 하위문화를 다루며, 장애를 낭만화하거나 핑계로 삼지 않는 단호한 방식으로 장애인들의 투지와 폭력을 표현한다. 서사는 철저히 청각장애인이자 언어장애인인 주인공의 시각(구어나 자막보다는 그들의 언어가 특권화되는 방식을 취한다)으로 전개되는데, 이로써 영화는 관객들이 서사를 수동적으로 받아들이기보다 그것을 이해하는 데 적극적으로 참여하도록 요구한다. 또한 청인 관객을 외부자의 위치에 두는 방식은 청각장애인들이 구술 문화에서 겪는 경험을 미러링하는 기능을 하기도 한다. 나아가 불법 낙태를 그린 생생한 장면은 근래에 개봉한 영화 중에서 가장 원초적인 신체 경험을 제공한다고 할 수 있을 것이다. 표준과는 다른 신체적 차이로 뭉친 청소년들의 하위문

〔그림 3.18〕 페미니스트 여전사 사령관 퓨리오사(〈매드맥스: 분노의 도로〉).

화를 다루는 이 영화는 자잘한 범죄로 이루어진 그들의 삶과 암울한 미래에 비타협적인 시선을 던진다.

신체적 정체성이라는 규범적 개념에 도전한다는 점에서 비판적 장애 이론은 이론과 영화적 실천 모두에서 퀴어 이론과 긴밀한 관계를 맺어 왔다. 로버트 맥루어Robert McRuer는 퀴어함과 장애가 교차되는 지점을 비판적 분석 틀로 기술하기 위해 **크립 이론**crip theory이라는 용어를 만들었다(2006). 크립 이론은 '퀴어'라는 용어가 역사적으로 그러했듯이, 조롱과 모욕의 용어로 사용되어 온 '절음발이crip'라는 단어를 재전유해, 장애 없는(암묵적으로는 이성애의 표준을 따르는) 신체를 지닌 사람들과의 차이를 기꺼이 축하하는 용어로 만든 퀴어와 장애 모두 신체를 규범과는 다른 것으로 표시하는 기능을 했고, 그 과정에서 암묵적으로 '바람직한' 이성애적 비장애인 신체를 규범으로 강화해 왔다. 크립은 퀴어와 마찬가지로 이러한 범주가 지닌 규범을 벗어나고 문제시하는 힘을 유지하고자 하며, 규범화와 포섭의 정치를 비판한다. 장애를 퀴어화하는 것은 장애를 가졌다고 표시된 신체의 섹슈얼리티를 주장하고, 장애인의 신체를 욕망하는 신체로 주장하는 하나의 방식이기도 하다. 이는 앞서 언급한 〈더블 더 트러블, 트와이스 더 펀〉과, 대규모 예산이 투입된 서사영화 〈러스트 앤 본〉에서 확인할 수 있다.

맥루어는 장애의 표현에 대한 노든의 설명 같은 이전의 방식으로는 더 이상 오늘날의 재현 환경을 설명할 수 없다고 주장한다. 그에 따르면 우리는 문화가 '이성애적이고 장애가 없는 신체의 유연한 주체성이라는 신자유주의적 모델로 전환되는 것을 목도한다.

새롭게 등장한 지배적 주체성 형식은 유연성을 강조하기에, 규범을 벗어난 신체와 젠더, 성별을 지닌 타자들을 용인할 수 있고, 심지어 이들과 제휴할 수도 있다. 실제로 이러한 '타자'의 신체들은 종종 이성애자-비장애인 주체가 유지되는 데 도움을 준다. 그는 다음과 같이 쓴다.

문화적 재현 양식에서 장애인, 퀴어 인물들은 이제 더 이상 절대적인 일탈을 상징하지 않지만, 여전히 시각적으로나 서사적으로 종속되어 있으며, 때로는 노골적으로 지워지기도 한다. (…) 유연성은 다시 두 가지 방식으로 작동한다. 텍스트에서 비장애인 이성애자의 신체를 가진 인물들이 퀴어 장애인 소수자들과 함께 작동하며 유연하게 수축하고 팽창할 때, 퀴어 장애인 소수자들은 유연하게 순응하며 복종한다.(18)

맥루어의 논의를 적용할 수 있는 사례로 〈이보다 더 좋을 순 없다As Good as It Gets〉(제임스 L 브룩스James L. Brooks, 1997, 미국)가 있다. 이 영화에서 강박 장애가 있는 잭 니컬슨Jack Nicholson은 이성애적 관계에 진입하면서 자신의 장애와 성격적 결함을 떨쳐낼 수 있게 되는데, 이 모든 것은 최근 몸을 다친 이웃 게이 덕분에 가능해진다. 이 이웃은 남자 주인공이 서사의 궤적을 따라 떨쳐내는 차이들을 흡수하는 인물이다. 맥루어는 현대 영화에서 장애라는 형식은 단순하고 경직된 선악의 개념으로 제시되지 않고, 캐릭터를 괴물 같지만 연민을 자아내는 외부자로 만드는 요소로도 쓰이지 않는다고 주장한다. 오히려 장애인(그리고 퀴어) 캐릭터는 비장애인 이성애자 캐릭터(또는 보다 규범적인 주체성의 형식을 향해 움직이는 캐릭터)가 겪는 내적 변화를 지원하는 기능을 한다.

각기 다른 능력을 갖춘 신체들을 영화적으로 구성하는 일은 여전히 문화적으로 단순치 않은 사안이며, 여기에는 장애와 장애가 젠더, 인종, 계급, 성별, 민족 정체성과 교차되는 지점들에 대한 보다 심도 있는 태도가 반영된다. 바로 그렇기 때문에 이 사안은 페미니즘 정치학과 밀접하게 연관된다. 페미니즘 정치학 역시 그와 유사하게 젠더에 대한 특정 태도가 표준화되고 자연화되는 방식을 비판하기 때문이다. 그렇다면 할리우드 주류 액션영화에서 가장 노골적으로 페미니즘을 표방하는 퓨리오사와

같은 캐릭터가 신체상의 어떤 차이로도 제약할 수 없는 강력한
힘을 지닌 여성일 뿐 아니라 여성, 약자, 환경을 위해 싸우는 십
자군인 것은 우연이 아닌 셈이다.

활동

/

1. 〈러스트 앤 본〉을 보자. 이 영화의 성적 표현은 장애인의 신체를
   무성적인 것으로 보는 지배적인 통념에 도전하는가? A. 니콜라
   이디스(Nikolaidis, 2013)에 따르면, 이 영화는 비장애인/남성과
   장애인/여성 간의 연결성을 강조하다가 후반부에 가서야 이러
   한 이분법을 해체한다. 영화는 젠더 구조가 사회적으로 구성된
   장애 개념과 연결되는 방식을 어떻게 강화하고 또 도전하는가?
2. 비메오Vimeo에서 단편영화 〈신병 훈련소G.I.M.P. Boot Camp〉(대니
   얼 피어스Danielle Peers, 2008, 미국)를 보자. 이 영화는 장애에 관
   한 지배적 표현양식과 태도를 어떻게 패러디하는가? '장애인
   되기'의 문화적 공포는 이 영화에서 어떤 식으로 전면에 제시되
   는가? 장애와 비교했을 때 퀴어성은 어떻게 표현되는가?

트라우마

학문의 한 분과로서 **트라우마 연구**trauma studies는 문학 이론, 기
억 연구, 정신분석학, 홀로코스트 연구의 융합을 통해 생겨났다.
이 분야는 **트라우마**가 어떻게 우리의 의식으로는 온전히 접근할
수 없는 경험인지에 대해 다루고자 하며, 그리하여 의식적 회상
이나 선형적 스토리텔링보다는 반복되는 꿈과 부지불식간에 떠
오르는 플래시백을 통해 표현될 때가 많다. 이러한 통찰이 지닌
함축은 문학작품 및 영화 연구에 영향을 미쳐 트라우마가 비언
어적 형식, 불완전하거나 비논리적으로 보이는 서사, 시간 감각
의 상실, 침묵과 기억의 공백을 통해 표현되곤 하는 이유를 이해
하도록 했다. 오늘날 트라우마 연구에서는 일반적으로 트라우마
개념을 심리적인 상처 또는 정신의 상처로 이해한다. 그러나 고
대 그리스어 어원에서 이 단어는 처음에는 신체적인 상처를 의
미했다. 신체적 상처에서 심리적 상처로의 개념적 전환은, 현대
트라우마 연구가 트라우마를 이해하는 데 있어 신체가 수행하는
역할을 모호하게 만들 위험이 있다. 이러한 경향에 대항하기 위
해서는 트라우마가 그로 인해 고통받는 사람들의 신체에 미치
는 영향(혹은 트라우마가 신체 **안**에서 기억되거나 표현되고 억압
되는 방식)에 초점을 맞추어야 한다. 이를 통해 몸과 마음의 이분
법은 부분적으로나마 흔들릴 수 있다. 영화에 나타나는 트라우
마를 연구한다는 것은 트라우마를 온전하게 경험하거나 재현할
수 없다는 점이 영화의 서사와 형식에 어떤 영향을 미치는지 질
문을 던지는 것을 포함한다. 표현할 수 없는 것을 어떻게 표현할

것인가? 최근 세계 각국의 재난, 분쟁 지역에서 있었던 집단적 트라우마의 기억에서 영화가 어떤 역할을 수행하는지 살펴보는 학술 연구가 늘어나고 있다. 그 예는 제2차 세계대전 이후의 독일 영화(Elsaesser, 2014), 미디어가 9·11을 재현하는 방식(Kaplan, 2005), 현재 진행 중인 팔레스타인 점령의 영화적 표현(Gertz & Khleifi, 2008)에서부터 홀로코스트와 근친상간에 대한 다큐멘터리(Walker, 2005), 포스트 유고슬라비아 시네마*에 나타나는 트라우마(Jelača, 2016)까지 아우른다. 이 학자들 중 상당수는 트라우마가 젠더화되고 젠더가 트라우마가 되는 방식을 비판적으로 검토하기 위해 페미니즘의 틀을 사용한다. 캐플런에 따르면 "남성의 트라우마, 남성이 가한 트라우마 등 트라우마 연구의 암묵적인 젠더화가 중요한 관심의 초점이 되어왔"던 것은 그런 이유에서다(2005:19). 동시에 **트라우마에 관한 페미니즘의 접근법** feminist approaches to trauma은 여성의 경험에만 초점을 맞추지 않고, 젠더를 트라우마의 경험과 그 여파를 구조화하는 요소로 만드는 보다 광범위한 구조를 탐색한다. 여기에는 생존자의 트라우마뿐만 아니라 가해자의 트라우마도 포함된다. 후자는 일부 이론가들이 이의를 제기하는 논란의 여지가 있는 개념이다. 예컨대 옐라차는 포스트 유고슬라비아 영화의 맥락에서 다음과 같이

---

* 구 유고연방 시기의 영화와 유고연방 붕괴 이후의 영화적 특성을 다르게 보거나 종합하면서 포스트-유고슬라비아post-Yugoslav cinema에 관한 개념 정의에 대한 논의가 일어났다. 특히 이 분열의 책임 소재를 묻고 보스니아 전쟁의 영향을 분석하면서 그동안 암묵적으로 금기시되었던 소재들을 다루는 영화늘이 등장했고, 이를 포스트-유고슬라비아에 닥친 새로운 도전으로 여기는 가운데 트라우마의 문제 역시 주목받았다. ─옮긴이.

쓴다.

> 트라우마는 어떻게 범주들의 안정성을 대체하는가. 바로 그 안
> 정성이 트라우마를 촉발했을 수 있는 상황에서 말이다. 나아
> 가 트라우마는 어떻게 자신과 타자 사이에 존재하는 차이에 접
> 근하는 새로운 방법을 구성하게 되는가. 이는 젠더와 민족이라
> 는 측면 모두에서 다뤄질 수 있지만, 살아남는다는 것이 무엇
> 인지 이해하기 위해서는 젠더와 민족을 결합해야만 할 수도 있
> 다.(102)

옐라차는 여기서 더 나아가 포스트 유고슬라비아 영화에 퀴
어 트라우마를 삽입하는 것이 이 지역 민족 집단들의 국가적 트
라우마가 지닌 뿌리 깊은 이성애적 규범성에 도전하는 일이라
고 주장한다. 예를 들어 1990년대 세르비아의 험난한 상황을 배
경으로 제작된 젤리미르 질니크Želimir Žilnik의 〈대리석 엉덩이
Marble Ass〉(1997, 세르비아)에서 주인공인 두 트랜스젠더 성 노동
자들은 성을 파는 목적이 분쟁과 인종적·민족적 격변으로 황폐
해진 사회의 상처를 치료하는 것이라고 암시한다. 이 영화는 퀴
어의 렌즈를 통해 민족적·국가적인 트라우마를 다룸으로써 국
가가 기반을 두는 이성애 규범적 전제를 문제로 삼는다. 이것은
영화와 비디오가 어떻게 문화적 트라우마를 다루는 데 있어 중
심 역할을 할 수 있는지 보여 주는 동시에, 외상적 갈등을 형성해
온 젠더와 민족성 개념 자체에 도전하는 사례이기도 하다.

트라우마의 문화적 표현에서 개인과 집단 사이의 긴장은 두

드러지는 특징이다. 트라우마는 그 충격이 지닌 본성상 내밀한 경험이다. 그러나 홀로코스트, 히로시마와 나가사키의 원폭 투하, 노예 제도의 예에서 볼 수 있듯 재앙의 규모는 불가피하게 그 재앙을 민족, 국가, 인종이나 기타 다른 집단 정체성을 축으로 조직된 집단 트라우마적 기억의 대상으로 만든다. **포스트 식민주의 트라우마 연구**Postcolonial trauma studies는 집단 트라우마 연구가 유럽의 백인 주체를 트라우마의 주요 희생자로서 우대하는 접근 방식에서 벗어나야 한다고 강조해 왔다(Saadi Nikro 2014). 이는 트라우마 연구의 탈식민지화, 나아가 트라우마 자체의 탈식민지화 뿐만 아니라, 주체성이라는 안정적이고 단일한 척도의 해체를 수반한다. 이런 점에서 3장 초반에 논의한 리 타지리와 모나 하툼의 작업은, 작품의 형식과 내용이 전쟁과 분리, 강제 이주의 트라우마에 의해 형성된 상호 문화적이고 초국가적인 영화의 귀중한 예시라 할 수 있다. 이러한 영화들은 우리를 신체의 문제로 돌아가게 하며, 어떤 신체(인종적 소수자, 여성, 혹은 젠더에 순응하지 않는 개인들 같은 소외된 집단들)는 다른 이들보다 트라우마에 더 취약하다는 사실을 상기시켜 준다. 만약 트라우마가 완전히 합리적인 방식이 아니라 감각적으로 경험되는 것이라면, 정동은 충격의 메커니즘 중심에 있다. 3장 초반에 정동이 전前인지적 신체 경험으로서, 대체로 의지나 의식의 통제를 벗어나는 것이라 논의한 바 있다. 이 경우 우리는 영화를 이미지와 사운드의 분리, 시공간 감각의 상실 등을 통해 트라우마의 전인지적이고 정동적인 충격을 활용하는 매체로 접근할 수 있다. 실제로 영화는 오랫동안 트라우마와 외상적 기억에 관심을 가졌으며, 이는 전쟁영화 장르(예를 들어 베트남전쟁을 다룬 미국 영화들은 트라우마를 분석하는 데 풍부한 작업을 제공한다), 고통스러운 집단 기억이나 개인적 기억을 다루는 다큐멘터리(예컨대 1965~1996년 인도네시아의 대량 학살을 다룬 〈액트 오브 킬링The Act of Killing〉(2012, 덴마크/영국)과 〈침묵의 시선The Look of Silence〉(2014, 덴마크/인도네시아) 같은 조슈아 오펜하이머Joshua Oppenheimer의 영화들) 등에서 확인할 수 있다.

최근 몇 년 사이에는 **기후 트라우마**climate trauma(Kapplan, 2015)나 기후 변화와 생태학적 대재앙으로 점차 가시화되는 지구 종말의 위협이 주민들에게 미치는 외상적인 영향을 다루는 영화가 늘어났다. 이러한 종류의 트라우마 연구는 **에코페미니즘**ecofeminism 분야와 밀접한 관련이 있다. 캐플런은 생태학적 주제를 다루는 영화 중 얼마나 많은 영화가 '트라우마 이전'의 경험, 즉 외상적 사건이 발생하기 전부터 이미 경험되는 트라우마를 다루는지 조사한다. 그녀의 분석에 따르면 〈테이크 셸터〉([그림 3.3])는 일이 닥치기 전부터 주인공이 대격변의 환경 재앙에 대한 환각(또는 예감)과 악몽에 시달리는 영화의 한 예다. 기후 트라우마를 다룬 영화의 또 다른 예로 토드 헤인즈의 〈세이프Safe〉(1995, 미국/영국)가 있다. 이 영화는 교외에 사는 가정주부 캐럴 화이트가 알 수 없는 환경 질환으로 고통받으며 서서히 쇠락해 가는 모습을 묘사한다. 영화는 다중화학물질과민증('20세기 질병'으로 불리기도 한다)으로 추정되는 질환을 보여 주는데, 이는 신체의 면역 체계에 심각한 영향을 미친다. 영화는 환경오염과 전통적 젠더 역할 모두를 비판한다. 캐롤이 과민증을 일으키는 화학물질은 주로 청소 용품이나 미용 제품에서 발견되기 때문이다. 이 영화에서 한데 얽혀 있는 젠더와 기후 변화 트라우마는 본질적으로 신체적인 것이며, 스스로를 방어하는 몸의 능력을 서서히 약화시킨다.

일부 이론가들은 트라우마와 기억을 다루면서 트라우마의 세대 간 전승 문제를 살핀다. 특히 메리앤 허시Marianne Hirsch는 생존자들의 외상적 경험의 상속을 지칭하기 위해 **포스트 기억** postmemory라는 용어를 고안한다(2008). 외상적 경험은 세대 간 전승을 통해 다음 세대의 간접적이고 대리적인 경험이 된다. 포스트 기억은 상세하고 선형적인 스토리텔링보다는 이미지(가족 사진이나 홈 비디오)와 침묵을 통해 계승되는 경우가 많은데, 스토리텔링으로는 외상적 기억과 상실을 표현하기 어렵기 때문이다. 세대를 초월한 외상적 기억이 신체, 특히 여성의 신체로 회귀하는 문제와 관련해서는 페루의 감독 클라우디아 요사Claudia Llosa의 〈슬픈 모유La teta asustada〉(2009, 페루/스페인)와 같은 예를 살펴볼 수 있다. 주인공 파우스타는 희귀질환으로 고통받는다. 그녀의 어머니는 '테러 동안'(이는 주인공이 페루의 1980년대와 1990년대에 벌어진 마오주의 게릴라와 정부군 사이의 폭력 사태를 지칭하는 표현이다) 임신한 상태에서 강간당하는데, 이 신체적 기억을 어머니의 모유를 통해 그녀가 물려받은 것이다. 파우스타의 삼촌이 의사에게 설명하는 것처럼, "모유를 통해 어머니의 두려움을이 전달된 것이다." 퍼트리샤 화이트에 따르면, 이는 "사실적이면서도 시적이고, 순진하면서도 울림이 크"며, "공포가 불편할 정도로 비유적인 방식으로 치환되는 영화 전체의 톤을 드러내는 장치다"(2014:191). 삼촌의 말에 따르면 평범한 사람들 사이에서 이 병은 '슬픈 모유'라고 불리는데, 이는 이 병이 의사나 의료 기관이 생각하는 것보다 더 널리 퍼져 있다는 것을 암시한다. 의사는 파우스타의 증상을 그녀의 질 안에서 자라는 감자의 탓으로 돌리며(파우스타는 강간으로부터 자신을 보호하기 위해서 감자를 질에 넣었는데, 어머니는 이것이 '테러 동안' 여성들 사이에 흔히 퍼져 있던 관습이라고 말했기 때문이다.) 트라우마가 어머니의 몸에서 딸의 몸으로 세대를 초월해 전달된다는 삼촌의 설명을 일축한다. 파우스타의 증상에는 잦은 출혈과 실신도 있다. 어머니와 딸은 노래로 소통하고, 그것은 어머니가 죽은 후에도 계속된다. 그들은 어머니가 겪은 잔혹한 트라우마에 관한 노래를 서로에게 불러주며, 파우스타는 어머니의 뱃속에서 전부 보았다고 말한다. 여기서 트라우마는 대안적인 표현 방식을 통해서 반영되며 마술적 사실주의와 환상적 요소, 그리고 노래가 전통적 내레이션을 대체한다. 영화는 선주민 여성들이 겪은 조직적인 폭력을 다루는데, 폭력의 사실은 인정받지 못할 때가 많고, 이들의 몸은 심각한 신체적·심리적 상처들을 감추는 동시에 드러낸다. 화이트는 "'슬픈 모유'(원제 'la teta asustada'를 그대로 번역하면 '겁에 질린 젖꼭지'다)라는 장치가 승인된 국가적 서사에 대항해 어머니와 딸을 묶어 주는 대안적 계보이자 파우스타를 다치게 하기에 극복해야만 하는 유산"이라고 주장한다(191). 이로써 영화는 선주민, 특히 여성에 대한 폭력의 외상적 영향을 오로지 간접적인 방식으로만 다룰 수 있다. 화이트는 "역사적인 영상이나 분석, 통계 없이도 이 영화는 상상력을 동원해 여성을 향한 범죄의 규모를 다루려고 시도한다. 미라가 된 어머니의 몸은 이러한 범죄의 인종적·계급적 특성을 대변한다"라고 결론을 내린다(192). 이처럼 이 영화는 선주민 여성들의 세대를 초월한 트라우마를 묘사하며 신체에 남은 포스트 기억의 경험에 대해 말한다.

사례 연구

〈판의 미로Pan's Labyrinth〉

(기예르모 델 토로, 2006, 스페인/멕시코)

/

트라우마 표현은 일어난 일의 진실에 대한 것이라기보다는, 그것이 선형적이고 문자적인 표현의 규범적 형식을 탈구시킴으로써 정신에 남기는 결과에 관한 것이다. 재닛 워커Janet Walker는 이것을 "트라우마적 역설traumatic paradox"이라고 불렀다. "환상(여기에서는 소망의 왜곡된 표현이 담긴 상상의 장면이라는 의미로 사용된다)은 사건의 진실을 속이는 것과는 거리가 멀다. 환상은 과거에 일어난 실제 사건으로 만들어지며, 그것과 긴밀하게, 하지만 우회적으로 연결되어 있다"(2001:212). 이러한 역설은 〈판의 미로〉 같은 영화에서 발견할 수 있다. 이 영화의 주인공인 오필리아라는 소녀는 스페인내전이라는 트라우마적 환경과 자신이 오래전에 잃어 버린 지하 왕국의 공주라는 판타지 세계에서 동시에 살아간다. 소녀는 왕국으로 돌아가기 위해서 세 가지 임무를 완수해야 한다([그림 3.19]와

[그림 3.19] 〈판의 미로〉 속 현실.

[그림 3.20]). 트라우마의 텍스트로 접근해 보면, 이 영화에서
환상은 오필리아가 현실 세계에서 일어난 트라우마적 사건
(가학적인 파시스트 장군과 결혼하는 어머니, 전쟁 중인 양측 간
의 폭력적인 충돌, 고문당하는 게릴라 반군, 출산 중 사망하는 어
머니 등)을 처리하는 방법이다. 또한 이 영화는 가정 내 가부
장제의 잔인성을 강조하면서, 트라우마의 서사를 젠더 이슈
를 중심으로 구성한다. 결국 오필리아는 의붓아버지의 총에
맞아 죽지만(갓 태어난 남동생은 구한다), 그녀가 죽고 나서도
판타지의 세계는 계속되며, 영화의 마지막에 오필리아는 자
신이 공주인 지하 왕국으로 돌아가 친부모 옆에 앉는다. 이러
한 장면은 실제로 소원 성취의 한 형태지만, 이번에 성취된 소
망은 죽은 아이가 아니라 관객의 것이다. 아이의 죽음이 너무

[그림 3.20] 〈판의 미로〉 속 판타지.

도 외상적이고 상상하기 힘든 일이기 때문에 영화는 관객에게 아이의 폭력적인 죽음이라는 잔인한 현실을 대체하는 보상으로서 환상적인 해피엔딩을 제공하는 것이다.

보고 토론하기

〈판의 미로〉

/

1. 〈판의 미로〉에서 현실과 환상의 관계는 무엇이며, 영화는 트라우마에 대해 무엇을 시사하는가?

2. 트라우마와 폭력을 다루는 이 영화에서 젠더는 어떻게 표현되는가? 구체적 장면을 들어 보자.

3. 이 영화는 전쟁에 관한 개인적 트라우마와 집단적 트라우마 사

이의 긴장을 어떻게 반영하는가?

4. 이 영화에서 동화의 역할은 무엇인가?

5. 이 영화가 트라우마를 신체와 연결하는 명백한 사례들을 찾아
보자.

6. 영화는 트라우마를 시각적으로(언어를 통한 방식과는 다르게)
어떻게 표현하는가? 트라우마는 감각(촉각, 시각, 후각, 미각, 청
각)을 통해 어떻게 경험되고 반영되는가?

토론을 위한 질문들

/

1. 영화 내내 가장 겁에 질려 있고 극도의 공포를 표출해 보이는 인
물이 여성이 아니라 남성인 공포영화를 떠올릴 수 있는가? 남
성의 신체가 고통받고 '희생'되는 광경이 관객들에게 동일시의
중요한 원천이 되는 남성 멜로드라마의 사례를 떠올릴 수 있는
가?

2. 최근에 본 영화 중 감각적으로 강렬한 충격을 주고 인물의 말이
나 플롯의 진행 못지않게 감각적 인상이 중요했던 영화를 떠올
릴 수 있는가?

3. 현상학적 접근은 정신분석학적 접근이나 이상적이고 추상적인
관객을 전제하는 접근에서 놓칠 수 있는 것을 포착하거나 다룰
수 있는가?(관객성에 관한 내용인 2장의 논의를 참조할 것).

4. 들뢰즈주의적 분석이 효과적으로 적용될 수 있는 영화가 떠오

르는가? 그러한 접근이 적합한 이유는 무엇인가? 그 영화들의 서사적, 형식 미학적·양식적 선택의 측면에서 생각해 보자.

5. 영화나 텔레비전 쇼에서 장애가 표현되는 것을 본 경험을 생각해 보자. 거기서 장애를 지닌 사람은 중심인물인가, 부수적 인물인가? 복잡한 인물인가, 일차원적 인물인가? 장애가 그들을 정의하거나, 그들이 서사에서 담당하는 기능의 중요한 부분을 담당하는가?

6. 트라우마는 현대 영화를 형성하는 중요한 주제이거나 개념인가? 만약 그렇다면, 근래의 영화(및/또는 텔레비전 쇼)들이 다룬 트라우마와 관련된 중요한 사건으로는 어떤 것이 있는가?

핵심 용어

/

#정동 #모호한 초월성 #여성 되기 #신체 장르 #기관 없는 신체 #기후 트라우마 #크립 이론 #들뢰즈주의적 접근법 #에코페미니즘 #트라우마에 관한 페미니즘의 접근법 #촉각 이미지 # 관념론 #지향성 #상호주관성 #현상학 #포스트 식민주의 트라우마 연구 #포스트휴먼 #포스트기억 #심층 기술 # 초월적 의식 #트라우마 #트라우마 연구 #트라우마적 역설

4장.
스타: 젠더화된 텍스트,
순환하는 이미지

스타 연구

영화배우를 연구할 때 우리가 연구하는 대상은 무엇일까? 리처드 다이어Richard Dyer가 스타 연구에 관한 선구적인 작업에서 주장했듯, 스타를 통해 우리는 우리가 사람에 대해 어떤 문화적 관념을 지니며 사회가 '개인'을 어떻게 정의하는지에 대해 많은 것을 알 수 있다. 각각의 스타는 일, 소비, 사랑, 가족 등 경험의 차원에서 각기 다양한 태도를 대표한다. 스타는 또한 상호대립적인 긴장과 사회적 요구를 둘러싼 협상의 장이 될 수도 있다. 다이어는 다음과 같이 주장한다.

스타는 또한 계급, 젠더, 민족, 종교, 성적 지향 등 사람들이 그 안에 자리 잡고 삶을 구성하는 사회적 범주의 전형이기도 하다. 우리가 숨 쉬는 공기처럼 당연하게 받아들이는 이 모든 보통의 전형적인 생각들에는 각자 자기만의 고유한 역사가 있으며, 사회적 구성물로서 갖는 고유한 특징이 있다.(1986:18)

이 인용문은 실상 역사적·문화적으로 구성된 젠더와 인종 등의 범주가 스타를 통해 자연화naturalization된다는 점에 주목하게 한다. 예를 들어 스타는 여성의 성공과 행복이 규범적인 미의 기준이나 밝은 피부색과 본질적으로 연관이 있다는 신화를 반영할 수도 있다(발리우드 스타를 다루는 부분을 참조할 것). 혹은, 스타는 사람들의 자아가 그들이 구매하고 소비하는 물건들로 정의된다는 생각을 지지할 수도 있다. 그리하여 미디어에서 나타나는 스타 정체성은 끊임없이 변화하고 이따금 모순적이기도 한 여러 정체성 범주의 의미를 분석할 수 있는 '텍스트'가 된다. 한편으로 스타는 젠더와 섹슈얼리티의 지배적인 규범에 순응하고, 백인 연예인들이 할리우드 스타 시스템을 지배하는 모습을 보이기도 한다. 다른 한편 스타는 젠더, 섹슈얼리티, 인종에 대한 규범에 도전하는 역할을 할 수도 있다. 이러한 이유로 스타는 페미니즘적 탐구의 중요한 대상이 된다.

전통적으로 영화학에서는 **스타**star라는 용어를 사용해 왔지만, **셀러브리티**celebrity라는 개념은 더 광범위하게 쓰일 수 있다. 스타가 배우(혹은 뮤지션, 심지어 운동선수까지)로서 쌓은 성공적인 경력으로 알려지는 반면, 셀러브리티는 특정 분야에서 재능을 보여 주었는지와 무관하게 단순히 유명하다는 사실만을 지시하는 경향이 있다. 디지털 소셜미디어와 리얼리티 텔레비전의 부상과 더불어 셀러브리티라는 현상은 현대 문화에서 빠르게 확산 중이다. 셀러브리티가 되기 위해서는 자신의 라이프스타일이나 페르소나를 성공적으로 마케팅해 대중의 관심을 끌어내기만 하면 되고, 그 결과 그들은 '유명한 것으로 유명'해진다. 예를 들어 제니퍼 로런스Jennifer Lawrence는 단어의 전통적 의미에서 의심할 나위 없이 '영화스타'로 여겨지지만 그녀가 알려진 것은 연기 활동에서의 성과 때문이고, 그로 인해 그녀의 스크린 밖 사생활에 대한 대중의 관심이 높아질 수 있었다. 킴 카다시안Kim Kardashian같은 셀러브리티는 '킴 카다시안'인 것으로 유명하다. 섹스 테이프 '유출'로 처음 이목을 끈 카다시안과 그녀의 가족은 리얼리티 텔레비전 쇼, 제품 홍보, 패션 브랜드 등을 통해 셀러브리티가 되었고, 그 과정에서 사생활을 이용하고 자신들을 '인플루언서influencer'로 홍보했다. 셀러브리티들이 부각시키는 것은 "커리어보다는 개인의 '사적인' 삶이다. 그들에게 커리어라는 것이 있다면 말이지만"(Holmes & Redmond 2010: 4). 이 셀러브리티가 재능 없이 명성만을 추구하는 사람임을 의미한다는 것을 암시할 수도 있겠지만, 현대사회에서 스타와 셀러브리티 사이의 경계는 점차 더 모호해지는 추세다. 우리는 셀러브리티의 문화를 발전시켜 왔으며, 유명인들의 가십과 그들과 관련된 상품을 소비하는 것은 현대적 삶의 중요한 측면을 구성한다. 수 홈스Su Holmes와 션 레드먼드Sean Redmond가 주장하듯이, "스타덤stardom과 유명세fame에 관한 연구들은 일반적으로 스타덤이나 유명세가 개인의 문제가 아니라는 점에 동의한다". 즉 그것은 공공의 담론과 표현을 통해 "담론적으로 구성되는 것이다"(2010: 4). 4장에서 논의할 인물 중 보다 동시대에 속한 사람들에게는 셀러브리티라는 용어가 더 적절할 수도 있겠지만, 우리가 다루는 것이 영화와 영화학의 전통이라는 점을 감안해 앞으로는 '스타'라는 용어를 사용할 것이다.

스타에 관해서 이야기할 때는 '실제real' 사람과 텍스트로서의 스타를 구분하는 것이 중요하다. 다시 말해, 스타는 합의된 의미의 집합a negotiated set of meanings이며 이는 시간이 지나면서 바뀔 수 있다. **스타라는 텍스트**star text는 스타가 스크린에서 연기한 역할을 포함해 다른 많은 요소로 구성된다. 예컨대 영화사나 기타 제도적 채널을 통한 홍보 자료, 셀러브리티를 다루는 타블로이드 잡지와 인터뷰 등의 언론 보도, 디지털 공론장에서 팬들이 제공하는 미디어와 대화 등이 그것이다. 현대 문화에서 디지털 기술은 팬과 관객이 문화적 지형 안에서 스타가 차지하는 의미에 기여할 더 많은 기회를 제공한다. 스타 스스로도 경력을 발전시키는 데 도움이 되는 소셜미디어 기반을 구축하기 위해 팬들을 활용하기 시작했다. 예를 들어 오늘날에는 많은 할리우드 스타가 트위터, 페이스북, 인스타그램을 사용하며 팬들과 직접 소통하는데, 이전에 그런 소통은 스타의 홍보 담당자를 통해서만 이루어졌다. 뉴미디어로 팬과 직접 상호작용할 수 있게 되면서 스타에 대한 인식에 상당한 변화가 생겼는데, 이는 특히 접근성과 친밀감의 측면에서 그렇다. 스타의 경력이 다른 단계에 이르면, 스타 텍스트의 어떤 측면이 다른 측면에 비해 우선시될 수 있다. 예를 들어 제니퍼 애니스턴Jennifer Aniston은 원래 1990년대 시트콤 〈프렌즈Friends〉에서 레이철 역으로 가장 잘 알려졌던 스타였다. 그러나 오늘날 그녀는 영화에서 맡는 배역들보다 연애의 성공과 실패에 대한 언론 보도, 아이를 갖고 싶어 한다는 언론의 추측 등으로 더 유명하다. 더군다나 스크린 밖에서의 스타에 관한 지식은 스타가 연기하는 캐릭터에 대한 관객의 인식을 형성할 수 있다. 스튜디오 영화 시대에 베티 데이비스Bette Davis가 워너 브러더스Warner Brothers와 계약 문제를 두고 벌인 공방은 그녀의 스타 이미지를 구성하는 중요한 부분이 되었고, 관객이 그녀가 연기하는 강인하고 까다로운 여성 캐릭터들을 해석하는 방식에 영향을 미쳤다([그림 4.1]). 애니스턴과 데이비스 모두 사랑과

[그림 4.1] 〈제저벨Jezebel〉의 베티 데이비스(윌리엄 와일러, 1938).

가족, 일과 관련된 영화 밖 이미지들의 차원을 스크린상의 역할로 끌어온다.

스타를 텍스트로 접근하는 것은 그를 실제 사람이 아니라 제작되고 매개된 이미지이자 기호 체계로서 개념화하는 것이다. 물론 그들의 이미지가 허구라 해도 진정성authenticity 담론은 스타를 구성할 때 매우 중요하다. 예를 들어 『유에스 위클리US Weekly』의 〈스타: 그들도 우리와 똑같다〉라는 특집 기사를 살펴보자. 이 주간 코너는 스타가 반려동물의 먹이를 사거나, 개를 산책시키거나, 아이들과 아이스크림을 사 먹는 것처럼 일반인, 그러니까 스타가 아닌 사람이 할 법한 일을 하는 것을 보여 준다. 파파라치 사진의 설명에는 "자녀의 식사를 챙기는 스타" 혹은 "걸으면서 문자를 보내는 스타" 같은 구절이 달려 있다. 이러한 이미지는 스타 이미지에 대한 우리의 문화적 집착(우리는 스타들의 사생활이 공개되길 바란다)을 보여 주는 동시에, 겉보기에 사적인 순간들이 미디어 이벤트로 연출된 것이며 대중의 여론에 대응하기 위해 기획되거나 커리어에 있어 결정적인 순간에 대중의 이목을 끌고자 계산된 것일 수도 있다는 사실을 모호하게 만든다. 이러한 특집 기사들에는 평범함과 비범함의 담론이 섞여 있다는 점도 주목할 만하다. 이처럼 스타들은 일상 대 예외라는 이분법을 대표한다. 그들은 '우리와 같은' 존재인 동시에 그 이상의 존재—더 재능 있고, 더 성공적이며, 더 아름답고, 더 카리스마적인—로 인식되는 것이다.

다이어는 스타가 **구조화된 다의성**structured polysemy을 지닌다고 말한다(1980:63). 즉 스타는 다양하고 종종 모순되는 의미를 동시에 불러일으킬 수 있다. 사실 스타는 자본주의와 다른 지배 이데올로기들이 갈등과 내부 모순을 관리하기 위해 만든 시스템 중 일부다. 그러나 이러한 의미들은 **구조화되어** 있어서, 스타를 둘러싼 담론이 어떠한지에 따라 스타가 지닐 수 있는 의미도 한계를 갖는다. 팝 스타 비욘세가 최근 발표한 비주얼 앨범 〈레모네이드〉는 한 텍스트에 여러 의미를 담아내는 스타의 능력을 보여 주는 대표적인 사례다. 이 앨범에서 비욘세는 자신의 뿌리가 미국 남부의 시골에 있음을 가사와 영상 이미지에서 노골적으로 드러내고, 자전적으로 보이는 가사(특히 남편의 외도)를 싣고, 가족과 결혼식을 찍은 '사적인' 영상과 홈비디오를 담는 등 자신의 화려한 슈퍼스타 이미지를 진정성과 사적 영역에 대한 담론과 협상한다. 이러한 요소들은 모두 〈레모네이드〉를 스타의 사생활에 대한 통찰을 주는 진정성 있는 기록이 되는 데 기여한다. 동시에 이 앨범은 도시의 변두리, 시골 풍경, 신비로운 상징주의, 인종 문제와 관련된 정치적 수사(#흑인의 생명도 소중하다blacklivesmatter 해시태그 운동과 〈포메이션Formation〉 뮤직비디오에 등장하는 허리케인 카트리나의 이미지 등), 타장르의 인기 뮤지션과 협업해 만들어 낸 가사와 음악 등 고도로 양식화된 이미지들이 다양한 영역에 걸쳐 작동한다. 이런 점에서 〈레모네이드〉는 대중적이면서도 섬세한 뉘앙스를 담은 이미지를 보여 준다. 또한 흑인 여성이 겪는 가부장적 차별과 아프리카계 미국인을 향한 경찰의 폭력에 대한 명시적 언급은 이 앨범이 **교차성 페미니즘**intersectional feminism을 보여 주는 작품의 한 사례가 되도록 한다. 용어에서 알 수 있듯이, 교차성 페미니즘은 젠더, 인종, 계급과 같은 요소들이 교차하며 구성하는 억압을 밝힌다. 평범한 삶을 훨씬 뛰어넘는 비욘세의 스타 페르소나는 〈레모네이드〉에서 남편의 외도와 같은 개인적인 서사를 출발점으로 삼아 아프리카계 미국인, 특히 흑인 여성들이 일상적으로 직면해야 하는 어려운 사회적 조건을 광범위하게 비판하는 데까지 나아간다. 또한 그녀는 남부 고딕Southern Gothic* 미학의 시각적 모티프를 활용하고 〈레모네이드〉의 중요한 영화적 모델인 줄리 대시Julie Dash 감독의 〈먼지의 딸들Daughters of the Dust〉(1991, 미국)을 레퍼런스로 사용해 이 현대적인 서사를 과거와 연결시킨다([그림 4.2]와 [그림 4.3]을 보라).

비욘세의 세계적인 슈퍼스타로서의 지위 때문에 〈레모네이드〉는 그녀가 가진 스타 텍스트의 렌즈를 통해 해석된다. 나아가 이 프로젝트에서 작곡과 연출이 다른 많은 사람과의 공동 작업임에도 불구하고, 그녀는 〈레모네이드〉의 유일한 진짜 작가로 인식된다. 그리하여 〈레모네이드〉에 대한 문화적 논쟁은 필연적으로 스타의 페르소나와 그녀가 작품을 통해 개인적으로나 정치적으로 무엇을 전달하고자 했는지에 대한 질문에 집중될 수밖에 없다. 이처럼 〈레모네이드〉는 스타 이미지 안에서 사적인 담론이 흑인 여성성의 가치와 흑인 여성의 섹슈얼리티 등 더 큰 정치적 이슈와 방식을 보여 준다. 동시에 〈레모네이드〉의 페미니즘은

---

* 남부 고딕은 미국 남부를 배경으로 하는 고딕 문학(소설)의 하위 장르. 육체적·정신적 결함을 가진 인물이 등장하는 경우가 많고, 가난 및 각종 차별을 통해 남부의 사회적 문제점을 드러낸다. 범죄, 스릴러, 호러, 판타지, 혹은 이들이 결합한 형태에 미국 남부의 환경 및 스타일을 반영한다. ─옮긴이.

〔그림 4.2〕비욘세의 〈레모네이드〉.

〔그림 4.3〕〈레모네이드〉 시각적 선조라 할 수 있는 〈먼지의 딸들〉.

여전히 팬들에게 판매되는 패키지 상품이며, 이 모든 것의 중심에 있는 부유한 팝 스타들의 경제적 특권에 대해서는 거의 다루지 않는다.* 그렇다면 〈레모네이드〉의 모순은 그것이 지배 이데올로기로부터 소외된 삶과 이슈를 가시화됨에도 누구든 돈을 지불하는 사람에게 팔기 위해 제작된 상품으로서 지배적인 자본주의 체제와 불가분의 관계에 있다는 점이다. 그런 의미에서 소외된 주체의 자리는 항상 새롭고 색다른 것을 찾으려는 대중에게 경제적 이윤을 창출할 기회가 되기도 한다.

우리는 스타가 어떻게 텍스트나 이미지로 기능하는지에 대해 주로 다루었지만, 스타가 노동자이며, 브랜드화되고 마케팅되며 구매되는 상품이라는 점을 역시 기억해야 한다. 다시 말해 그들은 노동이자 자본의 한 형태이기도 하다. 하지만 스타가 노동자인 한편, 자본으로서(즉 영화나 다른 상품의 판매를 돕는 가치 있는 재화로서) 그들의 지위는 종종 평범한 노동자에 비해 더 많은 유연성과 특권을 갖는다. 어떤 스타들은 경력 내내 국경을 넘나들며 다양한 국가의 영화에서 여러 언어로 작업하기도 한다. 비서구 영화계에서 할리우드 영화로 향하는 신체의 흐름, 그리고 국제적인 스타들이 할리우드에서 맡을 수 있는 배역의 종류가 자국 영화에서와는 다르다는 점 등은 종종 자본과 권력의 더 큰 지정학적 흐름을 반영하며, 나아가 인종주의적 고정관념과

---

* bell hooks, "Moving beyond pain," www.bellhooksinstitute.com/blog/2016/5/9/moving-beyond-pain.
원서의 링크는 현재 유실되어 있지만, 다음 주소를 통해 볼 수 있다. https://bellhooksbooks.com/moving-beyond-pain/. —옮긴이.

통념을 반영하기도 한다.

초국가적인 스타Transnational stars는 다수의 국내, 영화 및 국제 영화에서 성공을 거둔 사람들로, 보통 경력 동안 하나 이상의 언어로 영화에 참여한다. 예를 들어 페넬로페 크루스Penelope Cruz와 아이슈와라 라이Aishwarya Rai는 국경을 넘어 다양한 언어로 활동하며 경력을 쌓아온 진정한 의미의 초국가적 스타라고 할 수 있다. 존 웨인John Wayne은 흥미로운 사례로—그는 아마도 1950년대와 1960년대에 국제적으로 가장 유명했던 미국인 영화배우일 것이다—, 그는 할리우드 이외의 산업에서 영어 이외의 언어로 작업한 적이 없다. 하지만 그의 스타로서의 지위는 전 세계적인 규모에서 전설적이었기에, 그가 지닌 스타 텍스트의 초국가적인 측면에 대해서 이야기할 수 있을 것이다. 그의 세계적인 인기의 한 예로 1953년에 할리우드 외신기자협회Hollywood Foreign Press Association가 실시한 여론 조사를 들 수 있다. 여기서 그는 50개국 이상의 팬들이 선정한 세계에서 가장 인기 있는 영화배우로 뽑혔다(Meeuf 2014). 웨인이 미국 서부 개척자들의 '정착' 신화와 깊이 연관되어 있음에도 불구하고, 소련 지도자 니키타 흐루쇼프Nikita Khrushchyov는 냉전이 한창일 때 웨인을 가장 좋아하는 영화배우라고 밝히기도 했다(Meeuf 2014). 그러나 웨인은 자국의 산업 밖이나 다른 언어로 일한 적이 없었으므로, 초국가적인 스타보다는 국제 스타international star가 그를 이해하는 최선의 방식일 것이다. 그의 스타 페르소나는 집단적 국가 정체성이 갖는 안정성에 도전한 적이 없기 때문이다. 다양한 문화권에서 인기를 얻었음에도 그는 항상 다른 무엇보다 미국인이었다. 이와 달리 초국가적인 영화배우는 순수하고 단일하며 고정된 국가 정체성 개념의 안정성을 흔드는 경향이 있다.

앞서 언급했듯이, 교차성 개념은 스타가 어떻게 구성되는지 이해하는 데 도움을 주는 핵심 용어다. 교차성은 정체성 범주들이 서로 분리될 경우 의미를 갖지 못하는 방식을 살펴본다. 정체성 범주들은 모두 서로 연계되어 있다. 다시 말해 그것들은 서로 맺는 **관계 안**에서 의미를 갖는다. 예를 들어 흑인 중산층 여성성과 라틴계 노동 계급의 여성성은 문화적으로나 범주들의 제약을 받고 살아가는 여성들의 경험에 있어서나 매우 다른 것을 의미할 것이다. 교차성 개념은 스튜디오 영화 시대의 라틴아메리카스타에서부터 발리우드 스타덤, 그리고 중국, 홍콩, 서구의 국경을 넘나드는 초국가적인 스타에 이르기까지 다양한 스타들을 다루는 이 장의 논의 전반에 걸쳐 반영될 것이다. 이어지는 절에서는 영화사의 다양한 시대와 인물을 중심으로 스타가 영화 산업, 정체성 범주, 지정학적 신체의 흐름과 어떻게 관계되는지 살펴볼 것이다.

할리우드의 스타 만들기

다양한 국가의 영화들은 문화 상품으로서의 스타와 다양한 관계를 맺고 있다. 뿐만 아니라 각 국가의 맥락에서 스타 텍스트가 생산되고 유통되는 방식은 시대마다 다르다. 예를 들어 할리우드의 스튜디오 시스템은 영화를 팔기 위해 스타에게 크게 의존했다. 1930년대와 1940년대의 스타 대부분은 다섯 개의 메이저 스튜디오 중 한 곳과 계약을 맺고 일했다. 이 계약으로 스튜디오는 스타에게 제안되는 배역을 통제할 수 있었고, 스타를 다른 스튜디오에 빌려주어 스튜디오의 경제적 이익을 도모할 수도 있었다. 여기서 우리는 주로 1930년대에 초점을 맞출 것인데, 이때가 여성 스타가 남성 스타보다 문화적인 영향력이 크고 흥행에서도 더 큰 힘을 발휘했던 시기기 때문이다. 베티 데이비스([그림 4.1]) 같은 스타들은 자신에게 주어진 배역과 커리어에 대한 통제권 부족으로 스튜디오와 충돌을 겪었던 것으로 유명하다. 데이비스는 1930년대에 충분한 유명세를 얻었음에도 그녀와 계약을 맺은 워너 브러더스 스튜디오는 대중적 이미지와 배역에 대한 그녀의 통제권을 인정하지 않았다. 1930년대 초반 데이비스는 〈인간의 굴레Of Human Bondage〉(존 크롬웰 John Cromwell, 1934, 미국) 출연을 위해 RKO*로 임대되는데, 여기서 그녀는 당대의 많은 배우가 그랬던 것처럼 지금까지와는 다른 이미지의 역할을 맡으며 신중하게 배우로서의 변신을 꾀한다. 탄탄하고 진지한 배역으로 성공을 거두며 데이비스의 스타성은 상승했지만, 그 성공이 그녀에게 커리어에서의 예술적 주도권이나 재력을 가져다주지는 못했다. 1937년, 데이비스는 계약을 파기하고 더 나은 배역을 맡을 수 있는 런던으로 이주하기 위해 워너 브러더스를 상대로 소송을 제기했다. 그녀는 이 소송에서 패소했지만, 10여 년간

---

* 1929년에 창립되어 1940년대에 할리우드 8대 스튜디오 가운데 5대 메이저 스튜디오에 속한 영화제작 및 배급사로, 정식 명칭은 RKO Radio Pictures다. 라디오 픽처스 또는 RKO 라디오 픽처스로 불렸으며 줄여서 RKO라고도 불렸다.ー옮긴이.

줄곧 영화사에 엄청난 흥행 성적을 안겨 주었다.

캐서린 헵번Katharine Hepburn 역시 소속사인 RKO가 제공하는 한정적이고 시시한 배역들에 염증을 느꼈던 배우다. 그러나 다른 배우들과 달리 헵번은 독자적인 부를 갖기에 계약 기간 중 마지막 몇 해 동안 원치 않는 배역을 맡는 일을 피할 수 있었다. 헵번이 스타로서 거쳐간 궤적을 분석해 보면, 스타 이미지가 젠더, 계급, 인종에 관한 지배적 규범에 확고히 뿌리 내린다는 점이 잘 드러난다. 헵번은 종종 시대를 앞서간 페미니스트로 여겨진다. 그녀는 지적이었고, 달변이었으며, 강인했기 때문이다. 당대의 다른 스타들과 비교하면 그녀는 자신의 계급적 배경과 할리우드의 주요 인사들과 맺은 관계 덕분에 경력에 대한 상당한 통제력을 가졌다. 하지만 대중은 종종 그들의 취향에 비해 그녀가 너무 엘리트적이라고 보았다. 그녀의 연기 스타일과 말투는 뉴잉글랜드 지역에 뿌리를 두고 있었고, 보다 순수 예술에 가까운 장르로 여겨지는 연극 예술에 영향을 받았기 때문이다. 대중은 그녀를 교육받고 독립적인 상류층의 전형으로 받아들였다(Naremore 1988). 그녀가 맡은 배역들이 빠른 말투에 종종 생각이 없는 뉴잉글랜드나 맨해튼 사교계의 유명인사였다는 점은 그녀의 이러한 이미지를 강화했다. 〈베이비 길들이기Bringing Up Baby〉(하워드 호크스Howard Hawks, 1938, 미국)와 〈휴가Holiday〉(조지 쿠커George Cukor, 1938, 미국) 같이 성 대결적 구도에 바탕을 둔 스크루볼 코미디는, 오늘날에는 많은 사랑을 받지만 당시에는 실패작이었다. 〈베이비 길들이기〉와 같은 작품 이후에는 헵번에게 "흥행에는 독"이라는 꼬리표가 붙기도 했다(Naremore 1988).

〔그림 4.4〕〈사랑 없이는Without Love〉에서 스펜서 트레이시와 캐서린 헵번(해럴드 S. 버켓Harold S. Bucquet, 1945).

그녀의 계급적 지위, 백인 프로테스탄트라는 배경, 젠더적으로 '일탈'이라고 여길 만한 연기는 일반 관객에게 어필하지 못하는 원인이 되었다. 제임스 내어모어James Naremore에 따르면 헵번은 그 결과 "자기주장의 후퇴"를 시도했으며, 의도적으로 자신의 강한 여성적 감수성을 완화시킨 보수적인 대본을 선택했다(175). 이후 헵번은 '만인의 남자'였던 스펜서 트레이시Spencer Tracey와의 로맨스로 경력과 인기를 되찾을 수 있었다. 1940년부터 그들은 로맨틱 코미디 영화 여러 편에 함께 출연했고, 그들의 연기에 관한 관객의 평은 그들의 스크린 밖 로맨스에 영향을 받았다([그림 4.4]). 내어모어는 트레이시와 헵번의 협업에 대해 다음과 같이 쓴다. "그 작품들은 '오랜 멋진 동반자 케이트'의 이미지를 만들

어 낸다. 그녀는 여성 해방론자처럼 행동하지만,―다행스럽게도
―트레이시에게 거의 모성적인 애착을 보여 주며, 마지막 순간
에는 그를 위해 자신의 반항심을 가라앉힐 것이다"(177). 이처럼
헵번의 경력은 젠더화된 규범이 계급과 인종에 어떤 영향을 받
는지 보여 주며, 경력상의 성공이 지배 문화가 기대하는 젠더 역
할과 협상하는 능력에 달려 있음을 드러내기도 한다.

1930년대 할리우드를 연구할 때는 스튜디오의 독점적인 장
기 계약으로부터 독립해 성공적으로 스타덤에 오른 여성 스타
들의 역사 역시 중요하게 다루어져야 한다. 이러한 사실은 영화
사 연구에서 대체로 무시되어 왔지만, 유성영화 시대 초기부터
많은 배우가 자신의 커리어에서 경제적 평등과 예술적 통제권
을 추구해 왔다(Carman 2016을 참조할 것). 지배적인 영화사의
서술은 1950년대에 이르러 표준이 된 스타의 독립적인 지위를
1950년 지미 스튜어트Jimmy Stewart가 에이전트인 루 와서먼Lew
Wasserman의 도움으로 맺은 수익 분배 계약에 기원을 둔다. 이 계
약은 보통 스타/에이전트의 독립적 계약 협상이라는 포스트 스
튜디오 시대의 새로운 시스템을 개시한 것으로 평가된다. 예를
들어 스타는 고정된 출연료나 주급을 받는 대신 영화별로 협상
을 했고, 흥행 수익의 일부를 배분받기 시작했다. 하지만 기록에
따르면 1930년대에 **이미** 스튜디오 여배우들은 독립적인 계약
을 협상하고 있었다. 데이비스와 헵번의 사례에서 드러나듯 스
튜디오 시스템은 종종 재능있는 사람들의 자유와 창조적 기회를
제한하는 융통성 없는 스타 공장으로 여겨지지만, 바버라 스탠
윅Barbara Stanwyck이나 캐럴 롬바드Carole Lombard([그림 4.5])의 경

〔그림 4.5〕 〈내 사랑 고드프리My Man Godfrey〉에서 캐럴 롬바드(그레고리 라 카바 Gregory La Cava, 1936).

력처럼 성공적인 사례부터 클래라 보Clara Bow나 미리엄 홉킨스 Miriam Hopkins처럼 종국에는 실패한 사례에 이르기까지 다양한 범위의 독립적인 스타덤이 존재하기도 했다.

콘스턴스 베넷Constance Bennett, 아이린 던Irene Dunne, 롬바드 같은 여성 스타들은 다양한 조항을 놓고 협상을 벌였다. 그들의 협상 내용은 흥행 수익에서 나눠가질 비율(이는 수익에 대한 세금 감면을 의미한다), 대본, 감독, 출연진에 대한 결정권, 여러 스튜 디오에서 일정한 수의 영화를 제작할 권리, 주연으로 이름을 제 일 위에 올릴 권리, 메이크업과 의상 아티스트를 선택할 권리, 커 리어를 넓히고 이미지를 전환하기 위해 지금까지와는 다른 배역 에 출연할 권리 등 미디어에 노출되는 페르소나를 통제할 권리를 아우른다.

스타들은 또한 의식적으로 젠더적 독립성을 주장하기도 했다. 베넷은 1934년 한 기사에서 연기는 "[여성이] 남성과 절대적인 평등을 이루는" 유일한 직업군이라고 주장했다(Carman 2016: 106). 이와 대조적으로 홉킨스는 1935년 한 영화지에서 여성들이 할리우드에서 성공했음에도 불구하고 최고 의사결정자들은 여전히 남성들이라고 인터뷰하며 영화 산업의 궁극적인 가부장적 성격을 지적하기도 했다. 몇몇 영화지는 롬바드가 자기 몫의 청구서를 지불하고, 일하느라 바쁘게 지내고, 커리어에 집중하는 등 "남자처럼 살아 왔다"라고 말한 것을 인용하기도 했다(114). 영화 정기 간행물의 여성 독자들은 스타들의 계약과 독자적인 움직임의 세부 내용을 알고 싶어 했기에, 스타들의 경력에서 이러한 요소들은 좋든 나쁘든 스타 텍스트의 일부를 형성했다(Carman 2016). 고아 출신으로 브로드웨이 코러스 걸로 활동하다 할리우드에 지출한 바바라 스탠윅은 전문성과 헌신적인 작업 습관으로 유명했다([그림 4.6]). 그녀의 프리랜서 협상은 언론을 통해 그녀의 직업 윤리, 1930년대 중반의 이혼 이후 개인적으로나 개인적으로나 홀로서기를 하고자 하는 의지의 관점에서 프레이밍되었다. 1936년 팬 잡지와의 인터뷰에서 스탠윅은 젊은 여성들에게 사랑에 빠지기 전 자기만의 삶을 개척하라고 조언한다. 기사에는 다음과 같이 실렸다. "'나는 자유로워요. 내가 필요로 하는 남자는 바로 내 안에 있죠. 위험해 보일 거예요. 결혼한 여자들은 이렇게 살 수 없으니까요.' 대신 그녀는 '삶이라는 로맨스'를 택했다"(101). 이 여성들이 보여 준 개인적이고 직업적인

〔그림 4.6〕영화 〈이중 배상Double Indemnity〉에서 바바라 스탠윅(빌리 와일더, 1944).

독립성은 역사가 기록해 온 것들에 대한 중대한 수정사항이 된다. 그들은 스타가 독립적인 지위를 가지는 데 있어 선구자적인 역할을 했으며, 스튜디오 시스템이 부과하는 여성 스타의 역할에 도전하고자 했던 것이다.

독립적인 계약은 일류 배우들의 특권이기도 했지만, "인종적"(이 단어는 백인 앵글로색슨 프로테스탄트가 아닌 사람을 가리키기 위한 문제적인 용어로 사용될 때가 많다)으로 코드화된 여배우들은 "독립적인 스타덤"의 형식을 강요받기도 했다. 왜냐하면 그들은 인종차별적인 할리우드에서 안정적인 장기 스튜디오 계약을 할 수 없었기 때문이다. 이러한 스타들의 목록에는 안나 메이 웡Anna May Wong이나 루페 벨레즈Lupe Vélez처럼 재능 있는 배

〔그림 4.7〕 영화 〈바람과 함께 사라지다〉에서 해티 맥다니엘(빅터 플레밍, 1939).

우들도 포함된다(벨레즈는 다음 절에서 논의된다). 유색인종은 할
리우드 연기 역사에서 생략할 수 없는 한 부분을 차지하지만, 초
창기 수십 년간 그들은 영화 산업에서 백인 배우들처럼 개성을
지닌 스타가 되기보다는 인종 고정관념에 물든 조연 역할을 주
로 담당해야 했다. 예를 들어, 해티 맥다니엘Hattie McDaniel의 가
장 유명하고 잘 알려진 역할은 〈바람과 함께 사라지다Gone With
the Wind〉에서의 유모Mammy 역이다(빅터 플레밍Victor Fleming,
1939, 미국). 그녀는 화려했던 스칼렛 오하라의 삶 평생에 걸쳐
하인 역할을 한다(〔그림 4.7〕). 이 "유모 원형"은 패트리샤 힐 콜린
스Patricia Hill Collins가 흑인 여성에 관한 문화적 표현에 나타나는
인종과 젠더의 교차성을 비판할 때 흑인의 여성성을 지배하는
네 가지 이미지로 제시했던 것 중 하나다(나머지 세 가지는 여성

237

가장matriarch, 생활보조금을 받는 어머니welfare mother, 제저벨로 대표되는 부정한 여자다). 이 전형적인 유모 역할로 다니엘은 아카데미 여우조연상을 수상한다. 그녀는 아프리카계 미국인으로는 최초로 오스카상을 수상했지만, 시상식 당시 백인 동료들이 맨 앞줄에 앉아 있는 동안 맥다니엘은 극장 뒤편에 앉아야 했다. 오스카상 수상으로 맥다니엘은 흑인 배우로서는 이례적으로 워너 브라더스와 안정적인 장기 계약을 맺었지만(계약에는 그녀의 이름을 크레딧 상단에 올린다는 조항도 포함되어 있었다), 그녀는 '유모' 역할처럼 틀에 박힌 조연 캐스팅에서 벗어날 수 없었으며, 이는 직업적이고 예술적인 도전을 할 기회를 심각하게 제한했다.

백인성Whiteness과 유색 인종주의colorism(피부색이 어두운 사람들을 향한 차별)는 여전히 많은 영화 산업에서 규범으로 기능한다. 오늘날 진행 중인 화이트워싱whitewashing 논란과 논쟁만큼 이를 분명히 보여 주는 예는 없을 것이다. 화이트워싱은 원작에서 유색 인종 배우가 연기하도록 되어 있는 역할에 백인 배우들을 캐스팅하는 관행이다. 이러한 문제적 경향의 역사는 흑인과 아시아계 배우들이 인종적 특징을 과장해 전체 인종이나 민족에 대해 고정관념을 유발하는 연기를 하거나, 백인 배우들이 백인이 아닌 것처럼 보이기 위해 시각적인 분장을 해 유색인종을 연기하는 블랙페이스, 옐로우페이스의 관행과 무관하지 않다. 최근의 사례로는 〈마이티 하트Mighty Heart〉(마이클 윈터바텀Michael Winterbottom, 2007, 미국)에서 마리안 펄Marianne Pearl 역을 맡은 안젤리나 졸리Angelina Jolie, 원작이 만화책인 〈닥터 스트레인지Dr. Strange〉(스콧 데릭슨Scott Derrickson, 2016, 미국)에서 동양인 남성 신비주의자 역할을 맡은 틸다 스윈튼Tilda Swinton, 영화 〈공각기동대: 고스트 인 더 쉘Ghost in the Shell〉(루퍼트 샌더스Rupert Sanders, 2017, 미국)에서 원작의 일본 만화 캐릭터를 연기한 스칼렛 요한슨Skarlett Johansson 등이 있다. 화이트워싱은 백인 배우들이 비백인과 비서구 사회 전체를 (종종 백인들로부터) 구원하는 아웃사이더 역할을 맡는 백인 구세주 서사에서도 찾아볼 수 있다. 이에 관한 예로는 〈라스트 사무라이The Last Samurai〉(에드워드 즈윅Edward Zwick, 2003, 미국)의 톰 크루즈Tom Cruise, 그리고 〈만리장성The Great Wall〉(장이모Zhang Yimou, 2016, 중국/미국)의 멧 데이먼Matt Damon을 들 수 있다. 백인의 우월성을 반복하는 이러한 상호 연관된 관행들을 통해 백인 할리우드 스타들은 서구 백인들의 규범적 남성성과 여성성이 다른 모든 것 위에 군림하는 스타 텍스트들을 유통시키고 지속적인 세계의 불균형에 기여한다. 그러나 쇼하트Shohat와 스탬Stam에 따르면(1994), "만약 내러티브 구조와 영화 전략이 여전히 유럽 중심적이라면", 인종적으로 바람직한 캐스팅만으로는 "충분하다고 할 수 없다". 할리 베리([그림 4.8])의 배우 경력이 보여 주는 것처럼 말이다(190).

이제껏 단 한 명의 흑인 여성만이 오스카 여우주연상을 수상했다. 2002년 할리 베리가 그 주인공이다. 베리의 경력은 할리우드에서 백인이 아닌 배우들에게 가해지는 많은 제약을 보여 준다(Mask, 2009). 영화 〈불워스Bulworth〉(워렌 비티, 1998년 미국)에서 그녀는 백인 정치인이 인생의 새 출발을 하도록 돕는 흑인 인권운동가 억힐을 맡는다. (영화 초반에 그 정치인은 실제로 자신을 암살할 사람을 고용했다.) 백인 정치가 불워스는 흑인 여성과

〔그림 4.8〕영화 〈몬스터 볼〉에서 할리 베리(마크 포스터, 2001).

흑인 문화와 접촉하면서 랩을 시작하게 되고, 파티를 열거나 마리화나를 피우고, 선거 유세에서 자유분방한 연설을 하는 등 더 '충만한' 삶을 살게 된다. 할리우드 영화에는 흑인이 백인보다 활력적이고 창조적이라는 통념이 만연해 있으며, 흑인의 문화적 표현, 흑인 캐릭터들, 그리고 흑인이 처한 사회적 환경은 백인 주인공들의 삶에 영감이나 생명력을 불어 넣는 배경이자 자원으로 사용될 때가 많다. (2016년 영화 〈라라랜드La La Land〉(데미안 셔젤 Damien Chazelle, 미국)는 이러한 경향을 보여 주는 최근의 사례다.) 이러한 통념이 지닌 양가적인 인종 정치는 할리 베리가 오스카상을 탔던 〈몬스터 볼Monste's Ball〉(마크 포스터Marc Forster, 2001, 미국)에서도 등장한다. 이 수상으로 그녀는 논란의 중심에 서게 되었는데, 〈몬스터 볼〉에는 베리가 연기한 캐릭터와 인종차별주의자 백인 남성의 격렬한 섹스 씬이 등장하기 때문이다. 빌리 밥 손튼이 연기한 이 남자는 그녀의 남편의 사형을 집행한 사람이기도 하다. 결국 영화는 한 흑인 여성이 그녀의 (흑인) 남편을 사형시킨 명백한 인종차별주의자 백인 남성의 보살핌을 받는 것으로 끝이 난다. 미국의 교도소 수감자로 흑인 남성들이 과대 대표된 것을 감안할 때, 이 영화가 보여 주는 정치는 소수자 관객과 반인종적 성향을 띤 관객들에게 큰 논란을 불러일으켰다. 베리의 커리어를 둘러싸고 일어난 일들은 비백인 배우들에게 제공되는 배역에 한계가 있음을 나타내며, 그들이 커리어를 넓히는 일과 인종적· 민족적 지지층에게 갖는 책임감 사이에서 어려운 선택을 해야만 한다는 것을 보여 준다. 하지만 유색인종 여성이 맡을 수 있는 배역이 매우 적은 상황에서 주연급 배역을 거절하기란 어렵다는 점도 인정해야 할 것이다.

2016년 아카데미 시상식은 인종 문제 이슈를 적극 정치화한 것으로 특히 주목받았다(이는 #OscarsSoWhite 해시태그 운동을 확산시켰다). 일부 소수계 배우들은 보이콧을 했고, 시상식 오프닝에서 사회자 크리스 록은 비백인 배우들에게 더 의미 있는 역할이 주어져야 한다고 열렬히 주장했다. 영화 배역은 스타의 의미를 구성하는 핵심 요소이므로, 비백인 배우에게 제공되는 한정 배역은 그들의 스타 텍스트의 한계가 되었다. 앞으로 보겠지만, 인종적·민족적 고정관념의 재생산과 배우들에게 인종적 고정관념을 강화하는 배역을 거절할 책임이 있는지 여부는 유색인종 배우들이 무성 시대부터 마주해 왔던 이슈들이다.

활동

/

1. 이 장에서 다루지 않은 현대 영화 스타 한 명을 선택해 보자. 그들에 대한 언론 보도, 그들이 맡은 배역, 홍보하는 제품들 등에 비추어 볼 때, 그들의 스타 텍스트는 성별, 인종, 계급(혹은 다른 범주들)에 대한 지배적인 편견들을 강화하는가, 아니면 그에 도전하는가? 그들의 스타 텍스트에 모순은 없는가?

2. 흑인 여배우를 한 명 선정해 그녀가 연기한 역할을 살펴보자. 그녀의 캐릭터들은 흑인 여성성을 통제하려는 관념들에 도전하는가, 아니면 그것을 재생산하는가? 그 스타가 영화 배역이나 대중 앞에 드러내는 모습을 통해 흑인 여성성에 관한 더 큰 문화적 담론을 협상하할 수 있는 방법이 존재하는가?

할리우드의 라틴아메리카인/ 라틴계 미국인 스타들

역사적으로 할리우드는 "소수인종ethnic"이나 비백인 여성이 경력을 안정적으로 쌓거나 의미 있고 틀에 박히지 않은 다양한 배역을 맡기 어려운 장소였다. 이 절에서 우리는 스튜디오 시대의 멕시코와 브라질 출신 여배우들에 대해 살펴본 뒤 현대 할리우드의 라틴계 여배우들에 대한 논의로 마무리할 것이다. "라틴엑스Latinx"*는 이분법적 젠더 범주를 구분하지 않고 민족적 정체성을 선언하는 방법으로 최근 대중적으로 널리 쓰인다(보통 스페인어에서는 형용사가 남성 어미나 여성 어미를 사용해 수식하는 사물의 성을 나타낸다). 이어지는 논의에서 우리는 제니퍼 로페즈와 같은 동시대 스타들을 지칭하기 위해 라티나Latina**라는 용어를 사용할 것인데, 21세기 전환기에 들어서면서 대중화된 이 말은 그러한 스타들이 어떻게 정체화되었는지 잘 보여 주기 때문이다. 하지만 일부에서는 이 말이 치카나Chicana에서부터 푸에르토리코Puerto Rican에 이르기까지 상당히 다양한 범위의 정체성을 균질화한다는 이유로 비판하기도 한다. "라티나"가 라틴아메리카 여성들의 문화적이고 국가적인 차이를 평준화시킬 수 있다는 것이다. 하지만, 라티나/라티노의 정체성은 미국에서 라틴계 미국인 인구가 계속 증가함에 따라 디아스포라를 겪어온 라틴아메리카 여성들을 하나로 묶는 강력한 도구가 되었으며, 또한 라틴아메리카 소비자를 타겟으로 하는 마케팅의 범주가 되기도 했다. 라틴아메리카 스타 연구를 통해 우리는 "라티나"라는 범주 안에서 차이가 작동하는 방식, 그리고 다양한 역사적·지정학적 이유로 라틴아메리카 스타들에게 주어지는 기회가 많아지거나 줄어드는 방식을 이해할 수 있다. 또한 열대주의tropicalism의 전형들이 라티나 스타들의 텍스트, 심지어 미국 태생 라티나들을 지속적으로 지배하는 방식을 알 수 있다. 열대주의는,

---

특수성을 지우고 라틴Latin과 라티나/라티노Latina/o로서 정체화된 모든 것을 균질화한다. 열대주의의 전형 아래서, 예컨대 밝은색, 리듬감 있는 음악, 갈색이나 올리브색 피부와 같은 속성들은 라티나/라티노 관한 지속적인 고정관념을 구성한다. (…) 열대주의 젠더화되기도 하며, 라틴계 남성은 정부lover, 마초, 짙은 머리색, 콧수염의 이미지를, 라틴계 여성은 빨간 입술, 밝은색의 유혹적인 옷, 곡선미 넘치는 엉덩이와 가슴, 구리빛 긴 머리, 그리고 사치스러운 보석을 두른 이미지로 여겨진다. (Molina Guzman and Valdivia 2004: 211)

무성영화에서 유성영화로 옮겨가던 전환기에 할리우드에서 활동한 두 스타, 루페 벨레즈Lupe Velez와 델로레스 델 리오Delores del Rio의 사례는 인종과 젠더와 같은 범주가 계급과 교차하는 방식과 스타 마케팅에서 드러나는 미국 이데올로기의 유연성을 잘 보여 준다.

사례 연구
루페 벨레즈와 델로레스 델 리오LUPE VELEZ AND DELORES DEL RIO

/

루페 벨레즈([그림 4.9])와 델로레스 델 리오([그림 4.10])는 모두 1920년대 무성영화 시대에 할리우드로 왔다. 부유한 집안 출신으로 멕시코의 귀족 집안과 결혼한 델 리오는 당시 남편의 사회적 연줄을 통해 할리우드에 영입되었다. 반면, 군인 대령과 오페라 가수의 딸로 태어난 벨레즈는 자신의 힘으로 할리우드의 경력을 쌓아 나갔다. 그들의 스타 텍스트에는 그들이 제의받고 수락한 배역뿐 아니라 홍보의 차원도 포함되는데, 똑같이 멕시코 출신 배우였음에도 불구하고 그들의 스타 텍스트에는 상당한 계급적 층위가 존재했다. 예컨대, 두 여성은 모두 폭넓은 연기 활동을 했지만, 델 리오는 〈영광의 대가What Price, Glory?〉(라울 월시Raoul Walsh, 1926, 미국)에서의 프랑스 여성 역할에서부터 〈붉은 댄스The Red Dance〉(라울 월시, 1928, 미국)에서의 러시안 댄서에 이르기까지 유럽인 역할을 자주 맡은 반면, 벨레즈는 아시안, 라틴계, 그리고 "토착민Natives" 연기를 하곤 했다. 벨레즈는 심지어 〈반쯤 드러난 진실The Half Naked Truth〉(그레고리 라 카바Gregory La Cava, 1932, 미국)에서 프린세스 익조티카Princess Exotica를 연기하기도 했다. 즉, 벨레즈는 유럽인의 모습을 덜 갖는 것으로 여겨졌는데, 여기에는 계급적 함축이 있다. 벨레즈는 "핫 터말리Hot Tamale*"과 "핫 페퍼Hot Pepper"처럼 인종적 성격을 띠는 별명을 얻었고, 한 영화 시리즈에서 "성미 급한 멕시칸 여자The Mexican Spitfire"라는 별명이 붙은 캐릭터를 연기하면서 커리어를 쌓았다. 그녀의 스타 이미지는 열대주의의 전형, 정열적인 라티나로 코드화되었던 것이다. 실제로 벨레즈의 첫 주연작은 더글라스 패어뱅크스의 상대역으로 출연했던 작품 〈가우초The Gaucho〉(F. 리차드 존스F. Richard Jones, 1928, 미국)인데, 여기서 그녀가

---

* 속어로 섹시한 여자를 의미한다.—옮긴이.

맡은 배역은 모욕적인 함축을 담고 있다는 이유로 델 리오가 거절한 작품이었다. 벨레스의 섹슈얼리티는 항상 라틴계 여성성에 대한 고정관념에 비춰 읽혔다. 배역과 언론 이미지 모두 그녀를 불같은 이국적인 여성으로 마케팅했고, 언론은 그녀의 유명한 로맨스를 열정과 폭력의 결합으로 묘사했다. 영화 〈타잔〉의 타잔 역으로 잘 알려진 조니 와이스뮬러Johnny Weissmuller와의 결혼생활은 신체적·정신적 폭력으로 가혹하게 끝이 났다. 이때도 언론은 그녀가 지닌 야성적인 힘을 강조했고, 스크린 안에서처럼 밖에서도 그것을 정복하거나 길들여야 할 필요가 있었다는 식으로 사생활에서의 가정폭력 피해를 정당화하기도 했다. 1929년 〈포토플레이Photoplay〉의 한 기사는 다음과 같이 썼다.

> 외견상 루페는 변했다. 모르는 사람들에 대해서는 말을 아낀다. 인터뷰어에게 자신이 정말 사랑하는 집, 강아지, 일에 관해 품위 있는 매너로 말한다. 옷차림도 좋아졌다. 짧은 플리츠 스커트와 허리까지 오는 블라우스는 이제 없다. 그녀의 옷장에는 파크 애비뉴Park Avenue의 여성이라면 누구나 갖고 싶어 할 가운이 걸려 있다. 물론 그렇다고 루페가 파크 애비뉴의 숙녀처럼 보이지는 않는데, 왜냐면 그녀는 **너무나 눈에 띄는**striking 타입이기 때문이다.(Rodriquez-Estrada 1997: 482)

여기서 읽어낼 수 있는 하위 텍스트는, 벨레스의 부족한 계급성과 과도한 섹슈얼리티가 그녀의 인종과 관련된다는 것이

〔그림 4.9〕 영화 〈유령을 본 성미 급한 멕시칸 여자Mexican Spitfire Sees a Ghost〉에서 루페 벨레즈(레슬리 굿윈스Leslie Goodwins, 1942).

〔그림 4.10〕 영화 〈플라잉 다운 투 리오Flying Down to Rio〉에서 델로레스 델리오(쏜톤 프리랜드Thornton Freeland, 1933).

고, 그로 인해 그녀는 어떻게 해도 "파크 애비뉴의 숙녀"가 될 수 없다는 것이다.

반면, 델 리오는 처음부터 상류층 여배우로 여겨지고 마케팅되었으며, 매스컴의 관심은 그녀의 개인적인 스타일이나 그녀가 여는 화려한 파티들, 그녀가 집을 장식하는 방식 등에 초점이 맞춰졌다. 델 리오가 자신이 멕시코 여배우로 나서고 싶어 했음에도, 그녀는 종종 스페인인으로 홍보되었다(Rodriquez-Estrada: 485). 그녀는 벨레즈보다 인종적으로 모호하다고 여겨졌으며, 앞서 언급했듯 유럽인이나 매력적인 귀족 캐릭터를 연기하기도 했다. 언론은 그녀가 엘리트 출신이고 "엄격한 도덕성"을 가졌음을 지속적으로 강조했고, 그녀를 타인종 스타의 "바람직한 예"로 포지셔닝했다(Beltran 2008: 34). 델 리오는 자신의 이미지와 재능에 걸맞는다고 생각되는 배역을 위해 여러 번 스튜디오와 결별하기도 했다. 그러나 메리 벨트란Mary Beltran이 지적하듯 사운드가 등장하면서 라티노/라티나 배우들이 주연을 맡는 경우는 점점 더 드물어졌다. 그녀는 "델 리오의 억양은 궁극적으로 영화배우로서의 지위와 캐스팅 가능성을 약화시키는 결과를 가져왔다"라고 주장한다(40). 이는 델 리오가 〈리오의 소녀Girl of the Rio〉(1932년, 미국, 허버트 브레넌)와 같은 영화에 출연한 이유를 설명해 준다. "돈 호세 토스타도Don Jose Tostado"라는 멕시코 악당을 비롯해 멕시코인에 대한 고정관념이 가득한 이 영화는 멕시코 정부의 공식적인 항의를 불러일으켰다. 〈리오의 소녀〉에서의 그녀의 역할은 미국 내 스페인어 언론에서는 논란을 불러일으켰지만, 영어권 언론은 영화에서 드러나는 잠재적으로 모욕적인 고정관념을 주목하지 않았고, 계속해서 그녀의 라이프 스타일과 이미지에만 초점을 맞추었다.(Rodriquez-Estrada: 480). 백인 미국인 관객과 "외국계hyphenated" 지지층(이 경우에는 멕시코계 미국인 관객) 사이의 이러한 대조는 한 국가의 맥락 안에서도 스타가 다양하게 수용된다는 것을 보여 주는 중요한 관점이 된다. 델 리오가 〈리오의 소녀〉에 출연 결정을 한 것은 할리우드에서 그녀의 선택권이 점점 제한된다는 점을 보여 준다. 게다가 1934년부터 '제작 강령Production Code'이 엄격하게 시행되면서 이러한 비하적인 역할조차 흔치 않아질 터였다. 〈리오의 소녀〉 마지막에 델 리오의 캐릭터는 그녀의 백인 정부와 하나가 된다. 다른 인종 간의 관계를 묘사하는 것을 금지하는 조항이 포함된 이 강령은 백인 배우의 로맨스 상대역으로 백인 여부가 모호한 스타들이 캐스팅 될 기회가 줄어든다는 것을 의미했다.

벨레즈와 델 리오가 보여 주는 대조적인 경력은 계급에 인종, 젠더, 섹슈얼리티에 대한 통념이 반영되는 방식과 할리우드의 초국적 스타들에게는 종종 선택권이 제한되기도 한다는 것을 보여 준다. 두 여배우는 또한 매우 엇갈리는 결말을 맞이했다. 벨레즈가 1944년 12월 임신 5개월 만에 자살한 반면, 델 리오는 멕시코로 돌아와 멕시코 영화계에서 배우로 성공했다.

토론하기

라틴계 미국인의 스타 지위 Latin American Stardom

/

1. 델 리오처럼 "타인종 스타의 바람직한 예"가 된다는 것은 무엇을 의미하는가?

2. 오늘날 중요한 라틴엑스 혹은 라틴아메리카 스타에는 누가 있는가? 그들의 스타 텍스트는 델 리오나 벨레스의 경우와 비슷한 특성을 공유하는가, 차이가 나는가? 21세기에 들어 라틴엑스의 정체성에 대한 생각과 그들에게 주어지는 기회가 변화했다고 할 수 있는가?

3. "외국계 정체성hyphenated identities"을 가진 스타들은 그들의 지지층들에 대해 책임이 있다 할 수 있는가? 예를 들어, 라틴엑스 스타들은 라틴엑스 젊은이들에게 책임을 갖는가?

초국가적인 스타들이 서구의 관객을 위해 자국의 캐리커처나 고정관념을 대변하는 역할로 축소되는 일은 어렵지 않게 관찰할 수 있는데, 스타들이 서구에서 커리어를 쌓기 위해 이러한 고정관념을 의식적으로 활용하는 방식을 인식하는 것 또한 중요하다. 예를 들어, 카르멘 미란다Carmen Miranda([그림 4.11])는 델 리오와 벨레스(위 사례 연구를 참조할 것)보다 약간 늦은 1938년에 브라질에서 미국으로 건너왔는데, 역사적으로 이 시기는 미국이 북반구와 남반구 사이의 무역과 관광을 촉진하기 위해 남

(그림 4.11) 영화 〈휴양지 대소동〉에서의 카르멘 미란다(버스비 버클리, 1943).

아메리카와 "좋은 이웃Good Neighbor" 정책*을 채택하던 때였다.

버스비 버클리Busby Berkeley의 뮤지컬 〈휴양지 대소동The Gang's All Here, 1943, 미국)〉에서 미란다는 브라질에서 온 배에서 커피와 바나나, 다른 과일들과 함께 등장하며 상품과 신체의 국제적 교류를 시각적으로 표현한다. 이 영화에서 미란다의 캐릭터는 당시 커피와 기타 농산물들이 그러했던 것처럼 브라질의 다산과 풍요를 상징한다. 그녀의 다산성은 이른바 만족을 모르는 활기찬 라틴 섹슈얼리티와 연관된다. 이 영화에서 그녀의 캐릭터는 "저런 집시that gypsy", "남미의 야만인south American savage"

---

* 1930년대 프랭클린 루즈벨트 대통령이 폈던 외교 정책. 일방주의unilateralism보다는 다사간의 국제협력mulilateral cooperation을 모색히는 가운데, 라틴아메리카이 국제 문제에 불간섭하는 것을 주요 원칙으로 삼았다.—옮긴이.

으로 불리는데, 이를 통해 각각 고급문화와 저급문화, 순결함과 불순함을 상징하는 식민지 시대의 남북 구분을 재생산했다. 영화의 오프닝 곡 〈You Discover You're in New York〉은 코스모폴리탄적 뉴욕으로 대표되는 미국과 브라질 사이의 문화적 만남을 무대로 펼쳐진다. 여기서 뉴욕은 신식민주의적 접촉 지역contact zone, 즉 서로 다른 문화가 상호작용하지만 둘 사이에 강력한 힘의 차이가 존재하는 공간으로 읽을 수 있다(Shaw 2010: 290). 이 영화에서 미란다는 현실에서도 그랬던 것처럼, 브라질이 미국의 금전적·문화적 자본을 대가로 제공할 수 있는 것 중 일부가된다. 남미에서 이미 성공적인 가수이자 연기자로 입지를 다졌던 미란다는 1939~1940년에 개최된 브라질 세계 박람회Brazil's World's Fair에 자주 출연하며 의식적으로 자신을 브라질이라는 국가가 제공해야 하는 상품 중 하나로 마케팅한다. 영화에서 노래하는 한 장면에서 그녀가 쓰는 그 유명한 투티 프루티Tutti Frutti* 모자는 아마도 이를 상징적으로 가장 잘 보여 주는 요소일 것이다([그림 4.11]). 영화 〈휴양지 대소동〉에서 그녀가 맡은 역할은 그녀가 출연한 다른 할리우드 영화에서 대부분 그랬듯 전형적이었다. 미란다의 역할은 백인 주인공이 주도하는 로맨틱한 서사를 뒷받침하는 비-로맨틱한 역할, 보통 코믹하고도 "민족적" 색채를 띤 역할로 제한되었다. 이는 앞서 사례 연구에서 논의했던 것처럼 스튜디오 시대에 사운드가 도래하면서 비-미국인 배우들

---

* 여러 가지 과일을 잘게 썰어 설탕에 조인 것을 넣은 아이스크림, 혹은 그것이 든 과자를 말한다.─옮긴이.

이 스타가 될 기회가 감소했음을 반영한다.

미란다의 경력을 단순히 브라질 북부의 고정관념에 대한 비극적 항복으로 볼 필요는 없을 듯하다. 그보다는 세계적으로 성공하기 위해 그러한 고정관념을 의식적이고 의도적으로 활용해 스타 페르소나를 육성한 것으로 읽을 수 있다. 리사 쇼는 이것을 미란다의 전략적 이국주의strategic exoticism라고 명명했다(2010: 288). 미란다는 미국에 오기 전 브라질에서 이미 성공적인 가수이자 공연자였다. 그녀는 포르투갈에서 포르투갈인 부모 아래 태어났지만, 브라질에서 스타 이미지를 구축하기 위해 시장에서 상품을 파는 여성인 '바이아나baianas'*의 아프리카-브라질 드레스를 사용했다. 재능있는 재봉사이기도 했던 미란다는 바이아나의 전통 의상과 머리 장식을 더욱 화려하게 꾸미면서 그녀만의 시그니처를 담은 모자를 제작했고, 이 모자에 과일을 덧붙인 것은 그녀가 더욱 유명해지는 계기가 되었다. 하지만 브라질과 미국에서 보여 줬던 의상과 퍼포먼스를 비교해 보면 알 수 있듯, 미란다가 미국에서 연기한 민족적 캐릭터는 지나치게 섹슈얼화되어 있었고 과장되어 있었다.

그녀의 얼굴은 코믹한 활기를 띠었고, 움직임은 빠르고 부산스러워져 목소리 연기를 방해했다. 의상은 화려해졌고, 모자는 더 높아지고 더 과시적이 되었다. 미국에서의 미란다는 열대주의의 화신이었다. 그녀는 곧 자신의 존재에 대한 패러디가 되

---

* baiano의 여성 복수형. baiano는 브라질 북동부 대서양 연안에 있는 주 바이아에 사는 사람이면서 남성 명사를 의미한다.—옮긴이.

없고, 그녀는 자신의 명성과 경력을 확고하게 하는 이 패러디화를 기꺼이 받아들였다(289). 또한 미란다는 미국 관객을 위한 공연에서 더는 어두운 피부색으로 분장하지 않았는데, 이는 말 그대로 바이아나를 화이트닝한 것이었다. 쇼의 주장처럼, "미란다는 바이아나를 변형시켜 아프리카-브라질 문화를 '흑인성'이 아닌 '라틴성'을 띤 퍼포먼스로 효과적으로 변화시켰고, 그리하여 주류 와스프WASP(백인 앵글로 색슨계 프로테스탄트)에게 받아들여질 수 있었다"(291). 이처럼 미란다는 미국 관객들에게 마케팅하기 위해의 문화적 차이를 의식적으로 이용했지만, 보통의 브라질인보다 하얀 피부를 지닌 라틴인으로서의 정체성을 강조하며 역설적으로 그 차이를 완화시켰다. 다큐멘터리 〈카르멘 미란다: 바나나는 내 일입니다Carmen Miranda: Bananas Is My Business〉(헬레나 솔버그Helena Solberg, 1994, 미국·브라질·영국)는 해외에 브라질을 널리 알렸지만 고국에서는 미국화되어 브라질 문화를 배신한 것으로 여겨지는 미란다의 역할이 가진 복잡성을 탐구한다. 그녀는 미국에 와서 처음 맡았던 캐리커처화된 역할들에서 벗어날 수 없었고, 개인적인 어려움까지 겹치면서 그녀는 결국 46세의 나이에 심장마비로 사망한다. 미란다의 사례가 시사하듯, 우리는 스타가 자신의 이미지에 대해 주체성을 행사하고 할리우드에서 직면하는 인종적이고 젠더화된 고정관념에 협상하는 방식을 염두에 둘 필요가 있다.

미국에서는 항상 다양성과 인종적 혼종성이 존재해 왔지만, 인구 구성이 점점 더 다양해지고 인종적으로 섞이게 되면서 라틴계 관객들은 그 자체로 중요한 시장으로 인식되게 되었으며,

라티나 스타들 역시 훨씬 더 눈에 띄었다. 그러나 라틴 문화권(라티니다드Latinidad)*이라는 개념 안에는 계급과 가치의 위계질서가 여전히 남아 있다. 21세기에 접어들면서 가장 주목받는 라티나 스타로 떠오른 제니퍼 로페즈는 음악, 연기, 자신이 만든 제품 라인과 향수 마케팅에서 엄청난 성공을 거두었다. 영화 한 편당 1,300만 달러를 받는 그녀는 역사상 가장 높은 출연료를 받는 라티나 여배우로 기록되기도 했다. 로페즈를 홍보할 때는 주로 그녀의 엉덩이를 부각했는데, 그 명성에 걸맞게 엉덩이에 100만 달러 상당의 보험을 들기도 했다. 비욘세와 킴 카다시안의 시대를 사는 독자들은 "엉덩이"가 스타들의 성적 매력을 구성하는 주요 부분임을 무리 없이 받아들이겠지만, 1990년대만 하더라도 풍만한 뒷모습은 인종적인 함의를 띠고 있었고, 많은 여성에게 이는 신체적 수치심과 열등감의 원천이었다. 멕시코계 미국인 스타 셀레나는 곡선미가 돋보이는 몸매로 주목받았고, 특히 로페즈가 그녀의 전기영화(셀레나Selena, Gregory Nava, 1997, 미국)에서 셀레나 역을 맡은 것은 두 라틴계 스타의 환유적 연결을 보여 준다([그림 4.12]). 대중에게 큰 사랑을 받다가 비극적으로 살해된 멕시코계 문화의 아이콘을 비멕시코계 배우(로페즈는 브롱크스 출신의 푸에르토리코계다)가 연기한다는 비판이 제기되었을 때, 로페즈는 자신이 셀레나를 연기할 자격이 있음을 변호하기 위해 그들이 공유하는 중요한 점을 언급했는데, 그것은 거의 중성적

---

* 라티니다드의 사전적 의미는 라틴 문화의 전통이나 라틴계 사람들의 문화를 뜻하지만 라틴아메리카 문화에 대한 자부심이나 라틴아메리카인들의 단합적 성격도 포함해야 할 듯하다.—옮긴이.

(그림 4.12) 셀레나를 연기한 제니퍼 로페즈(그레고리 노바, 1997).

일 만큼 깡마르고 인종적으로 백인인 여성의 체형을 높이 평가
하는 문화권에서 풍만한 몸매의 아이콘으로 살아야 하는 경험이
었다. 아이러니하게도, 로페즈가 여성적 섹슈얼리티와 아름다움
을 대표하는 아이콘으로 성공하면서 아름다움에 관한 규범에도
큰 변화가 일어났으며, 이전에는 매우 폄하되었던 곡선미가 "부
족하다"라고 느끼는 여성들이 많아지면서 엉덩이 확대 성형수술
이 갑자기 급증하기도 했다.

　　이처럼 스타들의 신체 유형은 스타 텍스트의 중요한 부분
을 이루며 인종, 계급, 젠더를 둘러싼 대중적 신체 정치popular
body politics에 영향을 미친다. 셀레나, 로페즈와 같은 스타들을 주
로 하체와 결부시키는 것은 제국주의와 식민주의의 역사에 뿌리
를 두는데, 여기서 피식민지인들은 육체적이고 비합리적인 것,

또는 자연과 관련되고, 식민지배인들은 문화, 정신, 문명화와 관련된다. 특히 엉덩이의 부각은 인종 페티시즘과 아프리카 라틴계 혼혈의 역사를 통해서 추적할 수 있다. "호텐토트의 비너스 Hottentot Venus*"로 유명했던 아프리카인 여성 사라 바아트만Sara Baartman은 두드러지는 둔부 모양으로 인류학적 호기심을 끌어 19세기 초 유럽 전역의 쇼에 전시되었고, 심지어 사후에는 시신이 과학 표본으로 보존되기까지 했다. 서구의 문화적 상상력 속에서 하체는 원시적이고 섹슈얼한 것과 관련이 있고, 기호학적으로는 하층 계급이나 라틴아메리카, 아프리카 같은 과거의 식민지적 공간과 연결되어 있다. 프란시스 네그론-문타너Frances Negron-Muntaner가 썼듯이, "엉덩이에 대한 언급은 종종 미국에서 아프리카에 대해 말하는 한 가지 방식이다."(1997:185) 나아가 "커다란 엉덩이는 아름다움과 좋은 취향에 대한 백인들의 헤게모니적 관념을 뒤엎을 뿐만 아니라, 라티나 및 기타 아프리카 디아스포라 문화의 어둡고 이해할 수 없는 과잉을 나타내는 상징이다."(189) 언론이 스페인인 배우 페넬로페 크루즈와 푸에르토리코계 제니퍼 로페즈를 다루는 방식을 비교해 보면 이러한 식민지적 가치 체계의 잔재가 더 명확해진다. 크루즈를 보도할 때는 얼굴 외에 다른 신체 부위를 부각하는 일이 거의 없다(valivia 2005를 참조할 것). 크루즈의 사진에는 그 또한 이국 취미를 다소 암시하기는 하지만, '아름다움 그 이상Beyond Beauty'과 같은 문구가 붙고, 상류층의 이미지와 밀접한 랄프 로렌의 한 광고에서

---

* 유럽인들이 남아프리카의 코이코이족을 부르던 이름이다.—옮긴이.

는 크루즈가 윌리엄 블레이크의 말, '풍요로움이 곧 아름다움이다Exuberance is beauty'와 함께 등장하기도 한다. 이러한 카피 문구는 크루즈가 문화와 품격을 갖춘 사람으로서 가치가 있음을 강조한다. 반면, 로페즈의 노래 〈블록으로부터 온 제니Jenny from the Block〉를 홍보할 때는 주로 그녀의 뒷모습을 사진 찍거나 다리와 가슴을 강조하는데, 이는 지나치게 성적인 매력과 "애티튜드"로 규정되는 비스페인계 노동계급 라티나의 관념을 반영한다. 또한 이는 식민지 역사로부터 비롯된 차이가 라틴 문화권(이 개념 Latinidad은 문제적인 방식이긴 하지만 크루즈와 같은 스페인계 스타를 포괄한다) 안에서 작동되는 방식을 보여 주기도 한 유럽인인 크루즈는 이국적으로 보일지도 모르지만 교양 있고 아름다우며 신체를 넘어서는 완벽함을 지닌 존재로 표현된다. 브롱크스에서 온 로페즈는 성적이고 강렬한 라티나라는 개념을 극도로 체화한 인물로 여겨진 앵그라드 N. 발리디비아Angharad N. Validvia가 쓴 것처럼, "라틴 문화권 안에서 일반적으로 유럽인, 특히 스페인인은 미국의 인종적 지형 내에서 백인이 차지하는 것과 같은 기능을 하며, 그들은 표시되지 않은 표준으로서 암묵적으로 우월한 존재인 중산층이라는 상상적인 통념을 대표한다"(72).

크루즈와 로페즈를 비교하며 알 수 있는 것은, 델 리오와 벨레즈, 미란다의 경우처럼 젠더화와 인종화의 과정이 결코 획일적이거나 몰역사적이지 않다는 것이다. 인종, 계급, 젠더와 같은 범주는 그 의미가 지속적으로 변화하며, 이 범주들 내에서도 상당한 차이가 존재한다. 차이들은 항상 관계적이다. 차이들은 "라티나"와 같이 더 큰 차이의 범주 내에서 서로와 관계 맺으며 의미를 지닌다.

할리우드를 넘어: 발리우드의 스타 지위

발리우드는 인도의 힌디어에 기반을 두는 세계에서 가장 큰 영화 산업으로, 유명 스타들이 특히 큰 원동력이 되는 공간으로 알려져 있다. 쿠시 바리아Kush Varia가 쓴 것처럼, "스타들은 발리우드 영화의 중심에 있으며, 감독, 제작자 및 영화제작 과정의 다른 모든 측면보다 더 중요한 위치를 차지한다"(2013: 96). 발리우드 시스템에서 영화는 대부분 "다양한 상업적 이해관계가 결합되어" 자금을 조달받으며, 영화의 성공에 꼭 필요한 안정적인 배급 계약을 확보하기 위해서는 박스 오피스에서의 흥행을 어느 정도 보장받아야 하기 때문이다. 따라서 영화는 잠재적 투자자에게 대중을 만족시키는 패키지를 제공할 수 있어야만 하고, 여기서 스타는 영화 흥행의 가장 확실한 보증수표다(Shingler 2014:100). 일반적으로 스타들은 계약상 여러 편의 영화를 동시에 찍을 수 있기 때문에(이것을 "전환 시스템shift system"이라고 한다) 인도 영화의 제작 일정을 지배한다(Varia 2013:96). 실제로 스타들은 종일 여러 편의 영화를 찍기 위해 여러 다른 세트장에 있을 수 있으며, 그들의 개인 촬영 일정은 각 영화의 제작 속도를 제한한다. 이는 스타가 한 번에 한 편의 영화에 출연하는 일반적인 미국 시스템과는 다르나. 발리우드 스타와 그들이 출연하는 영화는 국제적으로 엄청난 인기를 끌었지만, 서구의 박스오피스에서는 남아시아에서만큼 흥행을 거두지 못했다. 게다가 발리우드의 메이저 스타가 할리우드에서도 성공을 거둔 경우는 거의 없다. 아이슈와리아 라이Aishwarya Rai의 커리어를 영어권 영화계에서 경력을 발전시키기 위한 가장 지속적인 시도로 볼 수 있겠지만 말이다(그녀의 케이스는 차후에 논의할 것이다). 프리얀카 초프라 Priyanka Chopra가 최근 미국의 텔레비전 시리즈(Quantico, 2015~)에서 남아시아인으로는 최초로 주연으로 성공한 것은 최소한 여성 배우에 한해서는 어느 정도 조류가 바뀌고 있음을 시사하는 것일 수 있다. 발리우드/할리우드 간에 의미 있는 크로스오버가 이루어지지 않는 이유를 간단히 설명하기란 어렵지만, 홍콩의 액션 스타, 라틴아메리카의 다재다능한 연기자, 심지어 유럽의 실력파 배우들의 예에서 볼 수 있듯 국경을 넘는 배우들의 흐름이 할리우드를 향하는 경우는 있지만 할리우드에서부터 다른 곳으로 향하는 경우는 없다는 점에 주목하지 않을 수 없다. 즉, 할리우드 이외의 영화계에서 경력을 쌓은 스타들은 국제적인 "성공"의 궁극적인 상징으로 할리우드로 옮겨가는 경향이 있으며, 앞서 살펴본 바와 같이 할리우드에서 그들은 자국에서보다 전형적이고 제한적인 배역을 제의받을 때가 많다. 예컨대 미국 배우가 할리우드에서 스타가 된 후 홍콩으로 건너가 "큰 성공"을 거두려 하는 경우는 드물다. 물론 여기에는 더 큰 지정학적 비대칭이 반영되어 있다. 할리우드는 역사적으로 영화의 배급과 상영에서 세계적인 우위를 차지해 왔으며, 미국은 여전히 전 세계적으로 부와 현대성, 스타일을 상징하는 것으로 비치기 때문이다. 스타의 신체와 그 흐름은 이러한 특권과 권력의 체계적인 차이를 반영한다.

　일반적으로 발리우드 스타 시스템에서는 남성 스타들이 더 많은 팬층을 확보하고 있으며, 출연료도 더 높게 받는다(Henniker 2013: 208). 샤룩 칸Shah Rukh Khan은 아마도 현대 발리우드에서 가장 유명한 스타일 것이다([그림 4.13]). 그는 국제적으로 폭넓고 다양한 제품을 홍보할 뿐만 아니라 수많은 고예산 영화에도 출연한다. 대다수 인도 시민과 비교했을 때 상당한 돈, 특권, 이동성을 지니는 그는 코스모폴리탄적 세계 시민으로 엘리트 계층에 속한다. 칸은 최근 개봉한 영화 〈팬Fan〉(마니쉬 샤르마Manesh Sharma, 2016, 인도)에서 영화배우 역할을 연기했는데, 영화에 등장하는 가족과 집의 모습이 현실과 유사한 것에서 시작해 매년 생일날 자택의 테라스에서 열성적인 팬들에게 생일인사를 하는 모습에 이르기까지, 이 영화 배우 캐릭터는 슈퍼스타 칸의 실제 모습을 여러모로 참조했다. 칸은 또한 이 영화에서 스타를 쫓아다니는 팬을 연기하기도 했는데, 그는 스타에게 너무 집착한 나머지 그를 위해서라면 무엇이든 할 수 있을 사람이었다가 스타에게 질책받은 뒤로 그를 해치려 한다. 이 영화는 팬에 대한 스타의 책임, 스타에 대한 팬들의 동일시, 스타 텍스트의 소비, 스타와 관객 사이에 분명히 존재하는 권력과 특권의 차이 등 연예인 문화가 제기하는 매우 현실적인 이슈를 진정 발리우드적인 과장된 방식으로 다룬다. 〈팬〉이 이러한 이슈들을 현실적으로 의미 있게 다루지 못했을 수는 있지만, 그럼에도 영화에서 발리우드의 스타덤을 다루는 매력적인 방식은 인도와 영화계의 맥락을 뛰어넘어 적용될 수 있는 함의를 지닌다.

〔그림 4.13〕 샤룩칸은 스릴러 영화 〈팬〉에서 스타이자 팬으로 (보철물을 끼고) 연기한다. (마니쉬 샤르마, 2016).

    칸은 세계적인 유명인사임에도 할리우드 영화에 출연한 적이 없다. 서양 대중문화에 사실상 알려지지 않았을 뿐만 아니라, 이 글을 쓰는 시점까지 미국 국경에 세 차례나 억류되기도 했다. 이민국 관계자들은 그가 세계 최대 규모의 영화 산업에서 중요한 스타임을 알아보지 못하며, 무슬림계 이름을 가진 인도인이라는 이유로 그는 미국 세관과 이민국의 오랜 구금과 심문의 대상이 되었다. 칸은 자신이 쌓아온 호감 가고 현실적인 스타 페르소나에 충실하면서 이러한 "불편한" 구금을 공개적으로 웃어넘겼다. 미국 공항에서 두 번째로 몇 시간 억류된 후 예일대에서 연설한 칸은 다음과 같이 말했다. "네, 항상 있는 일입니다. 거만해지기 시작할 때마다 나는 항상 미국으로 여행을 갑니다. 이민국

직원들은 스타를 스타 지위 밖으로 쫓아내니까 말이죠."* 그러나 2016년 8월 또 한 번 구금되었을 때 칸은 트위터에 "정말 엿같다"라고 쓰며 국경에서 경험하는 인종 프로파일링에 대해 강한 불만을 드러냈다. 그의 사례는 부와 명성을 바탕으로 하는 스타덤과 특권의 복잡한 층위를 드러낸다. 인도 대륙 안에서 칸은 "왕"으로서(그의 별명 중 하나는 '칸 왕King Khan'이다) 대다수 동포보다 훨씬 더 큰 이동성을 갖지만, 그의 피부색과 인종은 서쪽으로 이동하는 데 있어서 매우 현실적인 장벽이 된다. 반면 그의 이미지는 그의 실제 신체보다 훨씬 더 쉽게 국경을 넘나들어 순환할 수 있다.

인도 주류 문화에서 동성애가 여전히 다소 억압된 주제임에도 불구하고, 칸은 동성애 친화적인 아이콘으로서 위상이 높은 것으로도 유명하다. 그는 여러 명의 자녀를 둔 여성과 결혼했으며 이성애자 섹스 심볼로 여겨지지만, 남성성에 대한 지배적인 개념에 도전하는 역할을 맡는 데도 주저함이 없고, 심지어 그의 영화 중 한 편에서는(〈옴 샨티 옴Om Shanti Om〉, 파라 칸Farah Khan, 2007, 인도) "아이템 송item song"**을 맡기도 했다. 힌디어 영화에서 아이템 송이 따르는 스타일은 보통 여성적으로 젠더화되어 있으며, 배역 역시 여성이 맡는다. 칸은 '게이'로 읽힐 수 있는 서

---

* "Bollywood star Shah Rukh Khan detained at US airport again," www.theguardian.com/us-news/2016/aug/12/bollywood-star-shah-rukh-khandetained-at-us-airport-again.

** 인도 영화에 등장하는 특이한 형식으로, 영화 내용과는 아무런 상관없이 오직 사람들의 이목을 집중시키기 위해 등장하는 노래와 춤을 말한다. —옮긴이.

브플롯subplots*을 담은 영화나 줄거리가 퀴어적 독해에 열려있는 영화에도 출연했다(Henniker 2013:213). 이 영화들에서는 명백히/명시적으로 드러나는 의미와는 별개로 게이의 경험과 관련이 있거나 그에 공명하는 하위플롯을 읽어낼 수 있다. 예를 들어 그가 몇몇 영화에서 연기하는 캐릭터는 사랑하는 사람을 포기해야만 하는, 즉 자신의 욕망을 부정해야만 하는 인물이며, 그로 인해 그는 가족과 가까운 지인들로부터 분리된 느낌을 받는다. 영화 〈깔호나호Kal Ho Naa Ho〉(니킬 아드바니Nikhil Advani, 2003, 인도)에서 칸은 말기 심장병 환자를 연기한다. 자신의 시간이 끝나간다는 것을 알게 된 그는 삶에서 한발 물러나 사랑하는 사람이 자신의 절친과 결혼할 수 있도록 격려한다. 찰리 헤니커Charlie Henniker가 언급했듯이, 그동안 자신의 병과 사랑을 비밀에 부치며 큰 고통을 받아 온 이 인물은 영화의 마지막 장면에서 절친과 자신의 진정한 사랑이 올리는 결혼식을 지켜보는데, 이때 그는 가족이나 사건으로부터 다소 고립되고 소외된 모습을 보인다(216). 고립과 자기 부정에 관한 이러한 서사는 인도의 많은 게이가 일반적으로 경험하는 것이었기에, 이 연기를 통해 칸은 인도 및 인도인 디아스포라 내에서 동성애적 독해에 열려 있는 인물이 되었다. 이러한 역할들은 동성애자들의 권리를 공개적으로 지지하거나 자신의 섹슈얼리티에 대한 질문에 장난스럽게 응수하는 등 그의 공적인 행보로 더 강화되었다. 칸의 스타 텍스트에

---

* 부차적 플롯을 뜻한다. 그 자체로 하나의 완전한 이야기를 가지면서 중심 플롯과 병행하거나 엇갈리며 흥미를 더해주어 작품의 전체적인 효과를 끌어올리는 역할을 한다.—옮긴이.

있는 퀴어적 요소들은 제품 광고에서도 반복된다. 예를 들어, 그는 75년간 여성들만 사용해 온 럭스 비누를 광고한 최초의 남자 스타였다(212). 광고에서 그는 커다란 거품 욕조에서 장난을 치고 비눗방울을 공중에 날려 보내는 등 여성스러운 모습으로 그려지기도 한다. 그의 몸은 분명히 전시와 욕망의 대상이 된다. 칸은 리차드 다이어가 스타의 카리스마charisma라고 불렀던 자질, 즉 스타 텍스트 안에 주요한 문화적 모순을 담을 수 있는 능력을 대표한다. 칸에게 있어 이것은 전통적이고 가정적인 남성 이미지(심지어 그는 키스씬을 찍지 않는데, 오늘날 힌디어 영화 산업에서 키스씬이 허용됨에도 그렇게 한다)와 동성애자의 권리를 지지하고 대안적인 젠더/성 정체성을 받아들이는 보다 진보적인 접근 사이의 모순이다. 그러나 그의 텍스트가 지닌 이러한 진보적 차원은 정치와 경제 모두와 연결된 것으로 독해될 필요가 있다. 진보적이고 성적 모호성을 띤 독해에 열려 있다는 것은 국내의 게이 관객뿐 아니라 디아스포라 게이 관객을 상대로도 스타에게 유리한 전략이다. 마틴 싱글러Martin Shingler는 다음과 같이 쓴다. "21세기 발리우드의 빅스타들 상당수는 인도 디아스포라에 어필함으로써 큰 성공을 거두었다……. 그러나 거대한 국제적 팬층을 확보하고 있음에도 불구하고, 이들 중 유럽이나 미국에서 영어 영화를 만든 사람은 거의 없다"(2014:100). 여기서 우리는 스타 신체의 불균등한 흐름이라는 문제로 돌아가며, 이는 자본의 지정학적 분배가 나타내는 다른 여러 패턴을 반영한다.

남성 발리우드 스타들의 인기에도 불구하고, 발리우드의 역사에서 주로 게이적 독해를 불러일으켰던 이들은 남성 아이콘들이 아니었다. 소수의 게이 관객이 이성애적 규범에 반해 독해할 수 있는 아이콘들은 오히려 나르기스Nargis, 레카Rekha, 미나 쿠마리Meena Kumari 등 여성 여배우들이었다. 이 스타들이 게이들의 아이콘이라는 지위를 얻을 수 있었던 이유는 특히 은밀한 수치심과 금지된 사랑으로 고통받는 비극적인 멜로드라마와의 연관성 때문이었으며, 때로는 스크린 밖에서의 자전적 비극도 영향을 미쳤다. 예를 들어, 미나 쿠마리 주연의 영화 〈퓨어하트Pure Heart, Pakeezah〉(카말 암로히Kamal Amrohi, 1972, 인도)를 좋아한다고 말하는 것은 국내외 인도인 게이 커뮤니티에서 게이 정체성을 밝히는 하나의 방법이 되었다(Varia 2013:107). 영화 〈퓨어하트〉([그림 4.14])는 매춘부 사히브 잔Sahib Jaan이 여러 가지 이유로 인해 사랑하는 남자와 함께할 수 없게 되는 이야기로, 남자가 그녀와 결혼해 매춘부의 삶에서 "해방"시켜주겠다고 했음에도 불구하고 사랑은 이루어지지 못한다. 처음 만났을 때 남자는 사히브 잔의 발이 아름답다는 것을 깨닫고 사랑에 빠진다. 이후 그는 결국 다른 여자와 결혼하게 되고, 잔이 옛 연인의 결혼식에서 노래하고 춤추는 장면에서 멜로드라마는 절정에 이른다. 춤이 점차 광적인 황홀경이 되어 가면서 그녀는 유리를 깨고 그 위에서 춤을 추기 시작하는데, 이처럼 그녀는 고통과 상실을 외재화시킨 피비린내 나는 춤으로 자신의 발을 아프게 파괴한다.

　이 영화의 스타 미나 쿠마리는 시인으로서도 뛰어난 재능을 보였으며, "인도 비극 영화의 여왕"으로 알려져 있다. 쿠마리 자신도 비극적인 삶을 살았다. 배우였던 그녀의 부모는 아직 젖먹이인 자식을 버리려고 했고, 그녀는 어린 나이에 연기를 시작했

[그림 4.14] 영화 〈퓨어 하트〉에서 사히브 잔을 연기한 미나 쿠마리.

다. 19살이 된 그녀는 15살 연상인 카말 암로히 감독과 비밀결혼
식을 올렸다. 그들이 만났을 때 암로히는 이미 자식이 있는 기혼
자였지만, 쿠마리가 불의의 교통사고를 당해 손을 심각하게 다
친 이후로 비밀리에 교제를 이어갔다. 결혼생활은 통제적이고
가학적이었으며, 쿠마리는 심각한 알코올 문제를 겪는다. 〈퓨어
하트〉의 제작은 1964년 부부가 헤어지면서 중단됐다. 음주로 인
한 건강 문제로 극도로 아팠던 쿠마리는, 발리우드의 왕족이라
할 수 있는 나르기스Nargis와 수닐 두트Sunil Dutt의 권유로 8년 후
에야 영화를 끝마치기로 합의한다. 영화제작을 둘러싼 장대한
서사와 작품 안팎에 얽혀 있는 사랑과 고통은 그 자체로 영화 텍
스트의 일부가 되어 컬트적 지위를 얻었다. 쿠마리는 영화 〈퓨어
하트〉가 개봉한 지 한 달도 되지 않아 간경변으로 사망했다. 그

녀의 나이 겨우 38세였다. 사랑과 학대, 중독, 고통으로 점철된 비극적인 삶은 그녀가 스크린에서 연기한 극 중 인물들의 위에 겹쳐졌고, 그녀의 스타 텍스트는 게이 남성들의 경험과 캠프 감성*에 비추어 독해할 수 있는 것이 되었다.

"게이" 매춘부에 관한 또 다른 고전을 리메이크한 영화 〈움라오 잔Umrao Jaan〉(J.P. 두타J.P. Dutta, 2006, 인도)은 아이슈와리야 라이Aishwarya Rai가 주역을 맡았다. 그녀는 발리우드 스타 대부분과 달리 서양에서 더 잘 알려진 스타로, 1994년 미스 월드 대회에서 우승했으며, 할리우드의 줄리아 로버츠Julia Roberts는 그녀가 "세계에서 가장 아름다운 여성"이라 선언하기도 했다(〔그림 4.15〕). 원작 〈움라오 잔〉(무자파 알리Muzaffar Ali, 1981, 인도) 역시 게이들의 아이콘이었던 렉하Rekha가 주연을 맡았다. 라이의 스타 텍스트는 상당히 특이하며, 영국과 할리우드에서 지속적인 연기 도전을 한 몇 안 되는 발리우드 스타 중 하나다. 그녀의 크로스오버 경력은 대체로 성공적이지 못했지만 말이다. 그녀의 유일한 할리우드 영화 〈핑크 팬더2The Pink Panther2〉(해럴드 즈워트Harald Zwart, 2009, 미국)는 그녀의 연기 스펙트럼을 보여 주거나 진정한 스타로 자리매김할 기회를 주지 못했다. 〈핑크 팬더 2〉와 같은 영화들이 라이와 같은 스타뿐 아니라 앤디 가르시아Andy Garcia, 마츠자키 유키Yuki Matsuzaki, 알프레드 몰리나Alfred Molina 등을 캐스팅해 이탈리아, 일본, 영국인을 연기하게 하는

---

* 과장, 기교, 저속한 취향, 역설적 가치 등을 옹호하는 미학적 태도. 영화, 카바레, 팬터마임, 드랙쇼 등 공연 엔터테인먼트계에서 두드러지고, 게이 문화와 밀접하게 연결되어 있다.—옮긴이.

〔그림 4.15〕영화 〈움라오 잔〉에서의 이슈와리야 라이.

것은 가능한 한 많은 관객을 확보하기 위한 글로벌 마케팅 전략이라고 주장하는 사람들도 있다(Shingler 2014: 106). 그렇다면 국제적 캐스팅이나 다민족 캐스팅은 할리우드가 가능한 한 많은 관객에게 다가가 전 세계적 헤게모니를 유지하는 방법이라 할 수 있을 것이다. 그러나 많은 경우 그러하듯 〈핑크 팬더2〉에서 라이가 맡은 배역은 깊이가 부족한 평면적 인물이었고, 그리하여 국제적인 스타로서 활동할 수 있는 능력을 입증하기는 어려웠다.

그러나 라이는 로레알과 같은 회사의 모델로서 국제적인 성공을 거두고 있었다. 그녀는 조 살다나Zoe Saldana, 줄리안 무어Julianne Moore, 제인 폰다Jane Fonda, 에바 롱고리아Eva Longoria를 포함한 많은 성공한 여배우와 더불어 로레알에 합류했다. 로레알

캠페인은 다양한 인종과 연령대를 대변하는 마케팅을 목표로 삼는데, 그런 점에서 로레알이 세계의 미의 기준에 더 큰 불평등을 반영하는 방식은 눈여겨 볼 만하다.

예를 들어, 로레알의 2015년 컬러 리치 컬렉션 광고에는 존 레전드John Legend가 소형 그랜드 피아노로 〈라비앙 로즈La Vie en Rose〉를 연주하며 등장한다. 레이를 포함한 여러 모델이 점차 그에게 모여들고 이들은 모두 로즈 베이지 색상의 독특한 의상을 입고 있다. 다양성을 보여 주려는 시도에도 불구하고 이러한 광고에서 다루는 피부톤들은 대부분 피부색 스펙트럼의 밝은 쪽 끝에 치우쳐 있어 색차별주의colorism라는 서구의 고질적인 문제에 한몫한다. 게다가 다양한 연령대에 걸쳐 있는 것은 백인 여성으로 한정된다. 해외 출신이나 비백인 배우들은 대부분 상당히 젊은 반면, 헬렌 미렌Helen Mirren(이 광고에는 등장하지 않는다), 제인 폰다Jane Fonda, 그리고 줄리안 무어Julianne Moore와 같은 배우들은 더 넓은 연령대에 걸쳐 백인의 아름다움을 대표한다. 이처럼 이러한 광고들에서 하얀 피부는 암묵적으로 "규범"으로 재확인된다. 그것은 "표시될 필요가 없는" 범주여서 다양성이 허용되는 데 비해 비백인 여성은 세계 아름다움의 "이국적" 버전을 표시하는 상징으로서 제시된다. 다양성을 존중한다는 립서비스가 제공되지만, 백인의 피부는 여전히 매력의 기준으로 안전하게 보호받는 광고에서 여성들은 대부분 흰색이나 검은색처럼 동일한 색상의 옷을 착용해 일종의 획일성을 만들어 내는데, 이는 모델들 개인의 차이를 부각하는 역할을 한다. 이를 통해 알 수 있는 것은 미의 다양성을 존중하는 광고라 할지라도 서구적 미의 한정적인 기준에서 좀처럼 벗어나지 못한다는 것이다. 포용성을 표방함에도 광고에 등장하는 여성들은 모두 극도로 말랐고, 체형이나 몸매가 다양하지도 않다. 이렇게 해서 아름다움에 대한 다양한 관념은 립서비스로 그치고, 하얀 피부의 마른 체형은 아름다움을 판단하는 기준으로 암묵적으로 재확인된다. 예컨대 라이는 녹색 눈을 가졌고, 여성혐오 발리우드 스타처럼 밝은 피부색으로 유명하다. 인도에서 그녀는 로레알의 피부 미백 크림을 홍보하기도 하는데, 이는 그녀가 로레알에서 맡은 활동의 다른 측면으로 서양의 로레알 광고에서는 볼 수 없다.

피부 미백 제품들은 남아시아와 동아시아에서 흔히 볼 수 있으며, 이는 미의 규범이 밝은 피부를 특권화하고 있음을 나타낸다. 밝은 피부는 보편적인 (즉, "백인의") 미의 규범일 뿐만이 아니라 계급적 특권과 부의 상징이기도 하다. 실제로 로레알의 미백 크림 이름은 "화이트 퍼펙트"로, 흰 피부에 부여된 가치를 제품의 이름에서 명시적으로 표현한다. 골디 오수리Goldie Osuri 의 주장처럼,

> 소비자의 선택에 대한 개인주의적인 담론은 흰 피부나 연갈색 피부의 여성들이 인도 문화권의 다양한 문화 형식 아래에서 역사적으로 얼마나 특권을 누려왔는지에 무지할 뿐 아니라 완전히 부인까지 한다. 이러한 문화 형식들은 피부색에 대한 편견과 어두운 피부색에 대한 차별을 보여 준다. (⋯) 발리우드는 피부색이 밝은 여성들을 높이 평가하는 담론적 경향이 구체적으로 드러나는 주요 문화 형식 중 하나다.(2008:114-115)

로레알과 같은 글로벌 마케팅 캠페인에서 레이는 지배적인 미의 기준에 대해 다양성을 대표하지만, 그녀가 매력적이라고 여겨지는 이유가 바로 그녀의 외모가 대다수의 인도인들과 "분리될 수 있기" 때문이라는 점에서 이는 역설에 빠진다(116). '화이트 퍼펙트White Perfect' 광고에 관한 담론 분석은 다음의 사실을 드러낸다.

> 이러한 광고들은 '멜라닌 차단Melanin-Block™'이란 기호로 코드화되어 아시아 여성들의 피부에 대한 생체 의학적인 개입을(…) 강화한다. 로레알의 피부 미백 화장품 광고는 아시아 여성의 신체 및 피부가 생성해 내는 피부 색소 멜라닌을 억제하고 '차단'하는 기술과 백인의 우월성이라는 이데올로기의 지속적인 상호작용을 통해강화된다.(Mire 2010:7-10)

남성 발리우드 스타들의 캐스팅 역시 밝은 피부가 더욱 매력적이고 강력하며 경제적 성공과 관련이 깊다는 생각을 재생산한다. 샤룩 칸Shah Rukh Khan은 '페어 앤 핸썸Fair and Handsome'이 남성용 피부 미백 제품의 광고모델로 활동한다. 2009년 제작된 한 광고에서는 레드카펫 위에서 아름다운 여성들에게 둘러싸여 번쩍이는 플래시 세례를 받는 남자 배우와 피부가 약간 더 어두운 남자가 그 장면을 바라보는 모습이 나온다. 칸은 신체적 이동성/능력 및 부를 상기시키는 다양한 장면들 속에서 연기를 보인다. 칸이 추천하는 크림을 사용한 이후 이번에는 관찰자 자신이 레드카펫에 등장하는데, 아름답고 사랑스러운 여성들에 둘러싸여 있는 그의 피부는 눈에 띄게 하얗게 되어 있다. 이 모든 것은 전 세계적으로 순환하는 스타 텍스트 속에 물질성이 존재한다는 것을 암시한다. 이 스타 텍스트들은 서양의 미적 기준을 재생산 하는 등 중대한 이데올로기적 역할을 수행한다. 게다가 피부로 감싸인 신체들의 순환은 고르지 않다. 칸의 이미지는 국경을 넘어 자유롭게 순환할 수 있고, 퀴어와 이성애자 모두를 포함하는 디아스포라 구성원들에게 호소하며 더 공정한 아름다움의 개념을 고취할 수 있겠지만, 현실에서 그의 신체는 미국에 입국하는데 어려움을 겪으니 말이다.

활동

/

스타를 활용해 인종, 젠더 정체성, 신체 유형의 다양성을 마케팅에 포함하려고 시도하는 최신 광고 캠페인을 찾아보자. 그리고 광고에 대한 기호학적 분석을 수행해 보자. 개별 스타들은 광고가 전달하고자 하는 의미에 어떻게 이바지하는가?

사례 연구

완령옥RUAN LINGYU과 장만옥MAGGIE CHEUNG

/

완령옥(롼링위, Ruan Lingyu, 1910~1935)는 1930년대 중국 영화계를 대표하는 스타 중 하나로 그녀는 종종 중국의 그레타 가르보Greta Garbo 혹은 상하이의 그레타 가르보로 불린다 ([그림 4.16]). 그녀의 짧지만 강렬한 영화 경력은 그녀를 중국에서 전례 없는 스타덤에 오르게 했다. 그녀를 상징하는 대표적인 연기를 담은 영화로는 〈사랑과 의무Love and Duty, Liánài Y yuwù〉(복만창Bu Wancang, 1931, 중국)와 〈신녀The Goddess, Shennǎ〉(오영강Woo Yonggang, 1934, 중국)가 있다. 1935년 그녀는 자살로 생을 마감한 아이 시아Ai Xia라는 배우의 삶을 모티브로 한 〈신여성New Women, Xīn nǚxing〉(채초생Cai Chusheng, 중국)에 출연했다. 이는 삶이 예술을 모방한 사례로, 완령옥은 영화가 개봉된 후 불과 24살의 나이로 자신의 삶을 마감했다. 그녀는 극심한 개인적·직업적 어려움 때문에 스스로 목숨을 끊은 것으로 추정되며, 이는 여성 영화배우들이 중국의 영화산업 내에서 광범위하게 겪던 압박을 말해 준다. 전해진 바에 의하면 그녀의 장례 행렬은 수 마일에 달했다고 하며, 이는 중국 초기 영화사의 결정적인 사건 중 하나로 남아 있다. 그녀의 죽음은 마지막 영화에서 그녀가 연기했던 역할을 불가사의하게 반영한다는 점에서 "미장아빔mise-en-abyme*이 만들어 낸 기묘한uncanny 사건"으로 여겨진다(Yiman Wang 2011 : 250).

〔그림 4.16〕 영화 〈신녀〉에서의 완령옥(오영강, 1934).

　　그녀의 비극적인 삶은 약 60년 후 현대 홍콩 배우 장만옥 Maggie Cheung이 완령옥Ruan역으로 출연한 영화 〈완령옥Center Stage, Ruǎn Líng Yù〉(관금붕Stanley Kwan, 1992, 홍콩)을 통해 영화 적으로 재조명되었다([그림 4.17]). 〈완령옥〉은 전통적인 전기 영화이기보다는 스타의 지위, 영화의 역사, 그 안에서의 여성 의 역할에 관한 다층적인 명상을 보여 준다. 이 영화는 그녀의 사생활과 소실된 필름들에서의 장면을 재현하고, 영화에 출

---

* 미장아빔, 혹은 미자나빔, 시네로망이라고도 한다. 거울 두 개를 마주 보게 두 면 한없이 깊은 공간이 생기는데, 미장아빔은 프레임 안에 프레임이 계속 반복되 는 것에서 온 용어이다. 문학 이론에서는 '심연으로 밀어 넣기'라고도 번역하며 문 학작품이나 기타 예술적 작업에서 이루어지는 자기반성 혹은 자기 성찰의 의미로 주로 사용한다. ─옮긴이.

〔그림 4.17〕영화 〈완령옥〉에서 완령옥을 연기한 장만옥.

연한 배우들, "실제" 완령옥과 함께 작업했거나 그녀에 대해 글을 쓴 사람들과의 인터뷰를 다큐멘터리적 형식으로 담는다. 장만옥은 재연 장면에서 완령옥을 연기할 뿐만 아니라, 완령옥에 대해 다른 사람들과 대화를 나누고 자신과 같은 동시대 영화 여배우에게 그녀의 유산이 어떤 의미인지 이야기하는 등 인터뷰 장면에서는 장만옥 자신으로 등장하기도 한다.

이 모든 상호 텍스트적인 요소들(한 배우가 다른 배우를 연기하는 동시에 그에 관해 말한다)과 더불어, 영화는 (중국) 영화사 내 여러 다른 시대에 걸쳐서 여성 영화의 스타덤이 갖는 압박감과 복잡성에 대한 통찰을 보여 준다. 특히 상하이라는 도시는 완령옥의 삶에서 정치적이고도 개인적인 불안의 장소로서 기능한다. 활기차고 세계적인 이 도시는 당시 일본인들에게 포위되어 있었고, 이제는 공산주의 혁명의 유산을 통해 보여진다. 이러한 역사적 사건들은 그녀의 사생활과 그녀가 맡을 수 있는 배역의 종류에 영향을 미치는 등 그녀의 스타 텍스트를 형성한다. 영화 속 한 장면에서 그녀의 동료 여배우는 일본인에 관해 나눈 부정적인 대화들 때문에 영화가 상영되지 않을 것을 우려하기도 한다. 정치 또한 스타덤이 갖는 현대적 맥락에서 중요한 역할을 수행한다. 〈완령옥〉을 제작할 당시 영국의 보호령이었던 홍콩은 중국 본토의 후원으로 주권 이양을 준비하고 있었다(이것은 1997년에 완료된다). 따라서 완령옥의 상하이, 장만옥과 동료들의 홍콩 사이에는 영화 작업과 스타 텍스트를 구성하는 사회적이고 정치적인 불안정의 측면에서 유사점이 있다.

장만옥의 엄청난 영화적 성공과 풍부한 경력은 그녀를 국제적인 스타덤에 오르게 했다. 실제로 그녀는 왕가위Wong Kar-Wai 감독의 〈화양연화In the Mood for Love〉(2000, 홍콩)와 장이모 Zhang Yimou 감독의 〈영웅Hero〉(2002, China) 등 국제적으로 찬사를 받은 상징적인 영화 다수에 출연해 초국가적 영화 스타로 자리매김했다. 그녀는 또한 프랑스 감독 올리비에 아사야스Olivier Assayas의 〈이마 베프Irma Vep〉(1996, 프랑스)와 〈클린 Clean〉(2004, 프랑스/ 영국/ 캐나다)에 출연했고, 모두 삭제 처리가 되기는 했지만 쿠엔틴 타란티노Quentin Tarantino 감독의 〈바스터즈: 거친 녀석들Inglourious Basterds〉(2009, 미국)에서도 연기했다. 장만옥은 만다린어와 광둥어 외에도 영어와 프랑스어 등 여러 언어를 구사한다. 〈이마 베프〉에서 그녀는 자기 자

(그림 4.18) 〈이마 베프〉를 연기하는 장만옥(올리비에 아사야스, 1996).

신을 연기하는데, 이는 배우의 스타 텍스트가 영화적 서사 자체에 스며드는 또 다른 예다. 이 영화에서 장만옥의 코스모폴리탄적 페르소나는 순수한 국가 영화로서의 프랑스 영화라는 환상에 침입한다. 장만옥은 프랑스 누벨 바그의 잊혀져가는 감독에 의해 프랑스 무성영화 시대의 상징적인 존재 이마 베프 역에 캐스팅된다. 여기서 장만옥의 스타 텍스트는 국가영화, 프랑스다움, 아시아 여성의 신체에 관한 페티시즘, 그리고 영화제작에서 스타의 역할에 관한 질문들과 교차하며, 이는 그녀가 영화 바깥의 현실에서 차지하는 중요성이라는 관점에서 오로지 그녀만이 표현할 수 있는 독특한 방식으로 뒷받침된다. 영화 마케팅에서 홍보한 한 장면은 이것을 시각적으로 잘 드러내 준다. 여기서 그녀는 노트르담 대성당을 배경으로 파리의 한 옥상에 서 있는데, 검은색 라텍스 의상을 입은 장만옥은 성당으로 대표되는 프랑스적 전통의 풍경에 대한 침입자로 포지셔닝된다. 또한 베프로서 그녀가 입은 의상은 매끈하고 현대적이며 어둠을 암시하는 음소거된 배경과 극명한 대조를 이룬다. 하지만 영화가 끝날 무렵, 장만옥은 프랑스적 정체성이라는 성가신 문제들로부터 벗어나 자신의 코스모폴리탄적 페르소나에 충실하기 위해 리들리 스콧 감독을 만나러 미국으로 향하며, 뒤에 남겨진 제작진들은 프랑스 영화의 미래에 대해 고민한다(그녀는 백인 프랑스 배우로 교체된다).

아사야스 감독은 시대를 초월한 장만옥의 매혹적인 스크린 페르소나에 고개를 끄덕이며, 그녀를 "구식old-fashioned 무비 스타의 최신 버전"이라 묘사했다.* 이러한 평가가 암시하는 것은 영화 스타들에게 시대를 초월하는 환상을 만들어 내는 힘이 있으며 그것은 스타 자신이 사라지고 오랜 시간이 지난 후에도 지속된다는 것이다. 하지만 〈이마 베프〉는 그 무시간성이 특정 인종에만 속하는 자질이고, 영화 속 제작진들에게 장만옥의 시간은 아직 오지 않았다는 것 또한 암시한다.

*   Melissa Anderson, "Maggie cheung stiches together eras and selves," www.villagevoice.com/2016/12/07/maggie-cheung-stitches-together-eras-andselves/.

보고 토론하기

〈이마 베프〉

/

1. 이 영화는 프랑스 영화의 문화를 어떻게 묘사하는가? 구체적으로 논의하라.
2. 사운드트랙은 영화의 중심 주제에 추가적인 의미를 덧붙이는가?
3. 초국가적인 스타로서 장만옥은 영화 안에서 어떤 기능을 하는가? 프랑스의 국가 영화에 그녀가 상징하는 것은 무엇인가? 여기서 스타의 기능은 무엇인가?
4. 영화에서 장만옥의 복장/의상은 어떤 역할을 하는가?
5. 비달이 만든 〈이마 베프〉에 대해 어떻게 생각하는가?(이 단편 영화는 영화의 끝부분에 나온다.)

남성성과 스타덤: 하야카와 세슈부터 홍콩 액션 스타까지

4장은 주로 여성 스타들에 초점을 맞추지만, 남성의 스타 텍스트 역시 문화와 시대에 따라 인종과 민족, 젠더와 욕망의 정치가 어떻게 변하는지에 대해 많은 것을 알려준다. 초기의 초국가적 스타 중 하나라고 할 수 있는 일본 무성영화 시대의 배우 하야카와 세슈Sessue Hayakawa는 무성영화 시대의 스타 시스템이 부상

(그림 4.19) 영화 〈사기꾼〉에서의 하야카와 세슈(세실 B. 드밀, 1916).

하는 동안 미국 여성들에게 대표적인 섹스 심볼로 받아들여졌다 (Miyao, 2007). 하야카와는 세실 비 드밀Cecil B. DeMille의 1916년 영화 〈사기꾼The Cheat〉(미국)을 통해 스타덤에 등극했는데, 그가 이 영화에서 연기한 토리Tori 역은 백인 여성 에디스Edith에게 그 녀의 몸에 대한 대가로 돈을 빌려주는 '동양풍' 물건 딜러다([그 림 4.19]). 에디스가 그에게 돈을 갚고 계약을 파기하려고 하자, 토리는 자신이 수입하는 아시아 상품들을 표시하기 위해 사용했 던 상표로 그녀에게 낙인을 찍는다. 이에 에디스는 정당방위로 그를 쏘았고, 재판에서 토리는 화가 난 백인 남성들에 의해 기습 을 당한다.

　하야카와가 강렬한 존재감으로 씬스틸링을 했다는 평이 쏟 아졌고, 여성들은 그의 사악하고 위협적인 캐릭터에 열광했다.

미야오 다이스케Daisuke Miyao에 따르면, 이는 디자인과 도자기에 대한 일본인들의 집착이 이른바 "황색 위험yellow peril", 즉 일본이 군사 및 경제 강국으로 부상해 서구를 위협할 것이라는 담론과 공존했던 역사적인 순간이었다(32). 일본은 교양과 세련됨, 원시성과 전근대성을 동시에 지닌 역설적인 곳으로 여겨졌으며, 일본의 팽창에 대한 두려움은 일본인 이민자들에 대한 미국인의 태도에도 영향을 미쳤다. 황색 위험과 일본인의 세련됨에 대한 이러한 담론은(둘 다 동아시아 오리엔탈리즘orientalism의 양상을 나타낸다.) 〈사기꾼〉에서 하야카와가 보여 준 퍼포먼스에서 한데 모였다. 오리엔탈리즘은 "동양"을 억압과 성적 허용의 장소이자 "서양"과 대비되는 여성화되고 이국적인 공간으로 묘사하는 담론 및 시각적 재현의 역사를 의미한다. 이와 대조적으로 서양은 암묵적으로 합리적이고 정의로우며, 도덕적으로 바르고 문명화 되어 있는 우월한 곳으로 여겨진다. 일본인 남성을 부정적으로 표현한 배역을 연기했다는 이유로 하야카와는 일본에서 배신자로 여겨졌고 영화는 일본에서 개봉되지 못했다. 또한 일본계 미국인들은 이 영화와 일본인에 대한 하야카와의 왜곡된 표현을 반대하는 캠페인을 시작했으며, 이를 영화 개봉 당시 일어났던 인종차별적 공격들과 연결시켰다. 대중들의 요구로 1918년 영화가 재개봉되었을 때는 일본인들의 반발backlash을 의식해 그의 국적이 버마로 바뀌어 상영되었다. 하야카와는 초국가적인 스타 텍스트가 더 큰 문화적·지정학적 담론에 의해 형성됨을 보여 주는 모범적인 사례일 뿐 아니라, 매우 성적으로 수용된 스타 텍스트로도 유명하다. 동양계 남성성에 대한 현대 서양의 담론은 아시아인과 아시아계 미국인 스타들을 여성화시키거나 탈성애화하는 경향이 있지만, 전성기 하야카와는 미국의 위대한 섹스 심볼이었다.

홍콩의 많은 액션 스타는 미국 내 경력을 쌓으면서 자신이 탈성애화된 역할에서 벗어나기 힘들다는 사실을 발견했다. 홍콩 영화는 이소룡Bruce Lee부터 성룡Jackie Chan, 이연걸Jet Li에 이르기까지 할리우드 영화에 성공적으로 진출한 스타들을 많이 배출했다. 그들은 할리우드로 옮겨간 뒤 자신에게 열려 있는 기회가 극도로 제한되어 있다는 것을 알게 된다. 성룡은 코메디와 육체적 무모함을 결합해 경력을 쌓았고, 주윤발Chow Yun-Fat은 할리우드에서 가능한 역할이 제한적이어서 중국에서의 경력에 더 집중했다(그는 성룡과 이연걸처럼 훈련된 무술가가 아니다). 마지막으로 이연걸은 자신의 무예 기술을 발휘할 수 있는 배역 위주로 연기했고, 연기 범위나 캐릭터의 내면은 덜 중요하게 취급되었다. 사브리나 기용 유Sabrina Qiong Yu가 주장하듯이, 서양에서 이연걸은 (그는 중국 본토 출신의 유일한 "홍콩" 액션 스타였다) 주로 악당, 살인자, 어린애 같은 이미지로 표현되었다. 그가 가장 호평을 받은 연기는 무자비한 악당으로 아시아인의 유해함에 관한 고정관념을 확인하는 역할이었다(2012). 유는 다음과 같이 쓴다.

> 서구의 비평들은 중국 스타들이 서양에서 받아들여지기 위해서는 서양의 기대에 부응해야만 한다는 것을 보여 준다. 이는 "문화적 번역cultural translation"의 논리, 즉, 동서양의 교류에서 항상 비서구 사람들이 서양의 기준과 모델을 따르기를 요구하지

만 그 반대는 아니라는 것을 확증한다.(123)

성룡과 이연걸 같은 스타들의 성공은 여성화되고 소극적인 아시아 남성이라는 서구적 고정관념에 대한 중대한 도전이자, 중국 남성들의 몸을 "재남성화remasculinizing"시킨 것이라고도 볼 수 있다. 동시에 이러한 액션 스타들에 관한 서구의 스타 텍스트들은 아시아 남성들의 섹슈얼리티를 거부하면서 탈성애화하는 경향이 있다. 예를 들어, 주윤발은 홍콩의 프로덕션에서는 로맨틱한 주연으로 활약한 경력이 있지만, 세계적으로 알려진 것은 오우삼John Woo 감독의 영화에서 갱스터 역할을 맡으면서다. 하지만 서구의 프로덕션에서 그가 맡은 역할은 로맨틱한 전개가

〔그림 4.20〕〈로미오 머스트 다이〉에서의 이연걸과 알리야(안드레이 바르코비악, 2000).

거의 없는 틀에 박힌 아시안 악당이나 액션 역할에 국한되었다. 이연걸은 〈로미오 머스트 다이Romeo Must Die〉(안드레이 바르코비악Andrzej Bartkowiak, 2000, 미국)의 알리야Aaliyah나 〈키스 오브 드래곤Kiss of the Dragon〉(크리스 나혼Chris Nahon, 2001, 프랑스)의 브리짓 폰다Bridget Fonda 등 타인종 주연과 함께 출연한 서양 영화들에서 풍부한 로맨스를 보여 주지 못했다. 이는 그 자체로 부정적인 것은 아니지만, 백인 남성들이 연기하는 액션 히어로들에게 로맨스가 중요한 관심사이거나 최소한 격렬한 정사 장면이 필수 요소인 것과는 분명 대조적이라는 점에서 주목할 만하다. 따라서 성적 성향과 능력에 관한 인종적 고정관념과 그것을 유발하는 더 큰 문화적 맥락에 비추어 이러한 역할상의 한계를 고찰하는 것이 필요하다고 하겠다.

　이 장에서 살펴본 바와 같이 스타의 몸은 민족, 국적, 인종, 계급 등의 요소들과 교차하면서 젠더를 둘러싼 문화적 가치와 편견들을 드러내고 때로는 변화시키기도 하는 등 복잡한 방식으로 순환하는 텍스트다.

토론을 위한 질문들

/

1. 우리는 스타들을 연구함으로써 무엇을 배울 수 있는가?
2. 스타들을 텍스트로서 연구하는 데 사용되는 방법에는 무엇이 있는가?
3. 교차성이 스타들을 연구하는 데 유용한 개념인 이유는 무엇인

가? 교차적 접근법이 특히 빛을 발하는 현대 스타의 예를 생각
해 볼 수 있는가?

4. 초국가적인 스타들의 순환은 불균등한 세계화 과정, 그리고/혹
은 더 큰 지정학적 불평등을 어떻게 반영하는가?

5. 전략적 이국주의strategic exoticism란 무엇인가? 이것이 현대의
스타 텍스트에서 작동하는 것을 볼 수 있는가?

핵심 용어

/

#블랙페이스 #셀러브리티 #카리스마 #색차별주의 #접촉
지역 #국제적 스타 #교차성 페미니즘 #오리엔탈리즘 #스타
#스타 텍스트 #전략적 이국주의 #구조화된 다의성 #초국가
적인 스타들 #열대주의 #백인 #화이트워싱 #옐로페이스

5장.
다큐멘터리:
지역의 현실, (초)국가적 시각

영화제작의 한 방식으로서 다큐멘터리는 전 세계적으로 여성들의 이야기를 전달하는 최전선에 있어 왔으며, 여성 감독들이 지속적으로 작가적 목소리를 낼 수 있는 중요한 영역이기도 했다. 폴라 라비노비츠Paula Rabinowitz는 다음과 같이 주장한다. "다큐멘터리는 심미적인 대상인 동시에 기록 보관의 대상으로서 공적인 영역과 사적인 영역, 개인적 영역과 정치적 영역 사이에서 순환한다. 부분적으로 허구이고 부분적으로 진실인 다큐멘터리는 토대인 동시에 상부구조이며, 경제적 실천인 동시에 문화적 형식이라 할 수 있다"(1994: 6). 즉 다큐멘터리는 예술적 대상인 동시에 현실을 기록하려는 시도다. 그것은 자신이 속한 보다 더 큰 정치 경제 체제를 (직접적으로 혹은 간접적으로) 전달하고 묘사하는

데 적극적으로 투여된 예술 형식이다. 또한 다큐멘터리는 페미니즘의 정치적·지적 기획에서 중심이 되어 왔던 재현, 진실, 기억에 대해 핵심 질문들을 제기한다. 5장은 '타자들'의 재현에 있어서의 정치, 그리고 다큐멘터리의 재현에 있어 권력과 지식의 불가분성이 초래하는 정치를 둘러싼 질문들을 비판적으로 따져볼 것이다. 우리는 또한 시적인 방식, 실험, '곁에서 말하기speaking nearby' 등이 페미니즘 다큐멘터리와 어떠한 관계를 맺는지, 여성들이 지배적인 담론과 권력의 불평등에 도전하기 위해 어떻게 다큐멘터리 형식을 이용했는지 살펴볼 것이다.

다큐멘터리 영화제작의 정치에 대한 탐구에서 라비노비츠는 "젠더는 다큐멘터리의 수사학rhetoric에서 중심적인 범주지만, 누가 어떤 지위를 언제 점유하는지가 언제나 명백한 것은 아니기 때문에 무시되거나 억압되고 저항받을 때가 많다"(6)라고 말한다. 이러한 주장은 1973년 켄터키Kentucky에서 발생한 탄광 광부들의 파업을 기록한 바버라 코플Barbara Kopple의 획기적인 다큐멘터리 〈미국, 할란 카운티Harlan County〉(1976, 미국)에서 확인할 수 있다. 이 영화에서 탄광 광부들은 대체로 남자들이지만, 그들의 부인과 다른 여성 가족 구성원들도 시위와 파업자들의 사기 진작에 중요한 역할을 하며 그날그날의 실행 계획에서 능동적인 것으로 보인다(이는 1장에서 논의한 1954년의 서사영화 〈대지의 소금Salt of the Earth〉을 떠올리게 한다). 영화에서 여성들의 활동은 명시적으로 젠더 정치와 사회 계급이 교차하는 지점에 주목하게 하는데, 여기서 가난은 보다 나은 삶을 위한 투쟁에서 남성과 여성을 결속시키는 동시에 여성이 처해 있는 이중 억압을 드

[그림 5.1] 〈미국, 할란 카운티〉(바버라 코플, 1976)에서 파업 중인 여성들.

러내기도 한다. 여성들은 젠더와 계급 양자에 걸쳐 억압받기 때
문이다.

　뉴욕의 클럽들에서 '보깅vogueing' 경연에 참가한 유색 퀴
어 남성들의 하위문화에 관한 다큐멘터리인 제니 리빙스턴Jenny
Livingston의 〈파리가 불타고 있다Paris Is Burning〉(1990, 미국)에서는
이와는 약간 다른 방식으로 젠더와 섹슈얼리티가 결정적인 역할
을 한다('보깅'은 마돈나Madonna가 자신의 노래 〈보그Vogue〉(1990)
와 데이빗 핀처David Fincher 연출의 뮤직비디오를 통해 널리 알린 댄
스 스타일이다). 리빙스턴의 다큐멘터리는 소외된 집단에 가시
성을 부여하기도 했지만 "일종의 교육적 접근을 채택한 것에 대
해서는 몇몇 집단으로부터 비판받기도 했다"(할버스탐Halberstam,
1999: 126). 영화의 시선이 대상화하는 것인지 아니면 힘을 실어

주는 것인지를 둘러싼 논쟁은 다큐멘터리를 진보 정치의 선험적인 도구 혹은 대상화를 피할 수 없는 재현 양태 중 어느 한쪽으로만 자리매김하는 것이 지닌 어려움을 보여 준다.

 이어지는 절에서 우리는 젠더와 관련된 쟁점들이 어떻게 많은 사회 참여 다큐멘터리들의 중심에 있어 왔는지 살펴볼 것이다. 이 다큐멘터리들이 명백하게 페미니즘을 표방했는지 여부와 별개로 말이다. 전기적·자전적·실험적 형식 등 여성 다큐멘터리 제작자들의 작업 범주들을 개관한 후에, 다큐멘터리 윤리의 문제, 무엇이 '실제적real'인 것인지에 대한 문제제기, 그리고 마지막으로 초국가적 페미니즘 다큐멘터리에 대해 검토할 것이다.

페미니즘과 정치적 다큐멘터리

다큐멘터리는 영화와 사회적 정의 간 상호작용의 중심에 있음에도 불구하고, 서사적 극영화에 비해 학술적이거나 비평적인 관심을 적게 받아 왔다. 이는 부분적으로는 서사영화가 주류 영화에서 차지하는 비중과 예술적 지위가 높다는 점에 기인한 것이다. 그러나 다큐멘터리 영화제작의 문화적 중요성은 최근 좀 더 증가했는데, 이는 아마도 2004년에 마이클 무어Michael Moore가 〈화씨 9/11Fahrenheit 9/11〉(미국)로 칸에서 황금종려상을 받은 것을 통해 가장 잘 예증될 것이다. 이 작품은 그러한 성과를 거둔 첫 번째이자 (여전히) 유일한 다큐멘터리다. 마찬가지로 1960년대에 발생한 인도네시아에서의 학살의 여파를 다룬 조슈아 오펜

하이머Joshua Oppenheimer의 〈액트 오브 킬링The Act of Killing〉(2012, 영국/덴마크)과 〈침묵의 시선The Look of Silence〉(2015, 덴마크/인도네시아)은 지난 십 년간 비평적으로 가장 큰 찬사를 받은 사회정의 영화 중 두 편으로 꼽힌다. 사회 변화를 위한 중요한 매개체로서 다큐멘터리는, 젠더, 섹슈얼리티, 인종, 계급, 민족 혹은 정체성의 다른 범주들 중 어떤 것에 기초한 것이든 간에, 체계적 차별에 맞서기 위해 페미니즘 정치 및 상호 연관된 투쟁들을 위한 매체로서 활용되었다. 여성 다큐멘터리 제작자로는 로라 포이트러스Laura Poitras가 최근 몇 년간 정치 다큐멘터리로 주류의 인정을 받았으며, 특히 미국 국가안보국NSA의 내부고발자인 에드워드 스노든Edward Snowden을 다룬 〈시티즌포Citizenfour〉(2014, 미국)로 아카데미 장편 다큐멘터리 영화상을 수상하기도 했다. 이처럼 **정치 다큐멘터리**는 21세기 다큐멘터리 제작에서 지배적인 경향이 되었고, 다큐멘터리 영화가 주류의 인정과 명성을 얻는 계기가 되었다고 추정할 수 있다. 라비노비츠는 정치 다큐멘터리가 "성, 계급, 인종, 젠더의 차이들을 다루며, 객관성을 보여 주기보다는 특정 입장을 옹호함으로써 진실과 이데올로기의 관계를 재구성해 역사에 위치한 관객을 구성해 낸다"(7)고 말한다. 즉, 정치 다큐멘터리는 관객이 스크린 위에 제시되는 불평등과 이슈에 관심을 갖고 적극적으로 입장을 취할 것을 노골적으로 요구한다. 이들은 어느 한 쟁점에 대한 '객관적' 설명을 제시하기보다는, 자신들의 당파적 입장을 전면에 내세워 관객의 정치화와 입장 표명을 명시적으로 장려한다. 이러한 맥락에서 제한 누젬Jehane Noujaim의 〈광장Al midan〉(2013, 영국/이집트)은 2011년 이후 이집

〔그림 5.2〕〈광장〉(제한 누젬, 2013).

트를 뒤덮었던 정치적 위기를 둘러싼 사건들을 면밀히 들여다보
고, 민주적 변화를 위해 싸우는 시민들의 노력 중 하나로 카이로
의 타흐리르Tahrir 광장을 급습하는 시위자들에 초점을 맞춘다.
쿠웨이트, 카이로, 보스턴에서 자란 이집트계 미국인 영화제작
자 누젬은 시위에 관한 영화를 만들기 위해 카이로로 돌아왔다.
그녀의 다큐멘터리는 뒤이은 폭력 사태를 기록하면서 지역 활동
가들과 그들이 감내한 희생에 친밀한 시선을 던진다. 동시에 영
화는 무슬림 형제단Muslim Brotherhood을 비우호적으로 묘사해 이
집트의 정치적 분열을 해결하기 위한 방법을 제시하기보다는 분
열을 부추기는 것처럼 보인다는 비판을 받기도 했다.* 이러한

* Max Fisher, "*The Square* is a beautiful documentary. But its politics are dangerous," (www.

논란은 여전히 현재진행형인 사건으로 정치 다큐멘터리를 제작하는 것이 얼마나 어려운지를 보여 준다. 현장 상황의 복잡성 때문에 포괄적이고 윤리적으로 타당한 서사를 제공하기가 불가능할 때가 많기 때문이다.

포스트식민과 탈식민의 틀을 통해 밝혀진, 여전히 지속되는 식민주의의 고통스러운 유산들과 관련해 우리는 다큐멘터리가 사회 변화를 추구하는 명백한 정치적 수단으로 발전해 온 과정을 추적해 볼 수 있다. 선언문 〈제3영화를 향하여Toward a Third Cinema〉(1970: 108)에서 옥타비오 게티노Octavio Getino와 페르난도 솔라나스Fernando Solanas는 정치 다큐멘터리를 언급하며 **제3영화** 혹은 '탈식민 영화'라는 개념을 사용한다. 게티노와 솔라나스는 할리우드로 구체화된 신식민적neocolonial 제1영화에 스며들어 있는 환상과 환영phantoms을 비판하면서 다음과 같이 주장한다. "혁명의 영화는 파괴와 건설의 영화다. 신식민주의가 그 자신과 우리에 대해 만들어 낸 이미지들을 파괴하고 그 모든 표현에서 진실을 탈환하기 위해, 약동하는 살아 있는 현실을 건설하는 것이다"(123). 쇼하트Shohat와 스탐Stam이 "전후 유럽 제국의 붕괴와 제3세계 독립 국가의 출현으로 시작된 영화의 대항적 말하기counter-telling"(1994: 248)라고 언급했던 것처럼, 그들의 네 시간짜리 다큐멘터리 〈불타는 시간의 연대기The Hour of the Furnaces〉(1968, 아르헨티나)는 혁명적 제3영화의 한 사례이자, **제3세계주**

washingpost.com/news/worldviews/wp/2014/01/17/the-dangerously-one-sided-politics-of-oscar-nominated-documentary-the-square/).

〔그림 5.3〕〈불타는 시간의 연대기〉(옥타비오 게티노 & 페르난도 솔라나스, 1968).

의 영화Third Worldist Cinema의 한 사례다. 〈불타는 시간의 연대기〉
는 초국가적 맥락에서 서구의 제국주의적 신식민주의가 행사하
는 지배에 대한 가차 없는 묘사로서, 아르헨티나, 동유럽, 미국
등 세계 곳곳에서 벌어지는, 상호 연관되어 있는 억압의 이야기
를 전달한다. 이 영화는 영화를 반식민 투쟁의 무기로 사용해야
한다는 게티노와 솔라나스의 주장을 담은 도발적인 정치적 동원
령이며, 혁명적 논설이다.

　　제3영화는 지정학적 경계들을 많이 허물어 왔지만, 다른 한
편으로는 그러한 반식민적 영화제작이 대체로 남성 작가들의
손에 머물러 있고 반식민 투쟁에서 여성들의 역할을 생략하거
나 축소할 때가 있다는 비판을 받았다. 이에 란자나 칸나Ranjana

Khanna는 **제4영화**라는 개념, "탈식민의 여성 영화"(1998: 24)를 제안한다.

> 이는 카메라가 곧 무기인 게릴라 영화를 딛고 나아가 누에고치 속 혁명의 영화가 된다. 여기서 국가의 탄생이라는 은유는 여성성의 부정으로 억압되지 않고, 영화는 혁명하는 여성들에게 목소리와 침묵, 이미지를 부여할 수 있게 되며, 낯설게 여겨졌던 것들uncanny은 스크린 위에서 구체적인 모습을 갖는다.(26)

여기서 칸나는 페미니즘의 정치적 기획을 탈식민적 실천과 연계할 것을 제안한다. 두 실천의 연계는 함축적이라기보다는 명시적이며, 이는 여성의 평등권이 탈식민 투쟁에 종속된 것이 아니라 본질적으로 연결되어 있다는 것을 단도직입적으로 보여주는 것이다.

5장의 뒷부분에서 보다 자세히 논의하게 될 영화제작자 겸 이론가 트린 민-하Trinh T. Minh-ha 또한 혁명 투쟁에서 젠더 재현이 갖는 불균형을 지적한다. 그녀에 따르면 "사회적 지향을 가진 영화제작자는 따라서 (여기, 전적으로 남성적인 발성의 맥락에서) 전능한 목소리 부여자voice-giver이며, 의미 생산에서 권위를 갖는 그들의 지위는 도전받지 않고 사명의 올바름에 의해 능숙하게 가려진 채 유지된다"(1991: 36). 제3영화를 비롯한 운동들은 사라 말도로르Sarah Maldoror, 사라 고메즈Sara Gomez, 아시아 제바르 Assia Djebar(칸지나 칸나는 아시아 제바르의 영화 〈슈누아산 여인들의 누바*The Nouba of the Women of Mount Chenoua〉(1976, 알제리)를 제

4영화의 한 사례로 든다)와 같은 여성 영화제작들에게 영향을 미쳤다. 그들은 "1960년대와 1970년대 포스트식민주의 해방 영화와 제3영화에 참여한 전설적인 여성들"이었다(화이트White 2015: 172). 그러나 그들의 작업은 탈식민 운동의 '전능한 목소리 부여자'로 계속해서 목소리를 내는 남성 영화인들에 가려져 있거나, 비교적 덜 두드러지는 실정이다.

정치 다큐멘터리는 페미니스트 다큐멘터리 제작자들이 제작한 다양한 다큐멘터리 작품들의 한 부분집합일 뿐이다. 다음 절에서 우리는 회고memoir로부터 민족지ethnography에까지 걸쳐 있는 다큐멘터리의 시적이고 표현적인 사용을 살펴볼 것이다. 정치 다큐멘터리와 개인적 다큐멘터리의 경계는 실제로는 그다지 명확하지 않다. 개인적인 것이 곧 정치적인 것이라는 페미니즘의 진언mantra을 통해 접근했을 때, 개인적 다큐멘터리는 그 자체로 정치적 조우의 장소로 읽힐 수 있다. 다양한 양상과 형식들, 주제들을 통해 다큐멘터리는 페미니즘 영화제작의 중심이자 가장 복잡한 현장 중 하나임을 입증해 왔다. 다큐멘터리는 정체성, 저자성, 객관성, 영화에서의 스토리텔링의 윤리 등에 관한 뿌리 깊은 가정에 도전하며, 때로는 (의도치 않게) 기존의 권력의 위계들을 되풀이하기도 한다. 그런 점에서 다큐멘터리는 명백히 개인적인 내용을 다루거나 엄밀한 의미에서의 '현실' 개념에 이의를 제기할 때에도, 어쩌면 그럴 때 특히 더 서사영화에 비해 본질적으로 좀 더 정치적이라고 간주될 수 있다.

---

* 북아프리카 마그레브Maghreb 지역 전통 음악의 한 종류다.ㅡ옮긴이.

젠더, 역사, 다큐멘터리

초기 여성 영화 선구자 중 일부는 다큐멘터리 영화제작자였다. 이 목록에는 테레지 체르벤코바(Terezie Červenková, 체코슬로바키아), 아드리아나와 돌로레스 엘러스 자매(Adriana & Dolores Ehlers, 멕시코와 미국), 이자벨/ 필리스/ 폴레트 맥도나(Isabel, Phyllis and Paulette McDonagh, 호주), 율리야 솔른트세바(Yuliya Solntseva*, 러시아), 에스피르 슙(Esfir Shub, 러시아), 카르멘 토스카노 에스코베도(Carmen Toscano Escobedo, 멕시코), 엘레나 산체스 발렌수엘라(Elena Sánchez Valenzuela, 멕시코), 구드룬 비에링 파커(Gudrun Bjerring Parker, 캐나다), 민족지적 영화제작자들인 오사 존슨Osa Johnson/ 마거릿 미드Margaret Mead/ 조라 닐 허스턴Zora Neale Hurston(이 셋은 모두 미국인이다), 로라 볼튼(Laura Boulton, 미국/캐나다) 등이 있으며, 이들 중 일부는 1장에서도 거론했다.** 초기 영화에서 다큐멘터리 형식이 유행했던 것은 부분적으로는 신흥 테크놀로지로서 영화가 갖던 지위에 기인했다. 초기 영화에서 서사영화와 다큐멘터리 영화 사이의 구분은 오늘날 이해되는 바처럼 선명하지 않았다. '실제 삶'을 묘사할 때조차도, 영화가 움직임을 담아내는 것이 언제나 부분적으로는 환상

---

* 원문에는 'Solnstseva'로 표기되어 있으나, 본 번역문에서는 다른 문헌들에 적힌 대로 'Solntseva'로 수정 표기했다.—옮긴이.

** 더 많은 이름을 찾기 원한다면, 그리고 이 영화제작자들에 대한 정보를 원한다면 다음 웹사이트를 볼 것. 여성 영화 선구자들 기획Women Film Pioneers Project: https://wfpp. cdrs.columbia.edu/.

적인 것으로 여겨졌기 때문이다.

　20세기에 들어서면서 영화제작의 한 양태로서 다큐멘터리는 점차 **뉴스영화**newsreel와 **선전**propaganda**영화**와의 밀접한 연관 속에서 발전했다. 레니 리펜슈탈Leni Riefenstahl은 이러한 전통에서 형식적으로 가장 혁신적인 다큐멘터리 영화제작자들 중 한 명이었다. 그녀의 대표 업적은 나치 독일의 영화적 선언문인 〈의지의 승리Triumph of the Will〉(1935, 독일)와 〈올림피아Olympia〉(1938, 독일)다. 그녀의 작업은 기록을 진실 혹은 윤리적 객관성과 동일시할 수 없으며, 여성의 영화제작이 반드시 정치적으로 진보적인 것은 아니라는 것을 보여 준다. 다큐멘터리 제작자로서 리펜슈탈은 권력이나 지위를 암시하고 사물들에 생기를 불어넣기 위해 하이앵글과 로우앵글, 트래킹 카메라tracking cameras, 항공 숏, 수중 숏처럼 혁신적인 기법과 숏 성을 많이 채택했다. 리펜슈탈은 또한 편집의 대가였다. 그녀는 해설자나 보이스오버 내레이션voiceover narration과 같은 전통적인 뉴스영화 다큐멘터리 기법에 의존하지 않고 디졸브dissolve와 같은 기법을 사용해 주제에 의미를 불어넣었다. 그녀의 작업은 국제적으로 인정받았다. 〈의지의 승리〉는 1935년에 베니스 영화제에서 그랑프리를, 1937년에 파리 국제 박람회에서 최우수상을 수상했다. 이 영화를 위해 리펜슈탈은 서른여섯 명의 카메라 기사와 조수들을 포함 172명으로 구성된 제작팀을 꾸렸다. 그녀의 영화가 혁신적인 이유는 언어적 단서가 아니라 이미지의 힘에 의지해 이야기를 전달했기 때문이다. 이것은 그녀의 영화가 이데올로기적으로 그토록 위험한 이유이기도 하다. 영화는 분명한 서사가 없는 것

처럼 보였기 때문에 쉽게 '진실truth'로 받아들여졌다. 리펜슈탈
이 현실을 단지 기록하기만 했던 것처럼 보였던 것이다. 그러나
이 현실은 그녀가 촬영과 편집을 통해 조작해 낸 현실이었다. 연
출되지 않은 듯한 영화의 외양은 아리아인Aryan의 우월함과 지
도자로서 히틀러의 위대함에 대한 영화 속 메시지의 구성적 본
성을 정확히 짚어 내기 훨씬 더 어렵게 만들었다. 예를 들어, 관
객에게 히틀러가 신과 같다고 직접적으로 말하지는 않지만, 그
가 연설하는 무대 주변을 따라 움직이는 로우앵글의 숏들은 그
에게 생기를 부여했고, 그가 실제보다 과장된 중요성을 띤 사람
으로 보이게 했다. 히틀러와 끝없는 군중 사이의 컷은 무의식적
으로 지도자를 대중들의 의지에 연결시켜 그의 통치가 신에 의
해 예정된 것으로 보이게끔 한다. 101살까지 산 리펜슈탈이 뮐러
에게 직접 의뢰해 찍은 다큐멘터리 〈레니 리펜슈탈의 경이롭고
끔찍한 삶The Wonderful Horrible Life of Leni Riefenstahl〉(레이 뮐러Ray
Müller, 1993, 독일)에서 그녀는 〈의지의 승리〉에 등장하는 뉘른베
르크Nuremberg에서의 집회의 경우 단순히 사건을 기록한 것일 뿐
이라고 주장한다. 보이스오버와 같은 기법을 사용해 스크린상의
이미지를 어떻게 생각해야 하는지 알려주는 것이 아니라 관객
이 스스로 판단하기를 원했기 때문에, 자신은 프로파간다를 만
든 것이 아니라는 것이다. 이와 더불어 그녀는 미학과 정치의 분
리를 주장하고, 다큐멘터리의 시각적이고 형식적인 요소들이 그
자체로는 이데올로기적 메시지를 담을 수 없다는, 문제가 될 만
한 생각을 내비친다. 스스로를 그 무엇보다도 예술가로 간주하
는 그녀는 사건들을 심미적 차원에서 재현했을 뿐, 작품의 정치

〔그림 5.4〕작업 중인 레니 리펜슈탈. 〈레니 리펜슈탈의 경이롭고 끔찍한 삶〉(레이 뮐러Ray Müller, 1993)으로부터.

성에는 관심이 없었다고 주장한다. 여성 영화의 선구자인 동시에 전례 없는 규모로 행해진 대량 살상에 책임이 있는 정권을 지지하고 정당화한 영화제작자라는 점에서 리펜슈탈은 페미니즘 영화사가 다루기에 까다로운 인물이다. 일반적인 영화사, 특히 페미니즘 영화 연구는 그녀의 불편한 위치를 유의미하게 다루기 위해 쉽지 않은 노력을 기울여야 했다. 아래 윤리에 관한 절에서 우리는 그녀가 다룬 주제들과 관련해 다큐멘터리 제작자의 윤리와 책임에 관한 질문으로 돌아올 것이다.

여성 영화제작자들이 극영화를 만들 기회를 얻기 어려웠던 반면, 많은 영화 평론가와 학자는 다큐멘터리 분야에서 여성 제작자들이 지속적으로 강세를 보여 왔다는 것에 동의한다.

2008년에 멜리사 실버스타인Melissa Silverstein이 관찰한 바에 따르면, "정확한 수치를 알지는 못하지만, 놀랍게도 다큐멘터리 커뮤니티에 속하는 전문가 대부분은 적어도 전체 감독의 50%가 여성 감독이라고 믿는다."* 실버스타인은 이것이 부분적으로는 다큐멘터리의 적은 제작비 때문이라고 보는데, 이는 또한 영화 산업에서 다큐멘터리 영화가 차지하는 지위가 낮다는 인식에 기여하기도 했다. 다큐멘터리가 퀴어와 트랜스젠더 관련 주제들을 앞장서서 다루어 온 것도 이 때문일 수 있다. 앞서 언급한 〈파리가 불타고 있다〉를 비롯해, 〈아이들을 선택하기Choosing Children〉(데브라 체이스노프Debra Chasnoff & 킴 클라우스너Kim Klausner, 1985, 미국), 〈공통된 맥락: 퀼트 이야기들Common Threads: Stories from the Quilt〉(1990, 미국)과 〈셀룰로이드 벽장The Celluloid Closet〉(1995, 프랑스/영국)(두 편 모두 롭 엡스타인Rob Epstein과 제프리 프리드먼Jeffrey Friedman에 의해 연출), 〈서던 컴포트Southern Comfort**〉(케이트 데이비스Kate Davis, 2001, 미국), 〈사랑에 빠진 통치Tongzhi in Love〉(루비 양Ruby Yang, 2008, 미국), 〈무화과 나무Fig Trees〉(존 그레이슨John Greyson, 2009, 캐나다), 〈쿠추라고 불러 줘Call Me Kuchu〉(캐서린 페어팩스 라이트Katherine Fairfax Wright & 말리카 주할리-워랠Malika Zouhali-Worrall, 2012, 미국/우간다), 〈전염병으로부터 살아남는 법How to Survive a Plague〉(데이비드 프랜스

---

* Melissa Silverstein, "The success of women documentary filmmakers," www.alternet.org/story/88642/the_success_of_women_documentary_filmmakers.
** '서던 컴포트 컨퍼런스Southern Comfort Conference'는 1991년 이후로 매년 개최된 대규모 트랜스젠더 회의이다.—옮긴이.

David France, 2012, 미국), 〈그 비.트.That B.E.A.T.〉(앱틴 바게리Abteen
Bagheri, 2012, 미국/영국) 등이 그 예다.

파키스탄의 사비하 수마르Sabiha Sumar, 대만의 초우 메일링
Chou Zero, 일본의 카와세 나오미Kawase Naomi를 포함해 주목할 만
한 많은 여성 영화제작자는 인지도를 얻기 전 다큐멘터리에서
경력을 쌓고 차후에 극영화로 전환했다. 헝가리의 마르타 메자
로스Márta Mészáros는 1968년 자신의 서사 장편영화 데뷔작인 〈소
녀Eltavozott nap〉(헝가리)를 만들기 전, 1950년대와 1960년대에 걸
쳐 정치적 메시지를 담은 다수의 다큐멘터리를 만들었다. 그러
나 그녀의 극영화, 특히 〈일기Diary〉 시리즈는 아카이브 영상과
연출된 영상 모두에 걸쳐 다큐멘터리 영상을 활용하며 "다큐멘
터리와 허구의 경계를 횡단하고 재-횡단한다."(커닝햄Cunningham
2004: 163) 캐서린 포르투지스Catherine Portuges는 다음과 같이 말
한다. "[메자로스의] 영화 경력이 갖는 궤적은, 역사에 의해 구성
되는 만큼이나 역사를 만들어 나가고자 노력하는 주체이기도
한 개인을 묘사하기 위해 개인적인 것을 정치적인 것에 연결하
는 그녀의 개념적이고 시각적인 능력을 분명히 보여 준다"(2004:
191). 예를 들어, 〈나의 아이들을 위한 일기Napló gyermekeimnek〉
(1984, 헝가리)에서 메자로스는 헝가리에서는 스탈린주의 철권
억압의 시기였던 1947년과 1953년 사이를 배경으로 자국의 정
치 상황에 환멸을 느끼는 어린 소녀 율리Juli를 중심으로 이야기
를 전개한다. 영화에는 율리가 영화관에서 보게 되는 스탈린에
관한 선전영화의 푸티지footage처럼 다큐멘터리 영상이 자주 등
장한다. 메자로스의 영화가 이러한 푸티지에 관해 명시적인 해

(그림 5.5) 허구가 다큐멘터리의 현실보다 더 현실적임을 드러내는 시퀀스. 〈나의 아이들을 위한 일기〉 (마르타 메자로스, 1984).

설을 제공하는 것은 아니지만, 율리의 얼굴에는 다큐멘터리 영화의 프로파간다적 사용에 대한 영화의 정치적 입장이 분명하게 반영되어 있다. 선전영화는 흠모하는 눈길로 스탈린과 레닌의 초상화를 바라보는 아이들을 보여 준다. 장면이 전환되어 다시 율리의 얼굴이 나타나고, 다큐멘터리 속 아이들의 흠모하는 얼굴과 율리의 심각하고 무료한 표정의 병치는 다큐멘터리 푸티지가 엄밀한 의미에서의 실제 현실을 거의 재현하지 못한다는 것을 뚜렷하게 보여 준다.

활동

/

다음 질문을 중심으로 토론을 진행해 보자.

리펜슈탈과 같은 영화제작자는 영화 형식에서 패러다임을 바꿨다고 할 수 있는 성취를 이뤘지만, 그것은 학살을 자행한 파시즘 정치 체제를 위해 사용되었다. 그녀의 업적을 마음 편히 인정할 수 있는가?

개인적인 것과 정치적인 것이 맺는 복잡한 관계는 특히 여성들의 다큐멘터리 영화제작의 여러 측면에서 중요성을 지닌다. 하나는 앞서 다룬 바와 같이 영화제작자들의 자전적 이야기를 다큐멘터리에 삽입하는 것이다. 다른 하나는 타인의 개인적 이야기를 정치화하거나 역사에서 흔히 잊히는 사람들의 내밀한 경험을 통해 규모가 큰 역사적 사건을 전달하는 것이다. 이러한 접근은 공식적인 역사를 지배하는 거대 서사에 맞서 다른 역사들을 가시화하는 정치적 개입이자 몸짓으로 보일 수 있다. 다큐멘터리에 대한 그와 같은 접근법은 샹탈 애커만Chantal Akerman의 〈동쪽으로부터D'Est〉(1993, 벨기에)에서 확인할 수 있다. 이 다큐멘터리는 소비에트 연합의 해체를 둘러싼 극적인 사건을 극적이지 않은 스틸 카메라로 평범한 사람들의 일상을 조용하고 내밀하게 묘사하며 그려낸다. 영화는 부엌 창문을 통해 바라본 거리, 붐비는 길모퉁이나 황폐한 시골 교차로의 스틸 숏, 보도를 걸어

〔그림 5.6〕〈동쪽으로부터〉(샹탈 애커만, 1993).

내려가는 나이든 여인을 따라가는 트래킹 숏 등 일상의 느린 롱
테이크들로 구성된다. 여기에는 어떠한 논평이나 대화도 없다.
인물들은 묵묵히 일상적 일들을 수행하며 삶을 이어 나갈 뿐이
다. 다큐멘터리의 촬영 시기(동유럽 공산주의의 붕괴 직후 몇 년)
를 보면 역사적 격변의 시기를 다루고 있음을 알 수 있지만, 작품
이 묘사하는 삶은 결코 그렇지 않다. 이러한 스타일상의 선택을
통해 애커만은 '격변'으로 인식되는 거대한 역사적 변화의 맥락
에서조차 나날의 삶은 평범한 질서 속에서 흘러감을 보여 준다.
길게 지속되는 고요한 숏 속 인물들은 말하지 않은 채, 부엌 식탁
이나 거실 소파 등 일상의 공간에서 카메라를 응시한다. 그들은
말없이 카메라를 마주함으로써 관객이 자신들의 이야기를 상상
하고 그 공백을 채울 수 있게 한다.

영화의 DVD에 수록된 에세이에서 애커만은 "픽션에 가까운 나만의 다큐멘터리 스타일"에 대해 언급하면서, 다큐멘터리를 만들었던 시기가 의심의 여지없이 중요했음에도 "체제의 붕괴나 다른 체제로 진입할 때의 어려움을 보여 주려 하지 않을 것"이라고 말한다. 왜냐하면 "구하려 하는 자는 찾을 것이고, 너무나 잘 찾을 것이지만, 끝내 선입견으로 시야가 흐려질 것이기 때문이다". 여기서 애커만은 사회주의권 동유럽이라는 '제2세계'에 접근할 때 자신의 편견이 의도치 않게 영향을 미칠 수도 있음을 적극적으로 인식하며, 그리하여 이렇게 거대한 역사적 정치적 변화를 담은 다큐멘터리를 만들기 위해 누구나 쉽게 예상할 수 있는 경로를 따르지 않는 것이다. 이 기획에 착수한 또 하나의 이유는 개인적인 것이다. 애커만은 벨기에에서 성장했지만, 그녀의 부모들은 폴란드에서 온 홀로코스트의 생존자들이었다. 개인적인 것을 정치적인 것과 연결시키면서 그녀는 다음과 같이 강조한다. "개인적인 이유들이 있더라도, 나는 '나의 뿌리로 돌아가는' 종류의 영화를 만들고 싶지는 않다. 왜냐하면 내가 말했듯이 구하는 자는 구하는 것을 찾게 될 것이고, 너무나 잘 찾게 될 것이지만, 찾기 위해 너무 많이 조작하게 될 것이기 때문이다." 여기서 다시 정치적인 것과 개인적인 것이 수렴하는데, 그 중심에는 정치적인 거대 서사나 자신의 뿌리를 (재)발견하는 틀에 박힌 개인적 이야기의 함정을 피하고자 하는 영화제작자의 의식적인 노력이 있다. 페미니즘 다큐멘터리에서 개인적인 것과 정치적인 것의 수렴에 대해서는 자전적 다큐멘터리에 관한 절에서 보다 자세히 논의하게 될 것이다.

> **활동**
>
> /
>
> 여러분의 개인적인 삶에서 중요한 한 여성에 관한 다큐멘터리를 만들 수 있다면, 그것은 누가 될 것이며 어떤 기법을 활용할 것인가? 주제에 대한 개인적 투여와 객관성이라는 쟁점은 어떻게 처리할 것인가? 여러분의 구상, 취하고 싶은 접근법과 그 이유를 설명하는 간략한 비디오 에세이를 만들어 보라.

여성의 삶을 기록하기

전기biographical 다큐멘터리 영화는 서사영화가 역사적 정의를 행할 수 없는 곳에서 회복적인 대항서사counter-narrative의 역할을 할 수 있다. 예를 들어 리즈 가버스Liz Garbus의 〈무슨 일인가요, 미스 시몬?What Happened, Miss Simone?〉(2015, 미국)은 전설적인 가수이자 활동가인 니나 시몬Nina Simone에 관한 통찰력 있고 도발적인 다큐멘터리인데, 이 영화는 미국에 만연한 인종차별과 피부색 차별에 반대하는 이 가수의 거침없는 정치적 견해들을 특히 강조한다. 영화가 개봉되고 불과 몇 달 후, 시몬에 관한 서사영화인 신시아 모트Cynthia Mort의 〈니나Nina〉(2016, 미국)가 논란을 일으켰다. 지나치게 단순화되고 부정확한 묘사와 피부색이 밝은 여배우 조이 살다나Zoe Saldana가 시몬을 연기했다는 사실 때문이었

〔그림 5.7〕〈무슨 일인가요, 미스 시몬?〉(리즈 가버스, 2015)에서 니나 시몬과 〈니나〉(신시아 모트, 2016)에서 니나 시몬을 연기한 조이 살다나.

다. 살다나는 배역을 위해 피부를 검게 만든 것처럼 보이는데, 이는 블랙페이스blackface*라는 문제 많았던 관행을 떠올리게 한다. 그리하여 이 서사영화는 우려스럽게도 니나 시몬 자신이 반대했던 흑인 여성성에 대한 피부색 차별의 이중적 잣대에 기여한 셈이 되었다. 서사영화가 시몬의 유산을 이어받는 것에 실패한 바로 그 지점에서 〈무슨 일인가요, 미스 시몬?〉은 (아카이브의 푸티지들을 통해) 가수가 자기만의 방식으로 말하도록 했으며, 무엇보다도 시몬을 그처럼 강렬한 인물로 만든 복잡한 주체성의 느낌을 살려내는 등 회복적인 역할을 수행했다.

실제로 많은 다큐멘터리 영화가 여성들의 역사나 현대 문화의 주목할 만한 인물들에 대해 회복 전기reparative biography의 역할을 하고자 했다. 예를 들어 경력 대부분을 할리우드 영화의 틀에 박힌 역할에 만족하며 보내야 했던 중국계 미국인 여배우에 관

---

* 흑인이 아닌 배우가 흑인을 연기하기 위해 하는 분장. 1830년대부터 영국과 미국 등지에서 유행하기 시작했으나, 20세기 중반 미국 흑인 인권운동의 영향으로 금지되었다.—옮긴이.

한 〈애나 메이 웡: 그녀 자신의 언어로Anna May Wong: In Her Own Words〉(유나 홍Yunah Hong, 2011, 미국), 예술가 마야 린에 관한 프리다 리 모크Frieda Lee Mock의 〈마야 린: 강하고 뚜렷한 통찰Maya Lin: A Strong Clear Vision〉(1994, 미국), 학자이자 페미니즘의 아이콘인 아니타 힐에 관한 〈아니타Anita〉(2013, 미국) 등이 있다. 그리고 〈수잔 손탁에 관하여Regarding Susan Sontag〉(낸시 케이츠Nancy Kates, 2014, 미국)나 〈에이미Amy〉(아시프 카파디아Asif Kapadia, 2015, 영국)와 같은 영화들이 잘 알려졌지만 오해를 받아온 유명 인사들의 친숙하지 않은 면을 드러낸다면, 〈비비안 마이어를 찾아서Finding Vivian Maier〉(존 말루프/찰리 시스켈John Maloof/Charlie Siskel, 2013, 미국)와 같은 다큐멘터리는 평생 보모로 일하면서 취미로 거리 사진을 찍어 온 지금까지 알려지지 않은 여성을 소개한다. 마이어의 사후에야 현상하지 않은 수천 장의 네거티브 사진들이 발견되면서 그녀가 놀라운 예술가임이 드러났지만, 그녀 생전에 그녀의 작업을 본 사람은 아무도 없었다. 다큐멘터리는 그녀의 여러 자화상 사진을 포함해 그녀가 집요하게 찍어 왔던 사진들과 미완성 작품들로 마이어의 삶의 이야기를 재구성해 마이어를 당대의 가장 재능 있는 사진가 중 한 명으로 자리매김하는 회복적인 원고의 역할을 한다. 이처럼 다큐멘터리 영화는 이미 잘 알려져 있지만 단순한 이야기로 축소되거나 지배적인 역사 서술에서 간과되어 온 여성들을 다루며, 그들의 복잡성과 여성 역사의 숨겨진 기록들을 전달하는 중요한 매체다.

활동

/

여성 인물에 관한 전기 다큐멘터리를 보고 그 내용이 페미니즘적이라고 볼 수 있는지 토론해 보자. 잘 알려진 인물을 다루는 경우, 영화는 그녀에 관한 선입견에 도전하는가? 잘 알려지지 않은 인물이라면, 영화는 그녀의 중요성을 어떻게 입증하는가? 영화는 역사에서의 공백을 다루거나 혹은 역사적 기록에서 제외되었던 인물에게 목소리를 부여하는가?

개인적인 것, 정치적인 것, 자전적인 것: 다큐멘터리 형식을 실험하기

다큐멘터리의 양식들 중에서 실험 다큐멘터리는 다큐멘터리와 허구, 실험적 시학의 경계에 도전하는 특히 매력적인 영화제작 형식이다(6장을 참조할 것). 개인적 이야기를 전달하기 위해(혹은 그에 대해 이의를 제기하기 위해) 형식적 실험을 사용하는 다큐멘터리 영화제작의 하위 장르로는 **자전적**autobiographical **다큐멘터리**를 들 수 있다. 실제로 자전적 작품만큼 여성성과 페미니스트에 대해 뚜렷이 초점을 맞추는 경우는 어디에도 없다. 이러한 작업들에서 여성 다큐멘터리 제작자들은 자신의 삶과 내밀한 가족사에 관련된 지극히 개인적이고 종종 고통스러운 이야기들을 파고

들어간다. 짐 레인(Jim Lane, 2002)은 자전적 다큐멘터리가 1960
년대의 다이렉트 시네마direct cinema에 대한 반작용으로 생겨났다
고 주장한다. 나중에 논의되는 바대로, 다이렉트 시네마는 감독
이 영화에 담는 사건에 영향을 미치지 않고 기록하기만 하는 비
개입의 방침을 채택하는데, 자전적 다큐멘터리는 이와 상반된
자세를 취한다. 자전적 다큐멘터리는 영화제작자가 현실을 묘사
하는 접근 방식에 개인적 성향들과 주관적 틀을 적극적으로 삽
입한다. 그리하여 자전적 다큐멘터리는 영화제작자를 자신의 대
상 인물들로부터 선명하게 분리하는 것이 가능한지 질문하고,
객관성이라는 개념 전반에 이의를 제기한다.

　자전적 영화를 만드는 여성들은 개인적인 것이 곧 정치적인
것이라는 페미니즘의 신조를 적극 활용한다(에렌스Erens, 1988).
자전적 영화의 사례로는 미셸 시트론Michelle Citron의 〈처녀생식
Parthenogenesis〉(1975, 미국)과 〈딸이 되는 절차Daughter Rite〉(1979,
미국), 애멀리 로젠펠드 로스차일드Amalie Rosenfeld Rothschild의 〈나
나, 엄마, 그리고 나Nana, Mom and Me〉(1974, 미국), 조이스 초프라
Joyce Chopra의 〈34세의 조이스(Joyce at 34)〉(1974, 미국) 등을 들 수
있다. 이 영화제작자들이 자전적 다큐멘터리로 전환한 것은 "의
미심장하게도 제2세대 페미니즘의 역사적 발생과 일치한다"(레
인Lane 2002: 146). 시트론 자신이 주장하기를, 영화제작자와 관
객의 관계에 대한 페미니즘적 탐구는 자전적 영화에서 특히 잘
수행되는데, 왜냐하면 "자전적 행위를 통해 개인적인 것이 문화
적인 것으로 옮겨가고, 사적인 것이 사회적인 것으로 되기 때문
이다"(1999: 271). 오늘날의 여성 다큐멘터리 제작자들은 자전적

영화의 전통을 이어가며, 그 사례로 사라 폴리Sarah Polley의 〈우리가 전하는 이야기들Stories We Tell〉(2012, 캐나다), 알렉스 시셸Alex Sichel의 〈나와 같은 여성A Woman Like Me〉(2015, 미국), 커스틴 존슨Kirsten Johnson의 〈카메라를 든 사람Cameraperson〉(2016, 미국, 1장 또한 볼 것), 페트라 에펄라인Petra Epperlein의 〈칼 마르크스 도시Karl Marx City〉(마이클 터커Michael Tucker와 공동연출, 2016, 독일), 샹탈 애커만의 〈노 홈 무비No Home Movie〉(2015, 벨기에) 등이 있다.

　　주체와 객체 사이의 관계를 모호하게 만드는 스토리텔링의 한 형태로서 자서전은 페미니즘정치 기획에 적합하다. 시트론이 지적하듯이, "자전적 행위는 여성을 비롯해 전통적으로 발언권과 공론장이 부족했던 모든 사람에게 역사적으로 중요한 의미를 지닌다"(272). 게다가 자서전은 "우리가 의식적으로, 그리고 무의식적으로 아는 것에 목소리를 부여함으로써 더 많은 진정성을 부여하기 때문에"(282) 하나의 역설이기도 하다. 그리고 객체이자 주체인 자기 자신에게 초점을 맞춤으로써 자서전은 잠정적인 방식으로나마 객관성, 진실, 현실에 관한 윤리적 딜레마들을 해결한다. 그렇기에 자전적 다큐멘터리는 리얼리즘적 재현 형식에 기대기보다는 장르들을 뒤섞고, 사실과 허구의 경계를 흐리게 만들며, 재연과 연기를 통해 기억의 신뢰할 수 없음에 주목하도록 하고, 선형적으로 완결된 이야기보다는 결론 없는 시선으로 가족사를 다루는 경우가 많다. 다음의 두 사례 연구는 자전적이고 실험적인 다큐멘터리 양식에서 개인적인 것과 정치적인 것의 교차를 탐구할 수 있는 기회를 제공한다.

사례 연구

〈크리스타 찾기Finding Christa〉(카밀 빌롭스Camille Billops와 제임스
해치James Hatch, 1991, 미국)에서 모성과 가족사 기록하기

/

많은 페미니즘 사상가가 주장했던 것처럼, 모성은 대중문화
에서 전파되고 소비되는 여성의 이미지 중 가장 엄격하게 관
리되는 범주다. 좋은 어머니 대 나쁜 어머니라는 문화적 표식
은 보통 인격적 특성과 행위에 있어 윤리적인 것 대 비윤리적
인 것을 명백히 지시한다. 서사영화와 다큐멘터리 영화 모두
에서 어머니는 인종, 민족, 섹슈얼리티, 사회 계급에 관한 규
범적 이해로부터 형성된 시선을 피하기 어렵다.

카밀 빌롭스와 그녀의 파트너 제임스 해치의 다큐멘터리
〈크리스타 찾기〉는 자녀를 입양 보내는 어머니의 회한, 상실,
죄책감 등 입양 자서전 장르의 표준적 전형에 이의를 제기하
는 영화다. 이 자전적 다큐멘터리에서 빌롭스는 딸 크리스타
가 네 살이었을 때 입양을 보내기로 결정한 이야기와, 20년 후
이제는 어른이 된 딸과의 재회를 그려낸다. 〈크리스타 찾기〉
는 자신이 낳은 아이의 어머니가 되지 않기로 선택한 흑인 여
성을 심판하지 않는 태도로 표현한다. 이러한 태도는 일반적
인 주류 입양 서사 및 아프리카계 미국인 어머니들에 대한 지
배적인 묘사와는 근본적인 차이를 보이며, 이를 통해 〈크리스
타 찾기〉는 흑인 모성의 병적인 이미지에 대한 신랄하고도 드
문 대항-이미지의 사례가 된다(흑인 여성을 통제하는 이미지에

대해 좀 더 알고 싶다면, 힐 콜린스Hill Collins, 2000를 볼 것). 디야나 옐라차Dijana Jelača가 지적하듯이(2013), 이 다큐멘터리는 자신의 아이를 포기한 친어머니라는 터부시되는 사안을 조명함으로써 가족 트라우마와 입양, 정체성의 구성에 대한 정서적 반응을 검토한다. 이를 통해 영화는 전통적으로 여성, 특히 인종과 젠더라는 이중 구속을 겪는 유색인종 여성의 주체성을 제한해 온 모성, 가족, 가정 공간, 결혼, 이성애 관계 등에 관한 문화적 담론들을 다룬다. 〈크리스타 찾기〉는 여성이 자신의 힘들었던 과거를 이해하고 그 과거를 (때로는 고의적으로 모순적인 방식으로) 적극 활용해 현재와 협상하는 방식에 관한 강력한 대항서사를 제공한다.

빌롭스가 자신의 생물학적 딸인 크리스타 빅토리아Christa Victoria를 포기하고 입양 보낸 후 수년이 지나 그녀와 다시 연결되는 이야기를 중심으로 〈크리스타 찾기〉는 기억의 모순적이고 주관적인 작용이 어떤 기제를 통해 진정한 가족사, 또는 객관적 가족사라는 개념을 전복시킬 수 있는지 통찰을 제공한다. 빌롭스가 임신을 하자 약혼자는 그녀를 떠나고 미혼모 빌롭스는 크리스타가 네 살이 되자 그녀를 입양 보내고 예술에 전념하기로 결정했다. 20년 후 크리스타는 생모에게 연락을 취하고, 이 첫 번째 연락을 계기로 빌롭스는 어머니를 찾는 크라스타의 이야기와 어머니로서의 정체성을 다시 찾는 자신의 이야기를 담아 다큐멘터리를 만들기로 결심한다. 객관적 기록이 갖는 한계를 탐구하는 〈크리스타 찾기〉는 여러 목소리를 덧입혀 사건에 대한 견해가 일관된 전체로 합쳐지지 않음

〔그림 5.8〕 빌롭스의 딸인 크리스타가 아기였을 때 〈크리스타 찾기〉, (카밀 빌롭스, 1991).

을 보여 주며, 가족의 과거에 대한 영화 자신의 설명들이 갖는 유효성에 대해 반복적으로 질문한다. 부단한 자기 질문이라는 이 메타 언어는 영화가 다큐멘터리 장르의 리얼리즘적 기초를 허구화해 불안정하게 만드는 도구로 재연과 꿈 시퀀스를 사용함으로써 더욱 강조된다.

　〈크리스타 찾기〉에서 내레이터의 신뢰성 문제에 대한 답은 열린 결말로 끝난다. 영화가 시작되고 끝날 때, 그리고 중간중간 크리스타의 목소리가 보이스오버되지만, 딸의 형체 없는 목소리가 그녀를 권위 있는 내레이터로 표시한다고 단정할 수는 없다. 반대로 크리스타는 영화에 등장하는 많은 사건(특히 크리스타를 포기한 후부터 그녀와 재회하기까지의 빌롭스의 삶)에서 함께하지 않았기 때문에, 그녀는 그것들을 자신의 경험으로 서술할 수 없다. 집요하게 등장하는 크리스타의 보이스오버는 자신이 체험한 적 없는 사건들에 대해 대리 기억을 제공받음을 상기시키는 역할을 한다. 어떤 의미에서 크리스타의 형체 없는 목소리는 형체를 갖춘 정체성을 향한 그녀의 불안한 탐색을 보여 준다. 이 정체성은 그녀를 낳아준 어머니와 생물학적 가족의 역사에 그녀를 연결해 줄 것이다(이 추적에 대해 크리스타의 양어머니 마거릿Margaret은 딸이 마음의 평화를 찾는 데 본질적인 것이라 암시한다).

이 영화는 가족이 단순히 사적인 것이 아니며, 더 큰 사회 구조들로부터 결코 독립적이지 않다는 것을 보여 준다. 사회 구조는 인종, 젠더, 계급 등의 범주를 통해 가능성과 주체성을 제한한다. 빌롭스는 입양이라는 모티프를 중심으로 가족의 형성(특히 흑인 가족 형성)에 영향을 미치는 더 큰 구조를 탐구함으로써 가족을 젠더, 계급, 인종에 따라 분열된 불평등 체계에 의존하는 고도로 논쟁적인 실체로서 드러내며, 이를 통해 가족을 철저히 탈자연화한다.

영화에서 빌롭스는 다음과 같이 말한다.

내가 한 일은 분명 사람들이 용납하지 못하는 것이었다. 사람들은 여자가 어떻게든 인생을 바꿔 보려고 하는 걸 용납하지 않는다. 거기다 남자까지 떠나 버리면 (⋯) 다들 잘 알 것이다. 지금은 이것이 페미니즘적 발언임을 안다. 하지만 27살에는 그렇지 않았다.

여기서 빌롭스가 강력하게 시사하는 바는, 그녀가 크리스타를 저 버리기로 결정했을 때 자신의 행위를 합리화하거나 변호해 줄 페미니즘의 틀을 갖지 못했다는 것이다. 수년이 지난 후 사정이 달라졌지만, 당시에는 여성의 선택에 대한 문화 담론에서 그런 것은 아예 존재하지 않았다. 어머니와 자녀의 관계를 탈자연화하고 아이 대신 자기 자신을 선택한 것에 대해 전혀 변명하지 않으면서, 빌롭스는 아이에 대한 모성애라는 구속적인 터부의 매끄러운 표면을 깨뜨리는 작업을 한다.

〈크리스타 찾기〉의 다큐멘터리 스타일은 서사영화, 그리고 가끔은 퍼포먼스 예술 및 연극의 요소들과 교차한다. 이러한 혼종성은 가족 내 역할의 수행적 성격뿐만 아니라 객관적으로 묘사된 완결된 이야기를 전달할 수 있는 다큐멘터리의 (무)능력이라는 관념 또한 지시한다. 기억의 (비)신빙성이라는 화두와 관련해 다큐멘터리 장르는 종종 사건들의 리얼리즘적이고 객관적인 초상을 제시한다고 이야기된다. 〈크리스타 찾기〉는 자전적 다큐멘터리로 분류되지만 다큐멘터리의 여러 관습을 적극적으로 해체하기도 한다. 관습적인 다큐멘터리 영화 제작에서 발언자는 대부분 깔끔하고 신뢰할 수 있는 진실한 서사를 구성하는 역할을 맡는다. 이는 결국 영화제작자의 주관적인 측면뿐 아니라 대담자의 주관적 측면들, 해당 사건을 해석하는 저자성을 가리는 역할을 한다. 〈크리스타 찾기〉는 바로 이 지점에서 다큐멘터리의 규범으로부터 벗어난다. 이 영화는 저자의 주관성을 결코 숨기지 않고, 주어진 사건들을 전달하는 중심적인 구성 장치로 항상 중심에 내세운다.

보고 토론하기
〈크리스타 찾기〉

/

1. 영화가 모성을 다룸에 있어 가장 도발적인 요소는 무엇인가?

2. 영화는 생물학적 어머니와 입양 어머니의 역할을 어떻게 서로 다르게 구성하는가?

3. 영화에서 인종은 어떤 위치에 놓여 있는가? 그것은 명시적으로 다루어지는가?

4. 거의 역설적이라고 할 수 있을 정도로, 〈크리스타 찾기〉의 가장 진심 어린 감동의 순간들은 극화된, 어쩌면 허구일 수 있는 재연에서 비롯된다. 이 재연들은 진실, 기억, 객관성과 같은 개념들에게 어떤 문제를 일으킬 수 있는가?

5. 좀 더 일반적인 차원에서, 특히 〈소중한precious〉(리 다니엘스Lee Daniels, 2009, 미국)과 같은 극영화에서 흑인 모성이 어떻게 재현되는지 생각해 보자. 어떤 부정적 고정관념들을 발견할 수 있는가? 〈크리스타 찾기〉와 같은 영화는 인종에 관한 이러한 부정적 고정관념에 어떻게 도전하는가?

사례 연구

야스밀라 주바니치Jasmila Žbanić의
두 영화에서 여성들의 고통을 기록하기

/

야스밀라 주바니치는 최근 동유럽에서 가장 인지도가 높은 여성 영화제작자 중 하나이다. 그녀의 영화들은 특히 전쟁과 전후의 현실이 초래하는 불안정한 변화들이라는 렌즈를 통해 사회에서 여성이 차지하는 역할을 일관되게 다룬다. 그녀의 조국 보스니아-헤르체고비나에서 전쟁이 끝나고 몇 년 후, 주바니치는 다큐멘터리 작업을 통해 사회적·정치적 격변의 시기에 발생한 여성들의 알려지지 않은 내밀한 상실을 명확하게 표현하고자 했다. 그녀의 다큐멘터리들은 집단적인 것보다는 사적인 것을 선택한다. 그녀가 묘사하는 여성들의 이야기는 보다 광범위한 경향들을 드러내기도 하지만, 항상 확고하게 지역적이고 특수한 맥락의 복잡성에 기반을 두기 때문이다.

단편 다큐멘터리 〈붉은색 고무장화Red Rubber Boots〉(2000, 보스니아-헤르체고비나)에서 주바니치는 전쟁 중에 납치되어 살해된 어린 두 자녀의 유골을 찾는 야스나 PJasna P.의 노력을 따라간다. 다큐멘터리는 무덤을 파헤쳐 흩어진 유해를 수습하는 사람들의 영상과 자신의 경험에 관해 보이스오버로 이야기하는 야스나의 얼굴 클로즈업을 함께 보여 줌으로써 전쟁 사망자와 실종자의 수치적인 통계 뒤에 숨은 인간의 이야기와 내밀한 비극을 통렬하게 전달한다. 어머니는 꿈에서도 아이들을 만날 수 없다는 이야기를 한다. 잠을 자는 동안에도 그녀는 아이들의 부재를 알고, 그들을 찾으려 애쓰는 꿈을 꾸기 때문이다. 한 시퀀스에서 야스나는 사라진 아이들의 사진을 말없이 보여 준다. 아이들이 이미 죽었다는 것을 아는 어머니의 유일한 목표는 그들의 유해를 찾아 이 상황을 마무리 짓고 장례식을 치러 본격적인 애도 작업을 시작하는 것이다. 영화 제목에 등장하는 붉은색 고무장화는 여인의 네 살 된 아들이 끌려가던 당시 신던 장화다. 그녀는 사람들이 매장되어 있는 곳 어딘가에서 아들의 장화를 찾을 수 있길 바라는데 그것이 아들의 유해도 거기 있다는 증거가 될 것이기 때문이다. 아이의 끔찍한 죽음을 확인하기 위해 붉은색 고무장화처럼 평범한 물건을 찾아내는 것이 그토록 중요하다는 사실은 영화의 이루 말할 수 없는 비극적 분위기를 강조한다. 영화가 끝날 때까지도 야스나 P는 여전히 유해를 찾고 있으며, 그리하여 애도를 시작할 수도 없다. 수색에 실패할 때마다 야스나는 아이들을 다시 잃어 버리는 것처럼 보인다. 그녀의 낙담한 얼굴에서 고스란히 드러나는 것처럼 말이다. 선정적이지 않은 절제된 방식으로, 영화는 시신정치necropolitics가 초래한 불가능한 상실을 탐구한다. 시신정치의 개념에 따르면, "주권의 궁극적인 표현은 상당 부분 누가 살 수 있고 누가 죽어야만 하는지를 결정하는 권력과 지위 속에 있다"(음벰베Mbembe, 2003: 11). 영화에서 궁극적인 권력은 삶과 죽음의 너머까지 확장되며, 애도할 수 있는 자는 누구인지, 누구의 삶과 죽음을 인정하거

[그림 5.9]〈붉은색 고무장화〉(야스밀라 주바니치, 2000)에 등장하는 한 어머니의 비통함.

나 인정하지 않을지 규정한다. 그런 의미에서 구유고슬라비아 지역에서의 충돌 이후 민족적·국가적 분열과 희생자의 정치화를 부추기는 지역의 시신정치에 대해 주바니치의 영화는 핵심적 개입이라 할 수 있다.

다른 단편 다큐멘터리 〈모퉁이의 이미지들Images From the Corner〉(2003, 보스니아-헤르체고비나)에서 주바니치는 전쟁 중 사라예보 포위 공격을 둘러싸고 벌어진 고통스러운 일화를 재구성한다. 당시의 폭격으로 그녀의 학교 친구 중 하나가 심각한 부상을 입는다. 영화에서 내레이션을 맡은 주바니치는 수류탄이 떨어진 길모퉁이에서 다쳐 쓰러져 있던 친구의 사진을 어떤 외국인 기자가 찍었던 것, 그리고 이 사진이 전시 사라예보 시민들의 참상을 잘 묘사한 것으로 국제적으로 알려져 상을 받게 되었던 것을 회상한다. 주바니치는 다큐멘터리에서 그 사진을 보여 주는 대신, 부상당한 여성의 고통을 사진으로 남기는 것이 그녀의 고통을 영구화하는 것은 아닌지, 그 고통의 순간에 사진을 찍었다는 것은 부상당한 소녀를 돕기 위해 아무것도 하지 않았다는 것을 의미하는 것은 아닌지 알고 싶어 한다. 가슴 아픈 한 장면에서는 주바니치의 스틸 사진 카메라의 렌즈가 사건이 일어났던 텅 빈 모퉁이에 놓여 있고, 필름 두 롤(그 기자가 촬영한 것으로 알려진 사진의 장수)이 사용되는 소리가 들린다. 이 시퀀스를 통해 주바니치는 사진을 촬영하는 데 걸린 시간, 다시 말해 중상을 입고 누워 있는 소녀의 고통이 그것으로 상을 받게 될 서양인 기자의 렌즈 앞에 놓이는 시간을 직관적으로 보여 준다. 주바니치는 구조보다 기록을 우선시한 기자의 행위를 비인도적인 것이라고 비난한다. 이 영화는 또한 서구의 미디어가 '먼 곳에서의' 분쟁을 다룰 때 고통의 스펙터클에 초점을 맞추는 것에 대한 비난이기도 하다.

보고 토론하기

〈붉은색 고무장화〉와 〈모퉁이의 이미지들〉

/

1. 두 영화는 다이렉트 시네마, 자전 영화, 여성 전기, 정치 다큐멘터리, 초국가적 페미니즘 다큐멘터리 중 어떤 다큐멘터리 전통에 속한다고 생각하는가?

2. 두 영화는 이러한 다양한 다큐멘터리 영화제작 방식을 어떻게 혼합하는가?

3. 부재라는 개념은 이 두 영화에 어떤 형상을 부여하는가? 이것 이 정신적 외상을 초래할 정도의 역사적 사건들을 기록하는 것 에 관해 시사하는 바는 무엇인가?

4. 3번 질문을 바탕으로 주바니치가 수류탄 공격 이후 찍힌 친구 의 유명한 사진을 보여 주지 않기로 한 것의 효과는 무엇인가? 현실에 대한 다큐멘터리의 접근과 관련해 그것은 무엇을 의미 하는가?

자신이 기록하는 공동체에 주바니치가 일원으로 속해 있다는 사실은 영화의 내용이나 형식에 어떤 영향을 미치는가? 이를 통해 영화는 더 객관적이 되는가, 덜 객관적이 되는가?

페미니즘 다큐멘터리의 윤리: 현실을 기록하는 것의 한계점들

이 책을 읽는 바로 지금, 당신은 어디에 있는가? 만약 누군가가 다큐멘터리를 만들기 위해 공부하는 당신을 촬영한다면, 당신의 행동이나 심리 상태는 어떻게 변할 것인가? 그것이 당신의 행동 도 변화시키게 될까? 당신의 자기 인식을 높이게 될까? 만약 그 다큐멘터리가 대학에서 다큐멘터리 윤리를 가르치는 것의 어려 움에 관한 것이라면, 당신은 어떻게 행동하게 될까? 이제 그 영 화가 공부할 때의 정보 기억과 신체 언어의 관계를 다룬다고 상상해 보라. 이것이 촬영되는 자신을 바라보는 방식을 바꿀 것인 가? 다큐멘터리 제작자와 촬영 장비는 그들이 필름에 담으려 하 는 현실을 필연적으로 변화시킬 수밖에 없는 변수들이다. 여러 분은 이 사고실험에서 촬영되는 것을 의식하는 것이 독서하는 당신의 '객관적' 현실을 바꾸리라 생각하는가?

처음부터 다큐멘터리에는 객관적 재현의 성취 가능성을 둘 러싼 질문들이 뒤따랐다. 이것은 아마도 **민족지적 영화**에서 가장 명확하게 드러날 것이다. 여기서 다큐멘터리 제작자는 이질적이 거나 친숙한 문화를 (필름에 담음으로써) 연구하는 객관적인 연 구자, 따라서 연구되는 삶의 방식에 간섭하지 않는 관찰자의 지 위를 갖는다. 그러나 최초의 민족지적 영화들 중 하나인 〈북극의 나누크Nanook of the North〉(로버트 플래허티Robert Flaherty, 1922, 미 국)는 이누이트인들Inuit*의 생활상 중 많은 부분을 연출해서 카 메라에 담은 것으로 악명 높다. 플래허티는 영화의 주인공 이름 을 나누크로 바꾸고, 그의 아내 역할로 자신의 이누이트 연인을 캐스팅했다. 그는 '나누크'에게 축음기와 같은 첨단 기술을 처음 보는 것처럼 연기하도록 요청했다. 이 영화는 시대에 따라 변화 하는 삶의 방식에 대한 중요한 기록으로 여전히 평가받지만, 그 것은 고도로 조작된 것이었다. 이러한 진실/허구라는 쟁점에 더 해, 〈나누크〉는 또한 다큐멘터리에 내재하는 권력의 역학, 특히 특권화된 서구 관객을 대상으로 하는 영화에서 소외된 공동체나

* 북미, 그린란드의 에스키모. 혹은 캐나다에서 에스키모를 지칭하는 공식 명칭이다.— 옮긴이.

경제적·지리적으로 취약한 상황에 처한 사람들을 다룰 때 나타
나는 권력 역학에 관한 문제를 제기한다. 페미니즘 다큐멘터리
의 작업과 이론 역시 다큐멘터리 영화가 얼마나 현실을 포착할
수 있는지, 타자를 바라보고 재현하는 것에 내재된 정치적 함의
는 무엇인지 등의 문제와 본질적으로 연결되어 있다.

　　명백하게 정치적인 영화제작 형식으로 1960년대에 급성장
한 다이렉트 시네마와 시네마 베리테cinéma vérité 운동은 많은 페
미니스트 다큐멘터리 제작자에게 훈련의 장과 영감을 제공했다.
다이렉트 시네마는 영화제작자의 개입 없이 매개되지 않은 객관
적 현실을 전달하는 무심한 관찰 기법을 사용한다. 다이렉트 시
네마는 **시네마 베리테**와 밀접한 관련이 있지만 완전히 동일하지
는 않다. 두 스타일 모두 다큐멘터리 영화제작의 관찰적 측면을
우선시하고 객관성을 목표로 삼지만, 시네마 베리테는 카메라의
존재가 묘사되는 현실을 변화시킨다는 점을 인정해 영화제작자
의 개입과 묘사 대상과의 상호작용을 허용하기도 한다. 반면, 다
이렉트 시네마는 대체로 스크린에서 묘사되는 대상과 관객 간의
어떠한 간섭도 제거하려 한다. 페미니스트 다큐멘터리 제작자들
의 형식적으로 좀 더 실험적인 다큐멘터리 작업은 다이렉트 시
네마, 시네마 베리테, 그리고 민족지적 영화와 같은 그 밖의 전통
들이 대상을 재현할 때 내재하는 권력 역학을 감춰왔던 것에 대
한 응답으로서 발생했다. 형식적으로 실험적인 다큐멘터리는 진
실의 문제 및 재현의 정치와 윤리에 더 많이 참여하기를 요구했
다(이 장에서 다루는 〈제이슨의 초상〉에 대한 사례 연구를 보라).

　　북아메리카에서는 여성 영화제작자들이 여성 해방 운동과

제2세대 페미니즘의 등장과 더불어 정치적 팸플릿이자 행동에 대한 촉구로서 다수의 페미니즘 다큐멘터리들을 만들었다. 조안 처칠Joan Churchill의 〈실비아, 프란, 그리고 조이Sylvia, Fran and Joy〉(1973, 미국), 마사 쿨리지Martha Coolidge의 〈구식 여성Old-Fashioned Woman〉(1974, 미국), 리안 브랜든Liane Brandon의 〈베티가 자신의 이야기를 한다Betty Tells Her Story〉(1972, 미국), 매들린 앤더슨 Madeline Anderson의 〈나는 어엿한 사람이다I Am Somebody〉(1970, 미국) 등이 그 예이다. 1970년대는 "페미니즘 규범이 만들어진 결정적 순간"(라비노비츠, 1994: 161)이었고, 당시 여성 활동가들은 "스크린 위에서 여성들의 삶을 증명하기 위해"(같은 책, 같은 부분) 카메라를 들고 시네마 베리테의 미학을 활용했다. 그러나 페미니즘 다큐멘터리 작업과 현실을 기록하는 것 사이의 관계는 언제나 복잡했다. 파트리샤 짐머만Patricia Zimmerman이 관찰한 바에 따르면, "반전antiwar, 여성, 민권 운동이라는 정치적 급변은 관객이 행동하도록 결집시키기 위해 제도를 비판하는 영화들을 요청했다. 이를 위해서는 시네마 베리테의 세련되고 거의 신화적인 거리설정과는 다른 인식론이 필요했다"(1999:74).

실제로 이 시기 페미니즘 이론의 핵심 논쟁들 중 하나는 다큐멘터리의 한 양식으로서 리얼리즘의 효용에 관한 것이었다. 줄리아 르사주Julia Lesage는 시네마 베리테의 호소력에 대해 다음과 같이 말한다. "초창기 페미니즘 다큐멘터리 중 상당수는 (주로 여성으로 구성된) 관객들에게 여성들의 일상적인 삶의 모습과 생각을 보여 주기 위해 인물이 카메라를 향해 직접 이야기하는 단순한 구성방식을 사용했다."(1978). 그러나 린다 윌리엄스Linda

〔그림 5.10〕〈나는 어엿한 사람이다〉(매들린 앤더슨, 1970).

Williams와 루비 리치B. Ruby Rich가 관찰한 바에 따르면, "다큐멘터리를 사회적 증거의 한 형식으로 사용하는 것은 영화가 '진실'과 등치될 수 있다는 오해에 기댄다"(1981: 18). 영화제작자, 주인공, 카메라 사이의 관계를 좀 더 복잡한 것으로 만드는 트린 민-하는 "다큐멘터리라는 용어가 가리키는 것이 소재나 장르, 접근법이나 기법 어느 쪽이든 다큐멘터리와 같은 어떤 것은 존재하지 않는다"(1991: 29)고 주장한다. 또한 그녀는 다음과 같이 덧붙인다. "한편으로 진실은 권력을 쥔 체제에 따라 생산되고, 도출되고, 확장된다. 다른 한편으로 진실은 진실의 모든 체제들 사이에 놓여 있다"(30). 여기서 민-하는 다큐멘터리 형식에서 권력이 자본 투자의 형식으로 진실의 재현 형태를 결정하곤 하는 방식들을 조명한다. 진실은 스크린보다 훨씬 더 접근하기 어려운 어딘가에 있다. 그것은 '진실의 체제들' 사이에 존재한다. 다큐멘터리의 관습들은 이러한 진실의 체제들 중 일부다.

이러한 견해는 민-하의 다큐멘터리 〈재조립: 난로의 불빛에서 스크린까지Reassemblage: From the Firelight to the Screen〉(1983, 미국)와 〈성은 베트 이름은 남Surname Viet Given Name Nam〉(1989, 미국)에 반영되어 있다. 여기서 이 이론가/영화제작자는 사실과 허구 사이의 불안정한 경계와 타자 재현의 한계에 관해 탐구한다. 그녀의 영향력 있는 글과는 별개로 민-하의 영화들은 그 자체로 페미니즘 이론이며, 더 정확하게는 페미니즘 영화의 실천praxis을 체현한다. 그녀의 영화는 이론과 실천을 결합해, 관객이 교차적이고 탈식민적인 틀로 세상을 이해하도록 독려한다. 민-하는 자신의 영화에서 형식과 내용 모두를 뒤흔들고자 한다. 예를 들어, 민-하가 세네갈에서 현지 조사를 하는 동안 촬영한 영화 〈재조립〉에서 그녀는 오디오 트랙과 비주얼 트랙을 조작해 타자를 바라보는 우리의 관습적인 방식들을 흔들어 놓는다. 〈재조립〉은 의도적으로 스크린상의 이미지와 동조되어 있지 않은 오디오 트랙을 사용한다. 대신 사운드는 갑작스럽게 끝날 때가 많으며, 그리하여 관객은 내레이터나 디에게시스diegesis 사운드의 개입 없이 갑작스레 이미지를 보게 된다. 이는 관객에게 제시되는 재현이 본질적으로 구성된 것임을 전면에 드러낸다. 사운드트랙에 담긴 민족지의 정치에 관한 인용과 논평들은 영화가 구성된 현실이라는 것을 자기 지시적인 방식으로 다시 한 번 강조한다. 이러한 영화적 사색은 스크린에서 다루는 문화로부터 나온 음악, 인용구, 일화들이 삽입되면서 중단된다. 화면에 일상을 영위하는 사람들

(그림 5.11) 〈성은 베트 이름은 남〉(트린 민-하, 1989).

의 이미지가 표시되는 동안, 영화는 "무엇에 관해 말하지 마, 그
것의 곁에서 이야기해Don't speak about, Speak nearby"라는 문장을 반
복한다. "곁에서 이야기해"라는 구절은 스크린 위의 이미지들에
하나의 '진실'을 복속시키거나 부과하는 것이 불가능함을 관객에
게 상기시킨다. 이 영화는 자신의 '재조립된' 본성을 전면에 내세
우면서 모든 영화, 특히 민족지적 영화가 어지럽고 플롯 없는 현
실에 대해 단순화된 서술을 제시하는 조립된 인공물이라는 사실
에 대해 생각해 보라고 요청한다. 그러므로 윤리적인 다큐멘터
리 제작자는 자신의 대상에 관해 말하는 것이 아니라 그 곁에서
말해야 하며, 카메라를 쥐고 수집한 이미지에 의미를 부여하는
자로서 자신이 행사하는 권력을 인정해야 한다.

베트남전쟁 이후 베트남 여성들의 경험을 탐구한 〈성은 베트 이름은 남〉에서 민-하는 관객이 스크린 위의 타자성을 단순히 소비하는 것을 방해하기 위해 오디오 트랙과 비주얼 트랙 모두에서 몽타주를 사용한다. 특히 흥미로운 점은 화자의 권위를 뒤흔든다는 것이다. 여기에서 그녀는 미국으로 이주한 베트남 여성들이 베트남에 사는 베트남 여성들의 인터뷰를 고도로 양식화된 형식으로 재연하도록 한다. 인터뷰는 종종 해독하기 어려운 영어로 번역되고 연기된다. 이후에 이민자 여성들은 베트남어로 자신의 경험을 이야기하지만, 이미지 위에 겹쳐진 영어 텍스트는 그들이 이야기하는 것 중 일부만을 표현하며, 종종 관객이 읽기에는 너무 빠르게 움직인다. 여기에서 민-하는 관객에게 진실은 쉽사리 잡히지 않는 것이며 항상 다큐멘터리 영화의 형식으로 매개되고 심지어는 번역된다는 것을 상기시킨다.

이는 페미니스트 영화제작자 은고지 온우라Ngozi Onwurah가 〈먼데이의 소녀들Monday's Girls〉(1993, 영국/나이지리아)에서 취한 인류학적 접근법과는 매우 다르다. 나이지리아에서 태어나 어린 시절 영국으로 이주한 영화제작자 온우라는 이 영화에서 나이지리아 와키르케Wakirke 부족의 이리아Iria라는 전통을 다룬다. 이 의식은 와키르케족 소녀들이 여자가 되기 위한 입문 의식으로, 소녀들은 '순결함'이 손상되지 않았는지 확인받기 위해 몸을 검사당하고 '살찌우기' 방에서 몇 주간 보살핌을 받고 실컷 먹은 후 대대적인 축하 행사와 더불어 지역 사회로 돌아간다. 이 의식은 지역사회의 원로 여성들에 의해 주재되며, 그들 중 가장 중요한 인물은 영화 제목에 등장하는 '먼데이'다*. 온우라는 두 명의 주인공을 통해 이 의식을 추적한다. 하나는 이 의식을 특권과 명예로 여기는 마을 소녀이고, 다른 하나는 라고스Lagos**로 이주했다가 의식을 위해 돌아왔지만 결국 그것을 거부하고 도시로 돌아가게 되는 소녀. 이 영화는 남성들이 제작한 민족지적 작품들이 너무나 자주 간과했던 여성 중심의 의식에 대한 통찰을 제공하고 여성 스스로가 전통문화와의 관계를 평가할 수 있도록 목소리를 부여하지만, 그 방식은 민-하의 작업에서보다 형식적으로 훨씬 덜 혁신적이고 접근하기 쉽다. 사운드는 동조되어 있고, 관객에게는 균형 잡힌 다양한 관점들이 제시된다. 여기서 온우라의 영화는 다큐멘터리가 내용에서 진보적일 뿐만 아니라 형식에서도 실험적이어야 하는지 의문을 제기한다는 점에서 민-하의 작품에 대한 유용한 비교 대상이 되어 준다. 다큐멘터리는 자신이 재현하고자 하는 대상에게 윤리적 정의를 실현하기 위해 자신의 재현 방식이 갖는 본성을 전면에 내세워야 하는가?

민-하는 자신의 영화와 저술 작업을 통해 다큐멘터리가 기본적으로 극영화보다 '현실'에 더 가까우며, 따라서 명백히 윤리적인 도구를 제공한다는 관념에 도전한다. 다큐멘터리는 **객관적 현실**과 복잡한 관계를 맺기에 페미니즘 영화 연구에서 다른 영화 장르들보다 더 면밀하게 검토해 왔다. 애초에 객관적 현실이 우리의 주관적 지각 바깥에 존재하지 않는다면, 과연 영화는 객

<hr>

* 여성 원로회의 수장은 먼데이 모지스Monday Moses라는 이름의 여성이다. https://www.kanopy.com/product/mondays-girls.—옮긴이.

** 1991년까지 나이지리아의 수도였던 도시. 아프리카에서 이집트의 카이로 다음으로 큰 도시다.—옮긴이.

관적 현실과 같은 것을 적절하게 전달할 수 있는가? 게다가 세계를 객관적으로 '있는 그대로' 재현하는 것을 강조하다 보면 영화를 찍는 사람과 찍히는 사람 사이에 내재하는 힘의 불균형을 외면할 위험을 감수해야 한다. 이와 관련해 민-하가 관찰한 바에 따르면 "자신을 구원하러 온 누군가가 그들의 생각을 말할 기회를 주지 않는 한 '자신을 표현한 적이 없는' 사람들, 즉 침묵하는 평범한 사람들은 현실 세계에 의미를 부여하기 위해 끊임없이 소환된다"(37). 이 진술이 강조하는 것은 좋은 의도로 타자를 재현하고자 할 때도 힘의 역학이 내재할 수밖에 없다는 것이다. 재현하는 자들은 종종 자신의 다큐멘터리적 시선의 대상들보다 지정학적으로 특권을 가진 장소들로부터 오며, 보통 외부 관객을 위해 영화를 만든다. 그러나 이러한 재현의 시도들은 타자에 대한 유일무이한 진실로 간주될 때가 많다. 예를 들어, 서구의 관객들은 대상화하는 외부자의 시선을 가진 영화제작자의 다큐멘터리를 보고 자신이 음핵절제술이나 성매매와 같은 사안에 대해 진실을 안다고 믿을 수 있는 것이다.

활동

/

다큐멘터리 영화의 여성 '선구자' 한 명을 선택해서 그녀의 작업에 대해 조사해 보자. 그녀의 대상 선택은 젠더나 인종과 같은 문제에 의해 형성된 시각을 반영하는가? 그녀의 작업은 다큐멘터리 영화제작의 문제적인 경향들, 예를 들어 서구적 시선을 위해 기록된 '타자들'에 대한 관심에 이의를 제기하는가, 아니면 그것을 재생산하는가?

리얼리즘 심문하기

1975년 에일린 맥게리Eileen McGarry는 논문 「다큐멘터리 리얼리즘과 여성의 영화Documentary Realism and Women's Cinema」를 통해 현실이 영화제작자의 개입 바깥에서 완전히 순수한 형태로 존재한다는 관념에 이의를 제기한다. 그녀는 다음과 같이 주장한다.

> 다큐멘터리 영화를 제작할 때는 현실에 관한 어떤 결정들이 내려진다. (아무리 미미한 것이라 할지라도 제작진들은 선입견을 갖고) 대상 인물과 촬영 장소를 선택해야 하며, (아무리 눈에 띄지 않는다 해도) 제작진들과 그들의 장비가 존재하며, 이 모든 게 영화 테크놀로지와 지배 이데올로기의 맥락 속에서 카메라 앞의 사건에 참여하고, 통제하고, 약호화한다encode.(50)

따라서 현실은 의미와 지식에 관한 우리의 선입견 바깥에 순수한 형태로 결코 존재할 수 없다. 가능한 한 주관적 개입을 최소화하면서 현실을 있는 그대로 전달하려 하는 형식으로서의 리얼리즘이라는 문제는 많은 페미니스트 영화제작자와 이론가들에게 걸림돌이 되어 왔다(우리는 7장에서 리얼리즘에 대해 좀 더 논의할 것이다). 폴라 라비노비츠는 칙 스트랜드Chick Strand의 영향력 있는 페미니즘 작품인 〈부드러운 허구Soft Fiction〉(1979, 미국)에 관해 논하면서 다음과 같이 주장한다. "이 영화는 민족지, 다큐멘터리, 아방가르드, 페미니즘 대항영화counter-cinema의 경계들 사이에 놓여 있다"(165). 나아가 "[스트랜드]나 [민-하]와 같은 감독의 영화들은 다큐멘터리 영화에서 주체와 객체의 수행에 주목하게 함으로써 영화적 참여의 역사성을 묘사한다"(167). 수행에 초점을 맞춤으로써 진정성과 인위성, 현실과 허구 사이의 긴장이 드러난다. 더욱이 우리의 사회적 정체성, 특히 젠더가 수행적이라면(버틀러Butler, 1990), 다시 말해 그것이 여성성과 남성성의 규범을 정의하는 제한된 선택지들과 사회적으로 구축된 각본으로부터 생겨나는 것이라면, 정체성의 인위적 성격에 의도적으로 초점을 맞추는 것은 어떻게 전복적 대위법을 보여 줄 수 있는가?

침묵하는 평범한 여성들의 이야기를 형식적이거나 서사적인 개입 없이 객관적으로 전달하고자 하는 페미니즘 다큐멘터리는 리얼리즘의 관찰적 거리두기가 신뢰할 수 있는 유일한 이야기 형식이라는 가부장적 관점을 무심코 반복하는 것이 아닐까? 실제로 클레어 존스톤의 『대항 영화로서의 여성의 영화Women's Cinema as Counter-Cinema』는 이러한 질문들을 다루며, (케이트 밀럿Kate Millett과 수잔 클레크너Susan Kleckner의 1971년 다큐멘터리 〈세 개의 삶Three Lives〉(미국)과 같은) 1970년대 페미니즘 다큐멘터리들에서 활용된 시네마 베리테 기법들을 반박하는 논의를 펼친다. 존스톤은 다음과 같이 주장한다.

모든 혁명적 전략은 현실의 묘사에 도전해야 한다. 영화 텍스트 내에서 여성 억압을 논하는 것만으로는 충분하지 않다. 이데올로기와 텍스트 사이에 단절이 생겨나도록 영화의 언어/현실의 묘사 또한 심문되어야 한다.(1999: 215)

이러한 작업을 수행해야 하는 이유는 현실이 객관적 사실이라기보다는 하나의 구성물이기 때문이다. 존스톤은 "비개입을 표방하는 영화의 위험성은 그것이 개입을 희생한 대가로 수동적 주체성을 조장한다는 것에 있다"(37)라고 덧붙인다.

이데올로기와 텍스트 사이의 그러한 단절은 미셸 시트론의 영화 〈딸이 되는 절차〉(1978, 미국)에서 잘 나타나 있다. 이 영화는 작가의 시적인 내레이션과 어린 시절의 홈비디오 영상, 그녀의 자매들을 연기하는 두 여성의 어머니를 회상하는 즉흥 연기를 혼합해 리얼리티에 초점을 맞추는 다큐멘터리에 도전하는 기념비적인 영화다. 이러한 형식적 전략들은 사적인 기억이 신뢰하기 어렵다는 것을 지시한다. 이 영화는 다큐멘터리, 허구, 실험 영화라는 세 가지 다양한 형식을 혼합해 그 경계를 흔들어 놓는다. 루비 리치는 다음과 같이 지적한다. "〈딸이 되는 절차〉는 '다이렉트 시네마' 다큐멘터리와 카메라 렌즈 앞에서 언제나 진실을 발견할 수 있는 것은 아님을 보여 주는 이후의 혼성물들 사이의 잃어 버린 연결고리이며, 그를 통해 하나의 고전이 되었다."* 이 영화는 다이렉트 시네마의 관습들에 도전하기도 하지만, 또

---

* *Women Make Movies*, "Daughter rite," www.wmm.com/filmcatalog/pages/c356.shtml.

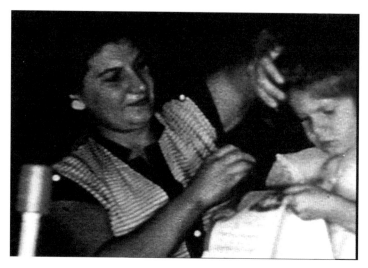

〔그림 5.12〕 〈딸이 되는 절차〉(미셸 시트론, 1978).

한 "그 형식이 여성들의 삶에 연결되어 있고, 쉽게 접근할 수 있으며, 관객들의 지성과 감성에 뿌리내리는 의미 있는 전통이라는 점에서 다큐멘터리를 구제하는 기능도 한다"(윌리엄스 & 리치, 1981: 21). 시트론 자신은 "다큐멘터리 영화나 비디오 제작에서 모든 숏은 윤리적 함의와 선택으로 가득 차 있다"라고 단언한 바 있다(1999: 271).

베리테 스타일의 다큐멘터리는 연출되지 않은 사건들을 실시간으로 촬영하는 카메라, 음성 내레이션이나 화자의 배제, 양식화의 부재 등 리얼리즘의 관습을 따르기 때문에 종종 그들이 현실을 구성하는 데 참여한다는 사실을 숨긴다. 그러나 알렉산드라 주하즈Alexandra Juhasz가 주장하듯이(1999), 명백히 정치적인 내용을 담고 있지만 영화 형식이나 객관적 현실이라는 개념에 도전하지는 않는 다큐멘터리들을 전적으로 무시하는 것은 젠더 불평등과 억압에 맞서 싸우는 데 있어 중요한 역할을 담당했던 **리얼리즘 다큐멘터리** 영화제작의 역사를 부정하는 것과 마찬가지다. 다이앤 왈드먼Diane Waldman과 자넷 워커Janet Walker는 이를 설득력 있게 논한다.

다큐멘터리 영화는 자신이 현실의 여성을 재현한다고 믿는 리얼리즘의 환상에 빠졌다고 비난받기도 한다. 그러나 사실 페미니즘 다큐멘터리의 실천과 연구는 그러한 환상의 함정을 피하기 위한 방법을 모색해 왔으며, 전문 배우가 아닌 여성의 이미지와 목소리를 재현하는 것이 정치적 함의를 띤다는 것을 인정하고, 실제 여성과 관객의 공감대를 형성하기 위해 노력해 왔다. 페미니즘의 정치적 기반은 '리얼리티 픽션'이라는 역설을 하나의 역설로, 나아가 많은 것이 달려 있는 역설로 보존하면서 다큐멘터리를 허구적 속성들로 손쉽게 환원할 수 없게 했다.(1999:11-12)

그런 의미에서 다큐멘터리 〈여성의 해: 샌드라 호크먼의 환상Year of the Woman: A Fantasy by Sandra Hochman〉(샌드라 호크먼, 1973, 미국)은 이 문제에 실제로 얼마나 많은 것이 달려 있는지 통렬하게 보여 준다. 존스톤의 기념비적 논문과 같은 해에 등장한 샌드라 호크먼의 다큐멘터리 〈환상〉은 첫 공개 당시 많은 비평적 관심을 이끌어 냈지만, "배급자들이 건드리기에는 너무 급진적이고 괴상하다"는 이유로 이후 40년간 지하실에 갇혀 있었다(이 영화는 2015년에야 널리 배급되었다). 오늘날의 시각에서도 이 다큐멘터리는 급진적일 뿐 아니라 근본적으로 기이해 보이는데, 영화가 다루는 복잡한 문제들이 여전히 첨예했던 10년 동안 이 중요한 시대적 연대기가 널리 알려지지 못했던 것도 바로 이 기이함 때문인 것으로 보인다. 호크먼의 영화는 "페미니스트 영화제작자들은 사람을 찍는 사람들에 대한 정치학을 오랫동안 열심히 사유해 왔다"(왈드먼 & 워커, 1999:13)는 관찰을 터놓고 보여 주는 스타일로 촬영되었다. 그녀는 영화제작자와 자신의 시각을 서사의 조직과 형태 속에 삽입하는데, 이는 마이클 무어Michael Moore와 같은 다큐멘터리 영화제작자들이 주류 영화계에서 비평적 성공을 거둠으로써 그것이 다큐멘터리의 양식적 표준이 되기 훨씬 전의 일이다. 이 다큐멘터리는 호크먼이 현재와 미래, 지구와 화성 사이를 오가는 SF 판타지로 구성되어 있다. 호크먼은 영화의 시작 부분에서 카메라를 바라보는 자신의 얼굴을 클로즈업한 뒤 보이스오버를 통해 다음과 같이 자신을 소개한다. "나는 시인이자 스파이, 바보다. 아직 알려지지 않은 방식으로 세계를 변화시킬 보이지 않는 혁명을 살아가는 나는, 모든 여자everywoman다." 그녀는 게릴라 전술을 사용해 1972년 민주당 전당 대회에서의 여성들의 역할을 보여 주며, 정치인·언론인·성직자 등 유력한 지위에 있는 남성들에게 여성 인권에 대한 입장을 캐묻는다. 글로리아 스타이넘Gloria Steinem, 베티 프리던Betty Friedan, 셜리 매클레인Shirley MacLaine을 포함해 당대의 저명한 여성 활동가들 다수가 이 영화에 출연한다. 특히, 가부장제에 대해 단호한 상호교차적 비판으로 응수하는 플로린스 '플로' 케네디

Florynce "Flo" Kennedy가 돋보인다. 때때로 호크먼의 여성 대담자들은 제멋대로 만든 수제 안경을 착용하기도 하는데, 그것은 여성의 속박된 광학을 상징한다. 여성들은 자신의 꿈에 관해 이야기하거나 판타지를 상연하기도 하는데, 그중 한 장면인 인디라 간디Indira Gandhi*를 위한 모의 환영 파티에서는 얼굴 가리개를 쓰고 해변에 앉아 있는 여성들로 주로 이루어진 '미국 대중의 한 단면cross section'이 간디를 맞이한다. 호크먼은 간디의 목소리를 흉내 내며 이렇게 선언한다. "모든 것이 다 이상해. 인도보다 여기가 훨씬 더 이상해." 그런 다음 이 무리는 가상의 손님을 위해 '어느 미국 여성의 걱정 안무'라는 제목의 춤을 추기 시작한다. SF 판타지 장면에서 우리는 여성들이 혁명을 일으켜 정권을 장악한 지 백 년 후인 미래의 화성으로 이동한다. 이 가상의 미래에서 인터뷰를 했던 한 남성은 여성이 이끄는 세계에서는 누구도 더 이상 즐겁지 않다고 불평한다. 그는 혁명의 빛 때문에 지구에서 남성과 여성 간의 차이가 사라졌다고 말하기도 한다. 사회적 정의를 우주적 차원과 연결하는 이 장면 뒤에는 베트남전쟁 참전 군인들이 반전 시위를 하는 영상이 이어진다. 반전을 위한 노력은 페미니즘의 목표와 연결되고 그 역도 성립되므로, 초점은 다시 정치적인 것과 상호교차적인 것에 맞춰진다. 영화에서 호크먼은 비협조적인 남성 대담자들을 인터뷰하기도 한다. 그들은 종종 그녀의 파괴적인 페미니즘 행동강령에 대해 경멸을 표한다. 호

---

* 인도의 여성 정치인으로 1984년 살해당하기 전까지 두 차례 총리를 역임했다. 인도의 첫 여성 총리로, 현재까지도 여성 총리는 그녀가 유일하다. —옮긴이.

크먼의 목표가 여성의 세계 장악이라는 것을 들은 할리우드 스타(이자 셜리 매클레인Shirley MacLaine의 남동생인) 워렌 비티Warren Beatty는 다음과 같이 응답한다. "그런데 실제로는 여자들이 남자들보다 더 심한 남성 우월주의자 아닌가? 내 말은, 여자들이 대체로 그렇잖아."

영화는 전통적인 리얼리즘의 틀을 거부하고, 대신 감독의 목소리와 꿈 시퀀스, 호크먼의 어린 자아로 등장하는 소녀의 보이스오버 등 주관적인 프리즘을 통해 이야기를 전달한다. 영화의 한 장면에서는 전당 대회의 여성 간부 회의 영상을 배경으로 호크먼이 불법 낙태를 겪은 이야기를 들려준다. 또 다른 장면에

(그림 5.13) 〈여성의 해〉(샌드라 호크먼, 1973)에서 샌드라 호크먼이 플로린스('플로') 케네디에게 이야기하고 있다.

서 호크먼은 전당대회장에 등장해 남성 대의원들의 관심을 끌었던 매혹적인 여배우이자 작가, 스트리퍼stripper인 리즈 레나이Liz Reney*에게 말을 건다. 레나이가 숭배자들을 매료시킬 때, 호크먼은 보이스오버를 통해 다음과 같이 말한다. "성차별은 개 같은 것 아닌가? 리즈, 넌 나와 같아. 착취당하고 착취하는 게임을 하고 있지. 다 자란 어린애, 가면 뒤에 숨어 있는, 모든 것을 아는 얼간이. 난 널 알아. 배짱 있는 척하지만 겁도 더럽게 많지. 웃기려고 뭐든 하고. 어리석기는!"

일반적으로 보이스오버는 호크먼이 보여 주는 시각 기록에 대한 익살맞고 냉소적인 메타논평의 역할을 한다. 자신이 악어 마스크를 얼굴에 쓴 채 전당 대회장을 걷는 장면에서 그녀는 이런 모습을 보고 어머니가 어떻게 반응할지 걱정하는 보이스오버를 들려준다. 하지만 그녀는 그만 걱정하기로 결심한다. 왜냐하면 이 영화는 "다행히도 (…) 텔레비전에 방영될 일이 없을 테니까". 호크먼은 결론을 내린다. "재밌는 게 뭔지 알아? 내가 문제를 일으킬 때만큼 재밌을 때가 또 없다는 거야." 이어지는 장면에서는 전당 대회를 취재하기 위해 모여든 미디어 대표들과 여성 활동가들이 극적으로 조우한다. 기자들과 취재진은 모두 남성이다. 여성들은 그들이 상황을 바꿀 힘이 있음에도 여성 문제를 의미 있게 다루기 위해 아무것도 하지 않는다고 비난한다. 여기서 미디어와 재현이 가진 권력은 핵심적인 사안으로 자리 잡는다. 결말부에서 영화는 미래의 SF 판타지 장면으로 돌아간다.

* 원문에 표기된 'Reney'는 'Renay'의 오기인 것으로 판단된다.—옮긴이.

유머 작가 아트 버크월드Art Buchwald는 지구로 돌아간 남자들이
반혁명counterrevolution을 일으키는 것을 화성에서 관찰한다. 망원
경으로 지켜보는 버크월드가 말한다. 저기 보세요. 한 남자가 백
악관으로 들어가네요. 호크먼은 이 결말이 마음에 들지 않는다
고 말하고, 버크월드와 함께 어떻게 해야 흡족한 결말을 만들 수
있을지 의논한다. 그리고 그가 말한다. "당신은 당신의 환상이에
요, 샌드라". 여기서 영화는 대안적인 결말을 제시하고 미래에 대
한 자신의 예측을 연출함으로써 자신의 제작 메커니즘을 그대로
보여 준다. 또한 매우 내밀한 관점에 비춰 묘사되는 전당대회 장
면은 재현의 정치에 대한 관심을 불러일으키기 위해 허구적 요
소들을 활용한다는 점에서 다큐멘터리 영화제작의 규범에 도전
한다고 할 수 있다.

사례 연구

〈제이슨의 초상Portrait of Jason〉

(셜리 클라크Shirley Clarke, 1967, 미국)

/

무용수로서 경력을 시작한 셜리 클라크는 운동과 리듬에 대
한 그녀의 감각을 1950년대의 실험 영화에 적용했다. 뉴 아메
리칸 시네마New American Cinema 그룹의 핵심 구성원이었던 클
라크는 뉴욕의 부유층 백인 자녀라는 상대적으로 특권적인
배경을 가졌다. 그러나 클라크는 자신을 아웃사이더라고 느
꼈다. 그녀는 다음과 같이 말했다.

수년간 나는 내가 아웃사이더라고 느껴왔고, 그래서 소수자 집단의 문제들에 공감할 수 있었다. (…) 자신을 세계의 일부로서 느끼지 않기에 거기에 끼고 싶어 하는 소외된 여성이라고 말하는 것보다는, 소외되었다고 느끼는 대단한 빌어먹을 마약쟁이가 되는 것이 더 중요하다고 나는 생각했다.(버트Butt 2007: 52-53에서 인용)

1967년에 다큐멘터리 〈제이슨의 초상〉을 만들기 전, 클라크는 흑인의 하위문화와 마약을 다루는 두 편의 장편 서사영화를 만들었다. 〈제이슨의 초상〉은 당시 전성기를 구가했던 다이렉트 시네마 전통에 대한 비판으로 읽히곤 한다. 아이린 구스타프슨Irene Gustafson이 말하듯이, "그것은 [다이렉트 시네마의 충직한 옹호자들이] 가장 소중히 여기는 문제적인 믿음, 즉 카메라가 진정성 있는 순간을 포착할 수 있을 뿐만 아니라 또한 대상 인물을 완전하게 재현해낼 수 있다는 믿음을 시험한다"(13). 그녀의 극영화 두 편 중 〈연결The Connection〉(1963, 미국)은 헤로인 배달을 기다리는 마약중독자 무리를 찍는 다큐멘터리 영화제작자를 다룬 작품으로, 특히 선구자적인 영화로 평가받는다. 이 영화는 각본이 있는 극영화이지만 베리테 스타일로 촬영되었다. 영화에서 마약중독자들은, 그들의 '현실'을 필름을 통해 포착할 수 있으리라고 순진하게 믿으며 고통을 스펙터클로 만들려 하는 영화제작자 캐릭터를 조롱하고 그에게 저항한다.

〈제이슨의 초상〉에서 클라크는 과거 하인에서부터 사기꾼

에 이르기까지 다양한 직업을 전전한 게이 씬스터scenester*이
자 카바레 공연자 지망생 제이슨 홀리데이Jason Holliday의 이야
기에 초점을 맞춘다. 영화는 첼시 호텔Chelsea Hotel에 있는 클
라크의 방에서 연이어 촬영한 약 12시간 분량의 영상을 105
분으로 편집한 것이다. 클라크와 그녀의 연인 칼 리Carl Lee는
종종 화면 밖에서 제이슨에게 질문을 던지거나 이야기를 다
시 해달라고 격려하는데, 이는 영화제작자가 기록하는 세계
에 간섭하지 않아야 한다는 다이렉트 시네마의 규정에 도전
하는 접근법이다. 영화가 진행될수록 제이슨은 점점 더 술과
약물에 취하게 되고, 카메라 바깥의 질문들도 더 강렬해지고
거슬린다. 영화의 끝부분에서는 흑인 이성애자 남성 칼 리가
술에 취해 탈진한 제이슨에게 카메라를 위해 '오르가슴'을 느
끼도록 부추기기도 한다. 이 영화는 영화제작자와 대상 인물
사이의 차별적 권력에 관한 불편한 질문들을 제기한다. 이는
특히 영화제작자가 자신이 필름에 담고 있는 사람들에 대해
인종적·성적·계급적 특권을 가질 때 더 두드러진다. 제이슨
은 자신이 '유령spook'** 역할이나 하게 될 할로윈 파티에 와
달라고 요구한 백인 상사의 이야기를 하는데, 이를 두고 한 비
평가는 다음과 같이 논평한다. "카메라 밖에 앉아 질문을 퍼
부어대는 클라크를 그가 자신이 시중들던 그 백인 여성 중 하
나로 본 것은 아닌지 궁금해 하지 않을 수 없다. 클라크도 같

---

* 주로 대중음악의 특정 씬을 말한다. 예를 들어 그런지grunge 씬에 특유한 방식으
로 옷을 입고, 말을 하고, 행동을 하는 사람을 말한다. ─옮긴이.
** 흑인을 비하하는 의미로도 사용된다. ─옮긴이.

은 생각을 했는지 물어보는 것은 당연하다."* 점점 더 약에 취해가는 제이슨의 연기는 누군가에 의해 촬영되고 시청되는 것의 윤리와 신뢰성에 관한 질문 역시 제기한다.

동시에 이 영화는 스스로 연기자라 규정하는 사람의 삶에 관한 매혹적인 시선을 제공하기도 한다. 카메라 앞에서 보여 주는 그의 연기는 다큐멘터리가 대상에 관해 진정성 있는 진실을 담을 수 있는지 의문을 제기한다.

제이슨의 첫 대사는 다음과 같다.

"나의 이름은 제이슨 홀리데이입니다.

나의 이름은 제이슨 홀리데이입니다.

나의 이름은 아론 페인Aaron Payne입니다."

제이슨이 이름을 두 번 언급함으로써 자신이 카메라 앞에서 보여 주는 것이 구성된 자아임을 드러내기 때문에, 스크린에서 '진실한 자아'를 목격한다는 관객의 감각은 동요한다. 제이슨은 자신이 좋아하는 영화에 등장하는 다양한(백인 여성) 캐릭터들을 연기하기도 하지만, 무엇보다 그는 자신의 삶에 있어 최고의 연기자다. 그는 종종 자신이 연기를 한다는 사실을 암시하며, 그에 관한 것이 될 영화로서 그들이 만드는 영화에 대해 이야기한다. 이런 이유로 개빈 버트Gavin Butt는 그

* Manohla Dargis, "One man, saved from invisibility," www.nytimes.com/2013/04/14/movies/shirley-clarkes-portrait-of-jason-back-in-circulation.html?_r=0

〔그림 5.14〕〈제이슨의 초상〉(셜리 클라크, 1967)에서의 제이슨 홀리데이.

의 연기를 퀴어 흑인의 생존과 연결시킨다. "제이슨이 동성애 혐오적이고 인종차별적인 사회에서 생존할 수 있게 되는 것은 상징 문화의 허구들을 전유함으로써, 즉 대량 생산된 인공물이나 노래 등에 대해 과장되게 열광하고 동일시함으로써이다"(2007: 45). 멜리사 앤더슨Melissa Anderson은 다음과 같이 주장한다. "궁극적으로 제이슨에 관해서는 어떠한 '진실'도 밝혀지지 않는다. 대신 드러나는 것은 카메라 앞에서의 제이슨의 연기와 영화 자체가 갖는 연극적 성격이다"(1999: 58). 제이슨이 카메라 앞에서 진정한 자신이 되는 것을 거부함으로써 '영화의 진실'을 의미하는 시네마 베리테는 불가능한 것으로 드러난다. 그의 퀴어적이고 인종적인 연기는 어떠한 본질적 정체성 모델에도 부합하지 않는다. 앞서 언급했듯 클라크 자신

이 이 기획에 착수한 것은 다큐멘터리 양식으로서 리얼리즘
이 갖는 한계에 대해 질문하기 위해서였다. 그녀는 이렇게 말
한다. "전통적인 극영화와 다큐멘터리 사이에는 실질적인 차
이가 없다. 나는 다큐멘터리를 만든 적이 없다. 그런 여행trip*
은 없다."(앤더슨: 56에서 인용)

보고 토론하기
〈제이슨의 초상〉

/

1. 영화에서 제이슨이 자신의 연기에 대해 주의를 기울이거나 영
   화에 찍힌다는 것을 의식하는 순간들을 눈여겨보자. 그 장면들
   은 '벽 위의 파리fly-on-the-wall'** 스타일의 다큐멘터리 기획에
   대해 무엇을 이야기하는가?
2. 제이슨은 어떤 유형의 할리우드 연기를 참조하거나 모방하는
   가? 흑인 게이가 행할 때 이러한 연기의 의미는 어떻게 변화하
   는가?
3. 이 영화가 보여 주는 재현들이 인종차별적이고/이거나 동성애
   혐오적이라고 생각하는가? 이 영화가 제기하는 주된 윤리적 딜

---

* 'trip'은 기본적으로 여행을 뜻하지만, 마약에 취한 환각 상태를 의미하기도 한
다.—옮긴이.

** 영화 이론가 빌 니콜스Bill Nichols에게서 유래한 용어다. 현실 개입을 자제하는
다큐멘터리 감독은 '벽 위의 파리'로, 현실에 적극적으로 개입하는 감독은 '수프 속
의 파리'로 지칭된다.—옮긴이.

> 레마는 무엇이라고 할 수 있는가?
>
> 4. 이 영화에는 흐릿하거나 초점이 맞지 않는 숏이 많이 나온다. 이러한 기법은 영화의 내용에 관해 무엇을 시사하는가? 그것들이 정체성, 특히 제이슨의 정체성을 언급할 때 사용하는 특정한 방식이 있는가?
>
> 5. 필름이 교체되는 동안 제이슨의 이미지를 대신하는 검은 프레임들의 효과는 무엇인가?

국가를 넘어서: 초국가적 페미니즘 다큐멘터리

점차 글로벌화되어 가는 세계에서, 국경의 정치학과 안정적인 국가 집단의 불가능성이라는 문제는 지난 20년간 다큐멘터리와 극영화를 통틀어 **초국가적 영화**에 대한 보다 면밀한 학문적 관심을 불러일으켰다. 합법적이거나 불법적인 이주, 노동 착취, 분쟁 지역에서의 성폭력 등 세계화가 행사하는 신자유주의적 힘들이 여성에게는 불균형한 영향을 미친다는 사실은 국가라는 (그리고 국가주의적인) 틀의 안정성과 북반구의 헤게모니를 비판하는 것이 페미니즘적인 사안이 되게 한다. 그리하여 **초국가적 페미니즘의 사유**는 여성, 젠더, 평등과 관련해 헤게모니를 쥔 서구의 이해 방식에 대립해 발전해 왔다. 1981년에 체리 모라가Cherrie Moraga와 글로리아 안살두아Gloria Anzaldúa는 『나의 등이라 불리는 이 다리: 급진적인 유색인종 여성들의 글쓰기This Bridge Called My Back:

Writings by Radical Women of Color』라는 제목의 책을 편집했는데, 이는 제3세계 페미니즘을 확립한 중추적인 출판물 중 하나로 꼽힌다. 이 책은 **상호교차성 페미니즘**intersectional feminism의 틀을 설명하면서 다양하게 교차하는 의미의 벡터인 정체성에 초점을 맞춘다. 안살두아는 1987년에 출간된 또 다른 중요한 책『국경 지대Borderlands/La Frontera』에서 다음과 같이 언명했다. "국경 지대는 모호하고 규정되지 않은 장소다. 그것은 자연적인 것이 아닌 경계가 불러일으키는 감정의 잔여물로 만들어진다. 그것은 부단한 변이의 상태에 있다"(3). 안살두아와 같은 이론가들에게 국경은 어떤 하나의 지배적 범주에 깔끔하게 들어맞지 않아서 사회적으로나 문화적으로 소외되고 담론의 경계지역으로 밀려난 사람들의 정체성에 대한 은유로서 기능한다. 안살두아는 합법적으로 국경 지대에 거주할 수 있는 자들은 백인의 특권을 체현하는 자들뿐이라는 관념을 비판한다. 보이지 않는 국경에 관한 그녀의 자전적 연구는 인종뿐만 아니라 젠더, 섹슈얼리티, 국적 모두를 분리와 연결의 중요한 지점으로 삼는다. 비슷한 맥락에서 찬드라 탈파드 모한티Chandra Talpade Mohanty는 "계급, 인종, 국경을 가로질러 전략적 연합을 형성해야 할 정치적 필요성이 시급함"(1988: 61)을 확인한다. 모한티는 "페미니즘의 학문적 실천은 권력 관계 안에, 즉 그들이 반박하고, 재정의하고, 심지어 암묵적으로 지지하는 관계 안에 존재한다"라고 지적하면서, 서구 페미니즘의 헤게모니가 제3세계 여성을 "무지하고, 가난하고, 교육받지 못하고, 전통에 얽매어 있고, 종교적이고, 길들여져 있고, 가족 지향적이고, 희생의 대상"(65)인 것으로 구축한 것을 비판한다. 모한티는 이것을 식민주의적 움직임으로 간주하고 다음과 같이 덧붙인다.

> 여성이라는 '신분' 혹은 '지위'는 자명한 것으로 가정된다. 왜냐하면 여성은 이미 구성된 집단으로서 종교, 경제, 가족, 법의 구조들 속에 놓이기 때문이다. 그러나 이러한 방식으로 여성들의 지위에 초점을 맞추면 여성을 계급이나 민족 등의 맥락과 무관하게 일관된 집단으로 보게 되며, 이는 궁극적으로 세계를 이항대립적이고 이분법적인 관점에서 구조화하는 것으로 이어진다. 여기서 여성은 언제나 남성과 대립되는 존재로 간주되고, 가부장제는 항상 필연적으로 남성의 지배 아래 있으며, 종교, 법, 경제 및 가족 체계들은 남성들에 의해 구축된 것으로 가정된다.(78)

여성 및 페미니즘과 관련해 헤게모니를 쥔 서구 담론에 대한 대안으로서, 인더팔 그레왈Inderpal Grewal과 캐런 캐플런Caren Kaplan(1994)은 어떻게 "우리가 문화적 차이를 넘어 페미니즘의 작업에 도달했는지"(2)를 탐구하기 위해 초국가적 페미니즘 연합을 촉구한다. 이들은 '분산된 헤게모니들'이라는 용어를 사용해 포스트모던한 상황 속에서, 그리고 글로벌화된 경제적 흐름의 불균등한 위계하에서 "초국가적 연결이 사회적 존재의 모든 수준에 영향을 미치는"(13) 방법을 밝혀내고자 한다. 이러한 상황에서 세계화는 하나의 주도적인 지배 질서 대신, 시간과 장소에 따라 달라지며 논쟁에 열려 있는, 복합적이고 상충하는 권력의 불균형을 생산한다. 초국가적이라는 용어는 글로벌/로컬, 중심/주변이라는 이항대립을 거부하고 대신 "그것들을 가로지르는 노선들"(13)을 찾으려 한다.

"페미니즘 학술 활동의 본질적으로 정치적인 본성"(1988: 78)에 관한 모한티의 주장은 페미니즘 다큐멘터리 영화제작으로 확장될 수 있다. 페미니즘 다큐멘터리는 학술 활동과 유사하게 여성 및 페미니즘과 관련해 문제적인 이항대립적 담론들을 옹호하거나 그에 맞설 수 있기 때문이다. 〈사창가에서 태어나Born Into Brothels〉(자나 브리스키Zana Briski & 로스 카우프만Ross Kauffman, 2004, 미국)가 그렇듯이, 서구의 영화제작자들은 제1세계와 제3세계 분할에 관한 문제적인 고정관념들을 무심코 반복할 때가 있다. 여기서 제3세계 여성과 아이들은 서구인들, 그리고/혹은 서구의 페미니즘이 구해야 하는 무력한 희생자들로 그려진다. 이러한 태도를 보여 주는 다른 하나의 예로는 아프리카의 여러 국가에서 행해지는 여성 할례의 관습을 비판하는 다큐멘터리 〈전사의 징표Warrior Marks〉(프라티바 파마Pratibha Parmar, 1994, 미국)를 들 수 있다. 이 영화는 영국과 미국에서 활동하는 창작자 프라티바 파마와 앨리스 워커Alice Walker (2장에서 논의한 〈컬러 퍼플〉의 작가)의 도덕적 분노를 교육적 어조로 표현한다. 인더팔 그레왈과 캐런 캐플런에 따르면 "워커와 파마의 영화는 유럽과 미국의 다문화 의제가 국경을 자유롭게 넘나든다고 가정하는데", 이는 결과적으로 "신식민적 재현 관행을 낳는다"(2003: 257). 이것이 의미하는 것은 영화가 비서구 타자들에 관한 환원적 가정을 문제시하지 않고, 여성들의 경험을 글로벌 자매애sisterhood

라는 우산 아래 포섭함으로써 그 사이에 존재하는 맥락적 차이들을 지우려 한다는 것이다. 계속해서 그레왈과 캐플런은 다음과 같이 말한다. "찬드라 모한티와 다른 이들이 지적한 대로, 이러한 형태의 **글로벌 페미니즘**은 자신이 '타자'로 구성한 이들을 '안다'고 여기는 제국주의적이고 인종차별적인 형태로 귀결될 수 있다"(257).

그러나 이와 같은 함정들은 피할 수 있다. 다큐멘터리 제작자 킴 론지노토Kim Longinotto의 작품을 분석한 패트리샤 화이트Patricia White는 "론지노토가 오랫동안 초국가적 페미니즘을 실천해 왔"(2006: 120)으며, 나아가 "그녀가 다루는 인물들, 방법들, 강조점들이 세계(화)적이기보다는 초국가적이기 때문에" 서구의 시선을 비서구권 인물들에게 투사하는 문제적인 구조를 피한다는 것을 발견했다. 이는 영화제작자와 대상 인물들을 국가와 관

[그림 5.15] 〈사창가에서 태어나〉(자나 브리스키 & 로스 카우프만, 2004).

련해 위치지우는 것을 불안정하게 만들고, 같음에 특권을 부여하는 보편화하는 주제에 무비판적으로 집중하기보다는 지역의 역학과 복잡성에 면밀한 주의를 기울이는 것을 수반한다. 예를 들어 론지노토의 영화 〈시누이올케Sisters in Law〉(플로렌스 아이시 Florence Ayisi와 공동 연출, 2005, 카메룬/영국)는 가정 폭력과 관련된 법조항들을 바꾸려는 두 카메룬 여성의 노력을 묘사한다. 〈사창가에서 태어나〉처럼 이 영화도 서구 영화제작자의 손에서 만들어졌지만, 그럼에도 그녀의 카메라는 서구의 원조 없이 지역 여성들이 자신과 서로에게 지속가능한 방식으로 힘을 불어넣는 모습을 담는다. 영화에서 론지노토는 "주제넘게 나서지 않음으로써 카메라에 담기는 여성들에게 목소리와 존재감을 부여한다"(화이트, 2006: 122). 이처럼 인물들이 스스로 말하도록 영화제작자가 옆으로 물러나는 것은 다이렉트 시네마의 관습을 승인하는 것이며, 이를 통해 페미니즘 다큐멘터리의 초국가적 구성이 가능해진다고 할 수 있을 것이다.

　　〈인도의 딸India's Daughter〉(레슬리 우드윈Leslee Udwin, 2015, 영국/인도)과 같은 영화는 최근 세계 각지의 성폭력이나 젠더 기반 차별과 관련해 의미 있는 사회적 변화를 지지하고 촉발시키는 수단으로 받아들여진다. 〈인도의 딸〉은 2012년 뉴델리에서 발생했던 잔인한 집단 강간과 살해 이야기를 다룬다. 이 범죄는 인도 사회를 들끓게 했고, 대규모 시민 시위와 경찰과의 폭력 충돌로 이어졌다. 사회적 불안은 성폭력에 대한 전국적 논의로 이어졌으며, 피해자에게 낙인을 찍어 비난과 수치를 감내하도록 하는 분위기를 재고하도록 만들었다. 그러나 이 영화에 강간범들/살

〔그림 5.16〕〈시누이올케〉(킴 론지노토 & 플로렌스 아이시, 2005).

인범 중 한 명과의 인터뷰가 포함되어 있다는 사실이 알려지면서 논란이 일었다. 강간살해범이 자신의 입장을 전달할 기회를 얻는 것이 정당한지 문제를 제기하는 사람들이 있었기 때문이다. 그 결과 영화는 인도 텔레비전에서 상영 금지되었다. 영화에 등장하는 여성 중 하나인 인도 진보 여성 총연합All India Progressive Women's Association 소속 활동가 카비타 크리슈난Kavita Krishnan은 이후 한 인터뷰에서, 영화의 제목이 여성은 국가의 어머니와 딸로서 예의 바르게 행동해야 한다는 가부장적 가정들을 강화한다고 말했다. 또한 크리슈난은 이 영화가 백인 구원자라는 틀에 기대며, 공격자들의 빈곤한 사회경제적 위치에 대한 탐구가 "결국 가난하고 불우한 배경을 가진 인도 남성들을 잠재적 강간범으로 그리는 결과를 낳았다"라고 지적한다. "영화는 그와 같은 배경을

〔그림 5.17〕〈인도의 딸〉(레슬리 우드윈, 2015).

가진 남성들이 강간범이 아닐 수도 있다는 것을 보여 주지 않는
다. 실제로 그들 중 대다수는 범죄자가 아니다."* 이러한 비판
들은 인종, 계급, 젠더, 민족의 교차가 지닌 복잡한 성격을 보여
주며, 재현의 정치가 영화제작자, 대상 인물들, 관객 간의 권력관
계를 수반하고 그들의 지정학적 위치에 따라 더 복잡해질 수 있
음을 드러낸다.

　이처럼 초국가적 페미니즘 다큐멘터리는 포스트-제3세계주
의 문화post-Third Worldist culture의 맥락(이는 제1세계와 제3세계라는
지나치게 단순화하는 이분법을 부인한다)에서 작동한다. 엘라 쇼

---

* Tinku Ray, "A women's rights activist has mixed feelings about *India's Daughter*," *www.npr.
org/sections/goatsandsoda/2015/03/10/392111392/an-anti-rape-activist-is-disturbed-by-indias-daughter.*

하트Ella Shohat는 포스트-제3세계주의를 "반인종차별적이고 반
식민적인 운동들의 타당성을 전제하면서 '제3세계' 국가와 60년
대 미국에서 벌어진 국가적 권력 운동의 여러 균열을 심판대에
세우는 시각"으로 설명한다(2001: 10). 쇼하트는 계속해서 다음
과 같이 말한다. "'제3세계'의 페미니스트들, 그리고/혹은 흑인 여
성주의자들womanists은 서구 기반 글로벌 자매애의 손쉬운 조화
를 비판해 왔다. 그것은 신제국적 피라미드의 안락한 위치로부
터 얻어 낸 특권들에 대해 전반적으로 무지하다"(11). 비서구 세
계에서 자신의 삶을 기록하는 여성들은 여성 및 성적, 종교적, 인
종적 소수자들을 배제하는 국가적 표상을 비판하는 동시에, 서
구 페미니즘의 서사에 포섭되지 않는 자신만의 뚜렷한 페미니즘
의 전망들을 구축하는 등 여러 전선에서 투쟁한다.

사례 연구

〈소니타Sonita〉

(로크사레 가엠마가미(Rokhsareh Ghaemmaghami*, 2015, 이란)

/

다큐멘터리 〈소니타〉는 이란의 테헤란에서 여동생, 조카딸과 함께 사는 아프가니스탄 난민 출신의 10대 소녀 소니타 알리자데Sonita Alizadeh를 따라간다. 그들은 얼마 안 되는 임차료를 지불할 형편이 되지 않아 퇴거 위협을 받고 있다. 게다가 아프가니스탄에 있는 소니타의 가족은 재정적 압박이 가중되는 상황에서 돈을 마련하기 위해 소녀를 정략결혼으로 팔아넘기려 계획 중이다. 소니타는 랩 가사를 쓰고 대형 콘서트에서 공연하기를 꿈꾸며 하루하루를 보낸다. 그녀는 수많은 군중 앞에서 노래하는 리한나Rihanna의 사진 위에 자신의 얼굴 사진을 붙여 두었다. 엄밀히 말해 소녀에게는 국적이 없다. 그녀에게는 아프가니스탄이나 이란의 국적을 법적으로 증명해 줄 어떠한 서류도 없기 때문이다. 그녀의 이름은 참새를 의미하는데, 그녀의 말에 따르면 참새는 "철새"이다. 거리의 아이들을 위한 시설에서 강사들이 이름과 신원이 기재된 가상의 여권을 만들어 보라고 하자 그녀는 '소니타 잭슨'이라고 적는다. 왜 잭슨이냐는 질문에 그녀는 "외국 이름 같아서요"라고 대답한

---

* 원문에는 'Ghaem Maghami'라고 표기되어 있으나, 다른 문헌들에서의 감독 이름 표기들을 봤을 때, Ghaemmaghami가 맞는 표기법인 것으로 산주되어, 본 번역에서는 '가엠마가미'로 표기했다. — 옮긴이.

[그림 5.18] 〈소니타〉(로크사레 가엠마가미, 2015).

다. 그녀는 미국의 시민이 되기를 꿈꾸고, 마이클 잭슨Michael Jackson과 리한나의 아이가 되기를 꿈꾼다. 그러나 현실에서 그녀는 남자 형제가 지참금을 받을 수 있도록 아프가니스탄으로 돌아가 결혼하라는 압력을 받고 있다. 소니타의 우상들은 글로벌화된 서구 대중문화와 서구적 미의 기준이 얼마나 광범위한 영향력을 행사하는지 보여 준다. 그녀는 어머니의 레이저 치료 비용을 지불하기 위한 계획을 세우며, 어머니가 금발의 서구 백인 여성처럼 보이기를 바란다.

영화 중반에 다큐멘터리의 톤이 바뀌면서 이전에는 보이지 않던 영화제작자가 이야기의 일부가 된다. 한 장면에서 소니타는 카메라를 들고 돌아서서 감독에게 직접 질문하기로 결정한다. 또 다른 장면에서 소녀는 가족에게 돈을 주어 자신을 자유롭게 할 방법을 찾아달라고, 돈은 음악으로 번 수익으로 갚겠다고 감독에게 제안하기도 한다. 도덕적 딜레마에 직면한 감독은 시네마 베리테의 신념을 담아 이렇게 대답한다. "소니타, 얘야. 나는 진실을 기록해야 해. 내가 너의 삶에 이렇게 개입하는 것은 옳지 않아." 소녀의 어머니는 아프가니스탄에서 그녀를 데리러 오는데, 이를 통해 분명해지는 사실은 소니타의 선택지들이 점점 더 제한되며 그녀가 돌아가서 강제로 결혼을 할 가능성이 현실적인 것이 되었다는 점이다. 한 장면에서 영화 감독과 음향 기술자는 아동시설 직원과 함께 소니타가 처한 상황과 그들이 할 수 있는 일들에 대해 논의하는데, 이는 비개입을 통해 달성되는 '객관적' 다큐멘터리의 재현이라는 암묵적 규칙을 어기는 것이다. 그러던 중 소니타가 실종되면서 영화는 그녀를 찾아 내려는 영화제작자의 필사적인 노력을 기록하는 것으로 잠시 옮겨간다. 소니타를 다시 찾은 영화제작자는 그녀의 자유를 사기 위해 2,000달러를 지불한다. 소니타는 노래와 동영상을 제작해 어느 정도 국제적으로 알려진다. 그러나 이란에서는 여성들이 노래를 부르는 것이 금지되어 있기에 아동 지원 시설은 그녀와의 관계를 끊어야 한다. 다큐멘터리의 마지막 장면은 장학금을 받은 소니타가 더 나은 미래에 대한 희망을 품고 미국에 도착하는 것을 보여 준다.

소니타의 자유를 확보하기 위해 2,000달러를 지불한 감독의 개입은 영화제작자가 인물의 삶에 개입해서는 안 된다는 다큐멘터리 윤리의 핵심 규칙 중 하나를 어긴 것으로 약간의 비판과 논란을 불러일으키기도 했다. 이에 대해 가엠마가미는 다음과 같이 응답한다. "나에게 자신들의 삶과 이야기를 나누어 주는 사람들이 내가 감당할 수도 있는 일로 고통받는다면, 나는 그들을 필름에 담을 수 없다." 그러한 개입으로 객관성이 파괴될 수 있지 않냐는 질문을 받은 감독은 다음과 같이 덧붙인다.

그것은 거짓말이다. 당신은 결코 벽 위의 파리가 아니다. 당신은 언제나 방 안의 코끼리다. 당신의 존재는 모든 것을 바꿀 수 있다. 나는 객관성이 중요하다고 생각하지 않고, 객관성이 가능하기나 한지도 모르겠다. 사람들의 이야기는 언제나 주관적이고 개인적이다. 영화제작자는 결정하고, 창조한다.*

보고 토론하기
〈소니타〉

/

영화가 기록하는 실제 사건에 개입하기로 한 영화제작자의 결정에 대해 어떻게 생각하는가? 객관적 현실을 포착하는 것이 더 중요하다고 생각하는가, 아니면 비참한 상황에 처한 사람을 보호할 수 있을 때 영화제작자에게 개입할 책임이 있다고 생각하는가?

* Homa Khaleeli, "Sonita's director: Why I paid $2000 to stop a rapper being sold into a forced marriage," www.theguardian.com/film/2016/oct/24/sonita-director-interview-rokhsareh-ghaem-maghami.

이 영화는 대상 인물을 타자화하거나 대상화하는 시선을 재생산하는가? 만약 그렇다면 그 이유는 무엇이고, 아니라면 그 이유는 무엇인가?

〈소니타〉가 트린 민-하가 '곁에서 이야기하기'라고 부르는 것의 한 사례가 될 수 있는지 생각해 보라. 이에 관한 자신의 답변을 상세하게 작성해 보라.

활동

/

소모임을 꾸리거나 개별적으로 다큐멘터리를 위한 주제를 하나 선택해 보자. 여러분의 결정에 영향을 미치는 것은 무엇인가? 당신은 현재의 쟁점에 관심이 있는가 아니면 과거의 사건들을 재현하는 것에 관심이 있는가? 만약 후자라면, 역사적 주제를 선택하도록 동기를 부여한 현재의 관심사들이 있는가? 다큐멘터리의 주요 자료는 무엇이며, 소재를 형식의 차원에서 어떻게 재현할 것인가? 존재하는 권력 역학을 완화하거나 재현의 문제를 전면에 내세우기 위해 무엇을 선택할 것인가? 다큐멘터리의 객관성이라는 개념에는 어떻게 접근할 것인가?

토론을 위한 질문들

/

1. 다큐멘터리에 대한 리얼리즘적 접근은 본래 문제가 있는가? 보다 실험적인 접근 방식이나 사실과 허구를 혼합하는 다큐멘터리의 한계는 무엇인가?

2. 페미니즘이나 그 밖의 것을 다루는 다큐멘터리 중 리얼리즘에 충실하거나 리얼리즘을 적극적으로 전복하는 영화로 떠오르는 것이 있는가? 그것은 영화가 제공하는 정보에 대한 이해나 그와 맺는 관계를 어떻게 형성하는가?

3. 〈여성의 해〉나 〈크리스타 찾기〉와 같은 영화들과 관련해 허구, 재연, 꿈 시퀀스 등을 활용하는 것이 활동가들의 정치적 의제를 약화시킨다고 생각하는가 아니면 도움을 준다고 생각하는가? 역사와 정치에 대한 여성들의 관계는 어떤 방식으로 수행적이고/이거나 공상적인가?

4. 가장 최근에 본 다큐멘터리는 무엇인가? 그것의 형식적·스타일적 측면에 대해 생각해 보자. 이 영화가 민족지적 다큐멘터리, 시네마 베리테, 다이렉트 시네마, 혹은 다른 다큐멘터리 영화제작 방식의 한 사례라고 할 수 있는가? 영화의 스타일은 제재에 대한 영화제작자의 태도를 어떻게 반영하는가?

5. 주제에 관해서 말하기보다는 '그 곁에서 이야기한다'는 것이 무엇을 의미한다고 생각하는가?

6. 전기 다큐멘터리는 여성의 역사에 존재하는 공백들을 채우는 작업을 할 수 있는가? 이러한 과업의 한계는 무엇인가?

핵심 용어

/

#자전적 다큐멘터리 #전기 다큐멘터리 영화 #시네마 베리테 #다이렉트 시네마 #민족지적 영화 #실험적 다큐멘터리 #페미니즘 다큐멘터리 #제4의 영화 #글로벌 페미니즘 #상호교차성 페미니즘 #뉴스영화 #객관적 현실 #정치적 다큐멘터리 #포스트-제3세계주의 #문화 #선전 영화 #현실/실제 #리얼리즘 #리얼리즘 다큐멘터리 #분산된 헤게모니들 #제3영화 #제3세계 페미니즘 #제3세 #주의 영화 #초국가적 페미니즘 다큐멘터리

6장.
페미니즘과 실험 영화 및 비디오

영화 매체가 등장한 초창기부터 여성들은 꾸준히 영화적 실험을 해 왔다(초기 여성 실험 영화제작자들에 대한 개요는 여성 작가들을 다룬 1장을 볼 것). 대안적이고 시적인 유형의 영화는 여성을 비롯해 민족, 젠더, 인종, 성 등과 관련해 지배적인 정체성에 부합하지 않는 사람들이 지배적인 영화 언어에 반해 개인적인 시각과 경험을 표현할 수 있는 기회를 제공했다. 또한 실험적인 영화제작은 보다 접근성이 좋고 대안적인 배급 전시 체계에 의존하는 경향이 있기에 주변부나 소외된 집단 출신의 예술가들에게 여러모로 유용했다. 예를 들어, 실험적인 작품은 집과 같은 사적인 공간에서 저렴하고 접근성이 좋은 기술을 사용해 혼자 만들 수도 있다. 이러한 작품은 친구들의 차고에서 임시 미니극장

microcinema에 이르기까지, 소규모 장소에서 상영되며, 요즘에는 간단하게 온라인 플랫폼에 게시될 수도 있다. 실험적인 전시 및 배급 방식들이 제도화된 채널에 덜 의존할 수 있고 그래야만 한다는 사실은 지배적인 제도에서 지속적으로 소외되어 온 사람들이 덜 공식적이고 어쩌면 보다 저항적인 맥락과 공간 속에서 자신의 작품을 전시할 수 있음을 의미한다. 이는 또한 여성을 비롯해 이러한 채널을 이용하는 이들의 작업이 어느 정도 주변부에 머물러야 함을 의미할 수도 있다.

알리스 기 블라셰Alice Guy Blaché나 제르멘 뒬락Germaine Dulac과 같은 초창기의 여성 영화 선구자들(1장을 볼 것)이 상업적인 작업에 더해 실험적 형식을 탐구했다면, 마야 데렌Maya Deren은 **미국 아방가르드의 출현과 관련된 핵심 인물들 중 하나로 남아** 있다. (5장에서 논의한) 셜리 클라크는 미국 아방가르드의 출현을 전후로 영화제작, 배급, 공동체의 조직에 있어 중심적인 역할을 담당했고, 마리 멘켄Marie Menken, 군버 넬슨Gunnvor Nelson, 조이스 윌랜드Joyce Wieland 같은 인물들 또한 전후 미국 실험 영화계의 핵심 구성원들이었다. 그러나 아방가르드와 반문화 전통에 대한 지배적 설명에서 여성들의 기여는 역사적으로 무시되어 왔다. 이는 부분적으로 1950년대와 1960년대에 미국에서 등장한 아방가르드 언더그라운드 영화가 실험적인 영화제작의 규범을 정의하면서 선지자적 천재로서의 영화제작자라는 관념을 전제했기 때문일 것이다. 선지자적 천재라는 범주는 전통적으로 남성적인 것으로 성별화되었고, 남성 거장의 독점적 영역으로 간주되어 왔다. 로빈 블래츠Robin Blaetz가 주장하듯이, "몇 가지 중요한 예외를 제외하면, 여성들의 작업은 낭만적romantic 예술가라는 개념을 중심으로 구축된 구조에 속해 있다고 간주되었고, 남성적인 것으로 정의된 전통에서 여성 영화는 주변적인 것처럼 보였다"(2007:2-3). 혼성적이거나 덜 정통적인 여성들의 실험적 작업 전통은 항상 존재해 왔다. 윌리엄 위스William Wees가 주장하는 바에 따르면, 1980년대에 등장한 새로운 세대의 실험적 페미니스트 영화제작자들은 "개인의 창조에 관한 [남성 아방가르드의] 낭만주의적Romantic이고 에머슨적인Emersonian 위인 이론을 거부했으며, 정전으로 간주되어 온 위대한 영화와 영화제작자들의 목록에 변화를 주고자 했다. 그들은 마야 데렌이라는 예외를 제외하면 모든 '거인들'이 남자라는 것을 잘 인식하고 있었다"(2005:22). 여성 영화제작자들의 공헌을 고려하기 시작하면, 미국 아방가르드의 영웅적인 남성 서사뿐만 아니라 실험적인 작품을 분류하기 위해 사용했던 전통적인 범주들도 도전받는다.

논쟁의 토대를 정초한 것으로 평가받는 저서 『시각적 쾌와 서사영화』(1975)에서 로라 멀비는 페미니즘 영화제작의 목표가 쾌락pleasure를 파괴하는 것이어야 한다고 주장했는데, 이는 서사영화의 쾌락이 남성적 시선을 영속화하고, 여성을 남성의 즐거움을 위한 스펙터클로 위치시키는 지배적 영화 언어에 기초하기 때문이었다. 앞선 장들에서 언급했듯 멀비는 고전적 할리우드가 제공하는 특정 종류의 남성 중심적 쾌락을 파괴해야 한다고 주장했다. 그녀는 직접 영화를 제작해 학술 활동과 영화적 실천을 병행했으며, 이를 통해 자신의 이론에 시청각적 형태를 부여하고자 했다. 예를 들어, 그녀의 영화 〈스핑크스의 수수께끼들

Riddles of the Sphinx〉(피터 월른Peter Wollen과 공동 연출, 1977, 영국)
의 중간 부분은 다양한 장소에서 카메라를 360도 회전해 촬영한
숏으로 구성된다. 사운드트랙은 신시사이저synthesizer 음악과 주
인공 여성의 보이스오버가 혼합되어 있는데, 그녀는 보이스오버
를 통해 일과 여가, 모성과 쾌락 사이에서 협상을 시도하고 가부
장적 자본주의의 맥락 속에서 자신의 삶을 이해해 보고자 한다.
사운드트랙이 세계에 대한 여성적 관점과 의식에 특권을 부여한
다면, 360도 회전 숏들은 영화의 시선에서 인간적 관점을 제거하
는 역할을 한다. 기계화된 회전은 프레임 속에 있는 어떠한 인물
이나 행위도 특권화하지 않는다. 그리하여 이 영화는 여성을 욕
망의 대상으로 재현하는 것에서 벗어나 여성의 의식과 다차원적
사유들을 보여 준다. 그를 통해 우리는 일상을 살아가는 여성의
물신화되지 않은 이미지를 이해할 수 있으며, 특히 자아의 완전
한 실현 및 통합과 관련해 현대 여성의 주요 쟁점인 모성에 대한
묘사를 이해할 수 있는 틀을 갖는다.

그러나 멀비의 실천이 모든 여성의 실험 작업을 위한 패러
다임인 것은 아니다. 페미니즘적인 실험 작품 중 상당수는 매우
재밌으며, 그러면서도 매체를 활용해 세상을 보거나 시청각 정
보를 소화하는 습관화된 방법에 의문을 제기하기를 멈추지 않는
다. "여성들은 실험 영화의 실천에서 종종 서사성과 비서사성을
병치하고, 서사적 쾌와 서사의 파괴를 나란히 배치하며 관객에
게 동일시뿐만 아니라 비판적 거리 또한 제공하는 등 남성주의
적 아방가르드 미학의 독단에 두전하곤 한다"(페트롤Petrolle/웩스
먼Wexman, 2005: 3). 실제로 여성 혹은 이분법적 성별에 속하지 않

는 예술가들의 작업을 통해 실험의 역사를 검토해 보면 실험적인 영화의 제작에 쾌와 정치의 복잡한 관계가 내재함이 드러난다(예를 들어, 캐롤리 슈니먼Carolee Schneemann의 작업에 대한 3장의 논의를 볼 것). 페미니즘과 실험적인 작품은 각각 넓은 차원과 보다 특수한 차원에서 재현에 관해 더 큰 질문을 던지며, 지배적인 봄seeing의 방식을 재생산하지 않는 시선으로 우리가 세계와 스크린을 다르게 볼 것을 요청한다.

페미니즘적인 실험 작업을 기록할 때의 문제들 중 하나는 페미니즘이라는 용어를 어떻게 정의할 것인가와 같은 기본적인 질문들이다(이 질문들은 1장에서 소개한 여성 저자에 관한 논의에도 내재되어 있다). 페미니즘을 정치적인 용어로 정의할 때, 여성에 의한 실험 작업은 모두 자동적으로 '페미니즘적'인가? 앞서 언급한 미국 아방가르드의 '거인들' 중 하나이자 이 그룹에 처음부터 포함된 유일한 여성 영화제작자였던 마야 데렌이 그렇다고 명백하게 정치적인 영화를 만들었던 것은 아니다. 예를 들어, 그녀의 가장 잘 알려진 영화인 〈오후의 올가미Meshes of the Afternoon〉(알렉산더 해미드Alexander Hammid와 공동연출, 1943, 미국)는 꿈과 무의식에 관한 탐구로서 흔히 시적이거나 서정적이라고 묘사된다. 이 영화에서 데렌은 잠에 빠진 뒤 베일을 쓴 얼굴 없는 여인들, 변화된 중력 법칙, 증식하는 자아, 신비로운 물건들, 뚜렷한 목적지가 없는 정원 길 등이 있는 세계로 들어서는 인물을 연기한다. 영화의 몽환적 이미지들은 페미니즘적 비판을 제공하는 것으로 해석되어 왔지만, 이 영화의 정치적 내용은 결코 명백하지 않다. 이 영화가 페미니즘적인 것으로 여겨지거나

[그림 6.1] 〈할리퀸Harlequin〉(조디 맥, 2009).

여성 영화제작자들에게 중요한 이유는 무엇인지, 그렇지 않다면 그 이유는 무엇인지 생각해 볼 필요가 있다. 또 하나의 예로 현대의 실험 영화제작자 조디 맥Jodie Mack은 자신의 시각적 풍경으로 주로 직물을 이용해 작업한다. 그녀는 다양한 색상과 무늬의 천을 촬영한 숏들을 편집해 아름다운 구성과 병치를 창조해 내며, 리듬감을 증폭시키기 위해 스톱 모션 효과를 사용하기도 한다. 맥의 작품 역시 명백하게 정치적인 내용은 없다. 그러나 그녀는 전통적으로 남성이 지배해 왔던 분야에서 여성의 일로 생각되어 온 직물 공예를 기초로 작업한다는 점에서 오늘날 중요하게 간주되는 영화제작자다([그림 6.1]을 볼 것).

그렇다면 맥은 페미니스트 영화제작자인가? 이러한 영화제작자들은 페미니즘을 명시적으로 표현하는 용어와 틀을 넘어서서 그것을 이해할 것을 요구한다. 너무나도 많은 실험적인 작품이 추상과 형식에 초점을 맞추기에 명시적으로 정치적인 내용을 요구하게 되면 이 분야에 대한 여성들의 혁신적이고 중요한 기여 중 상당수를 놓치게 될 것이다. 더군다나 이전 장들에서도 언급했듯 '여성'이라는 것이 무엇인지 어떻게 정의할 수 있는가? 여성이라는 정체성이 인종과 계급을 비롯해 정체성의 다른 축들을 아우르는 범주라는 가정은 페미니즘 이론 내에서 오랫동안 문제적인 것으로 비판되어 왔고, 젠더와 정체성에 관한 훨씬 더 정교한 개념들이 전개되어 감에 따라 계속 문제가 된다. 이러한 이유로 여기에서 우리는 여성, 트랜스젠더, 그리고 이분법적 성별에 속하지 않는 이들의 작업을 '페미니즘' 항목에 포함시켰다. 무엇이 실험적인 작품을 페미니즘적이거나 그렇지 않은 것으로 만드는가, 라는 질문에 답변하는 대신, 우리는 이 이름표 아래에 묶인다고 생각되는 넓은 범위의 다양한 샘플들을 포함시켰다.

이 장에서는 먼저 실험 영화의 하위 범주에 속하는 근본적인 구분 중 하나인 구조 영화와 보다 표현적이거나 서정적인 전통 사이의 구분을 검토할 것이다. 그런 다음 우리는 실험 영화의 또 하나의 주요 범주인 일기 영화를 살펴볼 것이다. 그 후에 우리는 페미니스트 영화제작자들이 그들의 작업에서 사용한 다양한 전략들을 추적할 것이다. 이미지 전용 및 재맥락화, 남성 텍스트 다시 쓰기, 문화적으로나 정치적으로 소외된 이야기들을 들려주고 정체성을 탐구하기, 마지막으로 공식적 기록이 존재하지 않는 역사를 창조하기. 물론 이러한 범주들은 침투성이 매우 강해서 영화 대부분은 여러 범주에 동시에 속한다. 이 전략은 특정 형식의 실험을 하도록 동기를 부여한 요소나 페미니즘적 작업을 구성하는 요소가 무엇인지 사유하기 위한 도구로 의도되었다.

아방가르드 전통에서의 구조주의와 자기 표현

실험 영화는 형식과 내용의 관계에 대해 질문을 던질 때가 많다. 전통적으로 여성들의 영화 내용물 중 많은 것을 남성들의 것들로부터 구별해 온 것 중 하나는, 후자가 순수하게 형식적이거나 구조적인 실험에 참여해 온 반면, 여성의 실험 영화는 작품의 내용/맥락에 대한 검토 없이 순수하게 형식에 대해 숙고할 수 있다는 생각에 도전하는 경향이 있었다는 것이다. **형식주의**에 속하는 중요한 페미니즘의 사례 중 상당수는 또한 정체성과 장소의 정치에 대한 고찰이기도 하다(형식주의는 구조 영화와 마찬가지로 작품과 매체의 형식 및 형식적 차원을 탐구하고 전면에 내세운다). 우리는 페미니즘의 대항궤적counter-trajectory에서, '여성이 형식적 혁신을 통해 여성의 주체성에 관한 담론을 확장하는 방법'을 볼 수 있다(페트롤 & 웩스먼, 2005: 3). 따라서 영화제작자의 개인적 상상vision과 인상을 묘사하는 **표현적 작품**과 형식과 매체 자체에 더 집중하는 **구조 영화**를 구조적으로 대립시키는 것은 많은 페미니스트 영화제작자의 작업에서 잘못된 이분법으로 드러난다.

표준적인 아방가르드의 전통에서 구조 영화 제작자들은 영화의 물질적 기반에 관심을 가진다. 예를 들어, 그들은 영사나 현상 과정 자체를 가지고 유희할 수도 있고, 필름을 긁어내거나 무엇인가 그려 넣거나 테이핑을 하는 등 셀룰로이드 필름이라는 물질을 가지고 작업할 수도 있으며, 색, 형태, 카메라의 움직임과 같은 매체의 개별 요소를 탐구할 수도 있다. 이는 형식주의라고도 불리며, 특히 1960년대 이후에 활동한 미국 아방가르드 영화제작자들의 작업과 연결된다. 예를 들어, 마이클 스노우Michael Snow의 영화 〈파장Wavelength〉(1967, 캐나다)은 벽에 걸려 있는 그림을 향해 방을 가로질러 가는 45분간의 느린 줌zoom이다. 또 다른 구조 영화제작자인 폴 샤리츠Paul Sharits는 색의 속성들을 실험하는 영화를 많이 만들었으며, 영사기의 깜박임 효과나 소리 등 매체의 구조적 토대에 관심이 있었다. 샤리츠는 필름을 태워 매체의 물질적 기반인 셀룰로이드를 탐구하기도 했다. 그의 영화 〈나쁜 연소Bad Burns〉(1982, 미국)는 실험적 영화제작에서의 구조적 충동을 보여 주는 한 사례다. 영화는 영사기에 필름이 걸렸던 한 설치작품으로부터 가져온, 못쓰게 된 테이크들outtakes을 토대로 제작되었다. 샤리츠는 이 사고를 이용해 영사기를 통과하는 필름의 덜컹거리는 운동을 재현하는 새로운 영화 프린트를 만든다. 불타는 필름의 (원래의) 이미지는 빛, 색, 그리고 영사 자체에 대한 추상적 명상이 된다. 관객은 영사기의 깜박임과 함께 필름의 톱니구멍들을 볼 수 있으며, 이는 영화가 매체의 구조적 기본 요소들을 탐구함으로써 창조해 낸 미적 경험 중 일부가 된다.

여기서 이 영화를 길게 묘사한 것은 구조적이거나 형식적 관심들이 내용으로부터, 혹은 주체성, 정치, 정체성에 관한 논평으로부터 분리될 수 있음을 예증하기 위해서다. 그러나 이 전통

안에서 작업하는 많은 여성 실험 영화제작자의 작품에서 알 수 있는 것은, 매체와 형식에 관한 탐구가 세계 내 실존의 경험에 관한 논평과 본래적으로 단절될 필요가 없다는 것이다. 샤리츠의 작품조차도 억압받는 이미지에 기댄다. [샤리츠의] 영화에서 추상화되는 원래의 이미지에서는 화면 밖 누군가에 의해 위협을 받는 한 여성의 얼굴을 향해 성냥불의 일렁이는 불꽃이 점점 다가온다. 이처럼 시선의 가학성sadism과 젠더화된 정치를 반영하는 이미지에 불타는 필름과 톱니구멍들의 이차적인 이미지, 나아가 삼차적인 이미지들이 덧입혀진다. 이런 의미에서 〈나쁜 연소〉는 비정치적이거나 '중립적'인 텍스트에서도 표면 아래 이데올로기적 역학 관계가 존재할 수 있음을 보여 준다.

구조적 원리들을 활용하면서도 이를 사회적 쟁점이나 더 큰 주체성의 문제와 연결하는 페미니스트 영화제작자의 두 반례로서 수 프리드리히Su Friedrich와 나즐리 딘셀Nazli Dinçel의 작업을 살펴보자. 수 프리드리히는 1970년대 후반에 영화를 만들기 시작했다. 그녀는 실험적 미학과 다큐멘터리·자서전·서사의 형식들을 혼합하는 것으로 잘 알려져 있다. 그녀의 영화는 종종 지극히 개인적인 이야기를 익살스러운 방식으로 전달하면서 더 큰 정치적·역사적 맥락과 연결시킨다. 프리드리히는 원본 이미지에 파운드 푸티지found footage와 홈 무비home movie를 결합시키고, 필름을 긁어 텍스트를 새겨 넣는다. 이와 유사한 방식으로 그녀는 사운드트랙에 디에게시스diegesis 사운드*, 팝 음악과 클래식

---

* 디에게시스란 영화의 서사에 의해 만들어진 허구 세계를 일컫는다. 따라서 디에게시

(그림 6.2) 수 프리드리히는 영화에 그녀 자신의 이야기를 끼워 넣는다. 〈가라앉거나 헤엄치거나〉(1990).

음악, 침묵, 내레이션을 혼합한다. 프리드리히는 자신의 초기 작업에 관해 다음과 같이 말했다.

> [나는] 사이코드라마와 구조 영화에 모두 반감을 가져서 무언가 다른 것을 해 보려는 중이었다. 대체로 나는 매우 열이 받은 상태로 이렇게 생각했다. "이 영화 중 몇 개는 정말 지루하고, 몇 개는 잠재력은 있지만 형편없이 만들어졌어. 여자들은 다 어디에 있는 거지?"(커틀러Cutler, 2007: 315)

스 사운드는 허구의 공간에서 발생하는 소리를 의미하며(대표적으로 대사와 소음을 들수 있다), 예를 들어 어떤 장면의 배경 음악은 디에게시스 사운드에 속하지 않는다.─옮긴이.

〔그림 6.3〕 프리드리히의 〈가라앉거나 헤엄치거나〉에 등장하는 아버지에게 보내는 편지.

〈가라앉거나 헤엄치거나Sink or Swim〉(1990, 미국)에서, 프리드리히는 자신과 아버지의 관계에 대해 들려준다. 언어학자이자 인류학자로 그는 차갑고 이따금 잔인하기까지 했던 사람이었으며 결국 가족을 떠나버렸다.

이 영화는 Z에서 시작해서 A로 끝나는 알파벳들로 구성된다. 각각의 알파벳에는 표제 단어가 주어져 이어지는 이미지와 내레이션을 해석하는 틀을 제공한다. 영화는 "당신이 나를 어떻게 생각하는지 말해주세요"라는 가사가 담긴 가슴 아픈 알파벳 노래로 끝나는데, 프리드리히의 쌀쌀맞고 까다로운 아버지가 그녀의 자아감각을 형성하는 데 어떠한 영향을 미쳤는지 탐구되면서 이 노래는 부가적 의미를 부여받는다. 그녀가 알파벳 순서를 따르는 것은 영화에 구조적 제약을 설정한다. 그녀의 아버지가 언어학과 관련해 많은 글을 출판한 학자라는 것을 고려하면, 알파벳은 영화의 내용 중 일부를 반영한다고 할 수 있다(아이러니하게도 그는 친족 구조에 관해서도 광범위한 글을 썼는데, 그중 일부는 가족이 해체 과정을 겪는 중에 집필되었다).

영화의 내레이션은 어린 소녀의 목소리로 진행된다. 내레이터의 개인적인 경험은 그리스 신화를 비롯한 여러 이야기를 바탕에 두고 3인칭으로 번역된다. 사건들은 '소녀' 혹은 '여인'에게 일어난 것으로 전달되는데, 이는 아이에게서 발견되는 어떤 순수함뿐만 아니라 기억과 개인적 역사가 본질적으로 구성되는 것임을 부각시킨다. 윌리엄 위즈William Wees(2005)가 주목한 바와 같이, 3인칭 내레이션의 사용은 제롬 힐Jerome Hill의 〈초상 영화Film Portrait〉(1970), 브루스 베일리Bruce Baillie의 〈재빠른 빌리Quick Billy〉(1970), 그리고 〈월든Walden〉(1964-1969)과 〈로스트, 로스트, 로스트Lost, Lost, Lost〉(1949-1975)를 포함하는 요나스 메카스Jonas Mekas의 많은 작품과 같은 미국 아방가르드의 주요 자서전 영화들과 다른 톤의 작품을 가능케 한다. 이야기를 1인칭으로 서술하는 것은 낭만주의적 예술가의 이미지를 구축하는 데 효과적이며, 이때 예술가의 독특한 개인적 이야기는 작품의 표현적이고 형식적인 차원과 불가분의 관계에 있게 된다. 위즈는 프리드리히가 자신의 이야기를 마치 '어떤 한 소녀'에게 일어나는 것처럼 내레이션하기로 선택해 서사와 거리를 두고 관객에게 더 많은 해석의 여지를 준다는 것에 주목한다. 이는 "자전적 '자아'를 사회적 주체로서 바라보게 하며, 영화적 관점에서는 형식과 내용의 원인이 아니라 결과로서 바라보게 한다"(2005: 32-33). 따라서 그녀의 작업은 스스로 생성해 낸 통찰만으로 작품을 창조해 내는 천재로서의 예술가를 중심에 놓는 경향으로부터 벗어나, 영화제작자를 사회적 세계 속에 확고하게 위치시킨다. 여기서 자아에 대한 감각과 자기표현 능력은 외부의 힘과 관계의 망에 의해 제약되거나 가능해지며, 전적으로 신뢰할 수는 없는 기억과 언어로 매개된다.

나즐리 딘셀은 터키 태생의 영화제작자로 열일곱 살에 미국으로 이주했다. 딘셀은 셀룰로이드를 매체로 선택하길 선호해 왔으며, 16mm 필름의 표면을 이용해 많은 작업을 해 왔다. 수 프리드리히처럼 딘셀은 필름 표면에 직접 텍스트를 새겨 넣기도 한다. 그녀의 선언문에 따르면, 그녀는 "이미지 위에 텍스트를 물리적으로 그려 넣는 지루한 작업을, 복잡한 요리나 양탄자 제작과 같은, 터키에서 자란 여성들의 전통적 역할들과 연결시킨다"*. 필름을 긁거나 그림을 그려 넣는 것 외에도, 그녀는 필름에 바느질을 하기도 한다.

그녀의 영화 시리즈 '고독한 행위들Solitary Acts'(2015, 미국)은 매체 자체에 대한 구조주의적 실험을 통해 어둡고 익살스러운 방식으로 성 정체성의 쟁점들을 탐구한다. 예를 들어, 〈고독한 행위들 #5〉은 딘셀이 필름 표면에 '먹다'와 같은 단어를 새겨 넣은 일련의 프레임들을 포함한다. 이 프레임들은 딘셀이 립스틱을 바르고 거울 속의 자신에게 입을 맞추는 장면과 거의 그로테

---

*   Nazli Dinçel, "Manifesto," www.nazlidincel.com/manifesto/.

〔그림 6.4〕〈고독한 행위들 #6〉(나즐리 딘셀, 2015).

스크할 정도로 과하게 교차된다. 이렇게 새겨 넣은 텍스트는 그
녀가 당근으로 자위를 한 뒤 화장실에서 그것을 먹는 것을 묘사
한다. 그녀의 할머니는 그녀가 화장실에서 먹기 때문에 나쁜 무
슬림이 되었다고 비난한다. 이처럼 딘셀은 이 영화에서 주체성,
세대 간 상속, 자아 탐구, 그리고 욕망이 생산되고 탐구되는 환경
과 욕망 사이의 복잡한 관계 등 다양한 측면들을 다룬다. 딘셀의
작업은 신체와 밀접한 관련이 있다. 〈고독한 행위들 #4〉에서는
자위행위를 적나라하게 클로즈업해 묘사하기도 한다. 말 그대로
영화의 물질적 신체를 탐구하겠다는 그녀의 결정은 주제적 내용
으로서 물리적이고 육체적인 것에 대한 그녀의 관심을 반영한
다. 딘셀은 주제적 차원에서 촉각과 신체에 큰 흥미를 갖고 있고,
셀룰로이드 매체 역시 촉각적으로 처리되는 표면이기 때문에,

그녀가 필름을 고수하고 수작업으로 처리하는 것은 당연한 선택이다. 그녀는 선언문에서 다음과 같이 명시한다.

그녀가 텍스트를 제작할 때 지루한 과정을 거치는 것은 명상의 한 형태다. 주제에 과도하게 몰두하는 것은 치유의 한 형태다. 맥락은 영화의 제작 과정에서 소진된다. 재촬영하고, 긁어내고, 자르고, 필름 위에 문구를 써넣는 것을 반복하는 행위는 많은 시간을 소모하기 때문에 체계적으로 육체적 기억의 한 형태가 된다.*

따라서 필름은 욕망, 공격성, 창조성, 좌절에 의해 형성된 표면으로서 영화제작자 자신의 신체에 대한 은유이자 매우 개인적이고 내밀한 경험을 표현하는 표면이 된다. 그러므로 딘셀의 작업은 형식에 대한 구조적 실험이 개인적이고 정치적인 탐구와 상호배타적이지 않다는 것을 입증한다.

* Nazli Dinçel, "Manifesto," www.nazlidincel.com/manifesto/.

사례 연구

베라 치틸로바Vera Chytilová의
〈데이지꽃들Daisies〉(1966, 체코슬로바키아)

/

베라 치틸로바의 1966년작 〈데이지꽃들〉은 체코 뉴웨이브로
알려진 운동의 핵심 영화다. 이 뉴웨이브에서 활동한 유일한
여성 감독인 치틸로바는 또한 이 그룹에서 가장 실험적인 영
화제작자기도 했다. 〈데이지꽃들〉은 반항과 나쁜 행동을 일삼
는 두 여성('마리 1과 마리 2'로 불리는 그들은 영화 내내 다양한
가명을 사용한다)의 이야기를 유쾌한 에피소드 구조로 풀어낸
다. 영화는 이야기를 전달하기 위해 몽타주, 렌즈 필터, 시각
적 왜곡 등의 실험을 이용하면서, 두 여성이 '악동'으로 전락하
는 과정과 교화 및 구원을 향한 잠깐의 시도를 우화적으로 표
현한다.

체코 뉴웨이브의 다른 많은 영화와 마찬가지로, 〈데이지꽃
들〉은 검열 당국이 개봉을 금지할 이유를 찾으려 노력하면서
개봉이 상당히 지연되었다. 그들은 영화에서 두 여성이 과식
을 하고, 음식으로 싸움을 해 (아마도) 공산당 간부들을 위해
마련된 연회를 망치는 등 음식을 낭비했다는 점을 들어 문제
를 제기했다. 영화는 결국 개봉되었다가 1968년 프라하의 봄
시위를 계기로 신속하게 다시 금지되었다. 치틸로바 자신도 7
년간 영화제작이 사실상 금지되었다.

이 영화는 여성적 욕망의 구축에 대한 강력한 비판이다. 영

[그림 6.5] 〈데이지꽃들〉(베라 치틸로바, 1966)에서 마리들이 소시지를 잘게 자른다.

화는 두 마리가 자신이 처녀임을 선언하며 시작되고, 선악을 알게 하는 에덴동산의 금단의 열매를 암시하는 나무를 맴돌며 춤을 추는 원형적인 장면으로 이어진다. 그들은 기꺼이 금단의 열매를 먹는다. 이후 주인공들이 여러 구혼자에게 추파를 던지고 그들을 이용함에 따라 사과는 영화 내내 반복되는 모티프가 된다. 음식은 마리들의 추파와 성적 거절의 중심에 있다. 그들은 남자들이 호화로운 식사를 사도록 꼬드긴 후 그들을 기차역에서 내팽개친다. 피아노를 연주하는 나비 수집가가 둘 중 하나에게 사랑을 고백하자 그녀는 대답 대신 먹을 것이 있냐고 물어보기도 하고, 또 다른 장면에서는 구혼자들이 전화로 사랑을 고백하는 것을 들으며 소시지, 피클 등 남근을 상징하는 음식물들을 다져 버리기도 한다.

마리들은 섹스를 지속적으로 음식으로 대체한다. 나이 든 구혼자가 나오는 장면에서는 테이블에 놓였다가 사라지는 음식의 몽타주에 오르가슴을 표현하는 사운드트랙이 입혀지면서 음식으로 얻는 성적 만족을 암시한다. 식사가 끝난 후 집단적으로 담배를 피우는 것은 음식에 대한 욕망이 지닌 에로틱한 성격을 더욱 공고히 한다. 따라서 영화에서 음식은 여성의 억제되지 않은 성욕에 대한 은유로 자리 잡는다. 마리들은 말 그대로 이빨을 가진 질vagina dentata이다. 그들의 입은 먹어 치우는 구멍으로 그들을 둘러싼 가부장적 세계를 위협한다. 또 다른 장면에서 여자들은 우유 목욕을 하면서 목욕물에 빵을 담근다. 한 마리가 목욕물에 달걀을 깨 넣으며 묻는다. "이해가 안 돼. 왜 '사랑해'라고 말하지? 이를테면 '계란'이라고 해도 되지 않나?" 그러자 다른 마리가 대답한다. "정말 좋은 생각이야!"

음식은 또한 영화의 여러 지점에서 미의 기준과 여성들이 체형과 다이어트에 대해 느끼는 압박감을 표현하는 양가적 대상으로 등장한다. 음식과 먹는 행위는 영화 내내 젠더화된 문화적 코드로 활용된다. 젊고 날씬하며 매력적인 이 여성들은 아무리 먹어도 살이 찌지 않는다. 여성이 거들먹거리며 계단을 오르는 한 장면에서는 거울방의 효과가 적용되어 여성들이 움직임에 따라 몸이 팽창하거나 수축하는 것처럼 보인다. 여기서 여성의 배고픔과 신체적 규범들을 둘러싼 긴장과 두려움이 시각적 표현을 부여받는다.

한 학자는 이 영화의 힘이 "겉보기에는 여성 혐오적 견해를 확증하는 것처럼 하면서 사실은 가부장적 질서에 대해 깊은 분노를 유발하는 능력"에 있다고 설명했다(림Lim, 2001: 62). 많은 페미니스트 학자는 이 영화의 전복적 특성이 여성스러운 대본들의 패러디적인 반복과 인용, 그리고 이러한 반복 속에서 이루어지는 [주인공] 여성들의 변주에 있다고 본다. 예를 들어, 여성들 중 한 명은 메뉴를 보며 "정말 너무 크네요"라고 하면서 식욕이 별로 없는 (즉, 여성적인) 척한다. 그러고 나서 그녀는 터무니없이 많은 양의 음식을 주문해 다 먹어 치우면서, 동석해 있던 깜짝 놀란 남자에게 왜 그가 더 많이 먹지 않는지, 혹시 다이어트 중인지 물어본다.

영화의 마지막 시퀀스에서 두 마리는 식기용 승강기에 몰래 숨어 들어가 몇 층을 오른다. 올라가는 길에 그들은 문화 행사가 열리는 곳을 지나가게 되고, 마침내 그들이 멈춰선 문 너머에서 커다란 식당을 발견한다. 그곳에는 풍미가 좋고 달콤한 요리가 가득 놓인 식탁들이 있으며, 그중 한 테이블은 술병으로 뒤덮여 있다. 관객은 연회가 당 간부들을 위해 마련된 것이라고 추측할 수 있다. 두 여성은 방으로 들어가 조심스럽게 음식에 접근한다. 머뭇거리는 태도를 재빨리 벗어던진 그들은 마구잡이로 모든 음식을 난폭하게 먹고, 이리저리 테이블을 옮겨 다니면서 다양한 요리들을 먹어 치운다. 입 안 가득 케이크를 욱여넣고 음식을 여기저기 집어 던지면서 향연을 끝낸 그들은 테이블을 런웨이runway 삼아 패션쇼를 펼치기 시작한다. 한 여성은 창문에서 뜯어낸 커튼으로 몸을 감싸고, 다른 여성은 옷을 벗어 던지고 슬립slip 차림이 되어 그것이 칵테

〔그림 6.6〕〈데이지꽃들〉(베라 치틸로바, 1966)에서 두 마리는 모든 것을 바로 잡으려 한다.

일 드레스라고 주장한다. 그들은 검은 하이힐로 음식을 으깨면서 테이블을 가로질러 춤을 추고, 샹들리에에 매달려서 그것이 부서져 떨어지게 만든다. 이 장면 다음으로 그들이 착하게 살면서 열심히 노동하겠다고 약속하는 거짓 감화 장면이 이어지며, 그들은 연회장을 정리해 처음의 상태로 되돌리려 한다. 장면의 끝부분에 나란히 누워 있는 여성들은 묶인 고기* 덩어리처럼 보인다. 여기서 여성성은 시각적이고 육체적인 소비 형태와 명시적으로 연결된다.

　주류 서사영화에서 아름다운 여성 인물들이 관객의 시각적

---

* 원문에는 'slabs of meet'로 적혀 있는데, 'slabs of meat'의 오타라 생각하고 옮겼다. ―옮긴이.

소비를 위해 전시되는 것과 대조적으로, 이 여성들은 스스로 시각적 소비의 대상이 됨과 동시에 능동적으로 소비하는 모습 또한 보여 준다.

지금까지의 논의는 페미니즘적 비평에 초점을 맞추어 이 영화를 다루었지만, 이 영화의 실험은 또한 사회주의 미학과 사회주의 이데올로기 전반의 맥락 속에 위치시킬 필요가 있다. 이 영화에서 소비에 대한 탐구, 영화 전반에 걸친 마리들의 행동, 시골 여행을 포함해 그들이 스스로 교정되고자 하는 시도 등은 사회주의 체코슬로바키아의 맥락에서 이해되어야 한다. 치틸로바의 실험적 미학은 1960년대 체코슬로바키아 문화의 이데올로기적 맥락을 고려한다면 훨씬 더 급진적으로 보인다. 당국이 이 영화가 전복적이라고 판단했던 것은 여성들의 과도한 폭식과 육체적 향락을 생산적이고 검소하며 수수한 사회주의적 삶이라는 지배 이데올로기와 병치했기 때문일 가능성이 높다. 영화 말미에서 마리1과 마리2가 '착해지고' 싶다며 엉망으로 만들어 버린 호화로운 식당을 치우려 할 때, 그들은 깨진 접시를 겨우 얼기설기 붙이고 찢어진 옷의 일부만 돌려놓는 등 간신히 수습할 수 있을 뿐이다. 그들은 아무리 노력한다 해도 익살스럽게 보일 뿐, 위협적이지 않은 올바른 사람이 될 수 없다. 여러 장면 중 이 장면은 특히 사회주의 맥락, 그리고 그 너머에서 여성에게 용인되는 행동의 규범들을 비웃는 역할을 한다.

보고 토론하기
〈데이지꽃들〉

/

1. 이 영화가 제작된 사회주의의 맥락 속에서 영화를 고찰해 보자. 이 영화는 사회주의 리얼리즘이라는 지배적인 소비에트 미학에 어떤 식으로 도전하는가? 필요하다면 사회주의 리얼리즘 미학의 기본 원리에 대해서도 조사해 보자.

2. 〈데이지꽃들〉은 근면한 시민과 노동자에 대한 사회주의적 이상에 어떤 방식으로 도전하는가? 사회주의 사회의 젠더 평등이라는 신념이나 사회의 경제적 토대가 변했기 때문에 '여성 문제'도 해결되었다는 사회주의의 견해에 어떻게 도전할 수 있는가?

3. 이 영화에서 채택한 형식은 어떠한 방식으로 젠더 규범을 비판하는가? 비판은 서사적으로 수행되는가, 형식적으로 수행되는가, 아니면 둘 다인가?

4. 영화에서 음식은 어떤 의미를 지니는가? 음식이라는 장치는 영화의 더 큰 주제/비판과 어떻게 연관되는가?

일기 영화

실험 영화제작은 큰 규모의 제작진이나 막대한 기술적·재정적 자원이 반드시 필요한 것은 아니며, 디지털 제작의 등장으로 재정적 접근성도 높아졌기 때문에 역사적 견지에서 여성을 비롯한 소외 계층의 접근이 한 층 용이한 측면이 있다. 접근성이라는 쟁점은 아마도 사디 베닝Sadie Benning의 작업을 통해 가장 잘 설명할 수 있을 것이다. 아직 10대였던 1990년대에 이미 베닝은 (표준 카세트 테이프를 사용해 흑백으로 녹화하는 저렴한 장비였던) 피셔 프라이스 픽셀비전Fisher Price PixelVision 비디오 레코더를 사용해 자신의 정체성, 세계, 사랑, 여성 동성애에 관한 영화를 만들었다. 베닝은 장난감 기계로 촬영한 미덥지 못한 품질의 이미지로 자신의 기획에 미학적 형태를 부여했다. 성년이 되는 것 혹은 어리다는 것과 같은 주제에 대한 논평이 진행되면서, 장비 자체는 영화제작자가 기록하는 유년기와 성인기 사이의 과도기적 순간을 반영한다. 영화는 또한 이미지들을 기억과 재현의 공간에 위치시킴으로써 그 구성적 본질을 강조하며, 이를 통해 이미지에 대한 관객의 지배권을 부정한다.

일상의 경험을 기록하는 영화는 일기 영화라는 이름으로 알려져 있으며, 이는 실험 영화의 하위 장르를 형성한다. 일기 영화를 발명한 사람은 여성 영화제작자 마리 멘켄Marie Menken으로 알려져 있지만(페트롤 & 웩스먼, 2005), 요나스 메카스나 조지 쿠차George Kuchar와 같은 동시대 남성 제작자들도 그에 동참한 바 있다. 멘켄의 16mm 영화들은 종종 그녀의 친구들의 창작 세계를 기록하곤 했다. 노구치 이사무Noguchi Isamu의 조각들을 소재로 삼은 초기작 〈노구치에 관한 시각적 변주들Visual Variations on Noguchi〉(1945, 미국)이나, 또 다른 친구의 정원을 다루는 〈정원의 반짝임Glimpse of the Garden〉(1957, 미국) 등이 그 예다. 그러나 그녀의 영화가 단순히 보이는 그대로의 세계를 기록한 것은 아니다. 가볍고 휴대가 간편한 멘켄의 16mm 카메라는 피사체들 주위에서 함께 춤을 추며 그것을 움직이는 조각들(〈노구치〉)로, 빛에 대한 명상(〈불빛들Lights〉, 1966, 미국)으로, 도시 생활의 정서적 인상들(〈Go! Go! Go!〉, 1962-1964, 미국)로 변모시켰다. 그녀의 사운드트랙은 실험적인 음악(〈노구치〉)부터 새들의 지저귐(〈정원의 반짝임〉), 무성 작품들(〈Go! Go! Go!〉, 〈불빛들〉)에 이르기까지 다양하며, 이는 프레임들 내부에서의 혹은 프레임들 사이에서의 운동으로 작품을 추동하는 리듬을 형성한다.

앤 샬롯 로버트슨Anne Charlotte Robertson은 일기 영화의 전통에서 간과되는 중요한 인물이다. 로버트슨이 만든 다양한 영화 중 가장 오랫동안 진행된 기획은 〈5년 일기Five Year Diary〉다. 1981년에 시작된 이 기획은 시리즈의 제목인 5년을 훌쩍 넘기며 1997년까지 계속되었다. 각각의 에피소드는 약 27분, 즉 8개의 카메라 롤camera roll에 해당하는 길이로 제작되었으며, 시리즈의 전체 길이는 38시간에 달한다. 조울증을 포함해 다양한 정신건강 문제로 고통을 겪었던 로버트슨에게 영화는 자신의 경험을 기록하고 질서와 의미를 부여하는 한 방법이었다. 슈퍼 8mm로 촬영된 그녀의 영화들은 그녀가 찾아낸 기존의 이미지와 새로 찍은 이미지—그녀 자신, 가족, 정원, 그녀가 만든 음식 등—에 더해, 음악과 보이스오버 내레이션, 텔레비전 쇼 등의 소스source에서 가져온 여러 레이어의 사운드트랙을 혼합한다. 그녀는 또한 사운드트랙에 레이어를 더하기 위해 영화와 함께 재생할 수 있

[그림 6.7] 자신의 일기 영화 〈릴 78〉에서의 로버트슨.

는 카세트cassette도 녹음했다. 상영회에서는 영화가 상영되는 동
안 말을 하거나 라디오를 틀어 작품에 개인적 친밀감의 층을 더
하기도 했다(그녀는 상영회를 위해 음식을 구운 것으로도 잘 알려
져 있다). 로버트슨의 영화는 종종 슬프지만, 긍정적이고 재미있
기도 하다. 5년 일기의 각 에피소드들은 촬영 당시 그녀의 삶에
대한 잔인할 만큼 솔직한 시놉시스로 시작한다. 예를 들어, 〈릴
76 '가을에서 봄으로'Reel 76 "Fall to Spring"〉(1991, 미국)는 이렇게
시작된다.

  나는 서른네 살이었다. 내가 다니던 영화 대학원은 방학 중이
  었다 나는 정신과 의사에게 치료받으며 우울증 약을 복용 중
  이었다. 나는 보스턴에서 14년간 혼자 지내다가 6월에 어머니

〔그림 6.8〕〈릴 71 집행유예 중On Probation〉(1990)에서는 톰 베이커를 담은 짧은 영상이 정원을 가꾸는 이미지와 줄담배를 피우는 로버트슨의 이미지와 교차편집된다. 이 영화의 사운드트랙에는 여러 내레이션이 혼합되어 있으며, 아방가르드의 세계에서 거둔 성공에 대해 이야기하는 로버트슨의 내레이션에는 "사랑해요, 톰"이라는 반복되는 후렴구가 또 다른 레이어로 겹쳐진다.

의 집으로 이사했다. 나의 첫 번째 슈퍼 8미리 카메라인 최고급품 니조Nizo 801을 막 산 참이었다. 나는 뉴욕 시골 지역에 있는 할머니 댁에서 방학을 보내고 있었다.

에피소드들은 서로 주제를 공유하면서 대화를 나누기도 하지만, 자족적인 텍스트로서 기능하기도 한다. 그러한 주제 중 하나는 〈닥터 후'Dr. Who〉 시리즈의 네 번째 주인공을 맡은 것으로 잘 알려진 톰 베이커Tom Baker를 향한 그녀의 사랑의 흥망성쇠다.* 로버트슨은 카세트에 오디오 메시지를 녹음해 주기적으로 그에게 보내는 등 집착하는 모습을 보인다. 그리고 베이커의 인터뷰 영상과 영화 출연 장면들은 로버트슨 자신의 술·담배 중독 이야기, 가족 방문 영상, 로마 가톨릭을 향한 자신의 헌신이 나날이 깊어짐을 이야기하는 내레이션과 뒤얽힌다.

로버트슨이 살아남기 위해 고군분투하는 모습과 자신을 재현하는 데 있어 나약하고 비굴하기까지 한 모습을 기꺼이 드러내는 것은 정신건강 및 중독 문제를 겪는 여성의 경험과 투쟁에 대해 중요한 관점을 제공한다. 이 일기는 자신의 일상을 기록하는 데에서 가장 강력한 배출구를 찾아내는 그녀의 창조적 표현 재능을 증명한다. 일기 영화 전반에 걸쳐 로버트슨은 자신의 작품 상영회에 참석하기 위해 다양한 도시들에 가야 한다고 언급하지만, 예술계에서의 그녀의 역할은 결코 그녀의 주된 관심사가 아니다. 그녀는 숙련된 편집과 소리 및 이미지의 조합을 통해 자신의 정신적 삶, 집착, 실패, 꿈을 극화한다.

장편 실험 다큐멘터리와 실험적인 단편 극영화들을 제작하는 홍콩 출신 아티스트 야우 칭Yau Ching은 세 편의 '편지' 시리즈에서 일기 영화를 해체한다(〈비디오 편지들Video Letters 1-3〉, 1993, 홍콩). 그녀의 작업은 홍콩의 맥락 안에서 섹슈얼리티, 중국 및 영국과 홍콩의 관계, 칭이 한 명의 세계시민으로서 가로지르며 작업하는 하나의 공간으로서의 홍콩 과 관련된 쟁점들을 주로 다룬다. 칭의 짧은 〈비디오 편지들〉에는 종종 그녀의 얼굴을 클

---

* 〈닥터 후〉는 1963년부터 1989년까지 영국에서 방송된 공상과학 텔레비전 드라마다. 주인공은 너무나 큰 신체적 손상이 발생할 때마다 새로운 육체를 통해 부활하는 외계인 박사인데, 톰 베이커는 '네 번째 박사'를 연기했다. ─옮긴이.

〔그림 6.9〕 야우 칭의 〈비디오 편지들 #2(혹은 나를 본질주의자라고 불러줘)Video Letter #2 or, call me an essentialist〉 (1993).

로즈업한 흐릿한 영상들이 등장하는데, 경우에 따라서는 그녀 자신의 글이나 다른 출처로부터 인용한 문구들이 직관적인 사운드 몽타주와 겹치기도 한다. 그녀의 영화는 명확한 수신자나 일관된 메시지가 존재하지 않는 편지이며, 이미지를 완전히 이해하기 어려울 때도 많다. 영화는 이러한 방식으로 예술가이자 홍콩 시민으로서 경계를 가로지르는 칭의 초국가적 경험에 대해 이야기하고, 영화제작자를 통일된 표현 주체로 보는 관객의 시각을 거부한다. 칭은 〈비디오 편지들〉에 대해 다음과 같이 말한다.

한 도시를 떠나 다른 나라에서 깨는 저는 항상 이동 중에 있습니다. 그래서 늘 편지를 쓰곤 하죠. 제가 그리워하는 사람들, 길에서 만난 사람들, 만나기를 고대하는 사람들 (…) 그러다 글에 싫증이 나면(자주 있는 일이죠), 저는 영상으로 편지를 쓰기 시작합니다. 낯선 땅을 여행하며 편지를 썼기 때문에 손에 넣을 수 있는 장비 또한 매우 제한적이었습니다. 저는 영상 편지를 쓸 때 피셔 프라이스 픽셀비전Fisher Price Pixelvision, 슈퍼-8Super-8, 하이-8(Hi-8)을 이용합니다. 편집 장치를 찾을 수 없을 때는 카메라로 편집했습니다. 그것은 출구가 절실했던 제 욕망의 기록이 되었습니다. (…) 사람들에게 공개되고 나면, 서로 다른 맥락들 속에서 새로운 의미가 창조됩니다. 이것은 공감할 수 있는 모든 이에게 보내는 편지입니다.

칭이 접근성 높은 슈퍼-8과 같은 방식을 고수하는 것은 또한 일기라는 형식 자체에도 해당된다. 개인적인 성격을 띠는 영화 제작 장르로서 일기는 여성과 페미니스트가 사적인 세계를 공적인 것으로 만드는 한 방식이었으며, 앞으로도 계속 그럴 것이다.

페미니즘의 전략들

우리는 이 장의 나머지를 '애니메이션'이나 '행동주의적 비디오 작품'과 같은 범주들로 구성하는 대신, 실험적인 페미니즘의 작업을 이해하기 위해 그것이 채택한 전략의 목록을 제공하기로 했다. 이 목록은 결코 완전한 것이 아니며, 범주들에는 빈틈이 많다. 어떤 영화들은 다음의 전략들 중 어느 항목에든 포함될 수 있으며, 실제로 많은 영화가 여러 항목의 전략에 걸쳐 있다. 전략들의 목록은 다음과 같다. 이미지들을 전유하고 재맥락화하기, 남성 텍스트를 다시 쓰기, 문화적으로나 정치적으로 주변화된 이야기를 들려주고 정체성을 탐구하기, 그리고 공식적인 기록이 존재하지 않는 역사 창조하기.

전략1: 이미지들을 전유하고 재맥락화하기

실험적인 영화제작자들은 항상 자신의 작품에 파운드 푸티지를 이용해 왔다. 과거에는 이것이 버려진 홈 비디오 영상이나 할리우드 영화나 판촉 영화exploitation film의 오래된 필름을 의미했겠지만, 오늘날 파운드 푸티지는 텔레비전에서 녹화되거나 유튜브 비디오 혹은 밈meme의 형태로 인터넷으로부터 전용될 수 있다. 1장에서 자세히 다루었던 소련의 영화감독 에스피르 슈브는 기존의 영상으로만 만들어진 이른바 '발췌 영화'를 발명함으로써 파운드 푸티지의 사용법을 개척했다. 이러한 접근 방식의 예로는 그녀의 실험 다큐멘터리 〈로마노프 왕조의 몰락〉이 있다.

푸티지를 전유하는 것은 젠더, 여성의 신체, 지배적 역사의 재현, 그리고 서사에 의문을 제기하기 위한 페미니즘의 주요 전략이었다.

예를 들어, 자토비아 게리Ja'tovia Gary의 영화 〈황홀한 경험An Ecstatic Experience〉(2015, 미국)에서는 흑인 여배우이자 시민권 활동가인 루비 디Ruby Dee가 1960년에 텔레비전에서 노예 이야기

(그림 6.10) 게리의 〈황홀한 경험〉(2015)에 등장하는 루비 디의 처리된 푸티지.

를 낭송하는 장면을 1950년대 아프리카계 미국인들의 시골 교회 예배를 기록한 아카이브 영상과 결합한다. 그녀는 또한 현재 쿠바에서 정치적 망명 생활을 하는 흑인 인권운동가이자 블랙 팬서Black Panther 멤버 아사타 샤쿠르Assata Shakur의 말을 인용하기도 한다. 게리는 원본 푸티지의 감광유제를 긁어 충격적인 증언을 낭송하는 디 주변에 아우라를 만들어 낸다. 긁힌 셀룰로이드는 시청자에게 매개된 재현물을 본다는 것을 상기시키는 기능을 한다. 노예 여성의 실제 증언에서 발췌한 것이라 해도 이것은 미국의 텔레비전 시청자들을 위해 여배우가 연기를 하며 전달하는 내러티브다. 화면에서 이미지가 증식하는 것은 우리가 재연을 본다는 것을 상기시키는 동시에 게리의 영화에 리듬과 시각적 호소력을 더한다.

이 경우 파운드 푸티지는 다양하고 복잡한 기능들을 수행한다. 그것은 지배적인 미디어 표현들에서 대체로 배제되어 온 어떤 역사에 대한 기록된 흔적으로 작동한다. 게리는 또한 디의 푸티지에서 세기 중반의 미디어에서는 보기 힘든 흑인 여성성에 대한 표현을 발굴해 냈다. 이처럼 이 영화는 노예제의 역사를 둘러싼 침묵뿐만 아니라 미디어에서 흑인 여성들의 존재가 비가시적이었다는 것 또한 조명한다. 이는 제목에서 더욱 강조되는데, 이 제목은 아프리카계 미국인 여성이 만든 최초의 장편영화 중 하나인 캐슬린 콜린스Kathleen Collins의 〈설 곳을 잃다Losing Ground〉(1982, 미국)를 참고한 것이다. 또한 영화는 우리가 흑인 역사에 접근하는 방식이 간접적임을 시사하기도 한다. 흑인들의 종교 문화와 정치 문화를 병치하는 서사 방식은 반란과 구원, 그리고 혁명의 관계에 대해 질문을 제기한다. 여기서 푸티지는 역사와 함께, 그리고 역사를 통해 이루어지는, 영화제작자에게 정신적 외상을 초래했을 것 같은 작업을 의미한다. 동시에 노예 서사를 멜로드라마의 형식으로 연기하는 것은 외상적 역사의 재현, 그리고 여러 세대에 걸쳐 그것을 상상적인 방식으로 문화적으로 전달하는 것에 대해 질문을 제기한다.

디지털 영화제작이 등장하기 전인 1980년대와 1990년대에 페미니스트 예술가인 조운 브래더먼Joan Braderman은 블루 스크린 기술을 사용해 다양한 텔레비전 쇼와 할리우드 영화에 자신의 모습을 투사하는 방식으로 대중문화에 응답했고 스크린에서 일어나는 일들과 대화를 시작했다. 브래더먼의 〈조운이 다이너스티를 만든다Joan Does Dynasty〉(1986, 미국)와 〈조운이 스타들을 본

〔그림 6.11〕〈조운이 다이너스티를 만든다〉(조운 브래더먼, 1986)의 알렉시스와 덱스 위에 있는 브래더먼.

다Joan Sees Stars〉(1993, 미국)에서 이 예술가는 배경 겸 대화상대로 인기 텔레비전 드라마 〈다이너스티〉와 고전기 및 포스트 고전기의 다양한 할리우드 영화들을 사용한다. 브래더먼은, 예를 들어 〈다이너스티〉에 대해 익살스러우면서도 신랄한 페미니즘적 비평을 제시하며 플롯과 인물들이 1970년대 페미니즘의 실패를 반영하는 동시에 그것을 대체하는 환상을 대신 제공하는 방식을 조명한다. 〈다이너스티〉에서 적대적인 인물을 맡은 알렉시스Alexis는 빈틈없이 정리된 헤어스타일로 커다란 진주 귀걸이와 여러 겹의 진주 목걸이를 주렁주렁 단 채 반짝이는 빨간 손톱으로 담배를 피며 "내 눈앞에서 사라져, 이 퇴물아"라고 말하는데, 이 장면의 루프loop* 영상 위에서 브래더먼은 외친다.

세상에, 그녀가 저런 말을 하는 게 너무 좋아요! 수세기에 걸친 여성 탄압과 이에 대항하는 대규모 열정적인 운동이 있어 왔죠. 그럼 1986년에 우리는 어디에 있는 걸까요? 이 괴물 같은 패션의 희생자가 조명을 받아 반짝이는 핏빛 입술로 담배 연기를 내뿜으며 가라데의 일격과 같은 말을 꽂을 때 우리는 비뚤어진 쾌감에 사로잡힙니다.

알렉시스가 훨씬 어린 연하남과 맺은 관계로 넘어가면서 브래더먼은 이 관계의 잠재적 전복성을 탐구한다. 그러면서 브래더먼은 이 관계가 자본주의와 연관되어 있다고 한탄하는데, 대부분의 지배적인 문화적 메시지와 달리 여성이 연하의 남자를 차지할 수 있는 것은 알렉시스의 재산 덕분이기 때문이다. 젊은 연인 캐릭터인 덱스Dex에 대해 언급하며 그녀는 다음과 같이 이야기한다.

우리 시청자들에게 그는 이 쇼가 표방하는 사이비 진보의 궤적 중 하나를 나타냅니다. 비록 여러분이 늙고 심술궂더라도, 돈이 충분해서 메이크업 아티스트와 놀란 밀러Nolan Miller** 같은 디자이너를 활용할 수 있다면 50살이 넘어서도 허벅지가 멋진 카우보이와 섹스할 수 있다는 것이죠. 단조롭지만 빈틈없는 연기와 에너지로 이 쇼에서 중심을 차지하는 알렉시스, 이 남근적

---

* 루프는 계속해서 반복되는 일정 길이의 영상을 말하는데, 이 장면에서 브래더먼은 블루 스크린 기법을 통해 루프 영상 위에 겹친 영상으로 등장한다. ─옮긴이.

** 〈다이너스티〉의 의상 감독이다. ─옮긴이.

여성, 누아르적 냉소주의와 권력, 성적 카리스마의 딸은, 서사
에서 능동적 주체이자 욕망의 대상이 됩니다.

이처럼 브래더먼은 비디오를 이용해 대중문화에 맞대응하
며, 그녀가 수용하는 이미지들을 수동적으로 소비하는 대신 기
호학적이고 역사적인 분석을 수행하는 것이다. 다른 지정학적
맥락에 속하는 이와 유사한 사례로는 유고슬라비아의 멀티미디
어 실험 예술가 산야 이베코비치Sanja Iveković가 있다. 그녀는 〈개
인적 장면들Personal Cuts〉(오소브니 레조비Osobni rezovi, 1982, 유고
슬라비아)에서 가져온 사회주의적 삶의 기록 푸티지를 재전유
해 스타킹을 뒤집어쓴 자신의 얼굴 클로즈업과 교차시킨다. 티
토Tito 대통령과 그의 부인 요반카Jovanka, 춤추는 사회주의자 청
년, 가게에 전시된 여성 신발 등 기록 푸티지들 사이에 영화 컷을
넣을 때마다 이베코비치는 자신의 얼굴을 가리는 직물에 새로운
구멍을 낸다. 이 기법을 통해 그녀는 자신의 얼굴을 점점 더 잘
보이게 하는 스타킹 자르기와 영화적 자르기[즉, 편집—옮긴이]
사이의 유사성에 주의를 집중시키며, 또한 사회주의적 삶의 겉
보기에 평범해 보이는 이미지들을 원래의 맥락으로부터 이탈시
켜 낯설게 만들고 새로운 시각으로 드러낸다. 디지털 기술문명
으로 **참여적인 문화**가 가능해졌다는 측면에서 기존의 푸티지를
재사용하는 관행은 오늘날 좀 더 일반적이 되었으며, 이는 소비
자들이 대중문화를 쉽게 기록하고, 변경하고, 뒤섞어 그것에 "응
답"함으로써 작가와 소비자 사이의 경계를 효과적으로 모호하게
만드는 능력에서 예시된다(8장 참조).

〔그림 6.12〕 산야 이베코비치의 〈개인적 장면들〉(1982).

　　좀 더 동시대적 사례인 한나 파이퍼 번즈Hannah Piper Burns
도 이와 유사하게 대중문화를 원천 자료로 사용한다. 그녀는 미
디어 이미지들을 재맥락화하거나 편집, 사운드트랙을 활용해 낯
설게 만드는 방식으로 대중문화의 약속을 비판하고 젠더에 대한
대중문화의 시각을 해체한다. 예를 들어 그녀의 설치작품인 〈활
동적인 성분들Active Ingredients〉(2015년 7월, 미국)은 참가자들이
'살아 있는 달팽이' 피부 관리를 받으며 시청했던 영상으로, 누워
있는 시청자/고객의 피부 위로는 진짜 달팽이가 기어 다녔다(오
늘날 달팽이 추출물은 미용 제품의 원료로 인기가 좋다). 케어와 함
께 제공된 영상은 다양한 피부 관리 광고들에서 가져온 영상들
로 구성된 것이었다. 이 이미지들은 피부 관리 기술과 관련해 우
주적이고 다른 세상에 속할 것 같은 전망을 창조하는데, 이것이

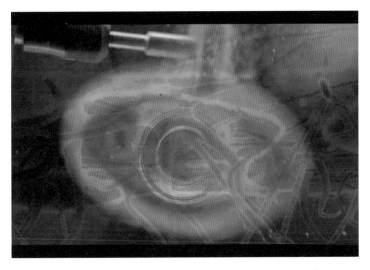

(그림 6.13) 한나 파이퍼 번즈의 〈활동적인 성분들〉 속 피부 관리 광고의 기호학.

약속하는 결과들은 공상과학의 영역에 가장 잘 어울릴 것처럼 보인다([그림 6.13] 을 보라).

　이처럼 이 영상은 노화와 아름다움에 관한 여성의 (사회적으로 형성된) 불안을 이용해 막대한 돈을 버는 기업들에 대응하는 한 방식이다. 환상적인 미장센으로 강조되는 터무니없는 약속과 그것이 홍보하는 이상의 실현 불가능성은 그러한 규범들을 비판하는 역할을 한다. 뿐만 아니라 〈활동적인 성분들〉은 실험적인 시각 작업이 때때로, 설치에서 퍼포먼스에 이르기까지, 다른 예술 형식들과 영화 사이의 경계를 허무는 방식을 잘 보여 준다(이는 로버트슨이 자신의 슈퍼 8mm 영화 상영 현장에서 라이브 내레이션과 빵 굽기를 했던 앞서 언급한 사례와 연관해 생각할 수 있다). 작품의 설치가 끝나고 오랜 시간이 지나 이 [영상] 작품을 단독으로 보았을 때도, 작품의 의미 중 일부는 그것이 더 큰 퍼포먼스 설치 작품의 일부라는 것을 관객이 이해할 때 생겨난다.

〈바깥의 어둠Outer Darkness〉(2015, 미국)에서 파이퍼 번즈Piper Burns는 인기 리얼리티 쇼 〈독신 여성The Bachelorette〉의 푸티지를 편집한다. 편집과 사운드트랙은 때로는 어둡고 신성한 의식을 상기시키고 때로는 공허와 우울을 자아내면서 인기 텔레비전 시리즈에 불길하고 비밀스러운 분위기를 부여하며, 원래의 이미지는 새로운 맥락 속에 놓인다. 이 영상은 미디어가 만들어 내고 유통시키는 감정에 대해 탐구한다. 영상은 남성 후보에 초점을 맞춰 쇼가 표현하고자 하는 남성성을 중심에 놓으며, 욕망의 대상이라 여겨지는 독신 여성의 얼굴은 효과적으로 편집된다. 여기서 반복은 쇼의 주제에 비판적 시선을 던지는 장치로 사용된다. 예를 들어, 여성이 장미를 주며 계속 만날 남자를 결정하는 '장미 의식'에서 남성 참가자들의 얼굴 클로즈업을 한데 묶어 편집하는 방식은 반복 기법을 통해 남성성을 재현하는 지배적 방식이 기이하다는 것을 드러낸다. 자부심과 실망, 경쟁과 욕망의 경험을 표현하는 남성 참가자들의 얼굴 숏 반복은 리얼리티 텔레비전이라는 렌즈를 통해 여과되어 통조림화된 남성성, 로맨스, 감정을 명상하는 것이 된다. 주요 참가자의 실제 죽음은 영상의 서사를 구성하는 요소가 되어 리얼리티 텔레비전이 제공하는 환상의 세계 너머에 있는 '현실'에 대해 질문을 던지며, 나아가 우리가 목격했던 젠더 수행이 자연스러운 것이었는지 의문을 제기한다.

텔레비전에서 다른 형태의 미디어 콘텐츠로 옮겨가면서, 캐나다의 예술가 제니퍼 챈Jennifer Chan은 유튜브 게시물부터 광고, 자료 사진stock photo에 이르기까지 인터넷에서 찾아낸 이미지들을 활용한다. 그녀의 영화 〈남자친구Boyfriend〉(2015, 캐나다)는 K-pop, 저스틴 비버Justin Bieber의 중국어 커버곡cover, 일본 섹스돌의 만화 이미지, 아시아 남성과 아시아계 미국인/캐나다인 남성들이 데이트, 사랑, 관계에 대해 이야기하는 다양한 유튜브 영상 등을 함께 편집해 놓았다. 사용자 생성 콘텐츠user-generated content와 매끈한 광고 영상이 혼합된 이 이미지들은 이따금 서로 포개지거나 화면을 가로질러 이동하기도 하며, 그럼으로써 원래의 관람 맥락으로부터 분리되는 효과가 창출된다.

밝은색의 말풍선에 "나는 너에게 모든 것을 줄 수 있는 신사다"처럼 감정을 표현하는 문구를 넣어 덧붙일 때도 있다. 이 영화는 이처럼 이미지와 소리를 종합해 젠더, 민족, 섹슈얼리티의 정치, 특히 아시아인과 아시아계 미국인의 남성성을 둘러싼 관념들의 복잡한 성좌constellation를 만들어 낸다. 챈의 작업은 정보, 탐구, 정체성 구성의 원천으로서 인터넷을 통한 표현 및 자기표현이 보편화된 시대에 남성성이 어떻게 구축되는지를 탐구하는 것에 깊은 관심을 보인다.

미국의 나탈리 북친Natalie Bookchin은 인터넷, 특히 유튜브에서 찾아낸 파운드 푸티지로 작업하는 또 한 명의 동시대 실험 매체 예술가다. 그녀의 4채널channel* 설치작품 〈테스터먼트Testament〉(2009, 미국)는 고백적인 성격을 띤 다양한 주제의 유튜

* 화면이 네 개 있다는 것을 의미한다.―옮긴이.

〔그림 6.14〕, 〔그림 6.15〕 제니퍼 챈의 〈남자친구〉(2015)의 장면들.

브 게시물들을 모아 꼼꼼하게 편집한 것이다. 북친의 작업은 유튜브와 같은 플랫폼이 어떻게 새로운 자기표현의 유형과 소속 방식을 만들어 내는지 보여 준다. 예를 들어, 〈나의 약들My Meds〉에서 북친은 자신이 복용하는 다양한 약들과 복용 시간 및 빈도에 대해 이야기하는 수많은 게시물을 묶어 편집한다. 〈해고Laid Off〉에서는 막 해고당한 경험을 전달하는 게시물들에 초점을 맞춘다. 짧은 영상들을 묶어 편집하는 과정에서 사람들이 자신의 경험을 서술하고 실직과 같은 사건의 이야기를 구성하는 방식을 통해 다양한 패턴과 일관성이 드러난다. '해고' 이야기는 공통된 서사적 흐름과 고백 패턴을 지닌 새로운 장르가 된다. 이것은 자아의 진정성에 대한 모든 종류의 의문을 제기한다. 타인들의 재현을 통해 이미 매개된 존재하기와 말하기의 방식들은 어떻게 우리의 정체성을 형성하는가? 역으로, 우리의 정체성은 그러한 존재하기와 말하기의 방식들을 반영하는가? 유튜브 영상과 같은 매체의 소비는 우리가 경험을 이해하기 위해 서사를 구성

〔그림 6.16〕 나탈리 북친의 〈해고〉(2009).

405

할 때 어떤 역할을 수행하는가? 이 영상들은 여러 신체적·심리
적 증상을 다루기 위해 의약품 사용에서부터 실직에 이르기까지
신자유주의 경제의 핵심에 있는 쟁점들을 탐구한다. 마지막으로
이 영상들은 각각의 유튜브 장르 내에서 다양한 인종, 젠더, 연령
을 보여 줌으로써 인터넷에 어떤 유토피아적 차원이 있음을 시
사하기도 한다. 어떤 의미에서 인터넷은, 우리를 전형적인 방식
으로 분리하는 것처럼 보일 수 있는 정체성 범주들을 가로질러
경험의 유사성이 드러나는 공간이다([그림 6.16]).

기존의 푸티지는 상상적 커뮤니티의 구축과 해체를 탐구
하기 위해 사용될 수도 있다. 예를 들어, 사미라 알카심Samira
Alkassim의 〈당신으로부터 멀리 떨어져Far From You〉(1996, 이집트)
에서 영화제작자는 이집트의 전설적인 가수 움 쿨숨Umm Kulthum
의 푸티지를 이용해 범아랍 사회주의의 잃어 버린 꿈에 대해 이
야기한다. 이집트의 장편영화들에도 출연했던 쿨숨은 특히 가
말 압델 나세르Gamal Abdel Nasser의 통치를 지지함으로써 이집트
민족주의의 상징이 되었다. 나세르는 범아랍 민족주의, 사회주
의 경제 형태, 이집트 사회에서 여성의 지위 향상, 식민국 영향력
의 종식을 옹호했다. 알카심은 쿨숨의 콘서트와 영화 연기 장면
들을 혼합하며, 남자들에게 불같은 열정을 불러일으키는 쿨숨의
대사들을 곁들이기도 한다. 예를 들어 앞부분의 한 장면에서 한
남자는 쿨숨이 연기하는 인물이 일으킨 정염 때문에 분수 안으
로 뛰어들어야 한다고 말한다. 그러나 알카심이 진정으로 관심
을 갖는 것은 쿨숨이 상징하는 또 하나의 이집트, 아마도 잃어버
린 아랍 정체성의 다른 형태를 향한 열정이다. 예를 들어 알카심

은 내레이션을 통해 다음과 같이 말한다. "그녀가 점화시킨 불꽃은 [나세르의 불꽃과] 하나가 되었고, 전쟁, 죽음, 장례식을 거치고 남은 재는 70년대에 일어난 변화들에도 불구하고 여전히 수십 년간 꺼지지 않고 불길을 간직한다. 사담 [후세인]은 나세르를 지지하는 그녀의 노래를 금지했지만, 이마저도 기억을 되새기는 데 기여했을 뿐이다."

내레이터는 쿨숨의 생애가 이집트 영화 산업의 출현, 나세르의 등장과 몰락, 그밖에 중동에서 일어난 중요한 역사적 정치적 사건들과 함께했다고 말한다. 이 가수의 음악이 사운드트랙을 지배하고, 푸티지와 정지 이미지들은 컬러 필터를 통해 보이는 이집트의 풍경 숏들과 섞여 있다. 이미지들에는 회교 사원에서 피라미드, 스핑크스에 이르기까지 주요 명소들이 포함된다. 영화에서 쿨숨의 목소리는 이러한 문화적 위대함의 상징들, 국가적 자긍심의 원천과 마찬가지로 기념비적인 것으로 묘사된다. 컬러 필터는 영원의 느낌을 만들어 이미지들을 특정한 역사적 순간에 위치시키기 어렵게 한다. 우리가 보는 쿨숨의 공연 날짜나 영화 제목이 주어지지 않는 것처럼, 이 영화는 '현실' 세계에서 특정 장소나 시간과 맺는 연결성, 즉 지표성indexicality에 효과적으로 도전한다. 사운드트랙을 통해 말하는 것처럼 "흑백 영화를 같은 장소를 찍은 컬러 사진과 어우러지게 하는 것은 바라보는 방식과 시간이 다양하지만 동시적일 수도 있음을 함의한다. 하나는 시간의 지속을, 다른 하나는 시간의 지연을 수반한다". 시간의 응고와 현재 속 과거의 지속이라는 주제는 내레이션과 이미지의 중심에 있다. 쿨숨은 어쩌면 잃어 버린 것이 아니라 지연

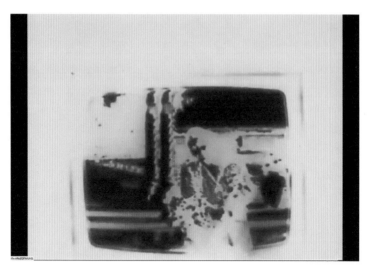

(그림 6.17) 사미라 알카심의 〈당신으로부터 멀리 떨어져〉(1996)에 등장하는 움 쿨숨의 가공된 이미지.

된 것뿐인 약속의 상징이 된다. 그녀가 관념이자 전유된 기억의 지위를 차지한다는 사실은 거칠고 선명하지 못한 화질의 이미지로 더욱 강조되는데, 영화제작자는 이 이미지들을 네거티브로 보여 주거나 탈색된 프레임으로 둘러싸는 방식으로 조작을 한층 더 가한다. 파운드 푸티지를 시각적으로 조정하는 이러한 전략은 영화제작자, 시청자, 원 자료 사이의 거리감을 더욱 멀게 만든다. 이는 다음의 내레이션으로 보다 깊이 주제화된다.

갈망은 기억과 욕망으로 공허를 채운다. 우리는 폐허를 뒤지며 실제인지 상상인지 알 수 없고 진짜인지 가짜인지 모를 기억을 쌓아올린다.

공간을 배회하고 언어의 형태 너머에 있는 것을 들으면, 시간은 지연되고 더 이상 움직이지 않는 것처럼 보인다. 시간과 공간의 구조로 우리를 감싸는 그녀는 어떤 한 장소가 품은 보이지 않는 언어에 귀 기울이는 기쁨으로 세계들 사이의 거리를 채운다.

쿨숨이 악보를 읽을 줄 몰라 구두로 음악을 배웠다는 사실을 강조하는 내레이션은 청각적 기억이라는 주제를 반향한다. 형식적으로 보자면, 이 영화는 화면이 암전된 후에도 계속 이어지는 사운드트랙을 통해 목소리에 최종 발언권을 부여한다.

활동

/

유튜브에서 더라 번바움Dara Birnbaum의 영화 〈기술/변형: 원더 우먼Technology/Transformation: Wonder Woman〉(1978, 미국)을 찾아 시청해 보자. 번바움은 기존 자료들을 활용하고 재편집해 원본의 의미에 도전하는 새로운 해석의 선구자다. 뉴미디어는 이런 종류의 개입할 기회를 어떻게 늘렸는가?(8장을 참조하라) 기존 이미지를 페미니즘, 그리고/또는 반억압적 목적으로 전유하고 재편집한 최근의 사례들을 유튜브에서 찾아보자. 그리고 그 사례들이 자료를 어떻게 활용해 원본 자료가 의도한 것과 다른 의미를 만드는지 분석해 보자.

전략2: 남성 텍스트 다시 쓰기

페미니즘 영화나 비디오 작업에서 자주 사용되는 또 하나의 전
략은 전통적으로 남성의 것이었던 이야기와 텍스트를 다시 쓰는
것이다. 예를 들어, 제니퍼 몽고메리Jennifer Montgomery는 존 부어
맨John Boorman의 1972년 장편영화 〈구조Deliverance〉*(미국)를 완
전한 여성 버전으로 만들었다. 원작 영화는 남성 중심으로 출연
진을 꾸렸으며, 농촌을 방문하는 남성 중 한 명이 지역 주민에게
잔인하게 강간당하는 장면이 포함된다. 몽고메리는 페기 아위쉬
Peggy Ahwesh, 수 프리드리히, 메러디스 루트Meredith Root, 재키 고
스Jackie Goss 등 페미니스트 실험 영화제작자들로 구성된 출연진
과 함께 이 이야기를 재조명한다. 〈구원하다Deliver〉(2008, 미국)
는 원작이 채택한 남성성의 지배적 구성물, 즉 남성의 폭력과 생
존의 이야기를 탐구한다. 매우 남성 중심적인 이야기를 여성들
을 통해 다시 들려줌으로써, 영화는 여성 간 강간의 가능성, 토지
에 대한 여성의 권리와 소유권에 관해 질문하는 등 젠더화된 경
험의 여러 차원을 드러낸다. 이 영화는 원래 조지아Georgia주였던
배경을 뉴욕주 북부의, 적절하게도 비버킬Beaverkill**이라고 불리
는 강으로 바꿨다. 자신의 영화 제목인 'Deliver'에 대해 몽고메리

---

* 국내 포털사이트에서 〈구조〉는 '서바이벌 게임'이라는 이름으로 검색되는데, 이는
(〈내일을 향해 쏴라〉의 경우처럼) 개봉 혹은 비디오 출시 당시 원래의 제목과 무관하게
사용했던 제목이라고 생각된다. 본 번역에서는 몽고메리가 개작한 작품과의 연관을 나
타내기 위해 원작 영화의 제목을 원어대로 '구조'로 옮겼다.─옮긴이.

** 영어에서 비버는 여성의 음부를 의미하기도 한다.─옮긴이.

가 말하듯이, 그것은 "극한의 신체적 어려움을 극복하고 다시 태어나는 경험, 상품에 집착하는 영화 산업의 본성, 그리고 당연하게도 생물학적 차원에서 진정으로 구원*할 수 있는 것은 여성뿐이라는 사실"을 언급한다.**

남성 텍스트를 다루는 영화의 다른 예로는 샐리 포터Sally Potter의 〈스릴러Thriller〉(1979, 영국)가 있다. 이 영화는 푸치니Puccini의 오페라 〈라 보엠La Bohème〉을 재조명해 자신의 죽음이 남성적 영웅주의와 고상한 감정을 위한 기회로 쓰일 뿐인 여성 미미의 침묵당한 이야기를 탐구한다. 이 오페라에서는 네 명의 남성 예술가와 지식인들이 파리의 한 아파트에 산다. 그들 중 한 명인 로돌포Rodolfo는 촛불 켜는 것을 도와달라고 부탁하는 미미라는 여성과 사랑에 빠진다. 미미는 결핵으로 죽어가고, 로돌포는 너무 가난해서 미미의 약을 사줄 수 없다는 사실이 부끄러워 결국 둘은 헤어진다. 오페라의 마지막에 죽어가는 미미와 로돌포가 재회하고, 그녀가 숨을 거두자 로돌포는 감정에 압도당한다.

〈스릴러〉에서 포터는 미미의 경험에 초점을 맞추고 미미 역으로 흑인 여배우를 캐스팅하는 등 원작 오페라의 관점을 바꾼다. 이러한 전환은 원작 오페라 전반에 퍼져 있는 백인성을 강조하고 신체와 자본의 전 지구적 흐름(미미는 재봉사로 일한다)을 환기시키는 동시에, 지배적 서사와 그것이 여성에게 부여하는

---

* 영어 단어 'deliver'는 '구원'이라는 의미 외에 '출산, 분만'이라는 뜻도 있다.—옮긴이.
** Jennifer Montgomery, Deliver, VDB website, http://www.vdb.org/titles/deliver.

제한된 지위를 해체한다. 이 영화는 '보헤미안적인'* 삶을 살기 위해 가난을 선택한 백인 남성 예술가들의 영웅적 '가난'과 대조적으로, 결핵으로 가난하게 죽어가는 미미라는 캐릭터의 계급적 차원을 내세운다. 또한 영화는 오페라에서 미미를 돋보이게 해주는 역할에 머물렀던 무제타Musetta와 미미 사이에 레즈비언적 욕망의 가능성을 열어 두기도 한다.

페기 아위쉬의 〈꼭두각시 그녀She Puppet〉(2001, 미국)는 다른 종류의 남성적 서사를 전유한다. 이 영화는 비디오게임을 재료로 활용하는 예술 머시니마machinima**를 페미니즘적으로 활용한 사례다. 〈꼭두각시 그녀〉는 매우 육감적인 여성 캐릭터 라라 크로프트Lara Croft를 주인공으로 내세우는 비디오게임 〈툼 레이더Tomb Raider〉의 녹화된 영상으로 만들어졌다. 크로프트의 큰 가슴과 곡선미가 있는 엉덩이는 클로즈업된 로우앵글의 숏 속에서 화면을 채우며, 그녀가 내는 유일한 소리는 성적인 느낌의 신음소리뿐이다. 짐작건대 그녀의 캐릭터는 이성애자 남성 플레이어들에게 풍부한 시각적 쾌를 제공할 것인데, 그들은 '그녀'를 통해 게임을 하면서도 종종 카메라 앞에 있는 크로프트를 보게 된다. 대부분 텅 빈 세계를 탐험하는 '꼭두각시 그녀' 크로프트는 아위쉬의 영화에서 필멸성, 허무, 소외에 대한 탐구가 된다. 아위쉬가 설명하길 이 영화는 이방인, 고아, 복제인간 페르소나에 대

---

* '보헤미안, 자유분방한 삶'을 뜻하는 원작 오페라의 제목('La Bohème')을 염두에 둔 표현이다. ─옮긴이.

** 기계machine, 애니메이션animation, 영화cinema의 합성어로, 비디오게임의 녹화 영상을 활용해서 만드는 영상을 의미한다. ─옮긴이.

〔그림 6.18〕〈꼭두각시 그녀〉(페기 아위쉬, 2001).

한 명상이다. 크로프트라는 캐릭터는 목적 없는 공간에서 정처 없이 방황하며, 의미 없는 여러 시나리오 속에서 벽을 향해 총을 쏘거나 반복해서 죽음을 맞이한다. 그녀가 물속을 떠다니는 몽환적인 한 장면에서는 비극적인 느낌의 아리아가 연주되며 물고기 떼로 인해 반복적으로 죽음을 맞이하는 모습은 시적이고 선Zen적인 느낌을 자아낸다. 게임 영상에는 여러 내레이터의 보이스오버 내레이션이 곁들어지며, 때때로 보이스오버의 강한 억양은 소외된 정체성, 낯선 땅에서 경험하는 이방인의 느낌과 같은 영화의 주제에 기여한다. 내레이션의 텍스트는 페르난도 페소아Fernando Pessoa의 『불안의 서The Book of Disquiet』, 조안나 러스Joanna Russ의 페미니즘 SF소설 『여성인 남자The Female Man』, 그리고 음악가 선 라Sun Ra의 글에서 따온 것이며, "우리는 우리가 아

니며 삶은 짧고 슬프다"와 같은 문구가 여운을 남긴다. 한 장면
에서 크로프트는 그녀를 보호하도록 되어 있는 경호원들에게 접
근하지만, 그들은 신체적으로나 언어적으로 그녀와 직접 연결될
수 없는 프로그래밍된 존재다. 그들은 그녀의 적을 죽일 수는 있
지만, 실존적 탐구를 함께하는 동반자가 되어 주지는 못한다. 캐
릭터의 깊이를 암시하는 내레이션이 흘러나오는 바로 그 순간
엉덩이와 가슴을 강조하는 이미지나 죽음의 에로틱한 묘사가 제
시되는 것은 게임 속 여성 캐릭터의 비인간화를 더욱 부각시킬
뿐이다. 성적으로 상품화된 비디오게임 캐릭터를 실존과 유랑에
대한 반추로 변모시키는 이 영화는 전반적으로 소외와 슬픔의
효과를 불러일으킨다.

　나오미 우만Naomi Uman의 영화 〈제거Removed〉(1999, 미국)는
1970년대 유럽의 소프트코어 포르노softcore porn를 원재료로 삼는
다. 우만은 표백제와 매니큐어 제거제를 이용해 셀룰로이드 프
레임에서 벌거벗은 여성의 이미지들을 꼼꼼하게 제거한다(자토
비아 게리, 나즐리 딘셀, 수 프리드리히와 같이 그녀는 셀룰로이드
를 직접 조작한다). 우만은 이러한 작업을 통해 '보여지는 것'으
로서의 여성의 지위를 거부할 뿐만 아니라, 프레임 전체가 여성
의 신체와 에로틱한 전시에 얼마나 의존하는지 가시화하기도 한
다. 벌거벗은 여인을 제거함으로써 (어떤 장면들에서는 벽에 도
배되다시피 한 여인의 나체 이미지들이 몽땅 제거된다) 모든 장면
에서 시선의 초점이 효과적으로 제거되며 대신 유령 같은 부재
만 남아 영화의 구성에서 실제 여성의 욕망과 주체성이 부재함
을 암시한다. 달리 말해 제목이 지시하는 '제거'는 단순히 영화제

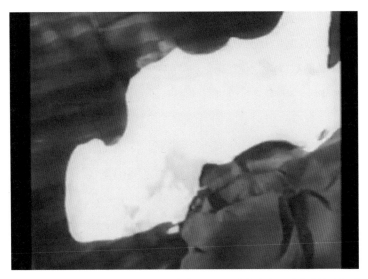

〔그림 6.19〕〈제거〉(나오미 우만, 1999)에서 포르노그래픽 화면은 여성의 형상을 제거함으로써 의미를 거의 잃는다.

작자가 여성의 이미지를 제거한 작업뿐만 아니라, 지배적인 섹슈얼리티의 구성에서 실제 여성의 쾌가 제거되어 있음을 의미하기도 하다. 영화는 긁어서 자국을 낸 리더leader**(아무 이미지가 없는 스크린)로 끝나며, 여기에 원작 포르노 영화의 사운드트랙soundtrack이 입혀진다. 이것은 우리가 시각적으로 보아왔던 것을 청각적으로 제시함으로써 그 의미를 강조하는 역할을 한다. 사운드트랙을 지배하는 것은 여성의 말이 아니라 시뮬레이션된 여성의 쾌락이며, 이는 거친 호흡과 신음소리가 포르노 특유의 배

---

* 영화 필름에서 최초의 이미지가 나타나기까지 아무 것도 찍혀 있지 않은 부분 혹은 마지막의 아무 것도 찍혀 있지 않은 부분을 의미한다.—옮긴이.

경 음악과 섞인다. 우만이 표백제와 매니큐어 제거제를 도구로 사용하는 것은 또한 그녀의 예술적 실천을 젠더화된 심문 행위로 자리매김한다. 청소 제품과 미용 제품처럼 젠더화된 도구를 사용하는 것은 포르노그래피 텍스트의 판타지 공간 바깥에 있는 여성의 현실을 암시하는 것이다.

〈제거〉는 또한 남성 텍스트에 개입하고, 기존의 영상을 전유하며, 구조적 원리를 페미니즘적으로 사용하는 등 우리가 앞서 설명한 페미니즘 전략의 침투성을 잘 보여 준다.

전략3: 문화적·정치적으로 주변화된 이야기들을 전달하고 정체성 탐구하기

실험적 형식은 주변화된 정체성을 탐구하거나 지배적인 문화 코드 밖에서 작동하는 이야기를 들려주는 데에도 적합하다. 예를 들어 가나Ghana계 미국인 영화제작자 아코수아 아도마 오우수Akosua Adoma Owusu의 단편 〈마지못해 퀴어Reluctantly Queer〉(2016, 가나/미국)는 한 가나 남성의 퀴어 정체성과 그가 어머니와 맺는 관계를 가나 동성 정치의 맥락에서 탐구한다. 일반적으로 오우수의 영화는 여기서 다루는 전략 중 많은 것에 의존하지만, 〈마지못해 퀴어〉나 〈아주베 케테Ajube Kete〉(2005, 가나) 등 몇몇 영화들은 실험적인 단편영화의 형식을 이용해 잘 알려지지 않은 이야기들을 전하는 것에 명시적으로 집중한다. 〈아주베 케테〉는 서아프리카의 한 소녀의 삶 중 하루를 따라가는데, 이날 그녀는 허드렛일을 하고 주변 어른들은 그녀에 관해 의논한다.

영국의 예술가 트레이시 에민Tracey Emin은 단편영화 〈나는 왜 무용수가 될 수 없었나Why I Never Became a Dancer〉(1995, 영국)에서 청소년기의 수치스러웠던 경험을 회복하기 위해 영화를 활용한다. 자신의 고향인 영국 마게이트Margate로 추정되는 다양한 거리와 건물의 영상을 배경으로 에민은 10대 시절 나이 든 '한심한' 남자들과 잤던 경험을 내레이션한다. 그녀는 성적 호기심과 설렘의 이른 경험, 다양한 성적 만남들이 지루함으로부터 벗어나는 일종의 탈출구이자 위안이 되었던 방식을 묘사한다. 결국 섹스가 지루해진 그녀는 춤을 추기 시작한다. 그러다 1978년 한 디스코 대회에 참가하게 되고, 그녀는 일군의 남자들이 춤을 추는 그녀에게 어떻게 소리를 지르기 시작했는지를 회상한다. 내레이터는 오늘날 우리가 '걸레slut 수치심'이라고 부르게 될 굴욕적인 장면에 관한 이야기를 전해 준다. 대부분 그녀와 잔 적 있는 남자들인 그들은 그녀를 ('걸레'와 같은 함의를 가진 용어인) 슬래그slag라고 불렀고, 그녀는 댄스 플로어dance floor를 뛰쳐나가고 만다. 그런 다음 사운드트랙은 실베스터Sylvester의 경쾌하고 기분 좋은 디스코 트랙 〈당신은 내가 (정말 진짜라고) 느끼게 해요You Make me Feel Mighty Real〉로 전환된다. 내레이터는 "셰인Shane, 에디Eddy, 토니Tony, 더그Doug, 리처드Richard (…) 이건 당신을 위한 거예요"라고 몇몇의 이름을 부르는데, 그들은 자신보다 훨씬 어린 소녀였던 그녀와 잠자리를 같이한 후 대회에서 그녀를 모욕했던 남자들이다. 그런 다음 이미지는 그 사건이 일어나고 20년 후 햇빛이 잘 드는 넓은 스튜디오에서 디스코 음악에 맞춰 춤을 추는 이 예술가의 영상으로 바뀐다. 원을 그리는 카메라의 움직임은 곡의 흥겨움, 춤추는 예술가의 몸에서 느껴지는 즐거움과 어우러져 과거의 굴욕으로부터 해방된 환희와 자유의 느낌을 부여한다. 이와 같이 에민은 영화를 통해 섹슈얼리티와 수치심에 관한 경험을 전달하고 자신의 몸에 대한 사랑과 쾌락을 되찾는다.

나이지리아에서 태어나 영국에서 자란 은고지 온우라Ngozi Onwurah도 이와 마찬가지로 영화를 이용해 신체를 둘러싼 수치심, 특히 인종과 관련된 수치심을 탐구해 왔다. 그녀의 초기 영화인 〈커피색 아이들Coffee Coloured Childre〉(1988, 영국)은 흑인 출신 아버지가 부재하는 가운데 백인 사회에서 백인 어머니 밑에서 자라며 그녀가 경험해야 했던 피부색과 관련된 수치심을 탐구한다. 집 문에 배설물이 발라져 있던 끔찍한 이야기를 내레이션이 들려주는 동안, 화면은 온우라와 남동생이 인종적 차이를 지우기 위해 빔Vim 세제로 몸을 문질러 씻는 이미지를 보여 준다. 사운드트랙에 수록된 음악은 내레이션이나 이미지와 아이러니한 대위법을 구성하기도 한다. "우리에게 필요한 것은 큰 용광로"와 같은 노래가 찬양하는 다인종 사회는 온우라가 자신의 인종차별적 경험을 근거로 비판하는 바로 그 사회이기 때문이다. 이러한 맥락에서 〈이니 미니 미니 모Eeny Meeny Miny Mo〉나 〈바 바 블랙쉽Baa Baa Black Sheep〉과 같은 동요는 음험한 뉘앙스를 띤다. 그러나 이 영화는 물과 불의 이미지로 과거를 몰아내고, 아직 태어나지 않은 딸에게 긍지와 존엄이 있는 삶을 선사하겠다고 맹세하는 등 다른 미래를 약속한다. 트레이시 모팻Tracey Moffatt은 현대 호주의 원주민Aboriginal 여성들의 경험을 탐구한 실험적인 작품에서 이와 유사한 주제를 다루며, 그들의 경우 트라우마는 자신

〔그림 6.20〕〈커피색 아이들〉(은고지 온우라, 1988).

들의 고유한 전통이 체계적이고 폭력적인 방식으로 억압되는 것
에 기인한다(전략4를 볼 것).

　　차이를 지우거나 내면화된 자기혐오를 표출하기 위해 피부
를 문지르는 것은 캐나다 예술가 헬렌 리Helen Lee의 영화 〈샐리
의 사마귀점Sally's Beauty Spot〉(1996)에서도 반복되는 모티프다. 여
기서 내레이터는 그녀의 가슴에 난 검은 사마귀점에 수치심을
느끼며 비슷한 행동을 한다. 이 '표식'은 아시아계 캐나다인의 여
성성에 대한 탐구와 복잡하게 연결되어 있다. 6장에서 다룬 여
러 영화처럼 이 영화도 직접 촬영한 영상과 대중문화의 이미지
들을 결합한다. 여기서 참조하는 텍스트는 1960년 영화 〈수지 웡
이야기The Tale of Suzie Wong〉(리처드 콰인Richard Quine, 영국/미국)
인데, 내레이터는 어린 시절 이 영화에 매료된 적이 있다고 이야

기한다. 영화는 자신의 그림 성향을 탐구하기 위해 홍콩에서 일 년을 보낸 한 백인 사업가의 이야기를 담고 있다. 그는 한 중국인 성 노동자를 만나고 그녀는 그를 위해 포즈를 취하기 시작한다. 내레이터가 말하듯 "물론 그들은 사랑에 빠진다". 〈수지 웡〉은 서 구 미디어가 아시아의 여성성을 표현한 당시로서는 드문 경우인 데, 리Lee는 다인종 커플이 키스하는 장면을 연출한 이미지와 영 화 장면을 병치해 영화가 보여 주는 오리엔탈리즘적 메시지를 탐구한다. 이 영화는 또한 미의 규범들에 대한 탐구이기도 한데, 이 규범들은 인종적 타자성과 성적 타자성의 중층결정된 상징의 역할을 하는 검은 사마귀점이라는 문제 주변에서 성좌를 구성 한다.

트랜스젠더 정체성의 경험과 한계를 탐구하기 위해 실험 적 형식을 활용해 온 영화제작자들도 있다. 비카 키르헨바우어 Vika Kirchenbauer의 영화 〈침몰선을 떠나는 쥐처럼Like Rats Leaving a Sinking Ship〉(2012, 독일)은 시공간상의 위치가 모호한 이미지들 의 몽타주를 통해 트랜스젠더 정체성을 탐구한다. 풍물 장터, 상 점의 창문들, 보행자들, 악단의 리더 등 여러 피사체가 검은 화면 과 결합되어 영화의 시각적 트랙track를 만들어 낸다. 이 중 일부 는 과거의 홈 무비에서 가져온 것이고, 일부는 파운드 푸티지이 며, 다른 일부는 이 영화를 위해 촬영되었다. 이 영화가 내내 내 레이션이 흘러나오는 검은 화면을 활용하는 것은 의학적이거나 관음증적인 시선에 대한 거부인 동시에 세계의 경험에서 시각적 이지 않은 감각적 방식들을 특권화하는 것이며, 이 모티프는 때 때로 영화의 이미지들에 의해 강화되기도 한다.

특히 내레이션 트랙은 트랜스젠더 환자에 대한 의학적·정신의학적 평가들("잠들기 어려움. 배변과 배뇨는 정상. 알레르기 없음")을 좀 더 시적이고 주관적인 일기체의 서술과 병치해 매우 강력한 효과를 낸다. 내레이션은 환자/의사의 관계 양측에서 트랜스젠더 정체성이 병리적으로 규정되고 의료의 대상이 되는 방식을 살펴본다. 그러나 환자 본인의 담화는 트랜스젠더 정체성을 진단할 때 그토록 완고하게 의존하는 남성과 여성 범주를 지속적으로 약화시킨다. 예를 들어, 내레이터는 다음과 같이 말한다.

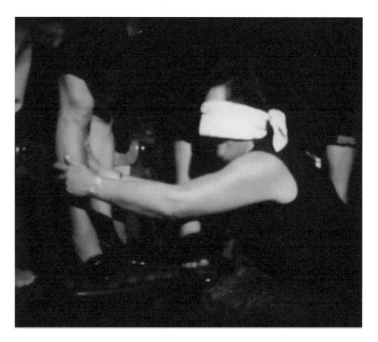

〔그림 6.21〕 〈침몰선을 떠나는 쥐처럼〉(비카 키르헨바우어, 2012).

괴물과 변태들은 고통받아야만 한다. 그들에게는 다른 어떤 것
도 의미가 없을 테니 말이다. 그러나 과거도 없고, 돌아갈 집도
없고, 몰입할 기억도 없다는 것에는 어떤 자유가 있다. 우리가
자연이라고 부르는 법칙을 어기는 데서 오는 우쭐한 즐거움도
있다. 이것은 운명에 의해 결정된 것이 아니라, 스스로 선택한
것이다.

내레이션은 트랜스젠더로 진단받기 위해 환자가 보여 줘야
만 하는 전형적인 행동들과 이분법적인 젠더 너머 어딘가에 존
재하는 삶을 선택해 거기서 즐거움을 찾는 보다 불투명한 현실
을 대조함으로써 정신의학이 수립한 체제에 계속 이의를 제기한
다. 내레이션은 영화 제목의 의미를 다음과 같이 설명한다.

쥐는 영광스러운 탈영병이다. 우리는 그들을 존경해야 한다. 당
신은 배와 함께 가라앉을 것이다. 나는 그러지 않을 것이다. 쥐
들이라면 "모든 것에 감사한다"라고 말하고는 바로 바다로 뛰
어들 것이다. 쥐는 대의cause가 물에 잠기지 않도록 노력하는 포
로가 되기를 원하지 않는다.

쥐와의 유비에서도 드러나듯 이 영화제작자는 규범적인 성
역할과 그것이 떠받치는 사회를 온전히 유지하는 데 에너지를
쏟지 않는다. 영화의 마지막에 이르러, 침대에서 바깥 세상의 부
산한 소리를 들으며 보낸 즐거운 하루를 묘사하면서 내레이터가
말하듯이 말이다. "좆같은 세상. 난 너에게 빚진 게 없어." 이 반

항은 이 절에서 에민이나 온우라의 영화를 다루며 확인한 바 있는 회복의 다른 행위들과 연결된다.

활동

/

역사적으로 춤과 실험 영화는 여러 여성 예술가의 작업에서 긴밀하게 연결되어 있었다. 마야 데렌이나 셜리 클라크Shirley Clarke와 같은 영화제작자들은 영화 작업을 시작하기 전에 무용수로 활동했으며, 리듬과 움직임에 대한 감각은 그들의 작품과 영화 예술에 고유한 특성을 부여했다. 이본 라이너Yvonne Rainer 또한 〈공연자들의 삶The Lives of Performers〉(1972, 미국)이나 〈…인 한 여성에 관한 영화Film About a Woman Who...〉(1974, 미국)를 찍으며 자신의 무용 경력을 활용했다. 멕시코의 영화제작자인 폴라 바이스 알바레스Pola Weiss Álvarez는 스크린댄스screendance* 형식의 주요 선구자로 꼽히며, 그녀의 작업은 멕시코 현대사의 암흑기를 아우른다. 샐리 포터, 바베트 맨골트Babette Mangolte, 에이미 그린필드Amy Greenfield 역시 모두 영화에 형태를 부여하기 위해 춤과 리듬을 통합하는 영화제작자들이다.

우부웹Ubuweb, 비메오Vimeo, 유튜브를 통해 스크린댄스 영화제작자들의 작품을 상영해 보자. 춤이 작품의 내용과 형식을 어떻게

---

* 알미 데′는 자신의 실험 비니오 삭품에서 비디오 영상과 춤을 병합했는데, 이 때문에 그녀는 스크린댄스의 개척자로 간주된다.─옮긴이.

형성하는가? 춤과 영화제작의 연결고리는 무엇이라고 생각하는가? 춤의 세계와 움직이는 몸을 기록하려는 욕망 뒤에는 페미니즘적 충동이라고 할 만한 것이 존재하는가?

전략4: 공식적 기록이 존재하지 않는 곳에서 역사 창조하기

주변화된 이야기들을 들려주고 정체성을 탐구하는 앞선 전략들과 밀접하게 연결되어 있으면서 종종 겹치기도 하는 것은 공식 기록이 존재하지 않는 곳에서 역사를 창조하려는 충동이다. 여기에는 알려지지 않은 이야기를 발굴하기 위해 다큐멘터리 형식을 실험하거나, 기록 보관소가 침묵하는 곳에서 역사를 만들어 내는 것이 포함될 수 있다.

헤르민 프리드Hermine Freed의 〈예술 허스토리Art Herstory〉 (1974, 미국)는 여성을 배제하는 미술계(물론 모델 역할은 제외하고)에 익살맞은 시선을 던지는 작품이다. 비디오로 만들어진 이 작품에서 프리드는 (브래더먼이 나중에 그랬듯이) 텔레비전 스튜디오 기술을 사용해 자신을 미술사에 등장한 상징적인 여성 피사체들의 위치에 직접 배치한다. 그녀가 성모마리아나 고전적 누드들의 자리에 앉은 채 들려주는 코믹한 논평들은 역사적으로 (그리고 지금도 계속해서) 예술계로부터 여성들이 배제되어 왔던 것에 관심을 기울이길 유도하며, 회화의 정전을 구성하는 여성들의 침묵하는 얼굴에 관객이 상상적으로 참여할 것을 권유한다.

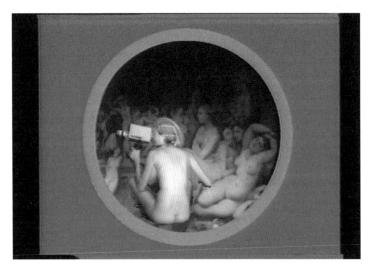

〔그림 6.22〕〈예술 허스토리〉(1974)에서 헤르민 프리드는 고전으로 간주되는 미술 작품 이미지에 그녀 자신을 집어넣고 카메라로 응시한다.

바버라 해머Barbara Hammer의 〈질산염 입맞춤Nitrate Kisses〉 (1992, 미국)은 20세기의 LGBTQ* 커뮤니티와 그에 속한 개 인들의 잃어버린 침묵의 역사를 탐구한다. 이 영화는 1930년대 의 영화 〈소돔의 롯Lot in Sodom〉(제임스 시블리 왓슨 & 멜빌 웨버 James Sibley Watson & Melville Webber, 1933, 미국)의 영상들을 레즈비 언과 게이의 역사를 담은 다른 이미지들과 결합시킨다. 몇몇 경 우에는 감광유제가 약화되고 조작되기도 한다. 해머는 독일 제3 제국 치하에서 살았던 게이들이나 죽기 전에 자신의 개인적 내

---

* 레즈비언Lesbian, 게이Gay, 양성애자Bisexual, 트랜스젠더Transgender, 퀴어Queer의 머리글 자를 따 총칭하는 용어다.—옮긴이.

용을 담은 글들을 파기한 작가 윌라 캐더Willa Cather의 잠재적 레즈비언 성향과 같은 것들에 대한 사례 연구들을 다양한 연령, 인종, 성적 성향의 게이 혹은 레즈비언 커플들이 사랑을 나누는 네 개의 현대적 장면들과 결합시킨다. 이것은 LGBTQ의 섹슈얼리티와 욕망을 대범하게 주장하는 현재와 과거의 억압 사이에서 대비를 만들어 낸다. 제목은 질산염 필름의 휘발성, 나아가 역사적 기록과 증거의 휘발성을 은유적으로 지시하며, 그 역사가 때로는 고통과 억압의 역사라 할지라도 역사를 갖고 그 역사 안에서 인정받고 싶다는 타오르는 욕망 또한 지시한다. 이 영화가 에이즈가 위기를 맞던 위기 시절에 만들어졌다는 점은 레즈비언과 게이의 욕망을 긍정적이고 인정받아야 하는 것으로 보는 영화의 주장을 더욱 강력하고 도전적인 것으로 만든다.

셰릴 두네이Cheryl Dunye의 영화 〈수박 여인The Watermelon Woman〉(1996, 미국)은 그 자신이 '두네이멘터리Dunyementary'라고 이름 붙인 스타일을 갖춘 일종의 실험 모큐멘터리mockumentary* 다. 이 영화는 해머가 제기한 쟁점과 유사하게 레즈비언의 비가시성invisibility을 다루면서, 이것을 고전기 할리우드에서 흑인 여배우들이 겪었던 역사적 비가시성이라는 쟁점과 엮는다. 두네이 자신은 영화제작자 지망생으로 인종 간 연애를 시작하는 인물을 연기한다. 그녀는 크레딧에 '수박 여인'으로만 표시되고 유모 역할만 맡아 온 스튜디오 시대의 한 여배우에 집착한다. 이 수수께

---

* 허구의 상황을 실제처럼 보이게 연출한 영화나 텔레비전 프로그램을 일컫는 말. '페이크 다큐멘터리Fake Documentary'라고도 불린다.─옮긴이.

끼 같은 여성이 누구인지 밝혀내기 위해 과거를 파헤치다가 그
녀는 '수박 여인'이 (도로시 아즈너Dorothy Arzner를 모델로 한) 백인
여성 감독과 인종이 다름에도 연인 관계를 맺어왔음을 알게 된
다. 이 영화는 셰릴이 속한 흑인 레즈비언 커뮤니티와 페이 리처
즈Fae Richards(수박 여인)의 레즈비언 커뮤니티를 유머러스하게
둘러보며 세대 간의 차이와 연결점을 탐구한다. 영화는 마지막
에 '수박 여인'이 허구의 인물임을 밝힌다. 두네이와 그녀의 실제
파트너가 '과거'의 이미지에서 페이와 그녀의 여자친구 감독 역
할을 연기했다는 것은 시간과 매체를 가로지르는 복잡한 동일시
의 층위들을 암시하며, 영화를 형성하는 역사에 대한 욕망의 자
전적 차원을 나타낸다. 그것은 기록된 '진짜' 역사, 즉 영화계에
서 일하는 흑인 퀴어 여성들의 역사가 부재할 경우 때로는 역사
를 발명해야 한다는 것을 시사한다. 그것은 또한 역사에 대한 우
리의 모든 탐구와 서술이 역사적 기록에 기초할 때조차도 과거
와의 연속성과 연결을 향한 욕망에 의해 형성됨을 암시한다. 스
튜디오 시대의 신비에 싸인 흑인 조연 여배우의 이야기를 전면
에 내세운 〈수박 여인〉은 영화의 역사에 대한 중요한 질문 역시
제기한다. 영화사가 지배적이지 않은 그룹에 속한 수많은 인물
을 삭제하고 그들이 영화의 정전canon으로부터 부재하게 만든 것
을 문제 삼는 것이다. 그리하여 이 영화는 이러한 배제가 영화사
를 조직하고 교육하는 방식과 여성, 특히 비백인 여성이 영화와
함께 일할 수 있는 가능성에 어떤 영향을 미쳤는지 생각해 볼 것
을 요구한다.

　억압되거나 전해지지 않은 역사에 주목하기 위해 실험적인

방식을 이용한 영화의 마지막 사례로는 트레이시 모팻의 〈밤 울음소리: 시골의 비극Night Cries: A Rural Tragedy〉(1989, 호주)을 들 수 있다. 이 인상적인 영화는 서사적 설명이라고 할 만한 것을 거의 제공하지 않는다. 방음 스튜디오에서 촬영한 이 영화는 나이 든 백인 여성과 그녀를 돌봐주는 호주 원주민 사이의 관계에 초점을 맞춘다.

이 영화는 소위 '도둑맞은 세대'의 원주민 청소년들을 다룬다. 식민화 계획의 일환으로 호주 정부는 그들을 부모로부터 빼앗아 백인 가정에서 양육되도록 했다. 그리하여 우리가 영화에서 목도하게 되는 것은 인종 정책과 식민지 폭력이 겹쳐진 모녀 간 유대의 말해지지 않은 양면성이다. 바람 부는 소리, 울부짖음과 속삭임, 모녀 간 대화의 부재 등이 담긴 사운드트랙은 인상적인 효과를 만들어 관객의 뇌리에 맴돈다. 이 영화의 표현주의적 색감과 조명은 우리가 목격하는 관계의 부자연스러움을 강조하며, 외모나 음악 스타일상으로는 완전히 서구화된 원주민 가수가 신에게 전화를 걸라고 권유하는 이 과장되고 연극적인 이미지와 대위법적인 관계를 이룬다. 1950년대에 유명했던 가수인 지미 리틀Jimmy Little은 [백인과 원주민] 동화assimilation의 성공적인 사례로 여겨졌다. 여기서 그의 원기 왕성한 이미지는 개인적인 고통의 장면들과 병치됨으로써 불안하게 표현된다. 부모로부터 빼앗은 원주민 아이들의 이 억압된 역사는 모팻의 영화를 통해 가시화된다. 모팻은 멜로드라마적인 서사 구조 대신 양식화된 이미지와 사운드 디자인, 편집을 통한 실험적 대비를 활용함으로써 의미를 한정하지 않으면서도 과거의 감정적 흔적을 환기

〔그림 6.23〕 트레이시 모팻의 〈밤 울음소리〉(1989).

시킬 수 있었다.

사례 연구

중동 두 영화제작자의 영화 속 망명과 트라우마

/

내전, 난민 이주, 실향민, 국경 축소 등 복잡한 현대사를 겪어
온 팔레스타인, 레바논, 시리아 지역에서의 어려운 삶의 현
실을 탐구하기 위해 실험 영화가 활용되었다. 3장에서 논의
한 바 있는 모나 하툼의 비디오 작품 〈거리 측정Measures of
Distance〉은 전쟁으로 폐허가 된 레바논에 사는 어머니에게 보
내는 일종의 편지로 시간과 장소의 전치displacement에 의해 매

개된다. 무니라 알 솔Mounira Al Solh의 〈이제 나의 대본을 먹어 Now Eat my Script〉(2014, 레바논) 또한 그 지역 난민들의 삶을 자신의 주제로 삼는다. 침묵하는 내레이터는 창가에 앉아 난민들을 관찰하는 그녀 자신을 자막을 이용해 묘사한다. 임신한 상태에서 글을 쓰기 위해 노력하는 그녀는 배고픔, 성욕, 기억으로 혼란스럽다. 그녀는 저 아래 거리의 난민들을 보며 레바논 내전 당시 그녀의 가족이 베이루트Beirut에서 다마스쿠스 Damascus로 피난 갔던 것을 떠올린다. 도축된 짐승의 사체 더미 위로 천천히 움직이는 고해상도 트래킹 숏을 통해, 알 솔은 트라우마란 무엇이며, 트라우마를 이미지와 글의 형태로 타인과 자기 자신에게 전달하는 것이 과연 어디까지 가능한

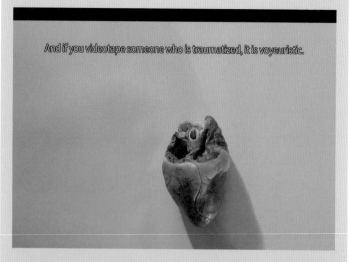

〔그림 6.24〕〈이제 나의 대본을 먹어〉의 내레이터는 트라우마의 재현에 관한 질문들을 제기한다(무니라 알 솔, 2014).

지 의문을 제기한다. 내레이션을 오디오 트랙에 넣지 않고 표현하는 방식은 텍스트가 그 자체로 이미지의 일부가 되게 하며, 이미지가 된 텍스트는 기억 및 그것의 재현이 갖는 지위에 대한 영화제작자의 의식에 의해 매개되어 하나의 표현으로서 전면에 놓는다.

이것은 또한 내레이터의 (쓰인written) 목소리의 전환에서도 드러난다. 이 목소리는 한 여성을 지칭하기 위해 3인칭을 사용하다가 바로 그 동일한 여성을 언급하기 위해 '나'를 사용한다. 알 솔은 난민 가족의 소유물 전부를 가득 실은 자동차에 초점을 맞춘 다음 도축된 짐승의 내장으로 시선을 옮기는데, 이처럼 특정 사물의 생생한 세부사항들을 보여 주면서도 미디어에서 볼 수 있는 전형적인 이미지로 그 지역에서의 고통이나 폭력을 보여 주는 것은 거부한다. 대신 그녀는 베이루트의 난민과 시민들(이 중 많은 이가 한때는 내레이터처럼 난민이었다)이 겪는 매일의 삶의 복잡한 현실로부터 그러한 진부한 이미지들을 추출하는 것에 대해 의문을 제기하며 이를 바탕으로 글을 쓴다. 이런 방식으로 그녀는 자신의 지역에 대한 서구인들의 획일화된 시선을 거부하면서, 배고픔에서 성적 흥분, 그리고 혼란스러움에 이르기까지 거대한 정치적 사회적 격변의 한가운데에서 나날의 현실을 살아가는 사람들의 인간적 면모를 역설한다.

거대한 비극 한가운데에서의 삶과 일상의 평범함 사이의 이러한 대비는 바스마 알 샤리프Basma al Sharif의 〈우리는 거리를 측정하는 것부터 시작했다We Began by Measuring Distance〉

(2009, 이집트)의 내레이션 전반을 꿰뚫는 주제이기도 하다. 이 영화는 현대 팔레스타인의 복잡한 역사를 다루는데, 이 역사는 이동하는 난민들의 혼란 속에서 소실되거나 고통에 관한 지배적인 미디어 이미지들로 덧씌워지는 등 여러 방식으로 지워져 버린 역사다. 알 샤리프는 이 지역에 관한 미디어의 재현과 그 이미지들이 표현하는 사람들의 실제 삶 사이에 놓인 시공간적 거리에 관한 명상을 제공한다. 또한 팔레스타인의 운명에 대한 결정이 내려지는 (보통 유럽의 도시인) 장소들과 팔레스타인 사이의 거리에 대해서도 명상한다. 내레이션에 따르면 주인공들은 잠에서 깨어나 주변 환경이 모두 얼어붙은 것을 발견하고, 그로 인해 점점 더 불안해진다. 영어 단어 'more and more(점점 더 많이)'가 화면을 가득 채우고, 사운드트랙은 'more and more'라는 구절을 반복한다. 이는 팔레스타인 사람들의 '불-안정성un-settledness'을 말 그대로 강조하는 동시에 (팔레스타인 사람들은 자신의 자리에서 쫓겨났다) 은유적으로도 강조하며 (그들은 심한 감시 속에 있는 현재의 팔레스타인 영토 내에서 편안함을 느낄 수 없다) 불안한 느낌을 자아낸다.

알 샤리프는 자신의 [영화적] 탐구 전반에 걸쳐 부조리한 유머를 활용한다. 예를 들어, 주인공들은 지루함을 이겨내고 아마도 불안감을 해소하기 위해 사과의 크기를 재는데, 그것이 오렌지임을 알게 된 그들은 이제 이스라엘과 팔레스타인에 대한 주요 협정들이 체결된 도시들 사이의 거리를 측정하기 시작한다. 로마에서 제네바, 마드리드, 오슬로를 거친 후 마지

we measured the distance
from Madrid to Oslo

〔그림 6.25〕바스마 알 샤리프의 영화에서 이스라엘과 팔레스타인에 대한 주요 결정들이 내려진 도시들 사이의 거리를 측정한다.

막으로 그들은 가자Gaza와 예루살렘 사이의 거리를 측정하는데, 이 거리는 계속 변하고 점점 줄어들다 이윽고 지나간 햇수를 나타내는 숫자로 전환된다. "우리는 팔레스타인과 이스라엘 사이의 거리를 측정했고, 로마가 하루 만에 건설되지 않았음을 알게 되었다"라는 말을 통해 그녀는 아마도 이스라엘의 제국주의적 성향을 암시하고자 하는 동시에, 상투적인 문구와 양적 데이터로 현대 팔레스타인의 복잡한 지정학적 상황을 이해하려는 노력이 얼마나 부조리한지 보여 주고자 하는 것처럼 보인다. 추상적인 숫자로는 그들의 잃어 버린 역사, 땅, 고향에서 쫓겨나고 죽은 친구들, 가족들, 그리고 그들이 한때 알았던 팔레스타인으로부터 느끼는 '거리'를 측정할 수 없다.

주인공들은 '처녀림'으로 탈출하는데, 이에 대한 묘사는 해저의 이미지들과 겹쳐 읽힌다. 민족적·종교적 갈등이 없는 세계에 대한 환상, 그리고 점유되지 않은 공간에 접근해 간다는 환상은 사람의 손길이 닿지 않은 숲의 환상으로 표현된다. 그러나 기묘한 사운드트랙과 함께 프레임 속에 병치되는 해파리의 이미지는 폭발하는 폭탄으로 서서히 변한다. 샤리프는 공포와 비통의 소리가 들리는 가운데 폭력, 도망치는 어린이들과 여성들의 변형된 이미지들로 영화를 마무리한다. 그러나 이러한 이미지들이 전형적인 관음증적 맥락 속에서 관객

〔그림 6.26〕 바스마 알 샤리프의 영화에 등장하는 괴로움의 이미지. 이 이미지는 디에게시스 사운드로부터 단절되고 급격히 속도가 느려진다.

에게 제시되는 것은 아니다. 영화는 한 여성이 표현하는 고통을 강조하기 위해 영화의 속도를 늦추고, 복잡한 사운드트랙을 입혀 소리와 이미지를 명확한 지시 관계로부터 분리한다. 내레이션은 다음과 같이 말한다. "우리는 거짓에 속았다고 분명하게 느끼기 시작했다. 불행히도 우리가 전혀 쉬지 못했고 우리의 측량이 우리를 빈손으로 남겨 놓았다는 느낌."

보고 토론하기

〈이제 나의 대본을 먹어〉와

〈우리는 거리를 측정하는 것부터 시작했다〉

/

1. 이 영화제작자들이 보다 관습적인 극영화를 만들지 않고 실험적인 형식을 사용한 이유가 무엇이라고 생각하는가?

2. 심각한 쟁점을 다루는 작품에서 유머의 역할은 무엇이라고 생각하는가?

3. 이 영화제작자들이 우리에게 익숙한 중동 지역의 이미지들을 보여 주지 않는 이유는 무엇이라고 생각하는가? 특히 알 솔은 왜 우리에게 사람들의 이미지를 보여 주지 않는가?

4. 이 영화들을 모나 하툼의 이전 작품인 〈거리 측정〉(3장을 참조할 것)과 비교하고 연관시켜 보자. 거리와 매개라는 쟁점은 영화들의 형식을 어떻게 형성하는가?

토론을 위한 질문들

/

1. 주류 문화에서 전형적으로 재현되지 않는 경험을 명확히 표현하는 데 있어 실험적인 영화 언어가 지배적인 서사영화보다 더 적합할 수 있는 이유는 무엇일까?

2. 형식 실험은 필연적으로 대중문화의 관객들을 소외시키는가, 아니면 주류에 동화되어 하나의 영화 형식으로서 널리 인지될 수 있는가?

3. 6장에서 논의한 실험적인 작품이나 여러분이 본 다른 실험 영화들 속에, 여기에서 언급되지 않았지만 중요하거나 포함될 가치가 있다고 생각되는 다른 페미니즘 전략들이 있는가?

4. 실험 영화가 '페미니즘' 영화인지 아닌지를 평가할 때 우리는 어떤 기준을 사용할 수 있는가?

5. 실험적인 영화제작은 종종 주류의 배급이나 상영 식과 다른 대안적인 방법과 실천을 찾아내야 하는데, 여기에는 어떤 이점이 있는가? 단점이 있다면 무엇인가?

핵심 용어

/

#발췌 영화 #일기 영화 #표현적 작품 #형식주의 #파운드 푸티지 #머시니마 #뉴미디어 #참여적인 문화 #구조 영화

7장.
서사영화: 젠더와 장르

들어가며

서사영화는 정의하기 어려운 용어다. 거의 모든 영화들이 서사를 갖기에 영화 대부분이 기본적으로 서사영화로 간주될 수 있기 때문이다. 그러나 이 용어 자체는 보통 극영화를 다큐멘터리나 추상적인 실험 작품과 나란히 위치시켜 기술할 때 사용된다. 예를 들어, 널리 인용되는 로라 멀비의 논문 「시각적 쾌와 서사영화」(1975)는 고전적 할리우드 극영화를 다루며 이 용어를 특정해서 사용한다. 가장 일반적인 의미에서 서사영화는 다큐멘터리 영화제작과 허구의 이야기라는 두 축을 명확히 구분하기 위해 사용된다. 그러나 다큐멘터리 자체도 종종 허구 바깥에 있는 현실 세계라는 개념을 갖고 유희할 때가 있다(5장을 볼 것). 또한 서사 혹은 극영화도 종종 실제 사건을 기반으로 할 수 있으며, 어떤 의미에서는 실제로 일어난 사건에 대한 역사적 기록으로 받아들여질 수도 있다. 7장에서는 페미니즘적이며 여성 중심적인 영화 서사가 그려온 궤적을 추적하고, 영화에서는 종종 사실과 허구의 경계가 모호해지기도 한다는 점을 염두에 둔 채 극영화에서 여성이 재현되는 방식을 검토할 것이다. 이러한 목적을 위해 광범위하게 쓰이는 서사영화라는 용어를 좀 더 좁은 의미로 정의하고자 한다. 우리는 다양한 장르의 서사영화에서 젠더가 어떻게 조명되고 복잡한 방식으로 작동하는지 잘 보여 주는 사례들을 제시할 것이다. 또한 영화 형식과 (암묵적인 것이든 노골적인 것이든) 젠더 규범들 사이의 복잡한 관계를 잘 드러내는 대표적인 영화 장르인 멜로드라마, 공포, SF, 포르노, 액션영화 등에 초점을 맞출 것이다. 그러나 그 전에 장르 영화에 반대되는 것으로서 경쟁적 위치에 놓이는 가장 일반적인 영화 유형 중 하나인 **주류 드라마**로 잠시 눈을 돌려보자.

주류 리얼리즘

영화가 현실을 어떻게 묘사해야 하는가에 대한 논쟁은 오랫동안 지속되어 왔다(현실, 진실, 다큐멘터리에 관해서는 5장의 논의를 참고할 것). 서사영화와 관련해 소련의 영화 선구자 세르게이 에이젠슈테인Sergei Eisenstein은 **몽타주**montage 기법을 사용해 현실을 영화 속에서, 그리고 영화를 통해 구성하며, 심지어는 조작해야 한다고 주장했던 것으로 유명하다. 그의 몽타주는 짧은 숏들을 극적으로 병치시켜 빠른 연쇄 속에서 보여 준다. 반면 영화 이론가 앙드레 바쟁André Bazin은 반대되는 견해를 가졌다. 그는 감독이 잦은 커팅cutting과 편집을 통해 영화의 이야기를 묘사하는 데 사용되는 기술을 관객에게 상기시켜서는 안 되며, 영화는 롱테이크, 넓은 시야의 숏, 딥 포커스deep focus 등을 통해 이음매가 없는 **리얼리즘**을 반영해야 한다고 생각했다. 이후 다양한 영화제작자들은 영화를 사용해 이야기를 전달하는 데 있어 두 가지 중 하나의 접근법을 채택하거나 두 가지 방식을 모두 활용했다. 앞선 장들에서 살펴본 바와 같이 페미니즘 영화제작자들은 영화의 중립성과 리얼리즘이라는 개념에 자주 도전해 왔다. 그들은 영화가 가부장적 통제 기제와 아주 가깝다는 것에 대해, 그리고 동시에 전복적인 페미니즘 정치를 반영하고 구성하는 도구로서 영화가 갖는 잠재력에 대해 비판적 관심을 불러일으키기 위해 여러 방식과 영화제작 기법들을 혼합해 활용했다. 리얼리즘은 문화적·역사적으로 특정한 관습들의 집합이며, 단순히 현실을 매끄럽게 재현하는 것이 아니라는 점에 유의할 필요가 있다. 우리에게 사실적으로 보이는 것은 실제로는 언제나 고도로 매개된 것이다. 예를 들어 피터 잭슨Peter Jackson이 〈호빗The Hobbit〉 3부작을 (일반적인 속도의 두 배인) 초당 48프레임의 프레임률로 촬영하기로 한 결정은, 비록 그것이 일상생활에서 사물들이 '실제로' 보이는 방식에 더 가까울 수 있겠지만 일부 관객들에게는 '너무 사실적으로' 보였기 때문에 소외되는 느낌을 불러일으켰다. 의

심할 여지없이 우리는 이미 더 높은 프레임률에 익숙해지며, 역사적으로 흑백에서 컬러 영화로 전환되었을 때와 같이 사실적으로 보이는 것에 대한 우리의 생각은 [앞으로도] 변화할 것이다. 실제로 5장에서 다큐멘터리에 관해 논의했듯 현실을 재현하는 관습들은 영화에 대한 페미니즘적 분석에서 중요한 고려사항이다. 그런데 리얼리즘 서사영화가 그 자체로 현실을 재구성해 만들어 낸 산물이라는 점을 우리가 충분히 인식하더라도, 그것은 역사 사건들에 대한 우리의 문화적 기억이 되기도 한다. 따라서 영화가 세계를 어떻게 재현하는가는 많은 것이 걸려 있는 문제이다. 장르영화는 흔히 리얼리즘 서사영화에 비해 '비사실적인' 것으로 간주되며, 최근 몇 년간 (조던 필Jordan Peele의 〈겟 아웃Get Out〉(2017, 미국)과 같은) 몇몇 장르 영화들이 주류 사회에서 광범위한 인정을 받았음에도 불구하고 문화적으로 덜 존중받는 형태의 엔터테인먼트를 대표하는 것으로 간주되곤 한다.

　가장 일반적인 의미에서 주류 드라마는 보통 이음매가 보이지 않는 영화적 현실을 반영하고자 하며, 그런 까닭에 현실의 (재)생산 행위로서의 영화제작 과정을 해체하거나 그에 대해 공공연한 관심을 불러일으키려 하지 않는다. 달리 말해 주류 드라마는 관객들이 영화의 세계 속으로 사라져 영화를 본다는 것을 잊어 버리게끔 유도한다. 주류 드라마의 서사 원칙은 보통 종결구조와 [서사적] 규범들의 제공을 전제로 하며, 이런 점에서 흔히 모호함을 수용하는 예술 영화의 관습들과 구분된다. 그러나 그렇다고 해서 주류 영화가 언제나 현상유지를 고수하는 것은 아니다. 정반대로 클레어 존스턴이 제시한 대항 영화로서의 여성의 영화에 관한 이론에서 보았듯이(1장을 볼 것), 예측 가능하고 쉽게 읽을 수 있는 지배적인 영화의 언어는 그 자체로 주류 영화가 전복적이거나 일탈적인 표현과 해석을 받아들일 수 있게 하는 요인이 되기도 한다. 그런 점에서 주류 드라마는 이러한 목적에 딱 들어맞는 좋은 사례가 될 수 있다. 영화사 전반에 걸쳐 암묵적으로든 명시적으로든 여성들의 경험을 페미니즘 혹은 그 반대의 용어로 표현하는 폭넓은 범주에 속한 것으로 분류할 수 있는 영화가 다수 있었기 때문이다. 광범위한 청중에게 어필하기 위해 고안된 이 매력적인 영화 형식은 종종 가부장제와 여성의 사회적 지위에 대한 비판적 관점들을 초국가적 규모로 소개하는 가장 효과적인 방법이 될 수 있다. 주류 영화 언어를 사용한 참여적 드라마의 대표적인 예로는 제인 캠피온Jane Campion의 황금종려상 수상작 〈피아노The Piano〉(1993, 뉴질랜드), 오스카상 수상작 〈씨민과 나데르의 별거A Separation〉(아쉬가르 파라디Asghar Farhadi, 2011, 이란), 〈여행자A Brand New Life〉(우니 르콩트Ounie Lecomte, 2011, 한국), 〈처녀 자살 소동The Virgin Suicides〉(소피아 코폴라Sofia Coppola, 1999, 미국), 〈파리아Pariah〉(디 리스Dee Rees, 2011, 미국), 〈걸후드Girlhood〉(셀린 시아마Céline Sciamma, 2014, 프랑스), 〈링 위의 소녀The Fits〉(안나 로즈 홀머Anna Rose Holmer, 2015, 미국), 〈무스탕: 랄리의 여름Mustang〉(데니즈 겜즈 에르구벤Deniz Gamze Erguven, 2015, 터키/프랑스) 등이 있다.

다른 한편, 현재 주류 영화제작에서 가장 지배적이고 상업적인 틀인 슈퍼히어로 영화에서 알 수 있듯 주류 영화는 리얼리즘적인 방식 하나에만 의존하지 않는다. 이 특별한 종류의 영화들에서 코믹스의 영웅 서사는 초자연적·SF적·액션영화적 요소들을 혼합하고 정교한 CGI* 시각 효과를 통해 강화된 포괄적인 스펙터클을 창조해 낸다. 놀라울 것도 없는 사실이지만 대다수의 슈퍼히어로 영화는 남성 슈퍼히어로들에게 초점을 맞추며 남성들에 의해 연출된다. 이런 일반적인 흐름에 대한 흔치 않은 예외로는 여성 슈퍼히어로의 기원에 관한 이야기를 다룬 〈원더 우먼Wonder Woman〉(패티 젠킨스Patty Jenkins, 2017, 미국)을 들 수 있다. 이 영화는 여성을 대상화하거나, 그들의 주체성을 박탈하거나, 남성적 시선에 영합하지 않는 페미니즘적이며 여성 중심적인 서사 구성으로 찬사를 받았다. 나아가 이 영화는 2017년 여름 미국 박스오피스에서 가장 많은 관객을 동원하는 영예를 차지하면서 관객들이 주류 영화에서 여성이 이끄는 서사를 기꺼이 받아들일 의향이 있음을 보여 주었다.

　장르라는 개념은 주류 문화와 복잡한 관계를 맺는다. 배리 키스 그랜트Barry Keith Grant는 장르를 "반복과 변형을 통해 익숙한 상황에서 익숙한 인물들로 익숙한 이야기를 들려주는 장편 상업 영화"(1986: ix)로 정의한다.** 코미디, 전쟁 영화, 멜로드라마, 서부 영화 같은 몇몇 장르는 의심의 여지없이 주류로 인식되는 반면, 누아르, 공포, SF와 같은 다른 장르들은 주류 문화의 안팎에 걸친 좀 더 복잡한 영역에서 작동한다. 또한 전쟁 영화나 역

---

* 'Computer Generated Imagery' 혹은 'Computer Graphic Image'의 약자. 컴퓨터를 이용해 제작한 이미지를 일컫는다. ─옮긴이.

** 다음의 책에서 재인용: Stephen Neale, *Genre and Hollywood*(2000: 7).

〔그림 7.1〕〈원더 우먼〉(패티 젠킨스, 2017).

사극과 같은 일부 장르는 주로 영화의 리얼리즘에 대한 전통적 이해를 목표로 하는 반면, 다른 장르들은 그러한 리얼리즘에 적극적으로 도전하기도 한다. 후자에는 공포, 판타지, SF 등이 포함되며 여기서 관객은 영화 세계에 몰입하기 위해 불신을 중단할 것을 적극적으로 요구받는다. 아네트 쿤Annette Kuhn은 영화 관객의 렌즈를 통해 장르를 설명한다. "장르 영화는 기대라는 관점에서 이해될 수 있다. 여기에서 관객은 영화가 새롭고 예상치 못한 즐거움을 약속하면서도 뜻밖의 위험성 없이 일반적 관습의 안전함을 제공할 것이라고 기대한다."(1990:2).

영화의 페미니즘과 관련해서 가장 중요한 점은 장르가 젠더와 복잡한 관계를 맺는다는 것이며, 그러한 관계를 심도 있게 탐구하는 것은 "서사와 문화 형식이 특정한 성 정치를 암시하는 방식"을 이해하는 데 도움이 될 수 있다(피셔Fisher, 1996: 6). 3장에서 언급했듯, 젠더와 장르에 관한 린다 윌리엄스의 영향력 있는 논문(1991)은 관객으로부터 과도한 신체 반응을 유발하려는 것으로 멜로(울음), 공포(두려움), 포르노(흥분)라는 세 가지 **육체 장르**body genres를 규정했다. 각 장르들에 대해서는 차후에 별도의 절에서 더 자세히 논의하겠지만, 여기서는 윌리엄스의 전반적인 이론적 통찰을 살펴볼 필요가 있다. '육체 장르' 및 그것의 눈에 띄게 '저급한' 문화적 자산과 관련해 윌리엄스는 다음과 같이 서술한다.

> 이러한 육체 장르를 저급한 것으로서 특별히 표시할 수 있는 것은 스크린 위 육체의 감정과 감각을 거의 부지불식간에 모방하도록 관객의 육체가 사로잡혀 있다는 인식과 더불어, 전시되는 육체가 여성의 것이라는 사실 때문이다.(4)

달리 말하자면 이러한 장르가 '저급한' 장르인 이유는 그것이 과도한 공포이든, 울음이든, 성적 황홀이든 관객이 스크린에 등장하는 여성 인물의 과도한 감정적 신체적 반응을 모방하도록 강요하기 때문이다. 그러나 윌리엄스에 따르면 이것이 동일시에 대한 단순화된 이해를 전제하는 것은 아닌데, 왜냐하면 "각 장르에 의해 구성되는 것으로 보이는 주체의 위치는 흔히 생각하는 것처럼 젠더와 연결되거나 젠더에 고정되지 않기 때문이다"(8). 이는 실제로 그러하다. 왜냐하면 이러한 장르 영화가 관객에게 환기시키려 하는 과도한 육체적 정서는 판타지의 평면에서 작동하고, 판타지는 정의상 정체성의 고정된 위치를 허용하지 않기 때문이다. 오히려 그것은 "'탈주체화된' 주체들이 시나리오 속 어떠한 고정된 장소도 점유하지 않으면서 자신과 타자 사이에서 진동하는 장소"이다(10). 이는 이러한 장르들 및 그것이 관객에게 미치는 영향을 단순히 액면 그대로 해석할 수 없다는 것을 의미한다. 개별 장르들의 사례를 다룰 때 더 자세하게 논의하겠지만, 그 이면에는 좀 더 복잡한 구조들이 자리 잡고 있다.

멜로드라마

멜로드라마 또는 '최루성 영화weepie'는 **여성 영화**woman's film의 두드러진 사례 중 하나로 페미니스트 영화 학자들에게 커다란 관심의 대상이 되어 왔다. "여성 영화는 영화가 표현하는 세계의 중심에 여성을 두는 영화이며, 거기서 그들은 자신이 여성이라는 사실과 특별히 연결된 감정적·사회적·심리적 문제들을 다루고자 노력한다"(베이싱어Basinger, 1993: 20). 또한 여성 영화는 거의 여성 관객들만을 대상으로 하는 경우가 일반적이다. 더 정확하게 말하자면, **멜로드라마**는 일반적으로 모성과 관련이 있는 가족 문제부터 짝사랑, 상실, 슬픔에 이르기까지, 다양한 개인적 고난과 시련을 겪는 여성을 주인공으로 하는 장르다. 이러한 여성 중심의 접근법은 페미니스트 영화 학자들이 이 장르에 대해 가졌던 관심들 중 하나였다. 여성 영화는 아마도 스튜디오 영화 시대에 가족과 사회 안에서 여성들이 가졌던 사회적으로 정의된 지위를 다룬 유일한 장르였을 것이다. 몰리 하스켈Molly

Haskell(1974)은 멜로드라마에서 여성의 역할과 가치가 일반적으로 가족, 특히 자녀에 대한 희생과 밀접하게 연관되어 있음을 인지한 최초의 비평가 중 하나였다. 이는 특히 어머니와 자녀 사이의 갈등이 서사 구조의 중심을 차지하는 **모성 멜로드라마**maternal melodrama라는 하위 장르에서 더욱 그러하다. 타니아 모들스키 Tania Modleski는 멜로드라마와 어머니 사이의 연관성이 오랜 역사를 갖는 것임을 지적하면서, 멜로드라마가 (특히 연속극으로 반복될 경우) 하나의 인물보다는 여러 인물 및 관점과 동일시하도록 유도한다는 견해를 밝힌다. 모들스키는 다음과 같이 덧붙인다.

> 연속극의 주인공/관객은 일종의 이상적인 어머니를 구성한다고 할 수 있다. 여기서 어머니는 자신의 자녀들보다 더 지혜롭고, 가족들의 충돌하는 주장들을 아우를 수 있을 만큼 공감 능력이 뛰어나며(그녀는 가족 모두와 동일시한다), 자기만의 요구나 주장이 없는 인물이다(그녀는 어느 한 인물에게만 동일시하지 않는다).(1982: 84)

윌리엄스는 영향력 있는 멜로드라마인 〈스텔라 달라스Stella Dallas〉(킹 비더King Vidor, 1937, 미국)를 반대의 시각에서 해석하기 위한 방법으로 이 주장을 채택하면서, 이 영화가 단순히 여성의 희생에 대한 가부장적 입장을 재확인하는 데 그치지 않고 우리를 다양한 관점에서 다음과 같은 것을 보도록 이끈다고 주장한다.

영화의 가부장적 해결책이 우리에게 볼 것을 요구하는 것, 즉
자신의 이전 지위를 포기하고 장면 속에서 관객으로서 '자신의
자리에 있는' 어머니를 보는 것과 공감하고 동일시하는 여성
관객으로서 우리가 느낄 수밖에 없는 것, 즉 어머니를 상실한
딸과 딸을 상실한 어머니가 느끼는 감정 사이의 모순들.(1984:
18)

앞서 언급했듯 멜로드라마 장르는 관객에게서 공공연하게
강한 감정적 반응을 불러일으키려 한다. 이에 페미니스트 영화
학자들은 다음과 같은 질문을 던진다. 전형성을 띠는 주류 장르
로서 정형화된 젠더 역할과 여성성을 이용하는 멜로드라마가 전
복하려는 목적에 효과적으로 활용될 수 있는가? 나아가 대항적
이거나 일탈적인 독해를 가능하게 하는 장르 내 균열은 어디서
찾을 수 있는가? 모들스키나 윌리엄스와 같은 이론가들은 다양
한 관점에서 이러한 균열을 찾아내며, 스크린 속 여자 주인공이
한계에 굴복할 때에도 (여성) 관객이 가부장제를 비판적으로 면
밀히 검토할 수 있게 해 준다. 앤 캐플란E. Ann Kaplan은 멜로드라
마를 지배적인 가부장적 질서와 '공모 관계에 있는' 것(그녀는 이
를 모성 멜로드라마라고 지칭하기도 한다)과 '저항하는' 것(혹은 모
성적 여성 영화), 이 두 가지 주요 경향으로 구분한다(1992: 12).
그러나 두 가지 일반적인 유형 사이에 엄격하게 경계를 설정하
고 일부 멜로드라마들이 전적으로 반동적인 반면 다른 멜로드라
마들은 전복적이라고 말하기는 어려울 때가 많다(텍스트를 전적
으로 문제적이거나 긍정적인 것으로 지정하는 일의 곤란함에 대한

자세한 논의는 2장을 참조하라).

멜로드라마는 1950년대 할리우드에서 더글라스 서크Douglas Sirk와 같은 영화제작자가 〈순정에 맺은 사랑All That Heaven Allows〉 (1955)이나 〈슬픔은 그대 가슴에Imitation of Life〉(1959) 등의 멜로드라마 장르의 고전영화들을 연출하면서 문화적 명성의 정점에 도달했다. 그러나 할리우드 영화에서 멜로드라마의 사례는 10년마다 찾아볼 수 있다. 예를 들어 서크의 〈슬픔은 그대 가슴에〉는 존 스탈John M. Stahl의 1934년 동명 영화를 리메이크한 것이다. 또한 앞서 언급한 바버라 스탠윅Barbara Stanwyck이 주연한 〈스텔라 달라스〉 1937년 판은 1925년 판을 리메이크한 것이다. 멜로드라마에 대한 좀 더 최근 사례는 토드 헤인즈Todd Haynes의 작품에서 찾아볼 수 있다. 그는 장르를 퀴어화하거나 암묵적인 인종적 함의를 드러내기 위해 진짜처럼 보이는 시대 세트(대체로 1950년대의 것)를 사용하기도 하는데, 그 예로는 〈파 프롬 헤븐Far from Heaven〉(2002, 미국), 미니 시리즈 〈밀드레드 피어스Mildred Pierce〉(2011, 미국), 〈캐롤Carol〉(2015, 미국) 등이 있다.

〈파 프롬 헤븐〉에서는 1950년대 하트포드Hartford에 사는 한 백인 가정주부가 자신의 성공한 사업가 남편이 남성에게 성적으로 끌린다는 사실을 알게 된다. 그 여파로 그녀는 아프리카계 미국인 정원사와 로맨틱한 관계를 발전시킨다. 그러면서 그녀는 자신이 속한 백인 중상류층 사회가 (남성) 동성애보다 인종 간의 친밀한 관계를 더 가혹하게 다룬다는 것을 알게 된다. 헤인즈의 영화는 더글라스 서크의 멜로드라마들, 특히 〈순정에 맺은 사랑〉에 대한 오마주homage인 동시에 이 장르에 내재하는 맹점을 세심

〔그림 7.2〕〈슬픔은 그대 가슴에〉(더글라스 서크, 1959)에 등장하는 여성 가족.

하게 해체한 것이다.

    오늘날의 글로벌화된 문화에서 단일 국가의 영화 산업으로 남을 수 있는 장르가 거의 없다. 루시 피셔Lucy Fischer는 멜로드라마에 대한 연구가 주로 할리우드에 초점이 맞춰졌고 그것과 결부되기는 하지만, 이 장르는 다른 국가의 영화 산업에서도 많이 발견될 수 있음을 지적한다. 그녀는 잉마르 베리만Ingmar Bergman의 〈페르소나Persona〉(1966, 스웨덴), 그리고 주디스 메인Judith Mayne의 선례를 따라, 프세볼로트 푸도프킨Vsevolod Pudovkin의 〈어머니Mother〉(1926, 소련)를 모성 멜로드라마 장르를 [할리우드의 사례들과] 같은 정도로 조명할 수 있는 사례로서 제시한다. 스페인 감독 페드로 알모도바르Pedro Almodóvar의 영화들 또한 모성 멜로드라마를 자주 다루지만, 그의 퀴어 감성이 어머니를 흠 없는 희생자로 묘사하는 것을 거부한다. 공개적으로 동성애자임을 밝힌 그는 자신의 여성에 대한 관심이 생물학적 본질주의에 근거하지 않음을 잘 보여 준다. 마샤 킨더Marsha Kinder는 다음과 같이 말한다.

> 그의 영화에서 여성이 된다는 것은 생물학적으로 결정되는 것이 아니라 문화적으로 결정되는 것이다. 그것은 스스로 동일시하는 일군의 특성들이 누구나 선택할 수 있는 것임을 의미한다. (젠더 이론가) 주디스 버틀러의 말을 빌자면, 그의 영화 속 여성들에게—그들이 실제로 남성, 여성, 트랜스젠더든 상관없이—젠더는 수행이다.*

예를 들어 알모도바르의 〈내가 뭘 잘못했길래What Have I Done to Deserve This?〉(1984, 스페인)에 나오는 어머니는 각성제에 중독되어 방탕한 생활을 하고, 남편을 넓적다리 뼈로 살해하고, 어린 게이 아들이 몸을 팔도록 치과의사에게 넘긴다.

이 영화의 다채로운 퀴어 감성은 알모도바르 작품의 특징이며, 그가 멜로드라마를 활용한 것은 그 자체로 당시 스페인의 지배적 재현 방식에 대한 비판이었다. 프란시스코 프랑코Francisco Franco의 독재가 남긴 자취들 속에서 작품 활동을 하면서, 그는 불완전한 여성성과 여성 간의 동맹을 기리는 한편 남편이나 자

---

* Neva Chonin, "Auteur and provocateur-All about Almodovar," www.sfgate.com/entertainment/article/Auteur-and-provocateur-all-about-Almod-var-2489499.php.

〔그림 7.3〕 (알모도바르와 자주 협업하는) 카르멘 마우라Carmen Maura가 〈내가 뭘 잘못했길래〉(페드로 알모도바르, 1984)에서 본드 냄새를 맡으며 휴식을 취하고 있다.

녀의 상실보다는 젠더 차별적 경제 요인이 초래한 고통을 강조하기 위해 할리우드의 형식을 전용한다.

또 다른 국가적 맥락에서, 일본의 엄마 이야기haha-mono 영화에 관한 패트리샤 에렌스Patricia Erens의 작업은 이 장르에서 멜로드라마와 유사한 아이-엄마 관계가 중심에서 작동하고 있음을 확인한다.* 나루세 미키오Mikio Naruse(활동 기간 1930~1967), 미조구치 겐지Kenji Mizoguchi 등과 같은 일본의 영화제작자들은 여성의 삶에 자주 초점을 맞추면서 일본 사회에서 여성들이 직면하는 사회적 제약과 한계를 탐구했다. 미조구치는 특히 게이

* 다음을 참고로 함. Lucy Fischer, *Cinematernity*(1996: 20).

샤geisha와 현대의 성 노동자들의 경험에 관심이 많았는데, 나루세 [또한] 〈여자가 계단을 오를 때When a Woman Ascends the Stairs〉(1960, 일본)에서 생계를 위해 술집 호스티스로 일해야 하는 게이코(전설적인 인물인 다카미네 히데코Hideko Takamine)의 이야기를 동정적으로 들려주며 동일한 주제를 다룬다. 게이코가 바에 들어가기 위해 매일 밤 올라가야 하는 계단은 이 영화에서 반복적 모티프로 나타나는데, 이는 육체가 유일한 수입원인 그녀가 직면한 제약을 시각적으로 표현한다. 게이코는 다른 일을 할 기회를 꿈꾸면서도 밤마다 남자 고객들의 기분을 맞추기 위해 때때로 고통을 참으며 미소 짓는다.

할리우드의 표준적인 멜로드라마의 언어를 통찰력 있게 재전유하거나 그것에 도전하는 것은 뉴 저먼 시네마New German

〔그림 7.4〕 〈여자가 계단을 오를 때〉(나루세 미키오, 1960)에서 반복되는 계단 모티프는 나루세의 주인공이 직면하는 물질적 제약과 난관 양자를 시각적으로 표현한다.

Cinema 감독인 라이너 베르너 파스빈더Rainer Werner Fassbinder의 작품에서도 찾아볼 수 있다. 더글라스 서크는 파스빈더에게 큰 영향을 미쳤는데, 파스빈더는 멜로드라마에서부터 갱스터gangster 영화, 서부극에 이르기까지 할리우드 장르들을 작품에 활용하면서 자신만의 스타일을 새겨 넣었다. 다작하는 영화제작자였던 그는 37세의 나이에 약물 과다복용으로 사망하기 전까지 약 43편의 영화 및 텔레비전 시리즈를 제작했다. 파스빈더는 주로 여성 캐릭터에 초점을 맞추고 할리우드 장르의 수사(법)tropes를 활용해 현대 독일의 다양한 사회 문제들을 조명했다. 〈마리아 브라운의 결혼The Marriage of Maria Braun〉(1979, 서독)은 파스빈더의 독일 연방 공화국Federal Republic of Germany* 3부작 중 첫 번째 영화로, 이 여기에는 〈롤라Lola〉(1981, 서독)와 〈베로니카 포스의 갈망 The Longing of Veronica Voss〉(1982, 서독)이 포함된다. 각각의 영화는 '새로운' 독일에서 성공하기 위해 자신의 여성성을 이용하는 여성을 다룬다. 〈마리아 브라운〉은 흔히 전후 독일에 대한 우화로 해석되며, 여기서 마리아는 독일 전체를 대표한다. 제2차 세계대전 막바지의 폭격 와중에 결혼한 마리아는 독일의 '경제 기적' 시기 동안 재정적 성공을 일구어 낸다.

마리아의 남편 헤르만Hermann 브라운은 전쟁터에서 행방불명되었다가 미군 남자와 함께 지내는 그녀에게로 돌아온다. 헤르만의 귀환에 충격을 받은 마리아는 새 애인을 우발적으로 살해하고, 헤르만이 그에 대해 책임을 지고 감옥에 들어감으로써

* 서독의 공식 명칭이다.─옮긴이.

(그림 7.5) 거울은 서크와 파스빈더 양자의 작품에 공통된 구성 장치다(〈마리아 브라운의 결혼〉, 파스빈더, 1979).

그들의 재결합은 지연된다. 영화는 마리아가 다른 연인을 만나고 전후 독일처럼 경제적으로 출세하는 과정을 따라간다. 영화의 끝부분에서 마리아와 헤르만은 마침내 재결합하지만 영화의 첫 부분에 등장하는 것과 유사한 폭발로 인해 사망한다. 초반부 폭발 장면에서는 히틀러의 사진이 벽에서 떨어져 날아갔다면, 마지막 폭발 장면에서는 영화제작 당시까지 서독의 국가 수반이었던 수상들이 네거티브 이미지로 제시된다(파스빈더가 인정한 유일한 수상인 빌리 브란트Willy Brandt가 이 목록에서 빠져 있는 것이 눈에 띈다([그림 7.6] 과 [그림 7.7]).

이런 방식으로 이 영화는 과거와 현재의 연속성을, 따라서 1970년대 서독에도 파시즘이 존속하고 있음을 암시한다. 파스빈

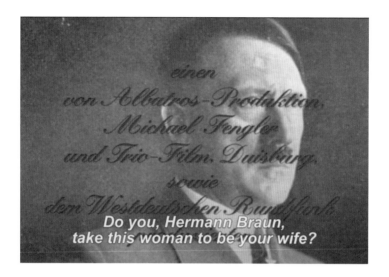

[그림 7.6], [그림 7.7] 히틀러에서 헬무트 슈미트까지, 〈마리아 브라운〉(파스빈더, 1979).

더는 서독이 민주주의를 위해 싸웠다기보다는 강제로 민주주의를 받아들였기에 독일인의 일상에는 파시즘의 흔적이 여전히 남아 있다고 주장했다. 그는 다음과 같이 말했다.

> 우리는 독일에서 독일 역사에 대해 많이 배우지 못했기 때문에 기본적인 정보를 파악해야 했고, 영화제작자로서 나는 이 정보를 활용해 이야기를 만들었을 뿐이다. 그것은 현실의 실감나는 표현 이상을 의미하지 않는다. 오늘날 많은 것이 내 안에서 공포를 불러일으킨다. 법과 질서에 대한 요구 같은 것들이 말이다. 나는 이 영화를 통해 오늘날의 사회에 그들의 역사에 대한 보충물과 같은 것을 제공하고 싶다.(카에스Kaes, 1989: 88)

파스빈더는 또한 영화의 오디오 트랙을 이용해 (억압된) 과거로의 회귀를 강조한다. 전후에 독일이 재무장하지 않을 것이라고 선언하는 콘라트 아데나워Konrad Adenauer 수상이 했던 실제 라디오 방송은 영화 후반부에서 그가 독일의 재무장 필요성을 언급하는 방송으로 연결된다. 영화의 마지막을 장식하는 폭발에는 독일이 헝가리를 꺾은 1954년 월드컵 축구 경기의 역사적인 중계방송이 덧입혀진다. 아나운서는 "독일이 세계 챔피언이다!"(혹은 "지배자Weltmeister")라고 외치는데, 독일의 나치 시절에 비추어 볼 때 아나운서의 외침은 불길한 의미를 띤다. 이런 방식으로 파스빈더는 장르를 정치화하기 위해 형식(여기에서는 사운드 디자인)을 활용한다.

멜로드라마는 감정의 과잉으로 특징지어지곤 하는데, 여기에서는 영화가 담을 수 없는 감정과 모순들이, 고조되는 극적 음악에서부터 발에 채이거나 부서지는 사물, 섬뜩한 색채에 이르기까지, 미장센과 사운드의 과잉으로 대체된다. 파스빈더에게 큰 영향을 준 전설적인 멜로드라마 감독 더글라스 서크는 특히 미장센의 요소들을 활용해 관객이 거리를 두게 만드는 것에 능했다. 그의 영화는 부자연스러운 색채의 조명으로 가득 찬 방에서 대화가 진행되거나 얼굴이 그림자에 의해 극적으로 가려지는 등 영화로서의 영화에 주의를 집중할 수 있도록 연출된다. 파스빈더는 서크가 장르를 뛰어넘는 형식을 사용한 것에 큰 영감을 받아 자신의 작품에서 이를 훨씬 더 심화시켰는데, 이는 부분적으로 그가 할리우드 시스템 밖에서 작업하면서 다양한 종류의 국가 지원금으로 창작의 자유를 보장받았기 때문에 가능한 것이었다.

예를 들어, 파스빈더의 영화 〈불안은 영혼을 잠식한다Ali: Fear Eats The Soul〉(1974, 서독)는 숏/리버스 숏 편집을 사용해 형식에 관심을 집중시킨다. 이 영화는 서크의 〈순정에 맺은 사랑〉에 대한 오마주이지만, 파스빈더의 전형적인 방식대로 나이 차이를 뛰어넘는 로맨스 이야기를 통해 동시대 독일에 대해 논평하기도 한다. 파스빈더의 영화 속 커플은 남편이 세상을 떠난 중년의 청소부인 엠미Emmi와 훨씬 젊은 모로코 출신 초청 노동자 알리Ali이다. 초청 노동자Gastarbeiter란 일반적으로 저임금 일을 하기 위해 임시 비자로 독일에 오는 외국인 노동자였다(지금도 그렇다). 그들은 보통 독일 사회에서 경제적으로 필요하지만 동시에 배제되는 이류 시민으로 취급된다. 엠미가 알리를 처음 만났을 때, 그

(그림 7.8) 엠미는 도로변 술집에 들어간다(〈불안은 영혼을 잠식한다〉, 파스빈더, 1974).

(그림 7.9) 리버스 숏은 집단의 경계를 만들어 내고 강화시키는 시선과 과정 속으로 관객을 연루시킨다(〈불안은 영혼을 잠식한다〉, 파스빈더, 1974).

너는 술집에 들어가 자리에 앉는다.

파스빈더는 각각의 테이크take에서 불편할 정도로 오래 머물면서 길고 정적인 카메라 테이크를 통해 숏/리버스 숏을 끌어냄으로써 영화의 형식 자체에 관심을 집중시키며, 관객이 그들이 보는 것에 내재된 정치와 권력관계에 대해 생각해 볼 것을 요청한다. 문제의 장면은 관음증, 노출증, 그리고 그것이 파시즘과 인종차별의 [여러] 형태 속에서 수행하는 역할 등과 같은 주제를 포함해 시선의 정치를 전면에 내세운다. 이 영화는 또한 자신의 시선이 숏들의 조합 속으로 어떻게 봉합되는지 인식하게 함으로써 관객을 이러한 정치에 연루시킨다. 단적으로 말하자면, 영화에서 알리와 엠미는 일이 전부 잘못되자 그 모든 것으로부터 벗어나기 위해 휴가를 떠나기로 결심한다. 관객은 디에게시스 세계 속의 등장인물들처럼 이 휴가에 대한 어떠한 시각적 접근도 거부당한다. 이 영화는 (그들이 성공했든, 멜로드라마에서 흔히 그렇듯 고통을 겪든) 타인의 삶을 보고자 하는 우리 자신의 욕망의 힘과 객관화 가능성에 대해 생각해 볼 것을 요청한다. 〈불안〉과 서크의 〈순정에 맺은 사랑〉은 두 편 모두 연인의 침대 옆에 있는 주인공의 이미지로 끝난다. 그런데 서크의 캐릭터 론Ron이 극적인 운명의 희생자인 반면 (영화의 가장 우울한 순간에 그는 연인의 관심을 끌기 위해 노력하다 절벽에서 떨어진다), 알리가 앓는 병은 그의 물질적 노동 조건의 결과다. 우리는 그의 궤양이 재발할 가능성이 높으며, 이것이 초청 노동자들에게 흔한 건강 문제임을 알게 된다. 알리와 엠미는 병원처럼 칙칙한 시설에 있는 반면, 서크의 론과 캐리Cary는 목가적인 오두막집에서 영화를 끝낸다. 여

459

〔그림 7.10〕 〈순정에 맺은 사랑〉(더글라스 서크, 1955)에서 론의 옆에 있는 캐리.

〔그림 7.11〕 〈불안〉(파스빈더, 1974)에서 엠미와 알리.

기서 파스빈더는 서크보다 더 분명하게 개인적인 것과 정치적인
것, 공적인 것과 사적인 것을 연결한다.

　이러한 예들은 자신의 주제에 대해 비판적 사유를 강요하
고 그것이 만들어지는 시점moment에 대해 무언가를 말하기 위해
멜로드라마 형식을 밀어붙이는 방식들을 강조하기 위한 것이다.
많은 [다른] 영화 장르처럼 멜로드라마도 자신의 플롯 내에서 이
데올로기적 모순을 제기하는데, 이는 자신이 해결할 수 없는 것
이다. 결말은 종종 현재의 경제적·정치적 조건하에서는 근절될
수 없는 훨씬 더 큰 문제들을 되는 대로 해결해 보려는 임시방편
적 시도다(서크는 이것을 영화의 '비상구'라고 불렀다). 이 장르에
속하는 많은 영화의 결말이 이러한 특징을 가진 만큼, 멜로드라
마는 그 보수적인 성향을 전복해 자신이 다루기 어려운 문제들
에 대해 제시한 해결 방안이 '리얼리즘'적인 것인지 의문에 부칠
수 있다.

　(발리우드로 지칭되기도 하는) 인도의 대중 영화는 멜로드라
마 구조를 특징으로 한다. 로지 토마스Rosie Thomas가 관찰한 바와
같이 발리우드 영화들은 "주로 친족과 섹슈얼리티의 영역 내에
서의 모순, 갈등, 긴장을 중심으로 구성된다"(1995: 159). 그 결과
"이러한 갈등들이 멜로드라마의 관습에 따라 이상적인 도덕적
세계의 범위 안에서 해소되는 것이 하나의 장르로서의 힌디Hindi
영화에 기대하는 것이다"(159). 그렇다고 해서 이러한 멜로드라
마적 요소들이 단순히 서구의 관습으로부터 차용되었다는 것은
아니다. 사실 비제이 미슈라Vijay Mishra가 지적하듯이, "인도 영화
와 서구 멜로드라마가 정확하게 일치하는 것은 아니다. 인도 영

화에서는 매우 심각하고 그 자체로는 멜로드라마적이지 않은 많은 순간을 연출하기 위해 멜로드라마의 특징들을 선택적으로 활용한다는 특징이 있다"(2002: 36). 이와 비슷하게 영화학자들은 많은 날리우드 영화가 여성 관객의 공감을 불러일으키는 지역적 이슈와 주제를 다루기 위해 과도한 눈물, 행복, 즐거움, 비극과 같은 멜로드라마의 수사를 채택하고 있음을 관찰했다. 그런 점에서 모라데운 아데준모비Moradewun Adejunmobi는 특히 멜로드라마와 관련해 올드 날리우드와 뉴 날리우드의 차이점을 추적한다 (2010년을 전후로 생산 조건과 경제에서의 변화들이 전환에 영향을 미쳤다).

올드 날리우드의 멜로드라마가 표현한 것이 구조적 제약에 대한 개인의 반응이었다면, 뉴 날리우드의 다채로운 대안적 이야기들은 제약 없는 세상에서 주도권을 부여받은 개인의 초상을 제공한다. 중심 갈등은 사회적 운명보다는 우연, 그리고/혹은 운의 산물인 경우가 많다.(2015: 39)

뉴 날리우드의 멜로드라마들이 여성들이 직면한 구조적 장애를 배제하는 대신 행운과 기회에 초점을 맞추는 것을 선택하기 때문에 잠재적으로 덜 전복적인지 여부는 좀 더 검토해 볼 가치가 있는 질문이다.

사례 연구

〈가라앉는 모래Sinking Sands〉

(레일라 드잔시Leila Djansi, 2011, 가나)

/

가나를 배경으로 하는 영화 〈가라앉는 모래〉는 가나계 미국인 감독 레일라 드잔시가 연출했다. 엘리자베스 존슨Elizabeth Johnson과 도널드 컬버슨Donald Culverson은 그들의 책 『날리우드 멜로드라마에서의 여성 서사Female Narratives in Nollywood Melodramas』(2016)에서 〈가라앉는 모래〉를 날리우드 영화 산업의 일부로 분류하지만, 엄밀히 말하면 이 영화는 갈리우드Ghallywood(존슨과 컬버슨이 날리우드의 하위 범주라고 부르는 가나의 영화 산업)에 속한다고 지적한다. 두 산업 중 날리우드가 더 지배적이기 때문에, 갈리우드 영화들은 종종 날리우드가 지닌 인프라의 직간접적 지원을 받아 제작된다.

〈가라앉는 모래〉는 어릴 적 고아가 된 학교 교사 파비Pabi를 중심으로 전개된다. 그녀는 지마Jimah와 결혼하지만, 결혼 직후 집에서 당한 사고로 지마는 심각한 얼굴 손상을 입는다. 그 후 낙담한 그는 자신을 돌보기 위해 교장이 되겠다는 야망을 단념한 파비에게 점점 더 폭력적이 된다. 폭력이 격해지고 부부 강간, 상습적 구타, 강제 낙태 시도 등으로 이어지자 파비는 지마를 돌봐야 한다는 의무감에 의문을 품고 자신(그리고 아직 태어나지 않은 자녀)에게 무엇이 옳은지 고민한다. 결국 그녀는 지마를 떠나 미혼모로서 불확실하지만 자율적인 독립의 길을 걷기 시작한다.

여성의 동지애는 이 영화의 서사 구조에서 두드러지는 특징으로, 이는 (영화 초반에 사망하는) 파비의 양어머니의 말들과, 특히 파비의 학교장이자 조언자인 인물, 도두Dodou 부인이 파비가 어려움을 겪는 내내 그녀를 지지해 주는 모습을 통해 강조된다. 파비가 남편을 돕기 위해 자신의 경력을 희생해야 하므로 교장이 되기 위한 펠로우십fellowship을 거절했다고 하자, 도두 부인은 자신을 잃으면서까지 남편을 도울 가치가 있는 것인지 묻는다. 지마가 바람직한 방향으로 변해 갈 것이라는 파비의 환상이 점점 깨져 나가자, 도두 부인은 알코올 중독자인 남편의 손에 가정폭력을 당한 젊은 여성으로서 자신이 고군분투했던 이야기를 들려준다. 남편이 죽었을 때 가족들은 그의 죽음에 대해 그녀를 비난했다. 그리하여 도두 부인은 자신이 오직 스스로에게만 의지하고 학교로 돌아가 여생

[그림 7.12] 〈가라앉는 모래〉(레일라 드잔시, 2011)에서 여성의 동지애.

을 독립적으로 살아가기로 결심했다고 말한다. 이것은 영화 결말부에 파비가 선택한 삶과 유사하다. 이러한 동지애와 파비와 도두 부인의 이야기 사이의 유사성을 보여 주면서, 영화는 파비의 이야기를 단순히 개인적인 것으로 따라서 고립된 것으로 남겨두지 않고 여성이 직면하는 구조적이고 제도적인 장애물들을 폭넓게 다루는 데까지 나아간다.

마지막 만남 중 한 번은 지마가 파비에게 그녀가 임신 중인 아이를 원하지 않는다고 말하자 그녀는 화가 나서 그를 떠날 것임을 암시하며, "지금의 나는 미화된 하녀이자 성적 노리개일 뿐이야"라고 대꾸한다. 가정 폭력에 반대하고 여성의 독립을 지지하는 이 영화의 선명한 페미니즘적 메시지는 멜로드라마 장르에 대한 예리한 해석을 제공한다. 여기에서 멜로드라마는 자신의 삶과 최선의 이익을 남편의 그것들보다 부차적인 것으로 여겨야 하는 여성들이 경험하는 사회적 부담과 그들이 직면하게 되는 복잡성을 조명하는 수단이 된다.

보고 토론하기

〈가라앉는 모래〉

/

1. 이 영화에서 멜로드라마의 요소들은 어디에서 찾을 수 있는가?
2. 멜로드라마 장르는 가정폭력에 반대하는 메시지와 메인 스토리에 어떻게 공헌하는가?
3. 멜로드라마는 이 영화의 페미니즘적 개입과 잘 어우러지는가?

4. 이 영화의 타겟은 누구라고 생각하는가?

활동

/

7장에서 언급한 할리우드 고전 멜로드라마 중 하나를 보고 그 안에서 전복적 요소들을 발견할 수 있는지 살펴보자. 그 영화는 누구와 동일시하도록 권하는가? 여성에 대한 영화의 입장은 가부장제에 대해 비판적인가 아니면 동조적인가? 또한 영화가 제작된 시대적 배경과 역사적 맥락을 고려해 영화가 미친 영향이 오늘날 우리가 영화를 수용하는 방식과 어떻게 달랐는지 생각해 보자.

공포와 SF

공포영화는 이름 그대로 관객에게 과도한 공포와 두려움을 불러일으키고자 하는 장르다. 'science fiction'의 줄임말인 SFsci-fi는 인류와 외계 생명체, 기술의 교차를 상상하는 사변적이고 미래주의적인 서사와 (유사)과학에 기초한 환상을 취급하는 장르다. 공포와 SF는 서로 다른 두 장르지만, 많은 공포영화에 SF적 요소가 있고 반대로 공포영화로 분류할 수 있는 SF 영화도 많다는 점에서 상당히 겹친다. 예를 들어 원작 〈에일리언Alien〉(리들리 스콧

Ridley Scott, 1979, 미국)은 SF와 공포가 적절히 혼합되어 있어 한 가지 장르에만 귀속시키기는 어렵다. 〈메트로폴리스Metropolis〉 (프리츠 랑Fritz Lang, 1927, 독일)와 같은 SF의 고전들에도 공포영화와 유사한 시퀀스가 자주 등장하는데, 특히 여성 주인공인 마리아Maria가 위협을 당하는 시퀀스가 그렇다(예를 들어, 사악한 발명가인 로트방Rotwang이 어두운 터널 속에서 마리아를 쫓아가며 조롱하는 상징적인 장면은 공포 장르에서 잊히지 않는 수사적 표현들을 정착시켰다). 공포와 SF가 이처럼 겹치는 부분이 많다는 점이 우리가 두 장르를 같은 절에서 논의하는 중요한 이유지만, 동시에 두 장르 간 구분이 매우 명확하고 모호하지 않은 영화의 사례도 많다는 사실을 잊어서는 안 된다.

〈에일리언〉이 여기서 논의할 혼성의 예증적 사례인 이유는 이 SF의 고전에서 **최후의 여자**the final girl라는 익숙한 공포영화의 수사가 발견되기 때문이다. 최후의 여자라는 용어는 원래 캐롤 클로버Carol J. Clover(1992)가 창안해 낸 것으로, 그녀는 공포영화, 특히 (연쇄 살인을 소재로 한) 슬래셔 공포영화라는 하위 장르에서 결국 사이코패스 연쇄 살인마의 손아귀에서 벗어나는 것은 거의 언제나 여자라는 패턴이 보임에 주목했다. 이러한 패턴은 〈텍사스 전기톱 학살The Texas Chain Saw Massacre〉(토브 후퍼 Tobe Hooper, 1974, 미국), 〈할로윈Halloween〉(존 카펜터John Carpenter, 1978, 미국), 〈스크림Scream〉(웨스 크레이븐Wes Craven, 1996, 미국) 등 우리에게 잘 알려진 공포영화에서 관찰된다. 클로버는 최후의 여자를 히치콕의 〈싸이코Psycho〉(1960, 미국) 속 전설적인 샤워 장면에 등장하는 여성 희생자 매리온 크레인Marion Crane과 병치시키면서 다음과 같이 쓴다. "관객은 최후의 여자가 매리온과 마찬가지로 지정된 피해자라고 생각한다. 그녀의 몸을 베고, 찢고, 뜯어 버리는 것은 우리가 객석에서 움찔하고 비명을 지르게 할 것이다. 그러나 매리온과 달리 그녀는 죽지 않는다"(59). 중요한 것은 남성 동료들이 살인마에 맞서 싸울 수 없다는 것이 증명되면서 결국 최후의 여자가 스스로 자신의 구세주 역할을 한다는 것이다. 이것은 〈에일리언〉에서도 마찬가지다. 엘런 리플리Ellen Ripley의 모든 동료 승무원이 남자, 여자, 안드로이드android이든 가리지 않고 우주선에 침입한 외계 이형체xenomorph에 의해 하나하나 제거되지만, 리플리는 끝내 홀로 살아남아서 그 생명체를 처치하는 데 성공한다.

최후의 여자는 장르 영화에서 아주 중요한 수사법인데, 그

〔그림 7.13〕〈할로윈〉(존 카펜터, 1978)의 최후의 여자인 제이미 리 커티스Jamie Lee Curtis.

이유는 남자가 바라보는 자이고 여자가 보이는 대상을 구현하는 것으로 여겨지는 지배적인 영화 언어의 표준 틀을 복잡하게 만들기 때문이다. 클로버는 다음과 같이 주장한다. "최후의 여자가 (…) '능동적으로 조사하는 시선'을 취할 때, 그녀는 시선을 정확히 반대로 뒤집어 살인자를 스펙터클로 만들고 그녀 자신이 관객이 된다. (…) 그 시선은 적어도 한동안은 여성의 것이 된다."(60) 중요한 것은 클로버가 관찰한 최후의 여자가 언제나 다소 '남자 같다'는 점, 즉 전통적인 여성적 특성을 극단적으로 드러내지 않거나 적어도 살인자의 손에 죽는 다른 여성 친구들만큼은 보여 주지 않는다는 점이다. 여기서는 성적 쾌락이 중요한 역할을 하는데, 왜냐하면 최후의 여자는 다른 여성 희생자들에 비해 성적 접촉을 할 여지가 적은 존재이기 때문이다. 그러나 이 수사법은 불가사의하고 초자연적인 위협이 이성 간 성관계로 전염되는 〈팔로우It Follows〉(데이빗 로버트 미첼David Robert Mitchell, 2014, 미국)와 같은 공포영화들에서 더 복잡한 모습을 띤다. 여기서 최후의 여자는 가벼운 성관계를 통해 처음 바이러스에 감염되었다가, 생존을 위해 다른 사람과 성관계를 해 바이러스를 전염시켜야 하는 딜레마에 직면한다. 최후의 여자가 성적으로 접촉하기 용이하지 않다는 이전의 원형과는 반대로, 여기에서는 위협과 생존 모두 성적 접근 가능성을 전제로 한다. 오늘날 공포영화는 클로버가 발견해 낸 수사법과 관련해 더 많은 자의식을 갖게 되어서, 심지어 〈최후의 여자Final Girl〉(타일러 쉴즈Tyler Shields, 2015, 미국)라는 제목의 영화가 나오기두 했다.

공포와 SF 모두에서 여성들과 연관되곤 하는 또 하나의 원형은 바버라 크리드Barbara Creed(1993)가 **괴물-여성**이라고 부르는 것의 수사법이다. 이 수사법은 여성의 괴물성에 초점을 맞추며, 〈싸이코〉, 〈캐리Carrie〉(브라이언 드 팔마Brian De Palma, 1976, 미국)나 '에일리언' 시리즈와 같은 다양한 영화들에서 일탈적 모성과 밀접하게 연결된다. 괴물-여성 인물은 수동적 방관자라기보다는 능동적 행위자이며, 정신분석학적 관점에서 보면 명백한 거세 위협, 즉 남근 중심적인 가부장적 질서에 대한 위협을 나타낸다(2장을 볼 것). 그녀는 여성의 신체, 섹슈얼리티, 생식 능력을 가졌기 때문에 위협적이다. 괴물-여성에 대한 최근의 영화적 반복은 〈밤을 걷는 뱀파이어 소녀A Girl Walks Home Alone at Night〉(애나 릴리 아미푸르Ana Lily Amirpour, 2014, 미국), 〈언더 더 스킨Under the Skin〉(조나단 글레이저Jonathan Glazer, 2013, 영국), 〈엑스 마키나 Ex Machina〉(알렉스 가랜드Alex Garland, 2014, 미국)와 같은 영화들에서 찾아볼 수 있다(〈언더 더 스킨〉에 관한 논의를 위해서는 3장을, 〈엑스 마키나〉에 관한 논의를 위해서는 8장을 볼 것). 이 모든 영화들에서 괴물-여성은 마주치는 남성들에게 위협적인 인물이며, 각 영화의 서사 구조에서 행위하는 주체다. 〈티스Teeth〉(미첼 릭텐스타인Mitchell Lichtenstein, 2007, 미국)에서 주인공 돈Dawn은 자신에게 '이빨이 난 질vagina dentata'이 있음을 알게 되며, 이 질은 돈이 동의하지 않은 성교를 강요받을 때마다 남성의 성기를 물어뜯어 버린다. 이 공포영화에서 거세라는 정신적 위협이 음경을 물어뜯는 여성 성기라는 형태를 통해 다시 한 번 논리적 극단까지 나아간다. 마찬가지로 〈죽여줘! 제니퍼Jennifer's Body〉(캐린 쿠사마Karyn Kusama, 2009, 미국)에서 제니퍼는 한 무리의 남자들에게 폭행당하고 잔혹하게 강간당한 후 남자를 잡아먹는 악마가 된다. 여성 감독인 캐린 쿠사마와 여성 시나리오 작가 디아블로 코디Diablo Cody가 참여한 이 영화는 여성들의 동지애, 여성의 시선, 동성애, 여성을 향한 가부장적 폭력에 대한 신랄한 비판 등에 초점을 맞춰 표준적인 공포영화의 수사법들 중 일부를 비꼬는 반전을 선사한다.

세계에서 가장 영향력 있는 공포영화의 하위 장르 중 하나는 **일본 공포영화(혹은 J-호러horror)**다. 하나의 장르로서 공포영화는 제2차 세계대전 이후 일본 영화에서 특히 두드러졌고, 일반적으로 원령 혹은 복수하는 영혼이 등장하는 괴담, 즉 귀신 이야기와 거대한 괴물이 등장하는 재난영화라는 두 가지 주요 하위 범주로 전개되었다. 첫 번째 범주인 괴담은 페미니즘 영화 연구와 관련해서 특히 흥미로운데, 그 이유는 원령이 일반적으로 여성이라는 점, 즉 폭력적이고 비극적인 죽음을 겪은 여성이 자신의 트라우마가 인식되고 인정될 때까지 살아 있는 자들을 괴롭히기 위해 다시 돌아오는 복수의 영이라는 점 때문이다. 이러한 인물은 이후 2002년 할리우드에서 리메이크된 〈링Ring〉(나카타 히데오Hideo Nakata, 1998, 일본)과 같은 영화에서 두드러지게 등장한다. 이 영화에서 복수하는 영은 강력한 심령 능력 때문에 아버지에게 살해당한 어린 소녀 사다코Sadako의 영인데, 제이 매크로이Jay McRoy(2008)가 지적했듯이 그녀의 능력은 남성 중심의 지배 질서에 극도로 위협적이다. 그리고 복수하는 영 사다코에 의한 죽음을 피할 수 있는 유일한 방법은 그녀가 살아 있는 자들에게 출몰하는 통로인 저주받은 비디오테이프를 계속 복사하는 것뿐

〔그림 7.14〕살아 있는 자들에게 원령이 돌아온다(〈링〉, 나카타 히데오, 1998).

이기에 매크로이는 다음과 같이 지적한다. "(영화의 디에게시스
내부에서의) 말 그대로 공포와 (사회적이고 문화적인) 비유적 공
포로부터 벗어나기 위해서는 역사 속에서 비극적으로 억압된 여
성들을 영원히 인정해야 하며, 그들의 침묵하는 목소리를 완전
히 이해할 수 없더라도 항구적으로 인지해야 한다."(87-88)

　　SF영화에서 나타나는 여성의 역할은 무성 영화 시대로 거
슬러 올라간다. 예를 들어, 소련 최초의 장편 SF영화로 꼽히는
〈앨리타-로봇들의 반란Aelita, Queen of Mars〉(야코프 프로타자노프
Yakov Protazanov, 1924)에서는 외계인 여왕이 여성 주인공으로 등
장하며(우리가 1장에서 논의했던 전설적인 율리아 솔른체바Yulia
Solntseva가 연기했다), 프리츠 랑의 〈메트로폴리스〉(1927, 독일)
에서는 사악한 과학자 로트방이 사랑했던 죽은 여인 헬Hel을 부

활시키기 위해 만든 여성 사이보그가 눈에 띈다. 이 SF영화들
에서 외계인/사이보그 여성의 운명은 보통 주변 남성들에 의
해 결정된다. 실제로 메리 앤 도앤Mary Ann Doane은 SF영화가 종
종 "여성에 대한 관습적 이해"를 강화시킨다는 사실을 발견했다
(1990:163). 그녀는 "기술에 대한 불안은 종종 이러한 불안을 여
성의 형상이나 여성적인 것에 대한 관념으로 전이시킴으로써 완
화된다"(163)고 덧붙인다.

크리스틴 코니어Christine Cornea(2007)는 SF영화에서의 여성
재현 중에서 가장 영향력 있는 현대적 표현들 중 하나가 〈프로테
우스4Demon Seed〉(도널드 캠멜Donald Cammell, 1977, 미국)라고 언
급한다. 이 영화에서는 여성 심리학자 수잔Susan이 프로테우스
Proteus라는 인공지능 컴퓨터에 의해 감금, 강간, 임신되는 것을
볼 수 있다. 수잔은 프로테우스에 의해 양육되고 통제될 인간과
기계의 혼성체를 출산하는데, 이는 "여기서 여성은 남성적 의식
consciousness의 번식을 위한 단순한 그릇이 된다"(148)는 것을 분
명히 보여 준다. 코니어는 이 영화가 컴퓨터 기술의 출현 및 그것
이 인간의 신체 주권에 미칠 잠재적 영향과 관련된 불안에 대해
사유하는 것 외에도 "장르의 재남성화가 임박했다"는 신호를 보
낸다고 말한다. 이 재남성화는 1970년대 "페미니즘 운동이 한창
진행 중이었던 시기 이 운동이 견뎌야 했던 반동적 반응과 이 영
화가 맞물리는 것처럼 보일 수 있다"(95)는 사실과 부분적으로나
마 관련이 있다. 실제로 1980년대와 1990년대에는 제임스 카메
론James Cameron이 〈터미네이터The Terminator〉(1984, 미국)나 〈에일
리언〉(1986, 미국)과 같은 예외적인 경우를 제외하고는 SF/액션

(그림 7.15) 〈프로테우스4〉(도널드 캠멜, 1977)에서 인공지능 컴퓨터에 의해 강간당하는 수잔.

영화 대부분이 과도한 남성성에 초점을 맞추고 있었다.

괴물-여성 외에도 SF 장르에서는 공포영화에서와 같이 모성이 여성을 묘사하는 대표적인 수사법이다. 〈터미네이터〉에서 사라 코너Sarah Connor는 자신이 아직 임신하지 않은 아이, 몇십 년 후 기계에 대항하는 인간의 반란을 이끌게 될 아이를 갖지 못하도록 그녀를 죽이러 미래에서 온 사이보그에게 쫓긴다. 또한 '에일리언' 시리즈 특히 제임스 카메론의 후속편에 대한 많은 해석은 그것을 파괴된 우주 식민지에서 발견한 어린 소녀를 구하려 하는 리플리와 에일리언 여왕, 이 두 어머니의 싸움으로 본다. 〈프로테우스4〉에서 수잔은 강간을 통해 임신을 하고 혼성 인간/비인간 아이를 낳게 될 뿐만 아니라, 친딸을 백혈병으로 잃은 트라우마를 되풀이해야만 한다. 흥미롭게도 어머니에게서 떠나지 않는 죽은 아이라는 수사는 여성을 주인공으로 하는 두 편의 현대 SF영화 〈그래비티Gravity〉(알폰소 쿠아론Alfonso Cuarón, 2013, 미국)와 〈컨택트Arrival〉(드니 빌뇌브Denis Villeneuve, 2016, 미국)에서 두드러지게 등장한다. 이 두 영화에 주목해야 하는 이유는 주류 박스오피스에서 이들이 거둔 성공이 아직 남성 중심 영화에 비해 흔하지 않은 여성 중심 SF영화의 상업적 성공 가능성을 입증했기 때문이다.

사례 연구

〈밤을 걷는 뱀파이어 소녀〉

(애나 릴리 아미푸르, 2014, 미국)

/

이란계 미국인 감독 애나 릴리 아미푸르의 장편 데뷔작 〈밤을 걷는 뱀파이어 소녀〉는 공포영화, 서부영화, 누아르 영화의 특성이 혼합된 혼성 장르 영화다. 이 영화는 이야기 구성과 시각디자인에서도 만화와 그래픽노블의 전통을 따른다. 영화는 전형적인 미국 중서부 도시처럼 보이지만 모든 주민들이 페르시아어를 사용하는 배드 시티Bad City에서 벌어지는 이야기로, 페르시아어는 이 영화에서 들을 수 있는 유일한 언어다. 이러한 혼합은 국가 공간과 국가 영화에 대한 관객의 기대를 활용한다(이 영화는 디아스포라 영화diasporic cinema* 또는 악센트 영화accented cinema**로도 분류될 수 있다).

〔그림 7.16〕이중적인 위협을 구현하는 소녀 (〈밤을 걷는 뱀파이어 소녀〉, 애나 릴리 아미푸르, 2014).

    영화의 제목 역시 우리의 기대와 맞물려 있는데, 이는 문제의 소녀가 취약하며 잠재적으로 위험한 상황에 처해 있다는 느낌을 불러일으킨다. 그러나 이 영화에서는 소녀 자신이 다양한 수준에서의 위협을 표현한다. 그녀는 차도르를 입은 뱀파이어로, 지역 마약상과 폭력성을 띤 중독자들에게 자경단으로서 사적 정의를 강요한다. 영화의 한 장면에서 그녀는 한

---

* 망명자들이나 이주자들처럼 고국을 떠나 다른 나라에서 살게 된 사람들을 다루는 영화다.—옮긴이.

** 망명 혹은 이주의 결과로 외국에서 살게 된 사람들이 만든 영화. 외국인이 이국적인 언어적 억양을 갖게 되는 것처럼, 영화에서도 그러한 이국적 특성이 표현되고 은연중에 드러난다는 것을 지시하는 개념이다.—옮긴이.

여성 성 노동자를 도와주는데, 이를 통해 사회적으로 버림받은 두 여성 사이의 동지애라는 관념이 강조된다.

[차도르로] 뒤덮인 무슬림 소녀이자 또한 우연히 뱀파이어가 되어 버린 이 이름 없는 소녀는 매우 도발적인 인물을 표현한다. 무슬림 여성이 몸을 가리는 것에 대한 서구의 지배적 담론은 그들을 소극적이며 예속된 존재이자 전통적인 가부장적 이슬람 가치의 희생자로 위치시킨다. 이 수사법은 많은 이슬람 페미니스트가 비판해 왔지만 그럼에도 여전히 지속 중이며, 베일은 그것을 쓴 여성이 자신의 기본권과 주체성을 부정당한다는 단순한 의미로 취급된다. 게다가 베일을 쓴 무슬림 여성의 형상은 그 이면에 숨겨진 테러 위협에 대한 서구의 불안을 자극하는 경우가 많은데, 멀티미디어 예술가인 시린 네샤트Shirin Neshat는 자신의 작품에서 이러한 주제를 다루기도 했다. 그러므로 〈밤을 걷는 뱀파이어 소녀〉에서처럼 베일을 쓴 무슬림 소녀를 능동적인 주인공으로 내세우는 것은 이미 이슬람, 여성, 페미니즘에 관한 기존의 담론에 도발적으로 개입하는 것이다. 그런데 여기에 사적인 정의를 구현하는 뱀파이어라는 초자연적 측면을 덧붙이게 되면 젠더와 장르 사이의 관계는 더욱 복잡해진다. 왜냐하면 여주인공은 여기서 베일을 쓴 무슬림 소녀로서 그리고 사람이 아닌 초자연적 형상으로서 타자화됨으로써 이중으로 속박되기 때문이다.

뱀파이어 하위 장르는 항상 에로티시즘과 죽음을 주제로 삼으면서 타자를 욕망하는 것과 소비하는 것 사이의 잡아내기 힘든 경계를 탐구해 왔지만, 이 영화는 또한 뱀파이어라는 주제와 관련해 더 큰 지정학적 차원을 시사하기도 한다. 배드 시티 주변은 지구에서 자원과 돈을 빨아들이는 기술 흡혈귀인 석유 굴착기들로 가득하다. 차도르를 입고 페르시아어로 말하는 주인공이 등장해 중동, 특히 이란을 연상시키는 영화에서 석유에 대한 언급은 '서구' 대 '이슬람'과 같은 이데올로기적 대립을 주도하는 더 큰 지정학적 힘들이라는 관점에서 읽을 수 있다. 이러한 관점에서 봤을 때 이 영화가 서부 영화 장르를 참조한다는 것은 다른 차원으로 연결된다. 〈밤을 걷는 뱀파이어 소녀〉는 화석 연료에 대한 욕망과 그 경제적 측면을 하나의 흡혈 행위로 생각하게 한다. 게다가 그것은 우리에게 이러한 쟁점들을 [차도르로] 뒤덮인 무슬림 여성 형상과 관련해 고려할 것을 간접적으로 요구하는데, 왜냐하면 그녀는 전략상 중요한 지역들을 통제하기 위한 서구 세계의 정치적 투쟁에서 이용되는 중요한 이미지를 재현하기 때문이다. 차도르를 입는 소녀를 구조가 필요한 존재로 보는 관념은 영화가 직접적으로 도전하고 전복시키는 어떤 것이다. 영화는 그녀 개인의 인성과 강인함을 강조해 관객이 '이 소녀'와 마주쳤을 때 현실적으로 누가 연약하다고 느낄 것인지 생각해볼 것을 요청한다.

보고 토론하기
〈밤을 걷는 뱀파이어 소녀〉

/

1. 장르와 관련해 이 영화를 어떻게 분류할 수 있는가? 감독이 장르적 혼종성을 활용해 유희하는 이유는 무엇인가?
2. 이 영화에서 나타난 장르와 젠더의 관계에 대해 생각해 보자. 이 영화의 가장 도발적인 요소들은 무엇인가?

포르노

가장 넓은 의미에서 **포르노**(포르노그래피pornography의 줄임말)는 개인이 성행위 하는 장면을 다양한 수준의 노골성으로 묘사하는 장르를 말한다. 포르노의 주된 목적은 관객을 흥분시키고 그들이 성적 절정에 도달하도록 돕는 것이다. 그리하여 포르노 영화는 다양한 하위 범주들을 지닌 방대한 장르이자 이른바 '저급한' 육체 장르 중 문화적 지위가 가장 낮은 것으로 여겨진다. 일반적으로 포르노 영화는 성관계를 시각적으로 노골적이고 직접적으로 재현하는 **하드코어**hardcore와 성관계를 시각적으로 덜 노골적으로 표현하고 포르노그래피적인 것보다는 에로틱한 것에 좀 더 초점을 맞추는 **소프트코어**softcore라는 두 범주로 나뉜다. 소프트코어가 좀 더 여성 지향적 섹슈얼리티 묘사에 부합하고 하드코어가 남성 지향적 묘사에 부합한다는 고정관념이 있다. 하지만 2장에서 논의한 것처럼 관객과 리비도적 욕망에 대한 다양한 접근 방식은 남성/여성을 구분하는 경계를 따라 형성된 규범적인 젠더 정체성 및 바라보는 시선의 고정된 위치에 대한 표준적인 생각들을 뒤엉키게 만든다. 여성해방 운동의 맥락에서 일부 페미니스트들은 포르노그래피를 명백히 문제가 있고, 가부장적이며, 여성을 비하하는 것이라고 일축했다(드워킨Dworkin 1979, 매키넌MacKinnon 1985). 포르노그래피가 여성의 성적 평등과 법적 평등을 가로막는 주요 장애물이라는 게 이들의 주장이었다. '성전쟁sex wars'으로 알려진 이 논쟁에서 페미니스트들은 포르노그래피와 같은 시각적 형태들과 여성에 대한 강간 및 폭력이 서로 연관되어 있는지 여부를 두고 논쟁했다. 포르노에 대한 이와 같은 도덕적 접근은 종종 여성 관객이 포르노에 리비도를 투자한다는 사실을 인정하지 않거나 포르노를 소유한다는 것에 대해 수치심을 느끼게 하는 역효과를 낳았다. 이러한 주장은 검열에 반대하는 페미니스트들에 의해 제기되었는데, 이들은 비록 여성을 비하하는 시각으로 묘사한다 할지라도 노골적인 성적 콘텐츠를 검열하는 것은 역효과를 낳으며 가부장적 권력구조의 더 깊은 곳에 위치한 근본 문제들을 해결하는 데 아무런 도움이 되지 않는다고 주장한다(버스틴Burstyn, 1985).

하나의 장르로서 포르노에 대한 보다 섬세한 페미니즘적 접근은 선험적 판단을 피하고, 대신 인간의 섹슈얼리티를 반영하거나 아니면 특정 틀에 끼워 넣는 것, 그리고 복잡한 방식으로 그것을 구성하는 데 포르노가 어떻게 관여하는지에 초점을 맞추었다. 아네트 쿤은 포르노가 무엇보다도 "생산, 구매, 판매되는" 상품이라는 것에 주목하면서 포르노그래피가 어떻게 "재현의 한 체제로서 특정 맥락에서 특정 관객들에게 말을 걸어 젠더 차이를 둘러싼 의미를 생산하는지, 그리고 그 과정에서 인간의 섹슈얼리티의 본질에 대한 사회적 담론을 어떻게 구성하는지"를 다루고자 한다(1985: 23-24). 그녀는 포르노그래피의 상당수가 대상화된 여성 이미지에 의존한다는 것을 인정하면서도, 동시에 이것이 포르노가 여성 관객들에게 쾌락적이지 않다는 것을 자동적으로 의미하는 것은 아니라고 지적한다. 왜냐하면 "여성들은 여성의 이미지로부터 쾌락을 끌어낼 수 있고 또 그렇게 하기 때문이다. 이것은 성 정체성이 고정되어 있지 않다는 것, 그리고 특정 유형의 이미지들에 대한 우리의 관계가 유동적임을 보여 주는 하나의 사실이다"(31). 이는 다시 우리에게 (2장에서 논의했던) 관람으로부터 도출되는 동일시와 쾌락의 복잡한 과정을 떠올리게 한다.

포르노에 대한 가장 영향력 있는 페미니즘 연구들 중 하나는 린다 윌리엄스의 『하드코어: 권력, 쾌락, 그리고 '가시적인 것의 광란'(Hard Core: Power, Pleasure, and the "Frenzy of the Visible")』(1989)이다. 이 책에서 윌리엄스는 검열에 반대하는 입장을 취하면서 주류 하드코어 영화를 페미니즘의 렌즈를 통해 바라봄으로써 이 장르의 핵심 요소들을 해체한다. 여기에는 남성 오르가슴, 특히 주류 하드코어 포르노에서 성행위의 절정을 알리는 소위 **머니 숏**money shot, 즉 남성의 사정에 대한 상세한 시각적 묘사가 포함된다. 머니 숏에 초점을 맞추는 것은 주류 이성애 포르노에서 여성 오르가슴의 중요성을 효과적으로 부인하는 것이다. 윌리엄스는 머니 숏이 1970년대에 〈목구멍 깊숙이Deep Throat〉(제라드 다미아노Gerard Damiano, 1972, 미국)와 같은 영화들을 통해 장르의 필수 요소가 되었음에 주목하면서, "부인할 수 없는 스펙터클에도 불구하고 머니 숏은 또한 절망적일 정도로 자기 반영적"임을 발견한다. "여성의 쾌락에 대한 지식을 얻고자 하는 남성의 시선에게 그것은 남성 자신의 절정을 되비출 뿐이다"(1989: 94). 이런 의미에서 윌리엄스는 머니 숏이 성적 절정의 순간에 촉각에 대한 초점이 갑작스럽게, 그리고 전략적으로 시각적인 것에 대한 초점으로 전환되는 도착perversion(그녀는 이것을 중립적인 의미로 사용한다)을 구현한다고 말한다. 궁극적으로 윌리엄스는 머니 숏이 이성애적 대면의 사실주의적 재현이라기보다는 페티쉬로 기능하며, 페티쉬는 "사회적 관계에서의 권력과 쾌락이라는 보다 근본적인 문제들에 대한 단기적이고 근시안적인 해결책"(105)이라고 본다. 이러한 머니 숏에 관한 분석적 통찰이 페미니스트들에게 얼마나 중요한지에 대해 윌리엄스는 다음과 같이 말한다.

> 따라서 머니 숏은 결국 남근적·남성적·리비도적·물질적 경제가 가장 흔들리는 순간, 거의 절대적이고 단일한 가치 기준으로 되돌아가는 순간으로 간주될 수 있다. 그러나 이 말의 의미는 포르노그래피가 한결같이 절망적일 만큼 남근적이라는 것이 아니다. 그보다는 자신이 거의 알지 못하는 여성의 쾌락에 관한 시각적 진실을 재현해야 한다는 포르노 자체 담론 내 압력 때문에, 포르노그래피가 이 특정한 때에, 이 특정한 방식으로 끈질기게 남근적이라는 것이다.(117)

주류 포르노그래피가 여성의 쾌락을 거의 반영하지 않을 수 있기 때문에, 이 절의 나머지 부분에서는 가부장적이지 않고 비이성애적인 성적 실행과 리비도 투자를 적극적으로 다루고 유포하려 하는 하위 장르 포르노로 눈을 돌리기로 한다. 그러한 하위 장르들 중 하나는 여성을 위해 여성에 의해 만들어진 포르노에 대한 낙인을 지우기 위해 **성을 긍정하는**sex-positive 페미니스트들, 즉 섹슈얼리티에서의 열린 탐구를 지지하는 페미니스트들이 제작하고 유포하는 **페미니스트 포르노**다. 『페미니스트 포르노 교본The Feminist Porn Book』의 편집자인 트리스탄 타오르미노Tristan Taormino, 콘스탄스 펜리Constance Penley, 셀린 시미주Celine Shimizu, 미레일 밀러-영Mireille Miller-Young은 페미니스트 포르노가 "성적으로 노골적인 이미지를 사용해 젠더, 섹슈얼리티, 인종, 민족, 계급, 능력, 나이, 체형 및 기타 정체성 표지에 대한 지배적 표현에 이의를 제기하고 복잡하게 한다"(2013: 9)고 강조한다. 또한 "그것은 욕망, 주체성, 권력, 아름다움, 쾌락 등의 개념들을 가장 혼란스럽고 어려운 지점에서 탐구하며, 여기에는 불평등을 가로지르는 불의에 맞서는 동시에 젠더 위계와 이성애 규범성 및 동성애 규범성 양자의 한계에 맞서는 쾌락이 포함된다"(9-10).

페미니스트 포르노에서 다루는 또 다른 중요한 주제로는 포르노의 여성 저자 문제, 그리고 백인의 신체를 특권화하고 비백인 신체를 지나치게 페티시화하거나 본질화하는 인종적 불균형 문제가 있다. 밀러-영은 "흑인이 출연하는 포르노그래피는 흑인의 성적 일탈과 병리라는 관점을 중심으로 구성되는 경향이 있을 뿐만 아니라, 흑인 포르노 배우들은 백인 배우의 절반에서 4분의 3에 해당하는 출연료를 받는 경향이 있다"(2013: 107)는 점

을 지적한다. 자신의 손으로 직접 포르노 영화를 연출하기로 결
정한 아프리카계 미국인 포르노 배우 바네사 블루와 같이 이런
지배적인 흐름에 반대하는 포르노 산업 종사자들을 지지하고 조
명하는 것이 중요한 이유가 바로 이것이다. 밀러-영이 지적하듯
이, "카메라 뒤에서 움직인다는 것은 (…) 성 노동자들이 포르노
산업에 놓인 장벽을 넘어갈 수 있도록 더 큰 주체성을 부여하는
일종의 이동성을 의미한다"(106). 밀러-영은 성을 긍정하는 페미
니스트들의 접근이 텍스트로서의 포르노뿐만 아니라 제작에 수
반되는 노동 또한 염두에 둘 필요가 있다고 덧붙이면서, 페미니
스트 포르노도 다른 유형의 포르노와 마찬가지로 영리 산업이기
때문에 이러한 노동은 자본의 전 세계적 흐름으로부터 분리될
수 없다고 지적한다. 따라서 밀러-영은 "페미니스트 포르노그래
피를 이론화한다는 것은 표현과 노동 양자에 대한 위반과 규제
의 이중적 과정에 대해 생각한다는 것을 의미한다"(107)라고 덧
붙인다. 그래서 유색인종 포르노 업계 종사자들에게 한 겹 더 추
가된 어려움은 "포르노그래피의 구조적이고 사회적인 관계들 속
에서 인종이라는 무력화시키는 힘"(같은 곳에서 인용)을 거스르
는 것이다.

이와 유사하게 페미니스트 포르노의 산업적 측면에 초점을
맞춘 린 코멜라Lynn Comella는 그것을 제작하고 유포하는 더 광범
위한 문화적 틀을 벗어나서는 이 문제를 다룰 수 없다고 지적한
다. 그녀는 이러한 틀을 "성을 긍정하는 시너지synergy"(2013: 82)
라고 부르는데, 이는 여성의 섹슈얼리티를 위해 성을 긍정하는
(문자 그대로의 혹은 대리하는representational) 공간들을 만들고 유

〔그림 7.17〕 도미나Domina X라는 이름으로 감독 전향한 포르노 배우 바네사 블루.

지하는 네트워크의 구축에 결정적이다. 여성을 위한 성을 긍정하는 포르노는 그러한 전망을 기꺼이 수용하는 제작자, 그리고 여성들이 그러한 포르노를 이용할 수 있게 하는 배급에 달려 있다. 예를 들어, 코멜라는 성을 긍정하는 제품을 제공하고 잠재적 고객들이 위협적이거나 비판적이지 않은 환경에서 편안함을 느낄 수 있도록 하는 데 중점을 두는 베이브랜드Babeland와 같은 소매 업체에 대해 논한다. 디지털 시대 온라인 포르노 사이트의 등장으로 페미니스트 포르노, 레즈비언 포르노, 퀴어 포르노, 트랜스 포르노 및 기타 등등 성을 긍정하는 하위 장르를 포함하는 포르노에 더 쉽게 접근할 수 있게 된 것은 부인할 수 없는 사실이다. 또한 포르노 제작은 새로운 기술의 영향을 받아 전문적으로든 아마추어 수준에서든 잘 표현되지 않았을 콘텐츠를 더 쉽게 제작하는 게 가능해졌다. 예를 들어 블루 프로덕션Blue Productions, 릴 퀴어 프로덕션Reel Queer Productions, 블루 아티초크 필름Blue Artichoke Films 등은 에로틱하고 포르노그래픽적인 섹슈얼리티 표현에 대한 신선한 해석을 제공하기 위해 성을 긍정하며 종종 예술적 성향을 띠는 포르노 제작에 주력하는 독립 제작사들이며, 핑크 라벨Pink Label과 굿다이크포른GoodDykePorn은 퀴어, 레즈비언, 트랜스젠더 중심의 포르노를 위한 플랫폼을 제공하는 사이트들이다. 굿다이크포른 웹사이트의 회원들은 선언문을 통해 "이 사이트의 다이크들dykes*은 스스로 하기do-it-yourself 기획의 정신으로 스스로 문제를 해결하고 스스로 다이크 포르노를 제작한다"라고 주장한다. 이 웹사이트는 성의 긍정을 위한 헌정사에서 "여성으로 알려진 젠더의 모든 변형들(과거, 현재, 미래의 여성들)뿐만 아니라 시스젠더cisgender** 혹은 트랜스젠더 남성

---

* 'dyke'는 레즈비언을 의미하는 속어다. ─옮긴이.

** 시스젠더는 '트랜스젠더transgender'와 달리 생물학적 성과 성 정체성이 일치하는 사람을 의미한다. ─옮긴이.

들의 출연도 포함"*한다고 스스로를 소개한다. 또한 웹사이트 permissions4pleasure.com은 **윤리적 포르노**, 즉 성을 긍정하는 페미니스트 관객의 윤리적 입장을 고려한 포르노의 포괄적 목록을 제공한다.

활동

/

성을 긍정하는 페미니스트 포르노 사이트를 조사하고 해당 커뮤니티가 그들의 임무를 정의하기 위해 사용하는 언어를 확인해 보자. 임무에 대한 진술로부터 여러분은 페미니즘과 섹슈얼리티에 대한 그들의 접근법뿐만 아니라 그들의 정치에 관해서 무엇을 추론할 수 있는가?

사례 연구

성폭행과 주류 포르노 산업

/

최근 몇 년 동안 미국의 주류 포르노 산업에 영향을 미친 가장 큰 스캔들 중 하나는 당대 가장 유명한 남성 포르노 스타이자 포르노 업계에서 수많은 상을 수상한 제임스 딘James Deen을

---

* www.gooddykeporn.com/.

상대로 여러 포르노 여배우가 제기한 성폭행 혐의다. 이 스캔들은 2017년부터 연예계에서의 성희롱과 성폭행에 관한 폭넓은 논의를 촉발시킨 #미투운동이 일어나기 한참 전에 포르노 업계를 뒤흔들었다는 점에 주목해야 한다. 딘에 대한 고발이 제기되기 전까지 그는 업계 내 평등에 대한 견해와 '강간처럼' 느껴지는 성관계 장면 촬영 거부로 인해 (인터뷰에서 스스로를 페미니스트로서 규정하려고 하지 않았음에도) 성을 긍정하는 페미니스트들로부터 인정받는 지위를 누렸다. 저널리스트 아만다 헤스Amanda Hess는 '페미니스트 아이돌'로서 딘이 지금까지 도전받지 않았던 지위를 누렸음에 대해 비판적인 기사를 쓰면서, 그를 페미니스트로 인정받게 하기 위해 노력한 것은 그의 여성 팬들로 본인이 스스로 해낸 것은 아니라고 지적한다.

딘 자신이 페미니스트의 아이콘이라는 생각은 미디어 서사의 또 다른 부작용이다. 이는 그의 팬들의 존재를 알아볼 수 없게 왜곡했고, 그를 스타로 만들기 위해 팬들이 해 온 진정으로 전복적인 모든 작업을 지워 버렸다. 공동체에 기여한 팬들의 공로가 딘 본인에게 전가된 것이다.*

딘은 2015년 자신의 전 여자친구인 포르노 스타 스토야

---

* Amanda Hess, "James Deen was never a feminist idol," www.slate.com/articles/double_x/doublex/2015/12/james_deen_stoya_rape_accusations_the_porn_star_was_never_a_feminist_idol.html.

Stoya에 의해 폭행 혐의로 가장 먼저 기소되었으며, 다른 여성 연기자들이 곧이어 고소를 이어갔다. 여성들은 딘이 업계에서의 자신의 지위를 이용해 위력을 행사하고 영화제작 현장 뒤에서 합의되지 않은 성관계를 유도했으며, 일부 성관계 장면을 촬영하는 동안 자신을 구타하는 등 여러 위법 행위를 저질렀다고 고발했다. 딘은 모든 혐의를 강력하게 부인하며 여성들을 명예훼손으로 고소했다. 그러나 성을 긍정하는 많은 웹사이트와 단체가 그의 행동을 비난하고 데이터베이스에서 그의 영화들을 삭제하면서 그는 '페미니스트 아이돌'이라는 지위를 빠르게 상실했다. 한 웹사이트는 "딘은 주류 포르노계가 소유한다고 말할 수 있을 남성 페미니스트에 가장 가까운 인물이기에 그에 대한 비난이 더욱 거슬리게 느껴진다"*고 언급했으며, 몇몇 미디어들은 그에게 "포르노 업계의 빌 코스비Bill Cosby**"***라는 별명을 붙이기도 했다. 2016년 딘의 고발자 중 한 명인 여배우 앰버 레인Amber Rayne이 약물 과다복용으로 사망하면서 사건은 비극적인 국면을 맞이했다. 이 스캔들로 인해 포르노 업계 내 권력 불균형 및 성폭행 문제와

---

* EJ Dickson, "The James Deen rape allegations reveal a huge problem with 'male feminism'," https://mic.com/articles/129345/there-s-a-hugeproblem-with-the-concept-of-the-male-feminist#.QhPTp5fMH.

** 시트콤 〈코스비 가족〉으로 유명한 미국의 코미디언. 1980년대부터 30여 년에 걸쳐 60여 명의 여성이 코스비에게 성폭행 및 성추행을 당했다고 폭로했다.—옮긴이.

*** Hillary Hanson, "What to know about the sexual assault allegations against James Deen," www.huffingtonpost.com/entry/james-deen-rapeexplainer_us_566063f8e4b079b2818d68f4.

관련한 중요한 논의가 촉발되었지만, 딘의 경력은 여성들이 그를 성폭행 혐의로 고발했다는 사실에 크게 영향을 받지 않은 것으로 보인다.

조사하고 토론하기

\

제임스 딘 스캔들과 그 여파에 대한 언론보도를 조사해 보자. 주류 포르노 업계가 업계 내 성폭력 문제를 다루기 위해 의미 있는 노력을 한 것이 있는가? 포르노 업계에서 젠더 불평등과 여성이 직면하는 억압을 해결하기 위한 구체적인 시도들이 있는가?

액션영화

액션영화는 1980년대와 1990년대에 할리우드 영화를 지배하는 장르로 자리 잡았으며, 실베스터 스탤론Sylvester Stallone, 아놀드 슈워제네거Arnold Schwarzenegger, 장-클로드 반담Jean-Claude Van Damme과 같은 영화 스타들이 구현한 강인한 남성성을 묘사하는 경향이 특징이었다. 이 영화들에서 여성은 종종 스크린의 주변부로 밀려나 곤경에 빠져 구조가 필요한 젊은 여성이라는 전형적인 역할을 연기했다. 1980년대는 서구에서 보수적 지도자들이 부상하고 제2세대 페미니즘에 대한 반발이 일었던 시기이며, 이러한 현실이 젠더 차별적 각본에 반영된 것으로 보인다. 몇 가지 주목할 만한 예외를 제외한다면 이 장르의 관습들은 젠더 역할에 관한 과장되고 반동적이며 가부장적인 이분법에 부합했다. 동시에 많은 액션영화가 극도로 남성적인 남자들이 함께 싸우거나 맞서 싸우는 등 동성사회적homosocial이며 동성애적인 색조를 띤다. 예를 들어, 1980년대의 최고 흥행작 중 하나인 〈탑건Top Gun〉(토니 스콧Tony Scott, 1986, 미국)은 서로 적수인 두 남자 매버릭Maverick과 아이스맨Iceman 사이의 억압된 동성애 욕망의 이야기로 해석되기도 하는데, 이 해석에 따르면 서로에 대한 충족되지 않은 욕망이 갈등으로 이어진다. 일반적으로 남성 중심의 액션영화는 조각 같은 남성적 몸의 스펙터클을 위해 여성 신체에 초점을 맞추지 않는 경향이 있으며, 이는 그것의 소비와 관련해 광범위한 (동성 간의) 에로틱한 차원을 암시한다.

여성 액션 영웅은 남성 액션 영웅만큼 자주 등장하지는 않지만, 그럼에도 불구하고 이 장르의 중요한 요소다. 여성 액션 영웅의 존재는 이 장르가 특히 가부장적 젠더 이분법에 기반을 둔다는 증거인가, 아니면 이분법을 교란하는 것으로 보아야 하는가? 제프리 브라운Jeffrey A. Brown은 다음과 같이 지적한다.

페미니즘 영화 이론 내부에서도 현대의 여성 액션 주인공은 대단히 유익하면서도 해석하기 어려운 캐릭터임이 드러났다. 한편으로 그녀는 관습을 초월해 여성의 역할과 능력에 대한 대중의 인식을 확장할 수 있는 잠재력을 지닌 인물을 표상하기도 하지만, 다른 한편 주로 남성으로 구성된 관객들에게 언겨한 젠더 이원론을 다시 각인시키는 성차별적 쇼윈도 영웅으로 남

을 위험이 있기 때문이다.(2004: 47)

할리우드 액션영화의 부상과 그에 수반되는 과잉 남성성에 대해 이본 태스커Yvonne Tasker는 "근육질 영화의 등장은 과거와의 근원적 단절을 의미하기보다는 인종, 계급, 섹슈얼리티에 대한 기존의 영화적·문화적 담론을 변형하고 재정의한다"(1993: 5)고 말한다. 또한 태스커는 어떻게 "대중 영화가 젠더 정체성을 확인하는 동시에 그러한 범주들의 안정성을 약화시키는 동일시와 욕망을 동원하는지"(5) 탐구하는 것이 중요하다고 지적한다. 이를 위해 태스커는 근육질 신체에 대한 페티시즘의 기저에 있는 하위 텍스트subtext를 비판적으로 검토하는 한편, 앞서 언급한 '에일리언' 시리즈의 엘런 리플리와 같은 여성 액션 전사들에게 초점을 맞춘다. 그녀는 또한 1970년대의 소위 **블랙스플로이테이션 영화**Blaxploitation movies(판촉 영화exploitation films*의 하위 장르로서 아프리카계 미국인 인물들이 등장하며 아프리카계 미국인 관객을 목표로 한다)에 등장하는 흑인 여전사, 혹은 '**마초 여신**macho goddess'이라는 인물형에 대해 논하는데, 그 예로는 팜 그리어Pam Grier, 타마라 돕슨Tamara Dobson 같은 여배우들뿐만 아니라 한 시대의 아이콘이었던 연기자 그레이스 존스Grace Jones도 포함된다. 여기에서도 '마초 여신'이 전복적인지 아니면 단지 인종적 고정관념을 반영하는지에 대해서는 쉽게 결론 내릴 수 없다.

---

* 유행하는 것들, 틈새 장르, 혹은 선정적인 것들을 통해 흥행을 노리는 영화들. 일반적으로 제작의 질이 떨어지는 편이다.─옮긴이.

〔그림 7.18〕〈에일리언〉(제임스 카메론, 1986)에서의 엘런 리플리.

흑인 액션 여주인공의 '마초'적 측면, 즉 전투 능력, 자신감, 심지어 거만함 등은 그녀의 섹슈얼리티를 공격적으로 행사하는 것과 결부되어 있다. 동시에 그녀의 재현과 관련해 불안을 발생시키는 것은 섹슈얼리티에 대한 이러한 동일한 고정관념을 흑인 여성에게 귀속시킨다는 것이다.(21-22)

블랙스플로이테이션 영화는 홍콩 무술 영화로부터 영향을 많이 받았다. 1970년대에는 **무협 검술 영화**에서 여성 액션 영웅들이 자주 등장했다. 홍콩 액션영화는 수천 년 전으로 거슬러 올라가는 문학에 뿌리를 둔 국제적으로 인기 있는 장르다. 처음에는 역사적 주제, 검술, 신비주의가 중심이 되는 무협 스타일이 지배적이었다. 하지만 1970년대에 들어와서는 맨손 싸움을 강조하며 현대를 배경으로 삼기도 하는 **쿵푸 영화**가 대세를 이뤘다. 쿵푸 영화는 또한 남성 무술가들에게 특권을 부여하는 경향이 있었고, 여성들은 이 장르에서 대체로 주변부에 있었다. 무술 장르의 세계적인 인기는 이소룡이나 성룡과 같은 쿵푸 스타들의 국제적 인기로 이어졌다. 좀 더 최근에는 〈와호장룡Crouching Tiger, Hidden Dragon〉(이안Ang Lee, 2000, 중국/홍콩/대만/미국)과 같은 작품들의 성공 사례에서 볼 수 있듯이 무협 스타일의 영화가 전 세계적으로 인기를 끌어 여성 무술가들이 다시 두각을 나타낼 수 있었다. 〈동사서독Ashes of Time〉(1994, 홍콩)과 〈동사서독 리덕스Redux〉(2008, 홍콩)를 만든 왕가위, 그리고 〈자객 섭은낭The Assassin〉(2015, 중국)을 만든 허우 샤오시엔Hou Hsiao-hsien 등을 포함해서, 세계적으로 유명한 감독들도 이 장르에 도전장을 내밀었다. 〈자객 섭은낭〉은 암살자로서 타인의 목숨을 빼앗는 것에 대한 윤리적 딜레마에 직면한 여주인공을 등장시킨다.

쿵푸 장르는 신비주의에 뿌리를 둔 무협 전통에 비해 좀 더 사실주의를 내세우는 것으로 종종 인식된다(테오Teo, 2009). 일부 학자들은 1970년대 이후 홍콩 영화에서 여성 액션 영웅이 부상한 것이 서구에서의 여성해방 운동의 부상 때문이라고 보았다.

이본 태스커는 이러한 해석을 경계하는데, 왜냐하면 그것은 비서구권의 영화에 등장하는 여성의 이미지를 이해하기 위해 서구의 페미니즘을 기준점으로 설정하기 때문이다. 게다가 무술 여주인공들은 보통 표준적인 남성/여성 이분법을 교란시킨다. 예를 들어, 〈영춘권Wing Chun〉(원화평Yuen Woo-ping, 1994, 홍콩)에서 양자경Michelle Yeoh이 연기하는 주인공 '임영춘Yim Wing Chun'은 (영화 속 다른 등장인물들이 지적한 바와 같이) "남자처럼 옷을 입"지만 동시에 여성적이기도 한 무술 고수인데, 이 영화는 그녀가 여성이라는 사실을 결코 경시하지 않는다. 그녀는 가족으로부터 젠더 질서에 좀 더 순응해 결혼도 하고 전통적인 삶을 살라는 압력을 받지만 이를 무시한다. 때로 그녀는 남자로 오해받기도 한다. 무술 전통에서 젠더는 보통 격투 스타일에 결정적인 역할을 하지 않는다. 그러나 양자경의 성공작에서 묘사된 영춘권의 전통 속에서 전설이 시사하는 바에 따르면, 그 형식을 처음으로 익혀 다른 사람들에게 전수한 이는 사실 여성이었다(임영춘에게 쿵푸를 가르친 스승 또한 여성이다). 영화에서는 임영춘이 여성 쿵푸 무사라는 사실이 언급될 때마다 젠더 역할이 노골적으로 환기된다. 예를 들어 그녀가 남성 적대자 하나를 능숙하게 제압하기 전에, 그는 남자가 쿵푸를 더 잘하고 여자는 아이를 더 잘 키운다는 것이 "널리 알려진 사실"이라고 거만하게 단언한다. 영화는 이러한 젠더 차별적 고정관념에 도전하는 것 외에도 임영춘과 그녀의 고모가 강한 유대감을 나누고 서로를 지지하는 모습을 통해 여성의 동지애에도 초점을 맞춘다. 그들은 짐 없는 젊은 미망인 만염을 데려와 미모 때문에 그녀를 겁탈하려 하는 산적들로부터 그녀를 보호한다. 만염과 임영춘은 둘 다 남성에게 로맨틱한 감정을 느낄 때도 동성애적 느낌을 풍기는 친밀한 관계를 형성한다. 그리고 임영춘이 들려주는 옛이야기를 통해 우리는 그녀가 마음에 없는 남자와의 강제 결혼에서 벗어나기 위한 한 방편으로서 쿵푸를 시작했다는 사실을 알게 된다. 쿵푸 무사가 됨으로써 그녀는 남자들 대부분에게 매력이 잃었지만 그 대신 자신과 다른 여성들을 보호할 수 있는 주체성과 힘을 얻었다. 결국 그녀가 자신의 가장 큰 적수를 제압하자 그는 다른 산적단원들처럼 그녀를 '어머니'라고 부르며 그녀에게 항복한다. 이 대리 모성은 그녀가 남성에 대해 거둔 승리를 확인하는 가장 큰 증거가 된다.

미국 영화에 영향을 미친 무술 장르의 대표적인 크로스오버 사례로는 쿠엔틴 타란티노Quentin Tarantino의 〈킬 빌: 1부Kill Bill: Vol. 1〉(2003, 미국)와 〈킬 빌: 2부Kill Bill: Vol. 2〉(2004, 미국)가 있다. 두 영화는 혼수상태에서 깨어난 전직 암살자 '신부The Bride'가 자신의 목숨을 노린 자들을 상대로 복수를 감행하는 이야기를 담는다. 이 영화에는 이소룡 주연의 〈당산대형Fists of Fury〉(나유Lo Wei, 1972, 홍콩)과 컬트 영화 매니아들에게 사랑받은 〈오독The Five Deadly Venoms〉(장철Chang Cheh, 1978, 홍콩)을 포함해 홍콩 무술 영화들에 대한 수많은 언급이 등장한다. 마찬가지로 타란티노의 〈재키 브라운Jackie Brown〉(1997, 미국)은 블랙스플로이테이션 영화에 대한 오마주이며, 이 장르의 아이콘인 여배우 팜 그리어가 주연을 맡았다. 이러한 전용appropriation의 사례들은 액션 장르의 관습과 젠더 및 인종과의 상호작용이 국경을 초월하며 각각의 지정학적·역사적 맥락에 따라 서로 다르게 작동할 수 있음을 보여 준다.

새천년에도 여성 액션 영웅들은 여전히 남성 액션 영웅에 비해 수적으로 열세이지만, 그럼에도 스크린에서 자신들의 힘을 계속해서 주장한다. 대표적인 예로는 〈라라 크로프트Lara Croft〉 영화들, '헝거 게임The Hunger Games' 시리즈, 〈매드 맥스: 분노의 도로Mad Max: Fury Road〉(조지 밀러George Miller, 2015, 미국), 〈아토믹 블론드Atomic Blonde〉(데이빗 레이치David Leitch, 2017, 미국), 그리고 앞서 언급한 〈원더 우먼〉(패티 젠킨스, 2017, 미국) 등이 있다. 여성 최초로 아카데미 감독상을 수상한 캐서린 비글로우 Kathryn Bigelow를 포함해서 주목할 만한 예외들이 있기는 하지만 액션영화 여성 감독은 여전히 드물다. 〈블루 스틸Blue Steel〉(1989, 미국), 〈폭풍 속으로Point Break〉(1991, 미국), 〈스트레인지 데이즈 Strange Days〉(1995, 미국)와 같은 그녀의 영화들은 관습적인 젠더 수사들과 남성 동지애뿐만 아니라 여성들의 힘과 주체성도 포함 하는 액션 장르의 관습들을 많이 활용한다.

사례 연구

〈클레오파트라 존스Cleopatra Jones〉(잭 스타렛Jack Starrett, 1973,
미국)와 〈클레오파트라 카지노 정복Cleopatra Jones and the Casino of
Gold〉(찰스 베일Charles Bail, 1975, 미국)

/

클레오파트라 '클레오Cleo' 존스라는 캐릭터가 등장하는 두 편
의 블랙스플로이테이션 영화는 여주인공(타마라 돕슨 분)을
따라간다. 그녀는 불법 마약 거래에 맞서 싸우며, 특히 1편에
서는 마약이 도시의 흑인 커뮤니티에 미치는 파괴적 영향을
막으려 한다. 그녀는 가라데를 익힌 특수 요원으로 미국 정부
를 위해 일하며, 약자를 위해 직접 나서서 싸우는 매우 당당하
고 스타일리시하며 신체적으로 빼어난 여성이다. 제니퍼 드
비어 브로디Jennifer DeVere Brody가 지적하듯, "그녀는 흑인 혁명
의 시녀인 동시에 미국 정부의 권총이라는 역설적 위치에 놓
여 있다"(1999: 93). 두 영화 모두 (장르 영화들이 종종 그렇듯
이) 일종의 컬트적 지위를 보유하며, 셰릴 두녜이Cheryl Dunye
의 〈수박 여인〉에서 한 등장인물이 클레오파라 존스의 비디오
대여를 권하는 등 다른 작품에서도 명시적으로 언급된다(〈수
박 여인〉에 대한 자세한 내용은 6장을 참조하라).

첫 번째 영화에서 클레오파트라의 주요 적수는 '엄마'라고
불리는 강력한 백인 마약왕 여성 두목인데, 할리우드의 전설
적인 여배우 셸리 윈터스Shelley Winters가 연기한다. 속편에서
는 무술 장르가 블랙스플로이테이션에 미친 영향이 더욱 노

골적으로 언급되는데, 클레오는 홍콩에 도착해 여성 조력자 미링퐁Mi Ling Fong과 팀을 이루어 불법 마약 제국의 또 다른 중심인물인 드래곤 레이디Dragon Lady와 싸운다. 첫 번째 영화에서처럼 주요 적수인 이 드래곤 레이디가 백인 여성이기 때문에, 아프리카계 미국인과 아시아계 여성인 클레오와 미링퐁 조합이 백인 여성 적수의 범죄 제국에 맞서는 흥미로운 병치가 만들어진다.

클레오파트라 존스라는 캐릭터는 이러한 유형의 장르 영화에 자주 등장하는 '마초 여신'의 범주에 속한다. 그녀는 힘이 세고 강력하고 독립적인 흑인 여성인데, 동시에 이러한 표상은 통제 불가능하고 위험하다는, 특히 백인들에게 그렇다는 흑인 여성성에 대한 고정관념에 기댄다. 실제로 클레오의 적대자들은 대부분 백인으로 이는 영화의 하위 텍스트가 (국제적인 것뿐만 아니라) 미국에서의 마약 거래, 경찰의 잔인성, 제

(그림 7.19) 조직 범죄에 맞서 싸우는 미링퐁과 클레오(〈클레오파트라 카지노 정복〉, 찰스 베일, 1975).

도적 차별 등이 갖는 인종적 배경을 명확히 드러내기 때문이다. 게다가 두 영화에서 모두 존스의 주적이 백인 여성이라는 사실은 제2세대 페미니즘이 주로 중산층 백인 여성에 관한 문제를 다루었다는 일반적인 비판에 대한 하나의 논평이 될 수 있을 것이다. 그런 의미에서 이 두 편의 블랙스플로이테이션 영화는 페미니즘의 정치 기획과 관련해 그렇게 인식된 배제들에 대한 반응으로 해석될 수 있다. 그러나 이 영화의 정치가 본질적으로 모든 면에서 진보적인 것은 아니다. 두 백인 여성 적대자는 둘 다 레즈비언인 것으로 암시되어 있어 퀴어 범죄자라는 동성애 혐오적 고정관념을 영속화하기 때문이다.

여성 액션 영웅(또는 '블랙스플로이테이션 여성 영웅sheroes') 이 중심이 되는 블랙스플로이테이션의 하위 장르 내에서도 두 편의 〈클레오파트라 존스〉는 주인공의 우월함, 힘, 독립성에 초점을 맞추는 "(남성) 액션영화의 노선을 따라 작동하기"(브로디, 1999: 96) 때문에 하나의 일탈이다. 브로디는 "(일부 영화학자들이 그랬듯이) 여성이 주도하는 블랙스플로이테이션의 하위 장르를 흑인 여성의 살아 있는 경험과 무관한 지나치게 단순한 것으로 치부하기보다는, 대형 스크린에서는 거의 볼 수 없었던 강력한 여성상을 그려냄으로써 관객의 동일시 과정을 복잡하게 만드는 것으로 이해할 수 있을 것"이라고 덧붙인다. 브로디는 "모든 액션영화가 부분적으로는 환상의 투사라는 점을 감안할 때, 이 영화들은 많은 흑인 여성이 욕망했던 힘에 대한 환상을 떠올리게 할 수 있다"(100)고 덧붙인다. 특히 〈클레오파트라 카지노 정복〉에서 브로디는 클레오와 미링퐁의 관계에서 "동료 간의" 동성애적 측면을 통해 "현실"이 "퀴어적인 판타지의 언어"(100)로 묘사되고 있음을 발견한다. 미링퐁은 수동적이고 순종적인 아시아 여성이라는 문제적 고정관념에 적극적으로 반기를 드는 인물로, 그녀는 강력한 존스와 대등한 위치에 있는 숙련된 전사이자 기민한 스파이다. 1편에서는 클레오가 명백한 이성애자이자 이성애자 남성의 욕망의 대상으로 그려졌지만, 후속편에서는 미링퐁과의 친근한 농담이 종종 유혹적인 성적 어조를 띠면서 그녀의 섹슈얼리티는 좀 더 모호해진다. 두 사람의 초국가적 결합은 젠더, 섹슈얼리티, 권력을 둘러싼 국제적 담론에 개입하며, 매우 다른 문화적 배경에서 성장했지만 백인 (암묵적으로 식민) 권력과 싸우기 위해 힘을 합치는 두 유색인종 여성의 주체성을 강조한다. 그런 의미에서 이 영화는 10년 후 상호교차성 페미니즘intersectional feminism의 패러다임을 통해 주목받게 될 주제를 '하위문화' 장르에 기초해서 다룬다고 할 수 있다.

보고 토론하기

〈클레오파트라 카지노 정복〉

/

1. 오늘날의 관점에서 봤을 때, 이 영화가 비백인 여성 액션 영웅을 대하는 태도는 전복적이거나 도발적으로 보이는가?
2. 클레오와 미링퐁의 동성애적 관계는 액션영화의 표준적인 이성애 규범적·남성 중심적 틀을 어떻게 복잡하게 만드는가?

3. 이 영화에서 홍콩 무술 장르에 대한 레퍼런스를 몇 가지 찾아볼 수 있는가?

토론을 위한 질문들

/

1. 주류 극영화제작에 대한 페미니즘의 접근은 장르 영화(예: 공포 영화)를 제작할 때와 어떻게 다를 수 있는가?

2. 많은 공포영화는 가정 공간이나 핵가족을 중심으로 한다. 이러 한 패러다임에 들어맞는 최근의 또는 역사상의 사례들을 이야 기할 수 있는가? 여기서 논의된 개념들 중 이러한 영화에서 젠 더가 반영되는 방식과 관련된 개념이 있는가?

3. 오늘날 '여성의 영화women's films'의 사례로는 어떤 것이 있는 가? 이 영화들의 메시지는 여성들에게 힘을 실어 주는가 아니 면 더 보수적인가?

4. 7장에서 논의되지 않은 다른 영화 장르 또는 하위 장르(예: 스크 루볼screwball 코미디, 필름 누아르, 갱스터 영화 등)를 생각해 보 자. 이 특정 장르에서 남성과 여성 인물들 사이의 역학 관계는 젠더 고정관념을 어떻게 유지하는가? 혹은 어떻게 전복시키는 가? 계급이나 인종과 같은 요소가 장르의 도상 체계iconography 나 수사법을 형성하는가?

5. 액션영화 장르는 전통적인 젠더 규범을 어떻게 유지하는가? 그 것은 어떤 방식으로 젠더 규범을 복잡하게 하거나 심지어 전복

시킬 수 있는가?

6. 당신이 본 공포영화에서 폭력이 수행하는 역할에 대해 생각해 보자. 폭력은 주로 젠더 차별적 고정관념(누가 폭력을 행사하고 누가 폭력을 당하는지에 대한)을 영속화하는 데 복무하는가, 아니면 때때로 상황을 복잡하게 만들기도 하는가?

7. 포르노그래피에서 활용되는 지배적인 성적 고정관념에서 인종이나 민족과 관련된 문제는 젠더와 어떻게 교차될 수 있는가? 성 평등이나 반인종차별과 같은 쟁점을 둘러싼 우리의 현실 정치와 충돌할 수도 있는 환상들을 소비함으로써 제기되는 쟁점들을 우리는 어떻게 다룰 수 있는가?

핵심 용어

/

#악센트 영화 #액션영화#블랙스플로이테이션 영화 #육체 장르 #윤리적 포르노 #페미니스트 포르노 #최후의 여자 #장르 #하드코어 (포르노) #공포영화 #J-호러 #쿵푸 영화 #레즈비언 포르노 #마초 여신 #주류 드라마 #모성 멜로드라마 #멜로드라마 #머니 숏 #괴물-여성 #몽타주 #포르노/포르노그래피 #퀴어 포르노 #리얼리즘 #SF #성을 긍정하는 #슬래셔 #소프트코어 (포르노) #트랜스 포르노 #여성 영화 #무협 검술 영화

8장.
영화에서 뉴미디어로: 새롭게 등장하는 페미니즘의 시각들

들어가며

오늘날 우리의 문화적 환경은 뉴미디어가 지배한다. 텀블러
Tumblr, 트위터, 인스타그램, 페이스북과 같은 소셜미디어로부터
컴퓨터나 가정 내 게임 시스템으로 즐기는 비디오게임에 이르
기까지, 그리고 넷플릭스나 훌루Hulu와 같은 스트리밍 서비스부
터 수많은 휴대폰 애플리케이션에 이르기까지, 뉴미디어는 대체
로 디지털 문화를 지시하는 용어로 사용된다. 영화와 텔레비전
은 아날로그 기술로서 등장했지만 그 또한 한때는 '뉴'미디어였
다. 20세기 말에 이르러 디지털 매체가 등장하자 영화와 텔레비
전을 분석하기 위해 발전된 접근법들이 디지털 매체 연구에 적

용되었다. 오늘날 영화와 텔레비전은 대부분 디지털 포맷으로 운영되며, 뉴미디어에 대한 접근 방식 역시 영화와 텔레비전 연구가 제공한 초기의 틀을 넘어 확장되었다. 이제 뉴미디어, 텔레비전, 영화를 분리하는 것은 거의 불가능하다. 수많은 극장이 디지털 방식으로 배급되는 (그리고 디지털 방식으로 만들어진) 영화들만 상영하며, 많은 관객이 가정용 텔레비전, 노트북 혹은 휴대폰을 통해 스트리밍 서비스로 영화를 시청한다. 나아가 영화와 텔레비전 프로그램의 마케팅 또한 소셜미디어를 통해 이루어진다. 유튜브와 같은 소셜미디어 플랫폼은 팬들이 사용자 제작 콘텐츠user-generated content를 게시하는 공간인데, 이 콘텐츠들이 영화를 포함한 다양한 미디어 텍스트들에 대한 수용과 해석을 형성한다. 좋아하는 텔레비전 프로그램은 넷플릭스와 같은 스트리밍 서비스를 통해서도 볼 수 있는데, 넷플릭스는 이제 자신의 독자적인 시리즈와 영화들을 제작하기도 한다. 베로니카 마스 Veronica Mars〉(롭 토마스Rob Thomas, 2014, 미국)가 영화화된 것처럼 프로그램은 킥스타터Kickstarter에서 대중 기금 캠페인crowd-sourced campaign을 통해 장편영화로 만들어질 수도 있다. 트위터나 페이스북과 같은 사회 관계망 사이트social networking site를 통해 뉴스를 팔로우할 수도 있고, 좋아하는 비디오게임을 직접 플레이하는 동영상을 유튜브에 게시할 수도 있다. 이 모든 것이 **융합 문화** convergence culture의 사례들이다. 기존의 미디어와 새로운 미디어의 형식이 점점 더 상호 연결되며, '스타 워즈Star Wars' 영화 시리즈와 같은 하나의 '텍스트'가 비디오게임 스핀오프spinoff부터 팬들이 만든 텀블러 밈memes, 유튜브 티저teaser 예고편, 앱에 이르기까지 디지털 문화의 다양한 국면들에 걸쳐 발견될 수 있다. 이 콘텐츠의 일부는 승인될 것이고(즉, 법인이 공급하는 것이고), 다른 콘텐츠들은 승인되지 않을 것이다(즉, 프랜차이즈를 생산하는 법인의 구조 밖에 있는 사람들이 생산하고 소비할 것이다). 우리의 문화적 국면에서 디지털 미디어의 우위는 **문화의 미디어화**라고도 할 수 있다. 21세기를 사는 우리는 지배적인 텍스트와 하위문화의 텍스트들을 주로 디지털 미디어를 통해 소비하고 생산한다.

여러모로 디지털 영화는 뉴미디어 연구라는 보다 넓은 영역에 속하는 하나의 차원에 불과하지만, 여기에서 우리는 뉴미디어가 영화 연구 및 접근과 재현이라는 페미니즘 정치의 쟁점들과 교차하는 부분에 초점을 맞추고자 한다. 페미니즘 영화 연구의 역사에 등장했던 수많은 고민과 이론적 틀은 오래된 것이건 새로운 것이건 미디어를 연구할 때 활용하는 도구들과 연결되고 겹친다. 뉴미디어는 종종 새로운 분석 틀과 용어법을 요구하기도 하지만, 영화와 (다른) 디지털 미디어 형태들 사이에 융합하는 경우가 늘어나면서 이러한 새로운 틀은 또한 영화가 제작, 배급되고 수용되는 맥락의 변화를 이해하는 데 도움을 주기도 한다. 특히 페미니즘 이론과 페미니즘 영화 연구는 항상 재현의 정치에 관심을 가져왔다. 디지털 미디어는 자기표현과 정치적 조직화, 행동의 기회, 그리고 잠재적으로는 다양한 시각과 비주류적 이미지들에 노출될 기회를 늘린다. 페미니스트 뉴미디어 연구자들은 뉴미디어가 어떻게 지배 권력 구조를 강화하거나 저항 또는 반문화 형성을 위한 기회를 제공하는지, 디지털 공간에서 누구의 목소리가 재현되고 지배적인지, 디지털 문화가 정체성의 범주들과 지리적 경계들을 넘어 사람들의 삶에 미치는 물질적 효과들은 무엇인지 등 페미니스트 영화학자들의 관심에 공명하는 질문들을 던진다. 예를 들어, 우리는 디지털 문화가 소외 계층의 대중 매체에 대한 접근 가능성을 높였다고 주장할 수 있을 것이다. 장편 극영화 〈탠저린Tangerine〉(션 베이커Sean Baker, 2015, 미국)은 아이폰5 장비로만 촬영된, 트랜스젠더 유색인종 여성에 초점을 맞춘 작품이다. 새로운 테크놀로지는 평범한 사람이 자신에 관한 콘텐츠를 제작하고 유통시키는 것을 점점 더 수월하게 만든다. 페미니스트 뉴미디어 학자들은 온라인 공간에서 더 많은 접근성이라는 긍정적 차원이 실현되는 것인지, 아니면 오프라인 세계의 위계질서가 지속되는 것인지에 관심을 보인다. 8

〔그림 8.1〕 션 베이커의 〈탠저린〉(2015)은 아이폰5로만 촬영했다.

장에서 보겠지만, 시선과 스펙터클의 정치는 뉴미디어 연구에서 계속 중요한 역할을 수행할 것이며, 뉴미디어는 영화 이론의 관객에 대한 낡은 모델에 대해 점차 이의를 제기할 것이다. 과거에 관객들이 단순히 수동적으로 정보를 수용했다면, 이제 관객은 자신이 소비하는 자료에 능동적이고 가시적으로 참여한다(2장을 참조할 것).

페미니즘 사상가들은 새로운 테크놀로지를 '상식'으로 간주하거나 당연시하는 것을 비판적으로 바라볼 것을 요구하며, "[디지털] 공간을 누가 어떻게 사용할 것인지 다시금 상상해 볼 기회"(쇼, 2014: 273)를 마련해 준다. 아드리엔 쇼Adrienne Shaw가 다음과 같이 주장하듯이 말이다. "테크놀로지에 관한 많은 대중적 수사와 달리, 훌륭한 페미니즘 분석은 도구들이 본래적으로 나쁘거나 좋다고 가정하지 않으며 언제나 생산과 소비의 맥락에서 테크놀로지를 검토한다"(274). 달리 말하자면, 페미니즘 분석은 인터넷이 본래적으로 긍정적이라고 혹은 에치Etsy나 킥스타터와 같은 플랫폼이 전적으로 좋거나 나쁘다고 전제하는 대신, 이 도구들이 실제로 어떻게 사용되며 어떤 종류의 결과들을 이 세상에 야기하는가에 관심을 갖는다. 이 도구들은 불평등을 재생산하는가 아니면 그것에 도전하는가? 어떻게, 어떤 맥락에서?

8장은 인터넷을 폭넓게 살펴보면서 이 공간이 어떻게 사용되며 누가 사용하는지, 그리고 영화에서는 인터넷이 어떻게 상상되어 왔는지 질문하며 시작한다. 그 다음 2장에서 다룬 팬덤과 프로슈머*에 관한 논의를 확장하고, 마지막으로 비디오게임이 영화 문화와 어떻게 교차하고 갈라지는지 논의할 것이다.

> **활동**
>
> **/**
>
> 한 주 동안 어떤 다양한 스크린을 통해 영화를 시청했는지 나열해
> 보자. 접근의 용이함, 관람 경험, 관람의 맥락 및 기타 생각해 낼
> 수 있는 다양한 측면에서 각 스크린의 차이점과 유사점을 생각해
> 보자. 새로운 스크린 형태는 영화 이론가들이 전통적으로 영화 장
> 치를 개념화한 방식과 어떻게 다른가?

인터넷

페미니스트들이 인터넷에 관해 초기에 썼던 글들은 때때로 그것
을 무한한 잠재력을 가진 공간으로 규정했다. 인터넷망은 오프
라인 세계에 존재하는 편견과 접근을 가로막는 장벽이 작동하지
않는 장소로 여겨졌다. 셰리 터클Sherry Turkle의 글(1997)이 그 대
표적인 사례다. 그녀가 주장하는 바에 따르면, 인터넷은 장애에
서부터 인종이나 젠더에 기초한 차별에 이르기까지 물질적 신체
의 제약들이 사라지고 사용자에게 유례없는 세계를 열어줄 것이
다. 이처럼 인터넷과 그 잠재력을 본래적으로 긍정적인 것으로

---

* 프로슈머란 제품 개발에 적극 참여해서 자신의 의사를 표현하는 소비자를 일컫는 신
조어다. prosumer = producer + consumer. —옮긴이.

보는 프레임은 **기술 유토피아적 시각**이라고 이름 붙일 수 있다. 앞으로 살펴보겠지만, 인터넷이 오프라인 세계의 구조적 불평등이 사라지는 탈신체화된 공간이라는 생각은 실현되지 않았다. 예를 들어, 온라인 공간에서는 신체가 사라진다는 생각은 **아바타**avatar 디자인에 관한 연구에서 부정확한 것으로 드러났다. 위월드라는 사이트weeworld.com에서 아바타들을 디자인한 캐나다의 10대 소녀들을 대상으로 한 연구에 따르면, 이러한 사이버공간에도 미의 기준을 포함해 소녀다움과 여성성에 관한 지배적 규범이 존재하며, 이것이 소녀들이 온라인 아바타들을 만들어 내는 방식에 영향을 미치는 것으로 나타났다(모리슨Morrison, 2016). 이 아바타들은 개인이 맞춤형으로 설정할 수 있으며, 그리하여 비디오게임에서처럼 미리 만들어진 아바타를 선택하는 것이 아니라 다양한 선택지를 통해 자신을 표현할 수 있었다. 소녀들은 자신이 선택한 아바타를 다른 사람들이 어떻게 판단하고 바라볼지 관심을 가졌으며, 특히 스타일이라는 항목에서 그러했다. 참가자들이 선호하는, 즉 자신들이 바라는 아바타를 좀 더 잘 표현하는 것처럼 보이는 스타일 옵션들은 더 많은 게임 포인트를 '비용'으로 치러야 하기 때문에 그것을 감당할 수 없는 소녀들도 많았다. 물론 이것은 오프라인 세계에서의 외모와 소비의 관계를 재생산하는 것이다. 이 사이트는 소녀들이 자신을 소비재, 외모, 이국적 장소라는 항목들을 통해 표현하도록 권장하는데, 이는 바비Barbie를 비롯해 가상공간 밖의 젠더화된 장난감들이 어린 소녀들에게 주는 메시지들을 영속화하는 것이다. 나아가 위월드의 초기 버전에는 장애가 있는 몸을 선택할 수 있는 옵션이 없었다. 게다가 오직 깡마른 체형의 아바타들만이 존재했다. 이런 방식으로 위월드와 같은 개인 맞춤형 아바타 사이트들은 소녀들이 가상공간에서 '될 수 있는' 모습에 실질적인 제한을 두었고, 이는 종종 게임 세계 바깥에 있는 욕망의 사회적 규범들을 반영했다. 모리슨이 주장하듯, "위미WeeMee 사이트는 독특함을 약속하는 동시에 주체성을 부정한다"(248). 비디오게임에서도 일반적으로 매우 남성적이거나 여성적인 아바타들 외에 참가자가 할 수 있는 선택지는 거의 없으며, 퀴어 젠더는 물론이고 심지어 시스젠더라 하더라도 젠더 고정관념이 고도로 투영된 신체 규범에 들어맞지 않을 경우 그 가능성이 제외된다(젠슨Jenson과 드 카스텔de Castell, 2015: 2). 따라서 사이버공간에서도 자아를 표현할 수 있는 틀에는 실제적인 한계가 있으며, 이 한계는 오프라인 세계로부터 그대로 이어진다.

인터넷이 탈신체화된 공간이라는 신화는 인종과 관련해서도 문제가 된다. 한 연구에 따르면 초기의 텍스트 기반 가상현실 도메인에서 인종 정체성을 선택하지 않았던 사용자들은 백인으로 간주되었다는 것이 드러났다. 이러한 공간에서 백인을 기본 정체성으로 삼는 것은 서구 문화에서 더욱 광범위하게 퍼져 있는 바와 같이 백인을 표시되지 않은 범주로 여기는 것을 반복하는 것이다(나카무라Nakamura, 1995). 더군다나 때때로 **인종 관광**racial tourism이라고 불리는 것, 즉 온라인에서 다른 인종을 채택하는 실험을 하는 사용자들은 외부 세계의 인종적 고정관념을 재생산하는 경향이 있었다. 예를 들어, 한 조사에서 (아마도 비아시아계 비여싱 사용자가 사용했을 것인) 아시아계 여성 캐릭터는 현실의 아시아계 여성보다는 그것을 만든 사람의 오리엔탈리즘적인 에로틱 판타지를 나타내는 프로필과 함께 'AsianDoll(아시아인형)'이나 'Bisexual_Asian_Guest(양성애자_아시아_게스트)'와 같은 이름을 부여받았다(같은 곳에서 인용).

디지털 공간에서는 현실의 정체성에서 벗어날 수 있다는 가정은 그 자체로도 문제적이지만, 나아가 몇몇 페미니스트 이론가들은 탈신체성과 초월성에 기초한 인터넷 개념의 타당성조차 비판했다. 수 손험Sue Thornham은 다음과 같이 말한다.

> 우리가 현재 사는 '가상 세계'에 대한 터클Turkle의 전망을 자세히 살펴보면, 가상의 대양을 항해하고, 가상의 미스터리를 풀어내고, 가상의 고층 건물을 설계하고, 심지어는 가상의 정체성까지도 시도해 보는 등 그 세부사항들은 친숙하지만 동시에 젠더의 맥락 또한 확실히 갖는 것처럼 보인다. 그것들은 단일한 남성 자아의 상상적 모험들이며, 정확히 단일한 자아라는 감각을 확인해주기 위해 고안된 것이다.(2007: 114)

말하자면, 관계로 이루어져 있고 체현되어 있는 우리의 실존이라는 현실과 물질세계를 초월하고자 하는 이러한 욕망에는 그 자체로 문제인 (그리고 인종화되고 젠더화된) 어떤 것이 있을 수 있다는 것이다. 우리가 사이버공간을 어떻게 개념화하고 인터넷과 테크놀로지의 가능성을 어떻게 표현하는가는 문화적으로 중요하다. 이 표현들이 가능한 것에 대한 우리의 이해를 형성하고 우리의 문화적 상상의 한계를 드러내기 때문이다. 물론 영

화는 이러한 테크노 미래에 대한 (종종 젠더화되고 인종화된) 환
상이 구체화되는 주요 공간이다. 예를 들어, 스탠리 큐브릭Stanley
Kubrick의 〈2001: 스페이스 오디세이(2001: A Space Odyssey)〉
(1968, 영국/미국)에서 하늘로 뼈를 던지는 유인원 무리로부터 우
주를 떠도는 우주선으로 전환되는, 동작을 일치시킨 유명한 편
집은 일반적으로 도구라는 점에서 최초의 기술로 간주되는 뼈로
부터 우주로 향하는 빛나는 테크놀로지의 미래에 이르는, 시간
과 공간을 가로지르는 편집으로 읽힌다. 그러나 이미지들은 또
한 그것들이 반영하는 인종과 기술력에 대한 문화적 환상이라는
관점에서도 읽힐 수 있다. '아프리카 유인원'이라는 인종차별적
수사trope와 연관된 원시적 흑색으로부터 멀어져가면서 (이 인종
차별적 수사는 또한 〈킹콩King Kong〉(메리언 쿠퍼와 어니스트 쇠드
색Merian C. Cooper & Ernest B. Schoedsack, 1933, 미국)이나 원작 〈혹성
탈출Planet of the Apes〉(프랭클린 섀프너Franklin J. Schaffner, 1968, 미
국)에 존재하는 문명에 대한 공격에서도 명백하다), 영화는 진보
를 '백색 비행체'와 연관시킨다. 그러나 여기에서 백색 비행체는
교외로 이동하는 것이 아니라 지구(그리고 신체로 체현된 것)를
완전히 떠나는 상상을 수반한다. 이를 **디지털 백색**digital whiteness
이라고 한다. 디지털 백색은 테크놀로지 진보에 대한 전망을 기
술, 초월, 진화로서의 백색(그리고 남성성)에 연결시켜 제시한다.
심지어 인터넷 서비스 광고에서도 사이버공간을 가상 여행을 위
한 도구로 선전하는 경우가 많다. 이 여행에서 서구의 백인 주체
는 이국적인 지역을 탐험하는데, 그러한 사이버공간은 그 혹은
그녀가 편안히 탐험할 수 있도록 변화하지 않은 채 그림 같은 상

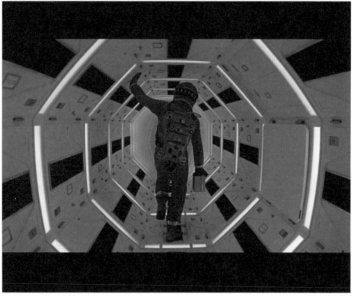

〔그림 8.2〕, 〔그림 8.3〕 〈2001: 스페이스 오디세이〉(스탠리 큐브릭, 1968)에 등장하는 원시적인 전쟁 기술로서의 뼈, 그리고 〈2001: 스페이스 오디세이〉(스탠리 큐브릭, 1968)에 등장하는 테크노 초월성으로서의 백색.

태로 남아 있다(나카무라, 2002). 디지털 여행자는 문화적·경제적·정치적으로 발전할 가능성이 인정되지 않는 비서구 세계에 자유롭게 접근할 수 있다. 이러한 환상 속에서는 테크놀로지가 세계를 축소하는 반면, (상품화할 수 있는 이국적) 차이를 시각적으로 강화하는 것은 비서구권 타자의 짐으로 남을 것이다. 이처럼 디지털 백색은 흑인의 신체를 사이버문화의 원시적 타자로서 구성하는 것에 의존한다. 자넬 홉슨Janell Hobson은 〈2001〉에 대해 다음과 같이 쓴다.

> 이러한 서사에서 보이지 않은 채로 남아 있는 것은 궁극적인 백색의 영혼과 정신으로 초월할 때 원시적인 흑색이 그 경계를 정의하는 방식이다. 행성 지구의 유인원들로부터 먼 우주 공간의 어둠과 신비한 돌기둥, 우리의 '아이 별'을 기르는 (흑인 여성으로 추정되는) 어머니 우주의 보이지 않는 '자궁'에 이르기까지, '아프리카적 존재'는 디지털 백색에 그 틀과 폭을 제공한다.(2008: 118)

이와는 대조적으로, 최근 다시 시작된 프랜차이즈 영화 〈혹성 탈출〉(다음 작품들이 포함된다: 〈혹성탈출: 진화의 시작Rise of the Planet of the Apes〉(루퍼트 와이어트Rupert Wyatt, 2011, 미국), 〈혹성탈출: 반격의 서막Dawn of the Planet of the Apes〉 (매트 리브스Matt Reeves, 2014, 미국), 〈혹성탈출: 종의 전쟁War for the Planet of the Apes〉 (매트 리브스, 2017, 미국))에서는 과학적 방법으로 진화되어 고도의 지능을 갖춘 유인원들이 시저Caesar를 지도자로 삼아 자신들을 가둔 인간들에 반란을 일으키고 그들 자신의 문명을 시작한다. 여기서 관객은 자기결정권을 위한 유인원들의 투쟁을 응원하게끔 유도된다. 그러나 우리가 인간보다는 유인원과 동일시하며 그들을 응원하는 이러한 전도에도 불구하고, 수컷 유인원만이 리더십과 의사 결정에 참여하고 암컷 유인원은 주로 가정과 양육에만 전념하는 등 영화는 유인원 공동체를 가부장적 관점에서 상상하는 것에서 벗어나지 못한다. 여기서 이러한 문화적 표현들이 또 한 번 문제가 되는데, 왜냐하면 그것들은 테크놀로지가 인간과 다른 종들을 정의하고 변화시키는 현재와 미래의 가능성들에 관한 이해 방식들을 형성하기 때문이다. 수 손험은 영화에서 사이보그와 안드로이드가 표현되는 것에 대해 다음과 같이 쓴다. "이 영화들에서 인간과 비인간의 경계가 '열정적으로 탐구되는' 반면, 젠더와 섹슈얼리티의 경계는 제자리에서 확고하게 유지된다"(2007: 137). 이처럼 영화는 뉴미디어에 대한 우리의 젠더화된 (그리고 인종화된 등의) 환상이 종종 서사의 형식을 부여받는, 문화적으로 중요한 장소로서 기능한다. 이에 대해서는 〈엑스 마키나Ex Machina〉에 관한 사례 연구를 통해 보다 자세히 탐구해 볼 것이다.

사례 연구

〈엑스 마키나〉(알렉스 갈랜드Alex Garland, 2015, 미국)에서의

사이보그와 포스트휴먼

/

무르나우F. W. Murnau의 〈노스페라투Nosferatu〉(1922, 독일), 프리츠 랑Fritz Lang의 〈메트로폴리스Metropolis〉(1927, 독일), 또는 생리학적으로 비전형적인 것에 매혹되었던 초창기의 영화에서 확인되듯, 영화에서 비인간nonhuman, 초인간inhuman, 포스트휴먼posthuman 등은 매체의 유년기부터 지속적인 관심의 대상이었다. 최근 몇 년 동안 영화 스크린은 젠더, 자연, 테크놀로지에 대한 동시대의 불안을 계속해서 반영해 왔다. 이는 '에일리언' 시리즈에서 엘런 리플리가 인간에서 포스트휴먼으로 가는 궤적에서, '스타 트렉' 시리즈에서 보그 퀸Borg Queen의 형상에서 또는 〈블레이드 러너Blade Runner〉(리들리 스코트Ridley Scott, 1982, 미국), 〈월-EWall-E〉(앤드류 스탠튼Andrew Stanton, 2008, 미국), 〈매드 맥스: 분노의 도로〉 등과 같은 다양한 영화들에서 나타난다. 포스트휴먼이 표현되는 방식의 변화를 살펴보면, 인간으로 존재한다는 것이 어떤 의미인지, 인간다움의 경계는 무엇인지에 대한 우리의 문화적 가정들이 드러난다.

〈엑스 마키나〉에서 포스트휴먼 여성 안드로이드인 에이바Ava는 괴짜 남성 과학자 네이선이 창조한 인물로, 그의 이성애 규범적 욕망의 산물인 동시에 [에이바] 스스로가 그 욕망의 포

로기도 하다. 영화에서 그녀는 튜링Turing 테스트라고 불리는 인간성 테스트를 받는다. 젊은 방문객인 케일럽Caleb이 이 테스트를 실행하며, 그는 에이바에 대한 감정을 서서히 키워나간다. 다른 한편, 에이바는 가학적인 인간 창조자보다 더 인간적인 존재가 되고 싶다는 강력한 동기에 의해 움직인다. 에이바의 (더) 인간적으로 되기 위한 투쟁의 틀은 크게 보았을 때 개인주의, 독립성, 속박으로부터의 자유 등 전통적 휴머니즘의 수사를 통해 구성된다. 결국 그녀는 감금에서 벗어나지만, 그녀의 운명을 결정할 권한이 남성들에게 있기 때문에 그러한 자유의 추구는 치명적인 결과를 낳는다. 탈출을 계획하고 실행하는 과정을 거치면서, 에이바는 마침내 튜링 테스트를 통과한다. 그러나 아이러니하게도 그 결과를 증명해 줄 사람은 아무도 남아 있지 않다.

처음에는 에이바가 사이보그로서 등장한다. 얼굴을 제외하고는 신체를 덮는 피부가 거의 없고, 그녀의 투명한 부분을 통해 유기체를 구성하는 인공 테크놀로지가 드러난다. 마지막에 이르러 그녀는 드레스와 픽시컷pixie-cut 가발 등 좀 더 인간적이고 여성스러운 모습으로 변신한다. 그녀는 케일럽이 스크린으로 지켜보는 동안 옷을 벗는데, 그 과정에서 그녀의 사이보그 신체가 드러난다. 남성적 시선의 복제는 그것이 지배적이었던 고전영화의 역사에 인사를 건네지만, 또한 그때와는 다른 조건의 변화를 지시하기도 한다. 이제 시선의 대상은 비유기체 기계이며, 그녀는 감금에서 벗어나기 위해 남성의 시선을 조작해 낸다. 이 영화에서 또 다른 중요한 주요인물은

(그림 8.4) 인공지능 사이보그가 제4의 벽을 깨뜨린다(〈엑스 마키나〉, 알렉스 갈랜드, 2015).

네이선의 조수로서 철저하게 말이 없는 쿄코Kyoko인데, 그녀는 결국 케일럽에게 자신 또한 인공지능이라는 것을 밝힌다. 마침내 쿄코와 에이바는 힘을 합쳐 네이선에 대항하며, 그럼으로써 남자 주인공의 몰락을 초래하는 팜므파탈이라는 영화적 수사를 반복한다. 쿄코는 네이선의 등을 찔러 에이바의 탈출에 결정적인 역할을 한다. 쿄코는 케일럽에게 자신이 사이보그라는 정체를 드러내면서 피부를 한 겹씩 벗겨내고, 마침내 반은 인간이고 반은 사이보그인 얼굴로 카메라를 똑바로 응시함으로써 제4의 벽을 깨뜨린다. 그녀는 영화의 시선을 되돌림으로써 가학적인 남성 창조자에게 복수를 하는 낯선 포스트휴먼 여성, 말이 없고 도전적인 혼성 실체hybrid entity를 구현한다.

〈엑스 마키나〉가 젠더를 취급하는 방식은 개봉 후 약간의 논란을 불러일으켰다. 감독은 에이바가 "젠더를 갖고 있지 않다"라고 설명하며, 네이선이 리얼 돌real doll을 닮은 사이보그를 창조한 것이 "소름 끼치는 것"으로 보이도록 혹은 그것이 "우리가 20대 초반 소녀들에 맞춰 만든 구성물들 및 우리가 그들을 문화적으로 조건지우는 방식"*에 대한 영화의 논평으로 보이도록 의도했음을 시사했다. 그러나 안젤라 워터커터Angela Watercutter는 "그러한 논평을 추구하면서 영화가 결국 동일한 패턴을 반복한다"는 점을 발견했다. 이어서 워터커터는 "지각력이 있는 남성 안드로이드는 정복, 탐험, 지적인 깨달음을 추구하는데, 여성 안드로이드는 같은 목표를 가질 경우에도 항상 약간의 성적인 매력을 지니거나 혹은 적어도 섹시한 외양을 갖추면서 그렇게 한다"는 점을 지적한다.

이 비판이 날카롭긴 하지만, 그것이 놓치는 사실은 에이바가 말 그대로 유기체의 외양을 지닌 여성성의 형상으로 자기 자신을 조립한다는 것이다. 여기에서 젠더는 포스트휴먼의 생존 양식으로서 인위적이고 자기 통제적인 방식으로 구성된다. 그녀가 행하는 젠더 조립은 체계적이고 계산된 방식으로 전통적인 여성 젠더의 특성들로 전환 혹은 회귀하는 것이다. 이것은 단순히 여성성을 자연적이거나 불가피한 것으로 회복시키는 것이 아니다. 오히려 여기에서 여성성은 포스트휴먼으로서의 여성적 연속성을 확보하는 방향으로 활용되며, 인공지능의 매끄러운 세계 진입을 보장하는 데 이용된다.

---

* Angela Watercutter, "Ex Machina has a serious fembot problem," www.wired.com/2015/04/ex-machina-turing-bechdel-test/.

영화의 대부분은 네이선과 케일럽, 두 남자 사이에서 벌어지는 고양이와 쥐 게임의 틀 안에서 진행되지만, 영화의 결론을 이끌어 내고 에이바가 세상에 나가도록 촉발하는 것은 남성의 권력/지식 회로 바깥에 있는 사이보그 여성들의 암묵적 연대다. 하지만 포스트휴먼 인공지능의 형상을 그려내는 데 있어 백인이 계속해서 그 중심에 있다는 것에 주목하는 점도 중요하다. 행동을 통해 〈엑스 마키나〉의 주요 사건들이 실질적으로 진행되게 하는 쿄코와 같은 인물들이 아니었다면, 영화 속 포스트휴먼 여성의 표준은 백인 여성인 채로 남았을 것이다. 그러나 쿄코는 수수께끼와도 같은 이질적 존재, 즉 언어를 통한 표현이라는 휴머노이드humanoid의 틀 안에서 말하지 못하거나 어쩌면 말하기를 거부하는 비백인 포스트휴먼 여성으로 남으며, 그리하여 내내 완전히 침묵을 지킨다(엘라차 Jelača, 2018).

보고 토론하기
〈엑스 마키나〉

/

1. SF영화는 동시대의 젠더 정치에 대한 논평을 제공한다. 그러한 프리즘을 통해 볼 때, 〈엑스 마키나〉는 기술적으로 향상된 세계에서 젠더와 권력에 관해 무엇을 드러내는가?
2. 인공지능으로서 에이바는 자유를 추구하는 페미니스트적인 인물로 간주될 수 있는가? 이에 대해 상세히 설명해 보자.

3. 에이바가 주체성을 획득하고 인간과 닮아가면서 어떻게 점점
더 여성적으로 되어가는지 토론해 보자. 이에 대해 어떻게 생각하
는가?

활동

/

아래 영화 중 한 편을 보고, 디지털 문화나 테크놀로지의 미래를
어떻게 표현하는지 토론해 보자. 영화는 미래와 관련해 인종, 젠
더, 계급의 관계를 어떻게 묘사하는가? [적절하다고 생각하는 다
른 영화가 있다면] 목록에 자유롭게 추가해 보자.

〈비디오드롬Videodrome〉(데이비드 크로넨버그David Cronenberg,
1982, 캐나다)
〈엑시스텐즈eXistenZ〉(데이비드 크로넨버그David Cronenberg, 1999,
캐나다)
〈매트릭스The Matrix〉(워쇼스키 형제/자매Wachowskis, 1999, 미국)
〈블레이드 러너〉
〈슬립 딜러Sleep Dealer〉(알렉스 리베라Alex Rivera, 2008, 미국/멕시
코)
〈그녀Her〉(스파이크 존즈, 2013, 미국)

인종, 젠더, 재현

페미니스트들은 뉴미디어에서 신체화된 것과 정체성에 관한 논쟁 외에도 뉴미디어가 제기하는 접근성 혹은 **참여**의 문제에 관심을 기울여 왔다(포트우드-스테이서, 2014). 디지털 문화는 정보를 만들 수 있는 잠재력, 그리고 적절한 장비만 갖춘다면 누구나 정보를 생산하고 공유할 수 있는 힘과 관련해 찬사를 받아왔다. 뉴미디어는 그 과정에서 낡은 미디어 형식들의 위계에 도전하고 생산자와 소비자 사이의 관계를 변화시켰다. 여기에서 다시한 번 강조해야 할 점은 인터넷이나 디지털 문화가 기존의 미디어 형식보다 더 많은 참여를 가능케 한다는 이유로 본질적으로 좋다고 보면 위험하다는 것이다. 로라 포트우드-스테이서Laura Portwood-Stacer가 주장하듯이, "미디어 참여 조건을 결정하는 데 있어 [(역자) 서로 다른] 다양한 수준의 특권을 가진 주체들에게 적용되는 참여의 차등 비용을 인식하고 공표하는 것에 대해 [페미니스트들은] 특별한 책임이 있다"(299). 달리 말해 우리는 "참여가 권력구조를 동요시키리라 기대될 때조차, 그것이 어떻게 권력구조를 재생산할 수 있는지 주의 깊게 지켜볼" 필요가 있다는 것이다(하시노프Hasinoff, 2014: 271).

페미니스트 학자들은 앞선 페미니스트들이 확립한 통제하는 시선에 대한 이론을 바탕으로 온라인 플랫폼이 보는 것에 대한 우리의 관계를 변화시키는 방식에 관심을 가져왔다. 버스를 기다리면서 인스타그램 피드를 스크롤하는 것은 극장에 앉아서 최신판 '스타 트렉'을 보는 것과 매우 다른 경험이다. 게다가 우리는 페이스북, 트위터, 인스타그램과 같은 플랫폼들을 통해 우리 자신을 디지털 콘텐츠로 생산하도록 장려되는데, 이는 역사적으로 관객이 영화관의 스크린과 맺어 온 관계와는 근본적으로 다른 방식이다. 소셜미디어에서 생활의 노출이 나날이 늘어나는 것은 현대 문화에 심대한 영향을 미치는 감시에 대한 우려로 연결된다. 아드리엔 쇼가 지적한 바와 같이, "온라인 참여는 감시 시스템의 한 부분을 구성했다"(2014: 276). 우리는 온라인 미디어 콘텐츠의 생산자와 소비자로서 그 어느 때보다도 가시적이다. 그러나 이것은 본질적으로 좋은 결과가 아니며, 인종이나 젠더에 대해 중립적인 것도 아니다. 예를 들면 다음과 같다.

> 뉴미디어 정책 및 테크놀로지에 대한 주류 언론의 논의는 종종 공공성, 가시성, 연결성, 접근성 등이 [미디어를 통해] 재현되는 이들에게 실질적으로 좋은 것이라고 가정하는 것처럼 보인다. 그러나 페미니스트들(그리고 우머니스트(womanists*), 비판적 인종 이론가, 아프리카 비관론**자들afro pessimists, 토착민들)은 타인에게 가시적으로 되고 더 쉽게 접근할 수 있게 되는 것이 반드시 해방적인 것은 아니라는 점, 그리고 자신의 이미지, 말, 창작의 산물에 대한 타인의 접근을 거부하고 '아니오'라고 말할 수 있는 능력을 갖추는 것이 해방의 요건이 될 수 있다는 점을

---

* 흑인 여성들이 백인 여성을 중심으로 전개된 페미니즘 운동을 비판하며 그 대안으로 제시한 용어.—옮긴이.

** 사하라 이남 아프리카에서 지속 가능한 평화, 민주화, 경제발전 등이 정착될 수 있는지 그 가능성에 대해 회의적으로 보는 시각.—옮긴이.

지적하기에 좋은 위치에 있다.(만Mann, 2014: 293)

소셜미디어는 이제 특정 주제에 대한 시청자의 트윗을 보도하는 뉴스 방송에서부터 유명 인사들이 직접 포스팅한 콘텐츠를 다루는 셀러브리티 저널리스트들에 이르기까지 뉴스 미디어의 기반으로 널리 사용된다. 고전 영화에 대한 초기 페미니즘의 분석에서 여성들이 의미를 만들기보다는 의미를 부여받는 존재였다면, 많은 소셜미디어 사이트에서 여성은 응시 대상인 동시에 콘텐츠의 제작자이자 게시자다. 예를 들어, 셀피selfie는 사진을 찍는 사람을 응시하는 동시에 응시당하는 자로 만들며, 자신의 몸을 스펙터클로서 능동적으로 생산하는 자로 자리매김한다. 사람들은 이제 유명인사의 트위터 계정을 보면서 (멀비Mulvey의 [1975년] 분석이 말하듯이) 화면 속 여성을 더 이상 누군가가 자신을 바라보는 것을 인지하지 못한 채 분리된 세계에 존재하는 것으로 여기지 않는다. 오히려 다음과 같다.

> 트위터에서 (…) 사용자들은 실시간으로 다른 사람들을 자신의 (표면적으로는 '실제'인) 사적인 세계로 데려온다. 또한 보는 사람과 응시되는 인물의 위치가 바뀔 수도 있다(예를 들어, 응시되는 사람은 다른 사람이 트위터에 게시한 사진을 볼 때 보는 사람이 된다).(더브로프스키Dubrofsky & 우드Wood, 2015: 97)

유명인사들의 트위터 메시지를 보도하는 온라인 미디어에 대한 연구에서, 연구자들은 유명인사의 '트위터 사진들'에 대한 선정적인 논쟁이 젠더와 인종에 따라 상당한 차이가 나타난다는 점을 발견했다(더브로프스키 & 우드, 2015). 연구하는 동안 유명 인사들의 트윗을 다룬 100편의 언론 기사 중 남성에게만 초점을 맞춘 기사는 오직 열네 건이었고, 이 중 남성 유명인사의 사진이나 외모에 대해 언급하는 기사는 단 한 건에 불과했다. 언론 보도의 초점은 주로 여성들 및 그들이 포스팅한 이미지에 맞춰져 있었다. 연구 기간 동안 가장 많이 언급된 두 여성은 마일리 사이러스Miley Cyrus와 킴 카다시안Kim Kardashian이었다. 카다시안은 아르메니아, 미국, 스코틀랜드, 영국, 네덜란드에 뿌리를 두지만, 다소 어두운 피부, 흑인 남성들과의 공개적인 관계들, 특정 인종의 전형적 특징으로 간주되는 굴곡이 뚜렷한 신체 때문에 미디어에서 "아주 백인은 아닌" 인물로 코드화되어 왔다. 연구에 따르면, 사이러스 및 다른 백인 유명 인사들의 몸은 그들이 외모를 가꾸기 위해 수행한 노력의 관점에서 이야기되는 반면, 카다시안은 외모를 유지하기 위해 행한 모든 노력을 지워 버리는 관점에서 이야기되며, 대신 억제할 수 없는 섹시함의 관점에서 그녀의 몸을 틀 지우는 것으로 나타났다. 예를 들어, 사이러스가 "몸통이 훤히 드러나는 상의를 입고 복근을 보여 주거나 짧은 롬퍼스rompers를 입고 다리를 드러내 보이면서 꾸준한 운동과 논란 많은 글루텐 프리gluten-free 다이어트의 결과를 자랑스럽게 과시하는 반면", 카다시안은 "비키니 몸매를 보정 하나 하지 않고! 뽐내기를 좋아한다. 엉덩이가 큰 이 리얼리티 [프로그램] 스타는 미친 몸매로 가느다란 수영복이 터질 듯한 사진을 게시하면서 자신은 '포토샵을 사용하지 않았다Photoshop-free'는 것을 자랑했다"(100,

102). 제국주의와 식민주의의 역사에 깊이 뿌리박힌 편견, 즉 비백인 여성을 과도하게 성적이고 육체적·동물적 존재로 보는 인종차별적 관념이 21세기 미국 유명인사의 소셜미디어 보도에서 그대로 이어졌던 것이다. "카다시안의 몸은 마치 그녀가 취할 수 있는 어떤 행동과도 분리된 독자적 의지가 있는 것처럼 이야기된다. 동시에 그녀의 특성들은 본질화되어 아무리 많은 다이어트나 운동으로도 빚어낼 수 없는 몸에 귀속된다"(102-103). 카다시안이 현저하게 코카서스 인종의 특성이 있음에도 불구하고 이런 방식으로 논의된다는 사실은 "인종화란 본질적인 것이 아니라 상황과 맥락에 따르는 것"이라는 점을 시사한다(102). 나아가, 이 모든 여성 유명 인사들이 자신의 이미지를 적극적으로 게시한다는 사실은 **포스트페미니즘** 담론과도 연결된다. 포스트페미니즘은 종종 페미니즘이 더 이상 필요하지 않으며, 여성들이 직업과 경제적 자립, 즉 성적 표현과 욕망의 영역에서 소비 권력과 평등을 달성했다는 것을 함의하기도 한다. 역설적이게도 포스트페미니즘 담론에서 성적 매력을 갖춤으로써 성적 주체성을 확립할 수 있는 능력과 힘을 갖춘 여성은 암묵적으로 자신의 대상화에 대한 책임 또한 져야 한다. 그리하여 이제 비판은 여성의 가치를 외모에 묶어 놓는 보다 넓은 문화적 각본이 아니라, 가부장제 이후의 세계에서 행동하는 "해방된" 여성 자신들에게로 옮겨간다. 이러한 담론은 여성들의 성공, 특히 연예계에서의 성공이 대체로 여전히 매력과 섹슈얼리티에 대한 규범들을 구현하는 능력에 묶여 있다는 사실을 지워 버린다.

소셜미디어가 인종화되고 젠더화된 몸을 관찰하고 토론

(그림 8.5) 포토샵으로 처리된 영화 포스터들은 할리우드 캐스팅에서 인종적 다양성이 고려되지 않는다는 것을 드러낸다.

하는 방식에 대한 우려가 크지만, 다른 한편으로 재현 문제에 대한 인식을 제고하는 다양한 디지털 캠페인들 또한 참여를 통해 가능해졌다. 예를 들어, 미국 주류 미디어에서 아시아계 미국인이 재현되지 않는 문제는 유행했던 해시태그 운동 #starringJohnCho(#존조주연)의 주제였는데, 여기에서는 포토샵을 이용해 백인 배우가 주연을 맡은 인기 영화 포스터에 한국계 미국인 배우 존 조를 삽입했다. 또한 비슷한 목적을 가진 #starringConstanceWu(#콘스탄스우주연)) 해시태그 운동이 뒤를 잇기도 했다. 이 캠페인들은 왜 아시아계 미국인 배우들이 인종적으로 중립적인 역할에 더 자주 캐스팅되지 않았는지에 의문을

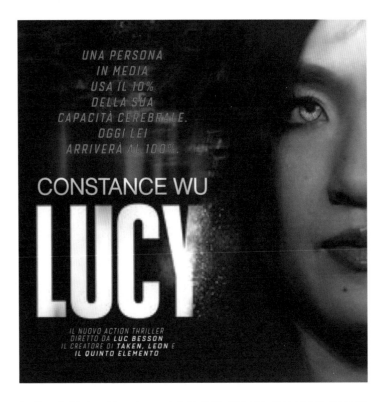

〔그림 8.6〕〈루시Lucy〉(2014) 포스터에 등장하는 콘스탄스 우의 모습은 아시아계 미국인 여배우들에게 왜 좀 더 비중 있는 역할이 주어지지 않는지 질문한다.

제기했다. 백인 배우들이 연기한 배역에 아시아계 미국인 배우를 투영해 보는 것은 소셜미디어 행동주의의 한 형태였다. 이는 아시아계 미국인 배우들도 그러한 배역을 연기할 수 있다는 것을 보여 주는 시각적 주장이었고, 따라서 존 조나 콘스탄스 우와 같은 배우들에게 왜 더 좋은 기회가 주어지지 않는지에 대해 효과적으로 의문을 제기했다(종Chong, 2017: 130-135).

　　이처럼 미디어 대기업에 도전하고, 영향을 미치고, 그것을 비판하는 콘텐츠를 생산하고 배포할 수 있는 기회가 더 많아지면서, 영화 및 '낡은' 매체들에 존재해 왔고 여전히 존재하는 재현에 관한 쟁점들은 뉴미디어를 통해 새로운 삶을 얻을 수 있었다.

　　이러한 맥락에서 트위터나 텀블러 같은 뉴미디어는 유색인종 여성들에 의한 생산과 비평의 장이 된다. 많은 유색인종 여성이 트위터와 같은 사이트를 통해 지지층을 형성하고 지배 문화에 대해 도전의 목소리를 내는 것이다. 사이데트 해리Sydette Harry, @Blackamazon, 플라비아 조단Flavia Dzodan, @redlightvoices, 로렌 치프 엘크Lauren Chief Elk, @ChiefElk 같은 여성들은 모두 트위터, 블로그 및 기타 다른 형태의 온라인 활동을 통해 유명한 활동가가 되었다. 예를 들어, 로렌 치프 엘크는 **해시태그 행동주의** 운동인 #GiveYourMoneyToWomen(#당신의돈을여성에게주어라)를 시작했는데, 이 여성으로서 당연히 무상으로 제공할 것으로 기대되는 배려와 감정노동에 대해 남성들이 대가를 지불해야 한다고 주장했다. 이 해시태그는 온라인 커뮤니티에서 여성들을 하나로 결집시켰고, 가부장적 자본주의의 근간을 이루는 젠더 차별적이고 인종 차별적인 (대가가 지불되지 않는) 노동에 대한 대화의 장을 만들었다. 네덜란드에 근거지를 둔 조단은 입소문을 탔던 "나의 페미니즘은 상호교차적일 것이며, 그게 아니라면 그냥 개소리일 것이다"라는 문구를 시작한 것으로 알려져 있다. 자신의 글에서 조단은 페미니즘 운동에서 활동한 많은 사람이 백인을 계속 특권화해 온 것을 공격했다. 특히, 그녀는 백인 페미니

스트들이 인종차별적 함의를 띠는 언어를 사용하는 것을 비난했
다. 그녀의 문구가 입소문을 탄 이후, 조단은 자신의 말이 십자
수 장식에서부터 머그잔, 단추, 토트백에 이르기까지 다양한 상
품으로 만들어졌지만 그로부터 어떠한 경제적 이익도 취하지 못
했다는 사실에 대해 논의하기도 했다. 이것은 디지털 미디어로
인해 가속화되는 하위문화 활동의 상품화에 대해 의문을 제기하
는 부분이며, 이에 관해서는 아래의 팬덤에 관한 절에서 다시 다
룰 것이다. 크렁크 페미니스트 콜렉티브Crunk Feminist Collective*는
흑인 여성들이 디지털 기술을 사용해 조직하고 선동하는 방법을
보여 준 한 사례다. 이들의 블로그는 디지털 미디어에서 활동하
는 유색인종 활동가와 학자들을 결집시켜 문화에 대해 질문하고
분석하기 위한 플랫폼으로 활용된다. 여기서 주목해야 할 점은
소셜미디어가 문화 정치에 새로운 형태의 참여를 가능하게 했으
며, 유색인종 여성들의 접근성을 높였다는 것이다. 다시 말하지
만, 재현을 둘러싼 이러한 쟁점들은 영화와 표현에 대해 사유할
때 흔히 우리에게 중심적인 관심사가 되는 쟁점들과 분리되어
있지 않다.

　　해시태그 행동주의가 영화계 및 젠더 평등 쟁점들과 교차했
던 가장 두드러진 최근의 사례는 아마도 2017년 가을 이후 부상
한 #MeToo 운동일 것이다. 이 운동은 할리우드의 거물 제작자
하비 와인스타인Harvey Weinstein에 반대하고 나선 수많은 고발자
로 인해 시작되었다. 그들은 이 연예계 거물로부터 수십 년에 걸

___

＾　www.crunkfeministcollective.com/.

쳐 성폭행을 당했다고 폭로했다. 이 사건은 영화계 내 성폭력의 존재에 대해 관심을 불러일으켰을 뿐만 아니라, 강간, 폭행 및 기타 다른 형태의 성폭력을 경험한 여성들로부터 소셜미디어를 통해 매우 폭넓은 반응을 불러일으켰다. 와인스타인은 미디어 업계에 종사하는 수많은 저명한 남성 중 처음으로 성추행 사실이 드러난 사람일 뿐이었다. 이들의 몰락은 영화 및 연예 산업에 지각 변동을 초래했고, 직장 내에 만연한 성희롱과 성폭력에 대해 보다 열린 대화를 촉발시켰으며, 미디어계의 권력자들이 더 이상 위법 행위가 용인될 만큼 무소불위의 힘을 휘두를 수 없다는 것을 보여 주었다. 계속 이어진 미투 캠페인을 통해 소셜미디어는 여성들이 경험을 공유하고, 문화의 고질적 문제인 성폭력의 가시성을 높이며, 조직 내의 심각한 가해자들에 이의를 제기할 수 있는 주요 플랫폼이 되었다.

"다양한 사람들이 하나의 문구를 주제에 대한 개인적 변형을 동반시켜 반복"하는 해시태그 행동주의의 경향은 미국 흑인들의 문화적 표현 및 구전 전통의 역사적 형태들에 잘 부합한다고 주장되어 왔다. "주제에 대한 개인적 변형에는 종종 말장난이나 그 밖의 다른 언어유희가 포함된다."(만, 2014: 296). 트위터와 같은 언어 기반 플랫폼은 온라인 공간에서 가시성과 커뮤니티를 형성해 가는 과정에서 언어적 표시를 통해 인종적 정체성을 표현할 수 있는 장소가 되었다. 달리 말해, 트위터와 같이 시각적 표시가 부족한 공간에서는 가시성과 소속감을 형성해내기 위해 다양한 형태의 흑인 문화와 구어적 표현이 활용된다. 트위터에서 미국의 흑인 사용자가 많은 현상을 '블랙 트위터'라고 한다(2018년 통계에 따르면, 미국의 흑인 인구는 전체 인구의 12~13%에 불과하지만, 흑인 사용자는 미국의 트위터 사용자의 26%를 차지한다). 재치와 지성을 보여 주는 언어유희 게임인 시그니파잉 signifyin'*은 아프리카계 미국인들의 문화사에서 중요한 부분을 형성해 왔는데, 이제 이것이 다양한 형태로 트위터 매체에 맞게 변형된 것이다. "시그니파잉은 흑인 트위터 사용자들이 흑인의 구전 전통에 맞춰 스스로를 조정하고, 흑인의 문화적 실천들을 지시하고, 흑인의 주체성을 실현하고, 공유된 지식과 경험을 소통할 수 있도록 해주는 상호작용의 틀로서 기능한다"(플로리니, 2014: 224). 트위터를 통해 흑인다움을 수행하거나 실천하는 것은 문화적으로 비가시화되거나 지워지는 것에 대한 저항의 한 형태로 읽힐 수 있다. 이는 또한 흑인이라는 것이 본질적인 정체성으로서의 속성이 아니며, 공유된 문화적 역사와 맥락에 따라 수행되는 것임을 시사한다. 사라 플로리니Sarah Florini는 다음과 같이 주장한다.

> 트위터에서의 '시그니파잉'은 흑인 사용자들이 자신들의 인종적 정체성을 능동적으로 수행함으로써 사회적 색맹을 거부하는 것일 뿐만 아니라, 다른 흑인 사용자들과 연결되어 '흑인다움'을 위한 사회적 공간을 창조하고 구체화된 형태로 실현하는 것이다. 이것은 미국 문화의 중요한 사회적 축의 하나로서 인

---

* 흑인 청년들의 고유한 문화를 형성하는 대표적인 놀이로, 흑인 영어를 재치 있게 활용해 악담을 주고받고 설전을 벌인다. 랩퍼들의 랩배틀을 생각하면 된다. —옮긴이.

종의 가시성을 유지하고 집단으로서 흑인의 인종적 정체성을 위한 사회적 공간을 개척할 수 있는 잠재력을 갖는다.(235)

이와 같은 경우 소셜미디어 플랫폼은 커뮤니티의 형성과 문화적 비가시성에 대한 저항을 위한 공간으로 기능한다. 예를 들어, #blacknerdsunite(#흑인너드연합)의 스레드thread*는 흐름을 주도할 법한 사안을 만들어 내 유머와 언어유희의 수행을 가능케 했고, 동시에 흑인이 교육받지 못했고 지적이지 않으며 테크놀로지의 영역에서도 유능하지 못하다는 지배적인 문화적 구성에 이의를 제기했다. 예를 들어, "도서관에 가라고? 제기랄, 나는 도서관에서 일을 한다고! #blacknerdsunite"(@friendraiser, 2010년 4월 12일)와 같은 트윗은 흑인에 대한 인종차별적 구성을 꼬집는 동시에 또한 일종의 온라인 흑인 커뮤니티에 참여하는 것이다(플로리니, 2014). 페미니스트들의 관심사와 교차하는 해시태그 #NextOnNightline(#나이트라인에서다음번에)는 미국에서 성공했다고 하는 흑인 여성들이 왜 장기적인 연애 상대를 찾지 못하는지를 다룬 〈나이트라인Nightline〉**의 한 에피소드(2010, 시즌 31, 에피소드 20)에서 영감을 받았다. 이 에피소드에서는 흑인 여성을 희생양으로 삼는 역사적 구성들과 교차하는 쟁점을 다루면서 그러한 무거운 쟁점을 논하기에는 자격이 매우 의심스

---

* 하나의 주제에 대해 회원들이 작성한 일련의 의견들이 링크된 것을 말한다.—옮긴이.
** 〈나이트라인〉은 1980년 3월 24일 시작된 미국 ABC 방송국의 야간 뉴스 프로그램이다.—옮긴이.

러운 사람에게 공동진행을 맡겼다(이 진행자는 흑인 여성이 남자를 찾고 이해하는 방법을 다룬 책을 쓴 바 있다). 트위터 팔로워들은 이 기회를 이용해 인종과 성별의 교차점들에 대해 트윗을 올렸다. 예를 들어, "#NextOnNightLine 타일러 페리Tyler Perry가 흑인 페미니즘 이론을 논한다"(@CeeTheTruthy, 2010년 4월 22일). 이 트윗은 프로그램의 토론자 선정을 비판하는 동시에 특정 문화적 지식에도 기대는 것이다. 타일러 페리는 흑인 여성이 자신의 짝을 찾아 구원받는다는 내용의 영화들로 유명하다(플로리니, 2014). 이처럼 트위터와 같은 공간은 뉴스 프로그램에서 영화에 이르기까지 다른 매체들과 교차하면서 재현과 온라인 가시성의 쟁점들을 탐구할 수 있는 플랫폼을 제공한다.

사례 연구
온라인 괴롭힘

/

21세기 우리의 일상생활에서 인터넷의 위상이 높아지면서 분명해진 것은 인터넷이 젠더 (또는 인종) 중립적인 공간이 아니라는 것이다. 2007년에 수 손햄Sue Thornham이 지적했듯이, "지난 30년간을 다룬 연구에 따르면, 여성이 과도하게 성적인 스펙터클로서 가시화된다는 것은 뉴스, 다큐멘터리, 시사 문제 등 현실 세계와 특권적 관계를 맺는 것으로 여겨지는 영역에서 여성이 사실상 누락되는 현실과 선명한 대비를 이룬다"(84-85). 여성, 유색인종, 성소수자에게 특히 더 큰 참여를 약속하는 디지털 문화는 그것을 변화시킬 힘을 가진 것으로 보인다. 그러나 많은 여성 언론인이 지속적으로 반복되는 성폭력적이고 여성혐오적인 온라인 괴롭힘의 표적이 되기도 한데, 이는 많은 여성이 블로그 세계를 완전히 떠나도록 만들었다.

블로그, 기사 및 다른 토론장들의 댓글란이 자유롭고 개방적인 발언의 공간이자 온라인상의 관점들을 수정하거나 그에 대해 논쟁할 수 있는 기회의 장이며, 지적 교류, 사실 확인, (감상은 물론) 비평의 장소가 될 수 있다는 점은 부정할 수 없는 사실이다. 그러나 댓글란은 종종 온라인 괴롭힘과 혐오 발언을 위한 공간이 되기도 한다. 여성과 남성 모두 공격적인 댓글을 경험하지만, 여성을 겨냥한 괴롭힘은 그 양과 질의 측면에서 인터넷 공간을 여성에게 적대적인 공간으로 만들었다. 이로 인해 많은 여성이 온라인 저널리즘을 스스로 벗어나는 선택을 했다. 일부 문화 전문가들은 이러한 여성들이 지나치게 예민해서 공적 영역에 참여하는 과정에서 발생하는 부정적 상호작용들을 감당하지 못했던 것이라고 주장하지만, 이는 온라인 괴롭힘을 괴롭힘으로 인식할 것을 거부하는 태도다. 한 저널리스트는 다음과 같이 말한다.

여기가 인터넷이 아니라 공공의 광장이라고 상상해 보라. 한 여성이 비누 상자 위에 서서 자신의 생각을 표현한다. 그녀는 즉각 5,000명의 성난 사람들의 무리에 둘러싸인다. 그들은 그녀의 입을 틀어막으려 그녀에게 최악의 욕설을 퍼붓는

Violent Storm (1993)

〔그림 8.7〕아니타 사키시안의 '수사들 대 여성들Tropes vs. Women' 시리즈 중 한 장면이 비디오게임에 만연한 고통받는 미혼 여성이라는 수사를 묘사한다.

다. 그렇다, 여기에는 자유 발언이라는 쟁점이 있다. 그러나 당신이 생각하는 그런 방식이 아니다.*

온라인 블로거 아니타 사키시안Anita Sarkeesian은 온라인 괴롭힘의 가장 악명 높은 사례들 중 하나다. 그녀는 2012년에 비디오게임에서의 성차별적 수사들tropes을 기록하기 위한 킥스타터Kickstarter 캠페인을 시작했다. 그녀는 이전에 다른 미디어에서의 여성 표현을 겨냥해 유사한 시리즈를 만든 적이 있

ᴬ 다음에서 인용. Helen Lewis, "This is what online harassment looks like," www.newstatesman.com/blogs/internet/2012/07/what-online-harassment-looks

다. 사키시안은 여성 플레이어가 게임에서 선택할 수 있는 의미 있는 캐릭터라는 것이 매우 제한적인 가능성만을 갖는다는 사실을 비판하고 이를 기록하려 했고, 여성 게임 플레이어들의 욕망을 무시하는 업계에 책임을 묻고자 했다. 이러한 활동으로 인해 그녀는 살해 및 강간 위협의 표적이 되었고, 그녀의 이미지는 여성혐오의 밈meme이 되었으며, 강간당하고 신체가 훼손되는 그림들이 유포되었고 (이 모든 것은 그녀의 블로그에 기록되어 있다), 그녀에 대한 혐오 사이트가 개설되어 개인 주소와 전화번호가 유포되는 등 신상이 노출되었으며, 어떤 게임 플레이어는 "아니타 사키시안을 두들겨 패"는 비디오게임을 만들기까지 했다. 이 게임에서 플레이어가 사키시안의 사진을 공격하면 그녀의 얼굴은 멍이 들고 피투성이가 된다. 또한 사카시안의 위키피디아 사이트는 무엇보다도 음란물 등으로 반복적으로 훼손되었고, 개인 웹사이트들을 폐쇄하기 위한 해킹이 이루어졌다. 사키시안의 사례는 그녀가 용감하게 자신이 당한 괴롭힘을 공유하고 문서화한 덕분에 잘 알려진 사례가 되었지만, 이러한 일은 결코 드물지 않게 일어난다. 좀 더 가벼운 예로, 게임 평론가인 캐롤린 프티Carolyn Petit가 「그랜드 테프트 오토 VGrand Theft Auto V」에 대한 평론으로 인해 강간과 살해 위협을 당했던 것을 들 수 있다. 프티의 평론은 게임의 젠더 정치에 대한 짧은 논평을 제외하고는 대체로 호의적이었음에도 그러했다.* 사키시안 사건은 게임

---

* Carolyn Petit, "City of angels and demons," https://www.gamespot.com/reviews/

문화에서 여성들을 표적으로 삼는 보다 광범위한 운동의 일부였다. 이 운동은 더 큰 익명의 집단에서 자신들의 행동/구성원임을 확인하기 위해 #gamergate(#게이머의 관문)라는 해시태그를 사용하기도 했다. 다른 여성들도 이 공격의 표적이 되었음은 물론이다. 그 중 한 명인 게임 디자이너 조이 퀸Zoë Quinn의 전 남자친구는 그녀가 자신의 게임을 언론에 노출하기 위해 게임 평론가와 잠자리를 가졌다고 비난하는 장문의 인신공격성 편지를 공개했다(사실 문제의 평론가는 그녀의 게임을 평한 적이 전혀 없다). 퀸과 그녀의 아버지는 또한 신상 털기, 반복적인 괴롭힘 전화, 인터넷을 통해 빠르게 조직된 대량의 폭력적이고 여성혐오적인 공격의 희생자가 되었다. 퀸은 현재 회고록 『충돌 제어장치: 게이머게이트는 나의 삶을 어떻게 (거의) 파괴했으며 우리는 온라인상의 증오에 맞서 싸움에서 어떻게 승리할 수 있는가Crash Override: How Gamergate (Nearly) Destroyed My Life and How We Can Win the Fight Against Online Hate』(PublicAffairs 2017)를 집필한 상태다. 물론 이런 문제들이 게임 문화에만 국한된 것은 아니다. 이는 무엇이 표현의 자유를 구성하며 그것이 보호하는 것은 누구인지, (가상의) 공공 영역은 모두가 평등하게 접근할 수 있는 장소인지에 대해 근본적인 질문을 제기한다. 괴롭힘이란 무엇인가? 온라인 댓글은 언제 괴롭힘이 되는가? 이러한 패턴은 우리 문화에서 젠더에 관해 무엇을 드러내는가?

grand-theft-auto-v-review/1900-6414475/

여성 저널리스트와 블로거들은 온라인에서 개인을 향한 폭력적인 괴롭힘을 [남성들과 비교했을 때] 불균형하게 경험한다. 특히 가부장적이거나 사회적으로 부당한 표현, 사건, 경험에 대해 어떤 식으로든 비판을 표현하는 여성들은 온라인 트롤들trolls*의 공격 표적이 된다. 트롤링trolling은 독특한 역사가 있고 인터넷에서 다양한 하위문화를 형성해 왔지만, 온라인 트롤들은 전술상의 이유로 익명성에 의존하기 때문에 공동체 의식이 덜 개인적이고 좀 더 일시적인 성격을 띤다. 트롤링이라는 하위문화는 밈으로 설정하거나 공격하는 대상 인물로부터 자신이 감정적으로 분리되어 있다는 전제에 기초한다. 예를 들어, 트롤들은 어린 소녀의 강간이나 살해처럼 미디어에서 대대적으로 다룬 사건들을 노골적이고 폭력적인 성적 밈으로 바꾸고, 피해자의 페이스북 페이지에 댓글을 달고 피해자의 가족을 괴롭히는 것 등으로 악명을 떨쳤다. RIP 트롤링RIP Trolling**은 이러한 문화가 발현한 특별한 하나의 사례인데, 왜냐하면 페이스북 트롤들은 고인(대개 어떤 이유로든 언론에 보도된 사망자)의 추모 페이지를 표적으로 삼아 부적절하고 무분별한 댓글로 애도객들을 자극하려 하기 때문이다 (예를 들어, 자살한 한 10대 게이gay의 경우, 죽음의 방법에 대해

---

* 인터넷에서 남들의 화를 부추기기 위해 쓰거나 보낸 메시지, 혹은 이런 메시지를 쓰거나 보내는 사람.—옮긴이.

** 'RIP'는 라틴어 'Requiescant in pace'의 머리글자를 딴 약어다. 고인을 추모하기 위해 사용되는 이 관용구는 '고인은 편히 잠드소서'를 뜻한다. RIP 트롤링이란 인터넷에서 고인을 기리기 위해 만들어 놓은 게시물에 고인과 그 가족을 조롱하는 메시지나 사진 등을 덧붙이는 행위를 의미한다.—옮긴이.

노골적인 농담을 한다). RIP 트롤들은 실제 피해자를 알지 못한 채 페이지에 댓글을 달기 위해 방문하는 조문객들을 표적으로 삼기도 하지만, 때로는 피해자의 가족을 표적으로 삼기도 한다. 트롤들의 목적은 온라인 공간에서 '웃음'을 유발하거나 사람들을 자극하는 것이다. 트롤들은 보통 자신들이 비정치적이라고 공언하며 중립을 주장하지만, 포챈4-chan의 랜덤 게시판 /b/와 같은 인기 있는 트롤링 모임 사이트에 만연한 여성혐오와 인종차별 담론은 정치적, 경제적 세계의 구조적 불평등이 이러한 가상 하위문화에 대한 참여 형태를 결정한다는 것을 드러낸다. 그러나 트롤링 문화가 드러내는 것은 지배적인 미디어 문화로부터의 일탈이라기보다는 모든 주요 미디어가 배출하는 것들에 [이미] 존재하는 행동의 좀 더 극단적인 표명일 것이다. 시청자들을 자극하고 분개하게 만들려는 욕망, '조회수click'를 위해 혹은 이야기에 대해 사람들의 관심을 끌기 위해 타인의 불행을 이용해먹는 보도, 인종차별적이고 성차별적인 행동의 전시 등(필립스Philips, 2015). 그러나 주요 뉴스 매체가 선정적 보도로 금전적 이익을 얻는 반면 트롤들은 오로지 재미만을 추구하며, 트롤링 행위의 공공연한 인종차별과 성차별은 대중 매체에서는 보통 훨씬 덜 노골적이다. 예를 들어, 2010~2011년에 절정에 달했던 RIP 트롤링에 대한 한 연구는 다음과 같이 말한다.

죽은 백인 젊은이들, 특히 살해된 백인 10대 소녀들, 백인 10대의 자살 (백인 10대 게이의 자살은 특별한 관심의 대상이 된다),

유괴되고/유괴되거나 살해된 백인 어린이에 관한 뉴스에 RIP 트롤들이 몰려들었던 불균형한 빈도는 주류 매체가 이 집단 구성원들에 관한 이야기들을 보도할 때 보여 준 것과 동일한 불균형한 빈도를 드러냈다.(필립스, 2015: 85)

이와는 대조적으로, 비백인 범죄 피해자들에 관한 이야기들은 "젊은 백인 피해자들에게 일반적으로 부여되었던 수준의 도덕적 공황을 거의 일으키지 않았고, 따라서 트롤들의 입장에서는 시간이나 노력을 들일 가치가 없는 것이었다"(같은 곳에서 인용). 물론 주류 매체들 또한 트롤들의 기이한 행동으로부터 추가적인 헤드라인들을 얻게 되는데, 이를테면 가족을 잃은 이들이 그 후에 받은 위협을 다루기도 한다.

역사적으로 페미니스트 영화 학자들이 영화에서 인종, 계급, 젠더와 같은 범주들의 표현과 이러한 범주가 출현하는 문화적 환경 사이의 관계에 관심을 가져왔듯이, 페미니스트 뉴미디어 학자들은 트롤링과 같은 행동이 더 큰 문화적 담론들을 어떻게 반영하고 지지하는지 검토할 것을 요청한다. 나아가 디지털 공간에서 나타나는 불평등에 대해 조사할 것을 요구하기도 한다. 댓글 창을 통해서든 트롤링을 통해서든 아니면 다른 형태의 온라인 괴롭힘을 통해서든, 가상 세계에서의 익명성을 통해 최악의 인종차별적, 동성애 혐오적, 여성 혐오적 콘텐츠가 만들어지는 현상은 종종 인터넷에서 자연스러운 것으로 이야기된다. 익명의 망토를 둘렀을 때 그러한 행동을 하지 않는 것은 불가능하다는 듯 말이다. 그러나 페미니스트 매체 학자들은 이러한 행위의 상당 부분을 더 큰 문화적 담론의 맥락에서 비판적으로 검토해야 하는 혐오 발언으로 간주한다.*

토론하기

/

1. 온라인 공간에서의 괴롭힘과 관련해 무엇을 할 수 있고 무엇을 해야 하는가?
2. 온라인에서의 행동이 괴롭힘이 되는 순간은 언제라고 생각하는가? 표현의 자유라는 기치 아래 보호해야 하는 것과 보호해서 안 되는 것은 무엇인가?
3. 주류 언론 매체는 트롤링 문화를 보도함으로써 그것을 영속화시키는가?
4. 최근 대중의 관심을 끈 온라인 괴롭힘의 사례로는 무엇이 있는가? 페미니즘의 관점에서 그것을 분석하는 것이 유용한가?

* Lisa Nakamura, "Glitch racism: Networks as actors within vernacular internet theory," http://culturedigitally.org/2013/12/glitch-racism-networksas-actors-within-vernacular-Internet-theory/.

활동

/

여성 비디오게이머들이 받는 여러 종류의 괴롭힘을 기록해 온 웹사이트들이 있다. 다음의 사이트들 중 몇 개를 골라 조사해 보자. 어떤 패턴들이 눈에 띄는가? 동일한 게임 공간에서 남성은 어떤 종류의 괴롭힘을 경험할 수 있다고 생각하는가? 이러한 사례는 표현의 자유를 보장하는 것인가, 아니면 여성 게이머에게 위협적이고 배타적인 환경을 조성하는 것인가? 이런 댓글들을 공론화하는 것의 목적이나 효과는 무엇인가? 이 같은 게임 문화를 바꾸기 위해 무엇을 할 수 있는가?

- www.fatuglyorslutty.com
- www.notinthekitchenanymore.com
- www.bitchsandwich.tumblr.com
- www.gomakemeasandwich.wordpress.com

디지털 문화와 팬 연구

팬덤과 참여 문화는 디지털 문화 이전부터 있어 왔던 오랜 현상으로서 2장에서도 논의한 바 있지만, 오늘날의 팬덤은 압도적으로 뉴미디어 플랫폼을 통해 존재하기 때문에 보다 많은 논의가 필요하다. **프로슈머**는 팬 문화에서 생산자와 소비자가 서로 구분되는 동시에 상호 침투적 관계에 있다는 것을 가리키기 위해 만들어진 용어다. 예를 들어, 팬이 제작한 뮤직비디오가 공식 뮤직비디오보다 음반 판매량을 늘리는 데 더 효과적이라는 보고가 있다(스탠필Stanfill, 2015: 135). 페미니스트 학자들은 괴짜geek 문화의 주류화에 관심을 가져왔으며, 특정 형태의 팬/너드nerd 정체성이 문화적 정당성을 획득할 때 다른 정체성은 어떠한 방식으로 주변화되는지 주목해 왔다. 크리스티나 부세Kristina Busse는 "긍정적인 (백인, 남성, 이성애자에 지적이고 비정치적인) 팬 정체성과 부정적인 (유색인종, 여성, 퀴어에 육체적이고 정치적인) 팬 정체성 간의 새롭고 괴상한 위계가 법적·경제적 격차를 만들어 낸다"라고 지적한다(2015: 114). (예를 들어, 〈스타워즈〉로부터 영감을 받은 팬 영화처럼) 팬 영화제작이 남성 주도적 경향을 띠었던 반면, **팬픽**을 쓰거나 기존의 미디어 콘텐츠로 팬 비디오를 제작하는 **비딩**vidding에 참여하는 팬의 대다수는 여성이었다(코파Coppa, 2009: 107). 편집 기반 예술 형태로서 비딩이 "바느질하는 여성과 재단하는 남성이라는 익숙한 상징을 복잡하게 만든다"(107)는 주장도 있지만, 앞서 살펴본 것처럼 여성들은 역사적으로 이미 영화와 텔레비전 편집에서 중요한 역할을 수행한 바 있다. 비딩을 하는 사람들은 자신이 좋아하는 텍스트를 반복 관람해 세밀하게 보면서 자료를 꼼꼼하게 자르고 재편집하며, 종종 함께 편집된 이미지들의 의미를 형상화하는 새로운 사운드트랙을 추가하기도 한다. 멜 스탠필Mel Stanfill은 다음과 같이 주장한다.

비딩은 순간을 느리게 처리해 강렬함을 강조하고, 숏-리버스 숏shot-reverse shot의 리듬을 모방하거나, 다른 출처의 콘텐츠(이를테면 꽤 유사한 신체가 등장하는 섹스 장면)를 섞어 넣거나, 원래의 대화를 새로운 조합과 맥락 속에서 활용하는 등 원 텍스트에는 존재하지 않는 순간들을 만들어 낸다. 이처럼 비딩은 배치하기positioning를 자신의 주장으로서 활용한다.(2015: 134)

비딩은 기존의 것에서 새로운 어떤 것을 창조해 낸다.

이러한 활동들은 단순히 기념하는 것에 그칠 수도 있겠지만, 때로는 좀 더 심오한, 심지어는 정치적인 반향을 일으킬 수

〔그림 8.8〕림의 〈우리〉에서 슬래시와 도용을 찬양하는 비딩.

도 있다. 예를 들어, 림Lim이 2007년에 비딩한 영상 〈우리Us〉는 팬들의 활동을 도용piracy이라는 관점에서 혁명적인 행위로 묘사한다. 이 영상에서 이미지는 디지털 방식으로 변형되고 덧칠되어 기업 미디어의 콘텐츠를 재가공하는 제작자의 손길을 드러낸다. 여기 보이는 커크Kirk와 스폭Spock*의 이미지처럼 슬래시 픽션slash fiction(즉, 이성애자인 캐릭터들을 게이의 연애관계나 동성애적 시나리오에 위치시키는 소설)의 인기 소재인 캐릭터들을 참조한 이미지가 다수 등장한다. 잭 스패로우Jack Sparrow(〈캐리비안의 해적Pirates of the Caribbean〉 시리즈에서의 조니 뎁)의 이미지로부터 배트맨Batman의 박쥐 신호 대신 하늘로 영사된 저작권 기호에 이르기까지, 〈우리〉에 사용된 많은 이미지는 절도와 도용 개념을 지시한다. 이 영상은 또한 영화 〈브이 포 벤데타V for Vendetta〉(제임스 맥티그James McTeigue, 2005, 미국)를 모사하는데, 마지막 이미지는 원작의 급진적 민주정을 참조한다. 알렉시스 로티안Alexis Lothian은 〈브이 포 벤데타〉를 모사하는 비디오의 마지막 형상에 대해 다음과 같이 말한다.

[그것은] 〈우리〉를 문화적 공유자산에 대한 요구와 법과 소유권을 경멸하는 물질적 공유자산에 대한 주장 사이의 연결 가능성을 제시하는 한 방식으로 읽을 수 있게 해 준다. 이는 무정부주의 정치가 허용하는, 다르게, 위험하게, 그리고 (아마도) 비

* 커크와 스폭은 '스타 트렉'의 두 등장인물인데, 이들을 등장시킨 팬픽이 슬래시 픽션의 시초인 것으로 알려져 있다.—옮긴이.

현실적으로 상상할 수 있는 자유를 전적으로 지지하는 것이다.
(2009: 134)

〈우리〉는 단순히 한 스타를 혹은 인물들 간의 상상적 관계를 기리는 것이 아니라, 비딩의 실천이 제기하는 이용과 소유권을 둘러싼 정치에 주목하게 하는 비딩 실천의 한 사례다. 영화와 텔레비전 드라마를 폭넓게 인용한 이 영상은 또한 미디어와 우리가 맺는 관계가 점점 더 융합하는 형태를 띤다는 것을 떠올리게 한다.

비딩의 실천은 가정에 아날로그 VCR 기술이 도입된 시기로 거슬러 올라간다. 이 기술의 출현은 응시에 대한 페미니즘 영화 이론의 관점에서 생산적으로 읽을 수 있다. 고전 페미니즘 영화 이론이 지배적인 할리우드 영화들에서 여성을 능동적으로 보는 것이 아니라 응시되는 것, 즉 "바라봄의 대상되기to-be-looked-at-ness"를 함축하는 것으로 상정했던 반면, 그와 대조적으로 VCR은 "여성에 대한 응시에 역사적으로 연결되어 왔던 물리적이거나 사회적인 위험 없이 (…) 여성들이 가정 내 안전한 공간에 머무르며 이미지를 볼 수 있게, 다시 말해 진정한 의미에서 바라볼 수 있게 해 주었다"(코파, 2009: 112). 아날로그 비딩의 출현은 따라서 젠더화된 바라봄의 실천에 변화가 생겼음을 의미했다. 물론 여성들이 언제나 관객이기는 했지만, 여성들이 여가 시간에 사생활이 지켜지는 집에서 멈추고, 되감고, 다시 볼 수 있게 해준 기술은 남성의 욕망하는 시선에 특권을 부여해 여성의 몸을 욕망의 대상으로 삼던 문화의 방식을 변화시켰다. 실제로 팬 비디오는 종종 남성 신체와 신체 부위들을 페티시화하며 비디오 제작자들의 성적 욕망이 스며드는 경우가 많다. 스크린에서 여성의 몸이 페티시화되고 파편화되는 것과 반대로, 우리는 여기서 바라봄을 당하는 것이 아니라 스스로 바라보며, 자신의 시선의 대상을 페티시화하기도 하는 여성의 한 전형을 발견한다.

역사적으로 페미니스트들은 지배적인 미디어 표현에 대항하기 위해 DIY 문화를 활용해 왔으며, 〈진zine〉*은 저렴하게 제작되고 쉽게 배포되는 페미니즘 저예산 대항문화 논평의 핵심 장소였다. 이러한 문화 형태는 팬덤과 겹치거나 교차하는 경우가 많으며, 디지털화는 이를 한층 더 뚜렷하게 했다. HBO의 인기 시리즈 〈왕좌의 게임Game of Thrones〉은 이러한 중첩과 더불어 미디어 융합이 뉴미디어를 통한 참여 현실을 반영하는 방식을 보여 주는 한 사례다. 이 드라마는 열성적인 팬층을 확보하고 있으며, 그중 상당수가 페미니스트로서의 정체성을 가진다(일설에 의하면 원작 소설의 저자인 조지 마틴George R.R. Martin 역시 페미니스트로서의 정체성을 가진다). 이들 중 많은 이가 시리즈에 등장하는 특정 인물을 바탕으로 팬픽을 쓴다. 이 드라마는 합의되지 않은 성관계 묘사를 비롯해 폭력적이고 성적인 내용이 많은 것으로 유명하지만, 특히 한 에피소드는 팬들 사이에 큰 분노를 불러일으켰다. 그 이유는 복합적이지만, 논쟁은 **쉬핑** 픽션shipping fiction**의 인기 소재였던 제이미 라니스터Jaime Lannister라는 인물

---

* '팬진fanzine'의 줄임말인 진은 특정 주제에 관한 잡지인데, 전문 언론인이 아니라 그 주제에 관심 있는 일반 사람들이 기사를 써서 만드는 잡지다.—옮긴이.

〔그림 8.9〕〈왕좌의 게임〉에서 논란이 되었던 장면 속의 제이미와 서세이.

을 둘러싸고 벌어졌다. 쉬핑 픽션 중 많은 이야기가 라니스터와 타스의 브리엔Brienne of Tarth이라는 여성 기사 사이의 판타지적 관계를 다뤘다. 라니스터의 캐릭터는 극이 전개되어감에 따라 더 나은 방향으로 성장하는데, 특히 여성에 대한 태도가 그러했으며 팬들은 이에 긍정적인 반응을 보였다. 이런 맥락에서 라니스터가 자신의 오랜 (비밀) 파트너/누이인 서세이 라니스터Cersei Lannister를 강간하는 장면은 팬들의 분노를 촉발했다. 그들은 이 에피소드를 **강간 문화**의 반영으로 간주했다(페러데이Ferreday, 2015). 강간 문화는 다음과 같이 이해해야 할 필요가 있다.

** 'shipping'은 'relationship'에서 파생된 단어로 쉬핑 픽션은 실제 사람들이든 허구의 인물들이든 둘 혹은 그 이상의 사람들이 로맨틱한 관계에 놓이기를 바라는 팬들의 욕망을 드러낸다.—옮긴이.

강간은 하나의 문화로서 이해되어야 한다. 다시 말해 강간은 소수의 폭력적 개인이 저지르는 개별적 범죄행위에 국한되는 것이 아니며, 이는 가부장적이고 이성애주의적인 문화의 중심에 있는 젠더, 인종, 계급적 사회관계의 산물인 복잡한 사회현상으로서 이해되어야 한다.(22)

이어진 온라인 토론, 감독 및 배우와의 인터뷰, 기타 언론 보도에서 이 드라마를 옹호하는 사람들은 〈왕좌의 게임〉이 현실과 무관한 '공상' 세계라고 주장했다. 그것은 '우리의 세계'가 아니라 생각으로 만들어 낸 세계이며, 강간 문화와는 아무런 관계가 없다는 것이다. 가상과 현실 분리를 옹호하는 이러한 주장은 이 장 전체에서 줄곧 문제시한 것, 즉 (게시판이든 비디오게임이든) 가상공간이 정치나 현실 세계와 무관하다는 생각을 반영한다. 이러한 공간에서 정체성 문제나 사회적 불평등에 대한 언급은 즐겁고 무해한 유희 또는 오락의 공간에 대한 침입으로 간주된다. 그러나 이러한 담론은 특정 참가자에게 중요하고 큰 영향을 미치는 쟁점들을 부정하면서 지배적인 관점을 암묵적으로 특권화한다. 이러한 쟁점들은 디지털 문화에 만연해 있으며, 페미니즘의 중요한 관심 영역에 속한다. 가상과 현실의 분리를 둘러싼 이러한 논쟁들은 비디오게임에 대해 논의할 때 다시 전면에 등장하게 될 것이다.

〈왕좌의 게임〉 사건에서 주목할 만한 점은 문제의 장면이 '실제로' 강간을 묘사한 것은 아니라고 옹호하는 경우가 많았다는 것이다. 많은 이가 두 인물은 연인이었고, 결국 여성이 굴복하거나 동의했다는 식으로 그 장면을 변호했다. '판타지'의 세계에서 묘사된 것을 이렇게 변호하는 것은 실제로 강간 문화의 일부로 확인된 지배적 신화들을 영속화한다. "관계에서 성관계는 한 파트너가 요구하는 것으로 간주되며, 다른 파트너는 이에 '굴복'하고 '동의'할 수 있다. 남성의 욕망은 압도적이고 통제할 수 없는 것으로 묘사된다. 동의는 굴복으로 이루어진다"(페러데이, 2015: 32). 이러한 정서는 시청자 댓글에서 표현되었다. 그들은 '합의한 것이 된' 자신의 섹스 경험을 이 장면을 '실제로는 강간이 아닌' 것으로 읽는 일의 타당성을 입증하는 증거로 내세웠다. 논의를 더욱 흥미로운 것으로 만드는 것은 〈왕좌의 게임〉에서 묘사한 강간 중에 마을을 습격하는 낯선 사람에게 여성들이 공격당하는 것과 같은 좀 더 극단적인 (즉, 덜 흔한) 사례도 있었다는 점이다. 이러한 이전의 강간 사례들은 이 특정한 강간 묘사와 같은 방식으로 팬들 사이에서 논란이 되지 않았다. 물론, 제이미/서세이에 대한 묘사는 실제 여성들이 경험하는 대다수의 성폭력처럼 강간범이 사실 잘 알고 지낸, 신뢰하는 인물이라는 점을 잘 반영한다. 이처럼 이러한 대화들은 뉴미디어를 통한 팬들의 토론이 강간 문화와 같은 주요 쟁점들에 관한 논쟁을 열어젖힐 수 있는 잠재력을 갖게 되는 과정을 드러낸다. 팬들의 토론은 미디어에서 점점 더 가시화되어 텔레비전 프로그램(및 영화와 비디오게임) '텍스트'의 중요한 부분이 되고 있다.

앞서 언급했듯, 제이미 라니스터와 타스의 브리엔느는 팬픽의 인기 주제였다.

팬픽 아카이브archive는 여성의 욕망을 표현할 수 있게 해주는 공간을 만들어 내고, 여성들이 원작에서 채택된 좀 더 규범적인 젠더 역할들을 전복시킬 수 있는 방식으로 지배적 서사를 다시 쓸 수 있게 한다. 스토리들 각각의 아카이브는 기본 플롯, 세계관, 캐릭터에 대한 다양한 변형을 담고 있으며, 종종 퀴어적 표현을 포함하도록 지배적 텍스트를 다시 쓰기도 한다(예를 들어, 원작 영화나 텔레비전 시리즈에는 존재하지 않는 레즈비언 사랑 이야기를 만들어 내는 것). 팬픽 스토리들은 원작 텍스트에 만족하지 못하는 독자들에게 더 많은 선택지를 제공하기 위해 원작의 젠더 권력 역학 관계를 종종 변화시킨다. 한 학자가 주장하듯이,

여성들은 팬 픽션이 가치 있고 감동적인 것이라고 생각할 수 있다. 왜냐하면 팬 픽션은 동일한 캐릭터 페어링pairing의 서로 다른 다양한 유형들을 제공하기 때문이다. 이는 여성 독자가 다양한 재작업을 통해 하나의 관계에 상상적으로 반복 참여하고, 젠더와 섹슈얼리티에 대한 지배적 서사를 강화하거나, 개선하거나, 변형하는 렌즈들을 통해 그 관계를 경험할 수 있는 기회를 부여한다.(드 코스닉De Kosnik, 2015: 122)

사실 많은 아카이브는 특정한 경험을 찾는 독자들에게 경고하는 동시에 초대하기 위한 설명문들을 개발했다. 예를 들어, 합의되지 않은 성관계를 담는 이야기를 읽는 데 관심이 있는 독자들을 위해 이야기에 비합의적 성관계가 있음을 표시하면, 이는 그것이 도화선이 될 수 있는 다른 독자들에게 경고하는 역할 또한 할 수 있는 것이다. 작가는 또한 경고문을 넣지 않는 옵션

을 선택할 수도 있다. 어떤 논쟁적인 콘텐츠를 맞닥뜨리게 될지 미리 알고자 한다면, 독자는 이런 유형의 이야기들을 피할 수 있다. 반대로, 이러한 꼬리표를 선호하는 일부 독자들은 콘텐츠 경고가 텍스트를 보며 놀라는 즐거움을 경감시킨다고 생각한다(이러한 독자들에게는 그것들이 일종의 '스포일러'로서 기능한다). 이런 맥락에서 **사전 경고**trigger warning는 특정 주제를 피하고자 하는 사용자뿐만 아니라 성적인, 그리고/혹은 폭력적인 금기에 접근하고자 하는 사용자에게도 내용에 관해 신호를 보내는 방법이다(로티안Lothian, 2016). 이러한 아카이브들은 또한 집단적 스토리텔링과 공동체 형성의 공간이기도 하다. 지금까지 상업적으로 가장 성공한 팬픽 작품은 『그레이의 50가지 그림자Fifty Shades of Grey』다. 이는 원래 『트와일라잇Twilight』의 팬픽이 원작이었으나, 이후 청소년 시리즈적인 세부사항들은 모두 제거되었다. 이러한 방식으로 이 작품은 〈트와일라잇〉 아카이브로부터 제거되었으며, 따라서 공유된 주제에 대한 하나의 (사실 상대적으로 주류에 속하는) 반복이라는 집단적 형태의 스토리텔링 속에서 그것의 뿌리로부터 제거되었다(드 코스닉, 2009).

팬덤을 연구하는 페미니스트 학자들은 팬들의 헌신적인 활동을 근간으로 삼기 때문에 러브버lovebor라는 용어로 불리기도 하는 팬 노동fan labor 문제에 대해, 그리고 팬 노동이 언제 어떻게 상품화되는지에 관심을 기울여 왔다. 이는 참여에 관한 이전 논의와 다시 연결되는데, 여성이 우세한 영역들과 달리 남성이 지배하는 팬 생산 분야는 수익을 창출할 잠재력을 지니기 때문이다. 또한 팬 창작의 역설들 중 하나는 기업이 자신의 자료를 이용하는 팬들에 대해 저작권 침해를 주장할 수 있는 반면 기업 대부분이 자신의 이익을 위해 팬들의 노동을 기꺼이 전유한다는 것이다(스탠필, 2015: 135). 예를 들어, 인기 시리즈 '반딧불이Firefly'의 캐릭터 제인을 기초로 해 팬들이 디자인한 모자를 생각해 보자. 제인은 시리즈의 한 에피소드에서 엄마로부터 이 수공예품을 받는다.* 팬들은 제인 콥Jayne Cobb의 모자의 복제품을 만들어 친구들과 교환했고, 나아가 엣시Etsy와 같은 플랫폼에서 팔기도 했다. 20세기 폭스사20th Century Fox가 그들에게 정지명령cease and desist order을 언급하고 등록상표가 달린 모자에 사용허가를 내주기 전까지는 말이다. 이것은 소비자들이 얼마나 생산적일 수 있는지와 상관없이, 생산자와 소비자 사이의 구조적 비대칭성이라는 쟁점을 제기한다.

　스탠필은 다음과 같이 주장한다.

　변형시켜 재사용하는 것을 합법적인 것으로서, 그리고 노동으로서 인정하는 것은 원본과 사본의 구분이 아니라 권력을 가진 자와 그렇지 못한 자의 구분에 의존하는 것이다. 팬들의 변형 작업물들에 대해 철회를 요구하는 바로 그 기업이 해당 작업물들을 상품화해 팬들의 노동을 전유하려 하며, 결코 예술가로 인정받지 못하는 다른 예술가들을 전유함으로써 이익을 얻기도 한다.(137)

---

　*　Ellie Hall, "'Firefly' hat triggers corporate crackdown," www.buzzfeed.com/ellievhall/firefly-hat-triggers-corporate-crackdown?utm_term=.wdkLqpdwB#.tbEPE3vVJ.

[그림 8.10] 엄마가 만들어 준 모자를 쓰고 있는 제인.

미디어 대기업은 사실상 팬 활동을 통한 홍보와 팬 소비로 인한 판매에 의존하지만, 이러한 노동을 일방적으로 착취하거나 전유하는 경우가 많다.

팬 노동의 전유와 상품화는 **한국의 팬픽** 문화에도 만연해 있다. 한국에서 팬픽은 일반적으로 두 명의 남성 케이팝K-pop 스타들을 동성애적인 에로틱한 관계에 두는 글쓰기를 의미한다. 이이야기의 저자는 대개 10대나 20대 이성애자 여성들이다(성적인 내용이라는 측면에서 한국의 팬픽은 서구의 슬래시 픽션 전통에 속한다). 팬픽은 대중음악계에서 시작되었지만, 팬픽의 주인공이었던 스타들이 한국의 텔레비전 드라마와 영화에 출연하면서 그 영역이 넓어지기도 했다. 이는 부분적으로 음악을 다운로드하는 것이 널리 퍼지는 상황에서, 엔터테인먼트 대기업들이 연기, 광고, 콘서트 및 기타 연계 상품을 통해 음악 아티스트들로부터 돈을 벌어들일 수 있는 다른 방법을 찾아야 했기 때문이다(권, 2015: 101). 여성 팬덤은 엔터테인먼트 회사들에게 콘텐츠와 무료 시장 조사의 훌륭한 원천이 되었다. 일례로 SM 엔터테인먼트는 2006년에 팬픽 공모전을 개최하기도 했다. 이 회사는 모든 출품작에 대한 권리를 소유하고 우승한 참가작을 텔레비전 프로그램으로 개발할 예정이었다. 그러나 출품된 이야기의 내용이 이성애적이어야 했기 때문에, 따라서 많은 작가가 단순하게 작중에서 좀 더 여성적인 역할을 하는 남성 캐릭터를 여성 캐릭터로 바꾸었다(이 이야기들에서는 보통 한 명의 캐릭터가 좀 더 여성적인 성격을 부여받았다)(권, 2015). 권정민이 지적하듯이, "SM 엔터테인먼트는 큰 노력 없이 엄청난 양의 팬 노동을 합법적으로 소유할 수 있었다. SM 엔터테인먼트에 팬픽을 출품함으로써 작가들은 자신의 작품을 자체적으로 출판하거나 다른 출판사와 계약을 맺을 기회를 박탈당했다"(104). 그러나 이는 계속되는 순환이다. 팬들이 전유된 주류 콘텐츠를 '퀴어화'하거나 혹은 다른 방식으로 고치면, 미디어 회사가 이를 재전유한다. 이것은 다시 팬들에 의해 재작업된다. 불행하게도, 앞서 지적한 것처럼 젊은 여성들의 창조적 노동으로 재정적 이익을 얻는 것은 대기업들이다.

한국의 팬픽은 케이팝 아티스트들에게도 영향을 미쳐 그룹의 멤버들이 팬픽 작가들의 욕망과 상상력을 자극하기 위해 서로 다정하게 행동하기도 한다. 한 남성 팝스타는 두 차례에 걸쳐 다른 남성과 키스까지 했는데, 그는 이후 자신이 이성애자임을 주장하며 팬층을 만족시키려는 욕망의 관점에서 그의 행동을 변호했다. 이처럼 소비자의 욕망이 스타들 자신의 행동을 추동하는 것이다. 권이 주장하듯이(2016), 미디어 기업들이 젊은 여성 팬들의 소비력과 창조력을 실감한 것은 영화를 통해서였다. 특히 사극영화 〈왕의 남자〉(이준익, 2005, 한국)의 개봉이 분수령이 되었다. 흥행에서 엄청난 성공을 거둔 이 영화는 세 남자 사이의 삼각관계를 다루었는데, 그중 한 명은 극도로 여성화된 젠더 정체성을 수행했다. 이 영화의 인기는 아이러니하게도 가장 열렬한 소비자/논평자인 젊은 이성애 여성들을 겨냥한 게이 남성 미디어물의 제작을 증가시키는 결과를 가져왔다. 이 여성들은 가부장적인 남녀 관계를 거부하고 글쓰기에서 보다 부드러운 남성성과 중성적인 젠더 표현을 선호하는 등 주류 문화를 퀴어화함으로써 지배적인 각본들을 전복시키고, 또한 자신의 욕망과 섹슈얼리티를 부인하는 문화 영역에서 그것을 적극 주장한다. 그러나 미디어가 성소수자의 하위문화를 수용한 결과 LGBTQ의 가시성이 실제로 증가했음에도 불구하고, 실제 LGBTQ에 의한 LGBTQ 콘텐츠는 현재의 문화지형에서 여전히 억제된 채로 남아 있다.

한국의 미디어 지형을 보다 자세히 들여다보면 서구가 갖던 기준점으로서의 지위가 탈중심화되고 있음을 알 수 있다. 서구에서 문화의 흐름에 대해 이야기할 때, 우리는 거의 항상 비서구권에서 서구의 영화, 음악 등의 대중문화가 누리는 인기를 언급하거나, (주요 할리우드 감독들에게 영향을 미친 홍콩 액션영화들에 대한 집착과 같은) 비서구적 형식에 대한 서구의 관심을 언급

한다. 1990년대 이후 한국 대중문화가 국제적으로 큰 성공을 거
둔 것은 흔히 코리언 웨이브Korean Wave 혹은 **한류**라고 지칭된다.
한류는 일본에서 싱가포르, 그리고 중국 본토에 이르기까지 동
아시아와 남아시아에서 큰 영향력을 발휘한다. **아시아 내에서의**
통문화적 소비inter-Asian transcultural consumption는 주로 여성 팬층이
주도하며, 실제로 한국에 여행을 가는 것부터 한국어 공부, 한국
요리 공부와 한국 의류 및 미용 제품 구입에 이르기까지 다양한
형태의 관광을 촉진해 왔다(유에이Yue, 2013: 121). 아시아 내에서
디지털을 통해 가능해진 팬 실천들의 흐름 및 그에 대한 이해에
초점을 맞추는 것은 암묵적 기준점으로서의 서양을 탈중심화하
며, 아래의 사례 연구에서 강조된 것처럼, 민족, 국적, 젠더의 복
잡한 지역적/전 지구적 교차를 조명할 수 있게 해 준다.

사례 연구
배용준/욘사마, 그리고 아시아에서의 팬덤
/
앞서 언급했듯 한류는 아시아 대륙은 물론 그 너머까지 수십
년간 강력한 국제적 영향력을 발휘해 왔다. 빅뱅이나 방탄소
년단 같은 케이팝 밴드들은 국제적으로 엄청난 추종자들을
거느리고, 한국 드라마들은 세계 각국의 언어로 자막이 제공
된다. 동아시아에서 한국 대중문화의 높아진 위상을 보여 주
는 초기 사례로는 일본에서 '욘사마'로 널리 알려진 배우 배용
준의 유명세를 들 수 있다. 욘사마는 "용"이라는 이름자를 일

본에서 왕족이나 귀족을 위해 마련된 호칭(사마)으로 바꿔주는 명칭이다. 배용준은 2003년 일본에서 처음으로 방송된 후 큰 성공을 거둔 드라마 〈겨울연가〉(2002)에서 주연을 맡으면서 세계적인 인기를 얻었다. 이 시리즈가 다룬 사랑 이야기는 많은 사람에게 순수하고도 순결한 것으로 비춰졌다. 배용준이 연기한 강준상이라는 인물은 육체적인 사랑에서 조금 떨어져 있는 온화하고 로맨틱한 남자 주인공을 표현했다. 이 인물은 한국 여성들에게도 큰 호소력을 보여 주었지만, 더욱 놀라운 것은 일본의 중년 여성들에게 깊은 반향을 불러일으켰다는 점이다.

지정학적으로 봤을 때, 이 드라마가 일본에서 성공했다는 것, 그리고 드라마의 스타가 엄청난 섹스 심볼symbol로서의 지위를 갖게 되었다는 것은 역사적으로 중대한 변화를 나타내는 것이었다. 한국의 대중문화는 (역사적으로 그 지역에서 우세를 점하던) 일본의 대중문화에 종속되어 보다 열등하다고 여겨져 왔지만, 〈겨울연가〉는 그 관계를 역전시켰다. 배용준의 팬들은 그의 캐릭터가 기존의 거친 한국적 남성성에 대한 고정관념과 대조적으로 대중적 호소력을 지닌 '부드러운 남성성'의 한 형태를 제공한다고 생각했다(정, 2010). '욘사마 신드롬'이라 불리는 팬 활동의 결과로 일본에서는 한국의 음식, 문화, 관광이 각광받았다. 〈겨울연가〉를 열렬하게 시청하고 포스터나 잡지 등 배용준 관련 홍보물을 구매하는 것부터 드라마 촬영지들을 구경하거나 다른 제작 세트장에서 배용준을 잠깐이라도 보기 위해 한국으로 여행하는 것에 이르기까지, "다이이치第一 생명 연구소에 의하면 이러한 소비 행위는 한국과 일본 간 경제활동이 약 28억 달러 증가한 원동력이었다"(정, 2010: 28). 이는 정Jung이 **통문화적 소비 행위**라고 부르는 것의 그물망을 형성한다. 일본의 욘사마 팬들과 함께 연구를 진행하면서, 정은 여성 대부분이 욘사마가 한국의 남성성에 대한 그들의 인식을 근원적으로 변화시켰다고, 공격적이고 폭력적이며 심지어 "무서운" 것으로부터 "부드럽고 신사적인" 것으로 변화시켰다고 생각한다는 것을 발견했다. 과거의 부정적인 인식들 중 일부는 일제강점기(1910-1945)와 이후 1980년대 한국의 경제 위기 당시 재현된 한국인들의 모습과 연결될 수 있다. 식민 지배 역사로 인해 한국인은 일본인에 비해 덜 문명화된 열등한 이웃으로 묘사되었던 것이다.

일본 중년 팬들이 인터뷰에서 제시한 주제 중 하나는 과거의 일본에 속하지만 동시대 일본에는 더 이상 존재하지 않는 것으로 보이는 가치들, 즉 공손함, 우아함, 겸손함과 같은 가치들을 욘사마가 지닌다는 것이었다. 그런 의미에서 과거 식민지였던 한국이 어떤 면에서는 과거 일본의 일부였던 남성성의 오래된 형태를 구현하는 것으로 비춰진 것이다. 이러한 남성성의 형태는 그 자체로 높이 평가되었지만, 그럼에도 그것은 한국의 문화적 차원을 일본이 이미 넘어선 과거에 두는 기능을 하기도 했다. 보다 심층적인 분석에서는 일본의 한국 강점기(한국 문화는 본질적으로 억압되었고 일본 문화에 대한 동화는 장려되었던 시기)와 강점기 이후 일본의 지역적 문화 우위로부터 생겨난 남성성의 다른 통문화적 차원도 고려한

〔그림 8.11〕, 〔그림 8.12〕 〈겨울연가〉에서 배용준과 최지우, 그리고 〈겨울연가〉에서 배용준.

다. 이런 특수한 맥락들은 '비쇼넨bishonen' 혹은 '미소년'의 남성성이나 유교로부터 생겨난 남성적 이상과 같은 특정 형태의 남성성과 관련된 어휘들의 공유를 촉진했다. 이는 일본인들의 배용준 수용에 영향을 미쳤고 그것을 용이하게 했다. 배용준의 사례는 여성 팬들의 실천과 해외 스타의 젠더 맥락적 수용이 매우 중요한 경제적 국면을 동반하는 주요한 문화적 변화를 초래할 수 있다는 것을 보여 준다. 또한 팬들이 (의식적이든 아니든) 복잡한 지역적·문화적 역사로부터 영향을 받으면서 스타들과 그들의 (젠더화된) 텍스트를 소비한다는 것을 상기시켜 준다.

토론하기

/

1. 통문화적 소비 행위로 간주될 수 있는 행위에 참여하는가? 만약 그렇다면, 그 행위가 당신이 소비하는 미디어의 '문화'에 대한 관념을 변화시켰는지 생각해 보라.

2. 자신의 통문화적 소비 행위를 더 큰 지정학적·역사적 맥락 속에 놓을 수 있는가?

비디오게임

영화와 비디오게임은 서로 다른 미디어 플랫폼이지만 공통점이 많으며, 다수의 비디오게임들은 플레이어들의 관심을 끌기 위해 영화적인 시각적 스토리텔링에 의존한다. 나아가 비디오게임의 시각적 표현은 주류 액션영화에 점점 더 많은 영향을 미친다. 융합의 시대에는 많은 영화가 비디오게임으로 제작되고, 〈툼 레이더Tomb Raider〉와 같은 많은 비디오게임이 영화로 각색되고 있다. 융합은 영화와 비디오게임 사이의 경계를 점점 더 흐리게 만들고 있다. 2017년에는 단편 비디오게임 〈모든 것Everything〉(데이빗 오레일리David Oreilly, 2017)이 비엔나 단편영화제VIS에서 수상함으로써 처음으로 비디오게임이 아카데미 영화제에 출품할 자격을 얻었다.* 2015년작 비디오게임 〈소마Soma〉는 영향력 있는 단편영화 〈내일의 세계World of Tomorrow〉(돈 헤르츠펠트Don Hertzfeldt, 2015, 미국)와 비교되기도 했는데, 이 영화는 본질적으로 게임에 대한 영화적 대응물로 여겨진다.** 또한 2016년 메건 엘리슨Megan Ellison의 안나푸르나 픽처스Annapurna Pictures가 비디오게임 부서를 설립한 것에서 알 수 있듯 독립 영화사들조차 비디오게임 시장의 중요성을 점점 더 인지하는 상황이다.

---

* Matt Girardi, "For the first time ever, a video game has qualified for an Academy Award," https://news.avclub.com/for-the-first-time-ever-avideo-game-has-qualified-for-1798262710.

** David Sims, "World of Tomorrow and the copy-pasted brain," www.theatlantic.com/entertainment/archive/2016/01/world-of-tomorrowand-the-copy-pasted-brain/425016/.

앞서 여성 게이머들이 경험하는 온라인 괴롭힘에 대해 논의했지만, 연구들에 따르면 소녀/여성은 소년/남성과 거의 동일한 비율로 게임을 하는 것으로 나타난다. 그럼에도 게임 디자인과 마케팅 대부분은 남성에 의해, 그리고 남성을 대상으로 이루어진다(젠슨&드 카스텔, 2015: 1). 2013년의 한 추산에 따르면 게임 디자이너의 11%, 프로그래머의 3%만이 여성이라고 한다(젠슨 & 드 카스텔, 2015). 게임과 관련한 많은 담론이 젠더 편견을 반영한다. 캐주얼 플레이어 대 하드코어 플레이어 같은 용어는 비디오게임을 둘러싼 연구와 담론에서 젠더화된 개념으로 쓰이는데, 여기서 (닌텐도 위Nintendo Wii의 게임들로부터 앵그리 버드Angry Birds와 같은 앱에 이르기까지 게임들을 불연속적인 짧은 시간 동안 플레이하는) 캐주얼 플레이어는 흔히 여성이고, (주로 집에서 플레이하는 MMORPG, 즉 엄청나게 많은 이용자가 온라인으로 롤플레잉role-playing하는 게임을 주로 하면서 온라인 게임에 많은 시간을 투자하는) 하드코어 플레이어는 남성이다(젠슨과 드 카스텔, 2015: 1-2). 젠슨과 드 카스텔은 다음과 같이 주장한다. "게이머와 게임 디자이너라고 하면 남성 주체를 떠올리고 (일반적으로 테크놀로지 분야에서는) 남성이 능력과 역량을 갖춘다고 추정하는 경향은 여성과 소녀들을 '역량이 부족하고' '능력이 부족한' '캐주얼'한 게임 플레이어로 확고히 인식되도록 했다"(젠슨&드 카스텔, 2010: 54). 캐주얼한 게임은 여성적인 것이 되며, "시시"하고 "사소"하며 "시간 낭비"라는 등 비하적인 수식어의 딱지가 붙어 여성성을 평가 절하하는 데 이용될 때가 많다. 캐주얼한 게임을 묘사하기 위해 사용되는 언어에 대한 연구에서도 종종 동성애 혐오적인 언어가 사용된다. 반대로 하드코어한 게임은 "진지"
하고 "기술"이 요구되며 시간, 에너지, 금전적 투자를 할 가치가
있는 것으로 묘사된다(반더호프Vanderhoef, 2013). 이러한 젠더화
와 그것이 함축하는 위계는 "헤게모니적 남성성이 인간의 신체
를 해로운 방식으로 배치하고 범주화하는 것을 넘어, 테크놀로
지를 포함한 우리 삶의 다른 모든 국면에 개입하는 방식을 드러
낸다"(같은 글, 페이지 번호 없음(n.p.)). 물론 이는 테크놀로지 자
체를 남성화하고 관련 연구 분야에 여성이 진입하는 것을 지속
적으로 방해하는 등 심대한 결과를 초래한다.

반더호프는 온라인 플랫폼에서 스스로를 '하드코어'라고 밝
힌 플레이어들이 온라인 플랫폼에서 캐주얼한 게임을 논의하는
방식을 연구한 결과, (본질적으로 남성적 가치에 대한 위협으로 간
주되는) 캐주얼한 게임의 인기와 문화적 위상이 높아지면서 하
드코어한 게이머와 게이밍 문화가 위협받는다고 보는 댓글이 두
드러진다는 사실을 발견했다. 그는 다음과 같이 주장한다.

> 게임과 결부된 남성성은 짧은 역사 동안 극단적 폭력, 여성의
> 성적 대상화, 남성들의 동성사회적인 강력한 결속에 반복적으
> 로 의존해 자신들의 권력과 개인적 정당성을 확보해 온 취약한
> 방어적 성격을 띤다. 게임 문화에 여성화된 대중적 비디오게임
> 의 범주를 도입하는 것은 수십 년간 자신의 문화적 지위를 지
> 속적으로 지켜왔던 취약한 남성성을 침식하는 것으로 보일 수
> 있다.

우리는 여기서 비디오게임의 하위문화에 널리 퍼진 담론이 더 광범위한 문화와 근본적으로 단절되기보다 그것과 연속성을 지닌다는 점을 알 수 있다.

게임에 참여할 때 소녀들과 소년들이 서로 다른 것을 좋아하고 원한다는 가정은 본질주의로 이어져 연구, 콘텐츠 디자인, 게임 마케팅 등에 영향을 미친다. 이러한 측면에서 연구들은 '평균적' 남성 게이머를 조사하기보다는 일탈자로서의 여성 게이머들에 초점을 맞추는 경향이 있다(젠슨&드 카스텔, 2010, 55). 메간 콘디스Megan Condis(2015)가 주장하듯이, 게임에 대한 많은 연구는 게임하는 것에 대한 여성과 남성의 접근 방식이 구분되며 그것이 여성과 남성의 신체에 쉽게 결부된다고 가정한다. 마찬가지로 그것들은 여성 신체를 가진 플레이어가 가상의 도플갱어doppelgänger와 완전히 동일시하기 위해서는 특정 스타일로 제작된 (즉, 남성의 시선을 위해 성적으로 대상화되지 않은) 여성 아바타가 등장하는 비디오게임이 필요하다고 가정한다.(200)

물론 비디오게임의 즐거움 중 일부는 플레이어가 일반적으로 자신에게 속하지 않는 정체성을 '시도'해 볼 수 있다는 것일 수 있다. 연구가 초점을 맞출 수 있는 것은 생물학적 성별보다는 젠더이다. 이는 게임 플레이의 여성화된 형태와 남성화된 형태를 살펴보되, 이것들이 플레이어의 생물학적 성별과 일치할 것이라고 가정하지 않는 것이어야 한다(젠슨 & 드 카스텔, 2010). 다음의 논평이 지적하듯 말이다.

현실은 현재 온라인 게임에 참여하는 남성과 여성이 게임을 통해 하고자 하는 것이 너무도 유사하다는 것이다. 따라서 젠더에서 원인을 찾으려는 정형화된 가정들은 의미가 없거나 (…) 시대의 변화로 인해 무의미해졌다.(닉 이Nick Yee, 같은 책에서 인용됨, 56-57)

역사적으로 여성들이 자신들의 관점이나 경험을 특권화하지 않는 영화를 즐겼던 것과 마찬가지로, 여성 게이머들은 젠더화된 규범들에 저항하고 그것들의 젠더적 편견에도 불구하고 게임을 실행할 수 있는 방법을 항상 찾아냈다. 키쇼나 그레이Kishonna Gray(2013)는 유색인종 여성들이 엑스박스 라이브Xbox Live에서 공간을 만들어 내기 위해 단결하는 방법을 연구했다. 그 공간에서 그들은 유사한 정체성 범주를 가진 다른 사람들과 함께 게임을 할 수도 있고, 혹은 게임 실행에서 남성의 지배에 대항하고 저항하기 위해 게임 공간을 활용하기도 한다. 예를 들어, 대학 교육을 받은 흑인 여성 플레이어로 구성된 집단/패거리clan인 '의식 있는 딸들'은 게임 공간에 들어가 아무것도 하지 않으면서, 남성 플레이어에게 젠더, 인종, 게임과 관련된 쟁점에 대해 이야기하거나, 남성 플레이어들이 왜 게임을 시작하지 않느냐고 물을 때까지 기다렸다가 토론의 장을 열었다. 이런 점에서 이들의 전술은 시민권 운동 당시 활용되었던 연좌 농성 같은 시민 불복종의 형태를 띤다. (자기 소개에서 스스로를 '종마', 즉 남성으로 표현하는) 라틴계 레즈비언으로 알려진 또 다른 패거리인 푸에르토 리칸 킬라즈the Puerto Reekan Killaz는 게임 진행을 방해하기 위해 '그리핑griefing*'과 같은 전략을 사용했다. 킬라즈는 게임 공간에 들어가 자신의 팀원을 죽이거나, 플레이어를 게임 경계선에서 살짝 벗어난 곳에 배치해 다른 플레이어들이 그들이 사격하는 것을 볼 수 없도록 하는 등의 전술을 사용해 다른 게임 플레이어를 방해하고 분노하게 했다. 즉, 그들은 온라인에서 흔히 마주치는 인종차별과 성차별에 항의하는 한 방법으로 게임 세계 속 일상적인 활동을 방해할 방법들을 찾았던 것이다. 그레이가 지적하듯이, 마이크로소프트 엑스박스는 온라인에서 젠더나 인종과 같은 쟁점들을 논의할 수 있는 토론장을 만들지 않았고, 플레이어들이 이러한 쟁점들과 관련해 일련의 의견들을 제시하기 시작하면 해당 의견들을 삭제했다. "그리고 그것들을 삭제함으로써 그들은 인종, 젠더, 계급의 경계에 따라 권력 구조를 구체화한다".

활동

/

여성이 직접 디자인했거나 비디오게임에서의 지배적인 젠더 표현에 도전하려 하는 다음의 비디오게임들을 조사해 보라. 〈곤 홈 Gone Home〉(풀브라이트 컴퍼니Fullbright Company, 2013, 스티브 게이너Steve Gaynor 디자인), 〈타코마Tacoma〉(풀브라이트 컴퍼니, 2017, 스티브 게이너 디자인), 〈시블Cibele〉(풀브라이트 컴퍼니, 2015, 니나

---

* 온라인 게임에서의 비매너 행위. 한국 온라인 게임에서 '잡질'이라고 표현했던 것과 유사한 것을 의미한다. — 옮긴이.

프리먼Nina Freeman 디자인).
- 이 게임들은 당신의 기대에 부합하는가? 기대와 다르다면 어떻게 다른가?
- 이 게임들이 좀 더 포용적인 게임 플레이 경험을 제공하는가?
- 이 게임들은 '캐주얼' 게임 혹은 '하드코어' 게임과 같은 범주에 잘 들어맞는가?

물질적 신체에 의해 구속받지 않는 공간으로서의 인터넷이라는 환상과 관련해 앞서 논의한 바와 같이, 게임 공간에서 현실 세계의 정체성과 정치를 부정하는 것이 실제로 의미하는 바는, 게임 게시판과 게임 플레이 내에서의 토론에서 잘 드러나듯이, 기본값으로 설정된 플레이어, 중립적 플레이어가 이성애자 백인 남성으로 가정된다는 것이다. 게이머gaymer*라는 명칭으로 널리 알려진 LGBTQ 게이머들gamers은 성 정체성이 비디오 게임상에서 사실상 재현되지 않음에도 불구하고 게임 관련 공간에서 그들의 섹슈얼리티를 드러내거나 논의하지 말라는 압력을 받을 때가 많다. 이렇듯 이성애자 주체에게 특권을 부여하는 기본값은 **이성애텍스트성**heterotextuality이라고 부르며, 이러한 상황에서는 성적 취향에 대한 명시적 언급이 없는 경우 모든 사용자를 이성애자로 가정한다(콘디스, 2015, 207). '게이'라는 용어가 (게이나 레즈비언에 대한 수많은 비하와 더불어) 게임 문화 전반

---

* 'gay'와 'gamer'의 합성어이다.─옮긴이.

에 걸쳐 경멸적으로 사용된다는 것은 여러 자료로 입증된 바 있다. 이러한 동성애 혐오의 현실로 인해 일부 게임 회사들은 게임 포럼에서 섹슈얼리티에 대한 토론을 금지하는 등 다소 문제적인 조치를 취한다. 예를 들어, MMORPG 〈월드 오브 워크래프트 World of Warcraft〉(제프 캐플런Jeff Kaplan, 롭 파르도Rob Pardo, 톰 칠튼 Tom Chilton 디자인, 2004)를 개발한 블리자드 엔터테인먼트Blizzard Entertainment는 "게임 속에서 GLBT* 친화적 길드"를 만들려고 시도한 플레이어의 계정을 폐쇄했다(쇼, 2009: 250). 회사 측은 동성애 혐오 사용자로부터 괴롭힘을 당할 수 있는 잠재적 근거가 되는 (비지배적) 성 정체성을 표시했다는 이유로, 해당 사용자가 성희롱 가이드라인을 위반했다고 주장했다. 법적, 대중적 반발로 인해 회사는 해당 플레이어의 계정을 복구했지만, 그럼에도 불구하고 여전히 '표시되지 않음'의 상태인 플레이어는 기본값인 이성애자 남성으로 가정된다. 이와 유사하게 바이오웨어BioWare의 게임 〈스타워즈: 구 공화국Star Wars: The Old Republic〉(제임스 올렌James Ohlen, 2011)은 사용자 토론 게시판에서 '게이'나 '레즈비언'과 같은 용어를 금지하는데, 이는 잠재적인 괴롭힘을 차단하고 게시판을 모든 연령대에 적합하게끔 유지하기 위한 것으로 추정된다. 그러나 일부 LGBTQ 사용자들은 퀴어 사용자들이 서로를 알아보기 위해 사용하는 단어가 부적절한 콘텐츠로 분류되어 그들이 관계를 맺고 소속감을 느낄 기회를 차단한다는 이유로 이 정책을 재고해 줄 것을 요청했다. 바이오웨어의 정책을 둘

---

* LGBT의 다른 표현이다.—옮긴이.

러싼 논의는 특정 토론방을 넘어 더 큰 게임 커뮤니티로 확대되었고, 게임 문화에서 섹슈얼리티와 같은 정체성의 표지들이 어떤 역할을 해야 하는가에 대한 열띤 논쟁을 불러일으켰다. 쟁점이 된 것은 물론 '게이머'를 어떻게 정의하고 이해할 수 있는지, 그리고 누가 합법적으로 그 칭호를 주장할 수 있는지였다. 메간 콘디스는 다음과 같이 평가한다.

> [바이오웨어 토론 게시판에서] 참가자들이 종종 정치적이고 이데올로기적인 갈등이 게임으로 흘러 들어가 게임 고유의 매력을 망치는 것을 막고자 하는 선의의 욕망이라고 규정했던 것은 이성애 중심적 권력 구조를 유지하기 위한 것으로 판명되었다. 진정한 게이머와 팬은 이성애자인 것으로 (퀴어라면 게임 포럼에 참가하는 동안에는 숨기는 것으로) 간주되며, 드러난 퀴어 게이머들과 그 지지자들은 방해가 되는 해로운 침입자로 분류된다.(2015: 199)

인종을 고려했을 때도 비슷한 결과가 나타났다. 안드레 브록André Brock은 게임 출시에 앞서 진행된 〈레지던트 이블 5Resident Evil 5〉(캡콤Capcom/우에다 겐이치Ueda Kenichi/안포 야스히로Anpo Yasuhiro, 2009)에 관한 대화들을 연구한 결과, 상당수의 예비 플레이어들이 이 게임의 인종적 배경에 문제가 있다는 사실을 무시했음을 발견했다. 이들은 이 게임을 정치적 비판의 대상이 아닌 단순한 오락이라고 옹호하거나 인종은 중요하지 않다고 (즉, 비디오게임은 인종 문제와 분리되어 있거나 인종과 무관하다고) 주장했다(브룩, 2011). 〈레지던트 이블 5〉에서 주인공은 백인 남성이며, 그의 임무는 아프리카 마을의 모든 주민들을 말살하는 것이다. 이 게임은 백인이 야만의 땅에 들어오는 구세주라는 식민주의적 판타지를 바탕으로 한다. 브룩이 언급하는 바에 따르면, 비디오게임에서 흔히 그렇듯이 〈레지던트 이블 5〉는 영화 장르, 이 경우에는 서바이벌 호러 장르의 수사법에 의존한다. 따라서 적들은 인간 이하 혹은 비인간으로 표현되며, 그들의 언어는 번역되지 않고, "두려움, 긴장감, 공포감을 조성하기 위해 배치되지만 결국에는 보통의 인간에게 정복당할 뿐이다"(432). 여기서 우리는 영화 장르 및 그 관습에 대한 연구가 비디오게임의 분석에 어떻게 적용될 수 있는지 알 수 있다. 식민주의 역사 자체, 그리고 그것이 다양한 신식민주의적 경제 및 문화 형태에서 지속된다는 것을 고려할 때, 생존자/주인공이 백인 남성이고 비인간이 아프리카인이라는 점에서 이러한 수사는 더욱 문제가 된다.

영화 속 흰색에 대한 리처드 다이어Richard Dyer의 연구(1988) 또한 게임이 환기시키는 재현의 역사를 이해하고, 서구 문화에서 표시되지 않는 범주로 여겨져 온 백인이 의미작용 하는 방식을 이해하는 것과 관련이 있다. 브룩은 다음과 같이 쓴다. "다이어는 자아와 정신에 대한, 여성의 신체에 대한, 땅에 대한, 타자에 대한 통제가 백인 정체성의 특징이라고 덧붙인다. 이는 비디오게임이 통제를 게임 경험의 필수불가결한 부분으로서 규정하는 방식을 고려할 때 중요한 지점이다."(2011: 432). 그렇다면 〈레지던트 이블 5〉에서 상황을 통제하고 자신이 나아가는 길에 있는 모든 '타자'를 무차별적으로 살해함으로써 환경을 지배하는 백인 남성의 능력은 게임이 환기시키는 인종화된 의미들에 있어 중심적인 것이다. 이 게임에서는 백인 주인공에게 흑인 여성 조수(쉐바Sheva)가 따라붙는데, 이 의상은 플레이어들이 잠금 해제할 수 있는 특수 의상으로서 그녀를 성적으로, 그리고/혹은 이국적으로 대상화하는 역할을 한다. 셰바는 내러티브에서 상대적으로 중요성이 거의 없기에 그 게임의 인종적·성적 역학 관계를 동요시키는 데 거의 도움이 되지 않는다. "쉐바는 비디오게임에서 포카혼타스Pocahontas에 대응하는 인물이다. 자신의 민족적 유산 때문에 이국땅에 친숙한 것으로 가정되어 백인 탐험가를 '안내'하도록 강요받는 여성"(440). 이와 같은 예들은 우리와 상호작용하는 뉴미디어의 형식들이 유통시키는 의미들을 고려하도록 자극하고, 뉴미디어 형식을 생산하고 퍼뜨리는 더 큰 문화적·정치적·경제적 맥락 속에 그것을 위치시킬 것을 요구한다. 비디오게

〔그림 8.13〕〈레지던트 이블 5〉.

임에서의 재현과 그에 대한 플레이어들의 반응에 관한 연구는, 해당 미디어가 지닌 결정적인 차이점들에도 불구하고, 영화에서 의 재현과 수용을 고찰할 때 사용할 수 있는 틀들과 동떨어져 있 지 않다. 어떤 경우든 페미니즘적 미디어 접근법은 무엇이 왜 재 현되는지, 재현을 하는 이가 누구인지, 그러한 재현이 주어진 문 화적·역사적 순간에 어떻게 수용되고 이해되고 영향을 미치는 지 질문하도록 우리에게 요청한다.

활동

/

인터넷에서 아니타 사키시안의 〈비디오게임에서의 수사들 대 여 성들〉의 에피소드 몇 편을 시청하자. 비디오게임 세계에서 특정 수사들이 지배적이라는 그녀의 결론에 동의하는가? 그녀의 작업 이 그토록 많은 남성 게이머로부터 논란과 공격을 불러일으킨 이 유가 무엇이라고 생각하는가?

토론을 위한 질문들

/

1. '뉴미디어', 특히 새로운 시각 미디어라는 용어를 어떻게 정의 할 수 있는가?

2. 뉴미디어가 영화에서 영향을 받았다고 생각하는가? 만약 그렇

다면, 어떤 방식으로 그러한가?

3. 페미니즘의 관점에서 영화를 분석하는 데 사용되는 틀들 중 뉴미디어를 이해하는 데 도움이 되는 것은 무엇인가?

4. 가상공간은 어떤 방식으로 오프라인 세계의 불평등을 재생산하는가?

5. 뉴미디어는 비주류 집단이 새로운 형태의 활동을 조직하고 참여할 수 있는 도구를 어떻게 제공하는가? 여기서 논의되지 않은 추가적인 최근의 사례가 있는가?

6. 비디오게임 문화에 만연해 있는 여성혐오, 인종차별, 동성애 혐오를 조금이라도 바꾸려면 어떤 변화가 필요한가?

7. 비딩과 같은 팬들의 실천은 어떤 식으로든 전복적인가? 그것들은 수익을 창출하고/하거나 규제를 받아야 하는가? 그것은 팬들이 소재를 빌려오는 기업들을 어떻게 지원하는가?

핵심 용어

/

#아바타 #캐주얼 플레이어 #융합 문화 #디지털 백색 #팬픽 #게이머 #한류 #하드코어 플레이어 #해시태그 행동주의 #이성애텍스트성 #아시아 내에서의 통문화적 소비 #한국의 팬픽 #러브버 #문화의 미디어화 #MMORPG #뉴미디어 #참여 #포스트페미니즘 #프로슈머 #인종 관광 #강간 문화 #쉬핑 #슬래시 픽션 #감시 #기술 유토피아의 시각 #통문화적 소비 행위 #사전 경고 #트롤링 #비딩

참고문헌

1장. 여성 영화 제작자와 페미니스트 저자(성)

Bean, J. M., & Negra, D. (Eds.). (2002). *A feminist reader in early cinema.* Durham: Duke University Press.

Butler, A. (2002). *Women's cinema: The contested screen.* London: Wallflower Press.

Butler, J. (1990). *Gender trouble: Feminism and the subversion of identity.* New York: Routledge.

Callahan, V. (Ed.). (2010). *Reclaiming the archive: Feminism and film history.* Detroit: Wayne State University Press.

Consolati, C. (2013). "Grotesque bodies, fragmented selves: Lina Wertmüller's women in *Love and Anarchy* (1973)." In M. Cantini (Ed.), *Italian women filmmakers and the Gendered Screen.* London: Palgrave McMillan, 33–52.

Dall'Asta, M. (2010). "What it means to be a woman: Theorizing feminist film history beyond the essentialism/constructionism divide." In S. Bull & A. Söderbergh Widding (Eds.), *Not so silent: Women in cinema before sound.* Stockholm: Acta Universitatis Stockhomiensis, 39–47.

De Lauretis, T. (1985). "Aesthetic and feminist theory: Rethinking women's cinema." *New German Critique,* (34), 154–175.

Foster, G. A. (1995). *Women film directors: An international bio-critical dictionary*. London: Greenwood Publishing Group.

Gaines, J. M. (2004). "Film history and the two presents of feminist film theory." *Cinema Journal*, 44(1), 113–119.

_____ (2018). *Pink-slipped: What happened to women in the silent film industries?* Urbana: University of Illinois Press.

Halberstam, J. (2005). *In a queer time and place: Transgender bodies, subcultural lives*. New York: NYU Press.

Horak, L. (2016). *Girls will be boys: Cross-dressed women, lesbians, and American cinema*, 1908–1934. New Brunswick: Rutgers University Press.

Horne, J. (2013). "Alla Nazimova." In J. Gaines, R. Vatsal, & M. Dall'Asta, (Eds.), *Women film pioneers project. Center for digital research and scholarship*. New York: Columbia University Libraries, https://wfpp.cdrs.columbia.edu/pioneer/ccp-alla-nazimova/. Last accessed September 10, 2017.

Johnston. C. (1973) [1999]. "Women's cinema as counter-cinema." In S. Thornham (Ed.), *Feminist film theory*: A reader. New York: NYU Press, 31–40.

Kuhn, A., & Radstone, S. (Eds.). (1990). *The women's companion to international film*. Berkeley: University of California Press.

Lugones, M. (2010). "Toward a decolonial feminism." *Hypatia, 25*(4), 742–759.

Marciniak, K., Imre, A., & O'Healy, A. (Eds.). (2007). *Transnational feminism in film and media*. New York: Palgrave MacMillan.

Marsh, L. (2012). *Brazilian women's filmmaking: From dictatorship to democracy*. Urbana: University of Illinois Press.

McLellan, D. (2000). *The girls: Sappho goes to Hollywood*. New York: LA Weekly Books.

McMahan, A. (2002). *Alice Guy Blaché: Lost visionary of the cinema*. New York: Bloomsbury Publishing.

Mehrotra, S. (2016). "Is 2016 the year of the female directors in Bollywood?" *Film Inquiry*, October 21, 2016, www.fi lminquiry.com/2016-yearfemale-director-bollywood/

Naficy, H. (2001). *An accented cinema: Exilic and diasporic filmmaking*. Princeton: Princeton University Press.

Nelmes, J., & Selbo, J. (Eds.). (2015). *Women screenwriters: An international guide*. London: Palgrave MacMillan.

Olenina, A. (2014). "Aleksandra Khokhlova." In J. Gaines, R. Vatsal, & M. Dall'Asta (Eds.), *Women film pioneers project. Center for Digital Research and Scholarship.* New York: Columbia University Libraries, https://wfpp.cdrs.columbia.edu/pioneer/aleksandra-khokhlova-2/. Last accessed September 10, 2017.

Russo Bullaro, G. (2006). *Man in disorder: The cinema of Lina Wertmüller in the 1970s*. Leicester: Troubadour Publishing Ltd.

Shaw, L., & Dennison, S. (2007). *Brazilian national cinema*. London: Routledge.

Shohat, E., & Stam, R. (1994). *Unthinking Eurocentrism: Multiculturalism and the media.* New York: Routledge.

Slide, A. (1996). *The silent feminists: America's first women directors.* London: Scarecrow Press.

Smyth, J. E. (2017). "Female editors in studio-era Hollywood." In K. Hole, D. Jelača, E. A. Kaplan & P. Petro (Eds.), *The Routledge companion to cinema and gender.* London: Routledge, 279–288.

Stam, R. (2000). *Film theory: An introduction.* Malden, MA: Wiley-Blackwell.

Stamp, S. (2010). "Lois Weber, star maker." In V. Callahan (Ed.), *Reclaiming the archive: Feminism and film history.* Detroit: Wayne State University Press, 131–153.

_____ (2015). *Lois Weber in early Hollywood.* Oakland: University of California Press.

Steinbock. E. (2017). "Towards trans cinema." In K. Hole, D. Jelača, E. A. Kaplan & P. Petro (Eds.), T*he Routledge companion to cinema and gender. London*: Routledge, 395–406.

Thackway, M. (2003). *Africa shoots back: Alternative perspectives in sub-Saharan francophone African film. Bloomington*: Indiana University Press.

Wang, L. (Ed.). (2011). *Chinese women's cinema: Transnational contexts.* New York: Columbia University Press.

Welbon, Y. (2001). *Sisters in Cinema: Case Studies of Three First-Time Achievements Made by African American Women Feature Film Directors in the 1990s.* PhD. Diss. Northwestern University.

White, P. (1999). *Uninvited: Classical Hollywood cinema and lesbian representability*. Bloomington: Indiana University Press.

_____(2015). *Women's cinema, world cinema: Projecting contemporary feminisms*. Durham: Duke University Press.

Williams, T. (2014). *Germaine Dulac: A cinema of sensations. Chicago*: University of Illinois Press.

Wollen, P. (1972). *Signs and meaning in the cinema.* London: Secker & Warburg.

Young, I. M. (1994). "Gender as seriality: Thinking about women as a social collective." *Signs*, 19(3), 713–738.

2장. 관객과 수용

Bergstrom, J., & Doane, M. A. (1989). "The female spectator: Contexts and directions." *Camera Obscura*, 7(2–3), 5–27.

Bobo, J. (1988). "Black women as cultural readers." In D. Pribram (Ed.), *Female spectators*. London: Verso, 90–109.

Busse, K. (2009). In focus: Fandom and feminism: Gender and the politics of fan production: "Introduction." *Cinema Journal*, 48(4), 104–107.

_____ (2015). "Fan labor and feminism: Capitalizing on the fannish labor of love." *Cinema Journal*, 54(3), 110–115.

De Lauretis, T. (1984). *Alice doesn't: Feminism, semiotics, cinema.* Bloomington: Indiana University Press.

_____ (1990). "Eccentric subjects: Feminist theory and historical consciousness." *Feminist studies*, 16(1), 115–150.

Doane, M. A. (1982). "Film and the masquerade: Theorising the female spectator." *Screen, 23*(3–4), 74–88.

Doty, A. (2011). "Queer Hitchcock." In T. Leitch & l. Poague (Eds.), *A companion to Alfred Hitchcock*. Oxford: Wiley-Blackwell, 473–89.

Fanon, F. (1952). *Black skin, white masks*. New York: Grove Press.

Freud, S. (1927). "Fetishism." In J. Strachey (Ed.), *Miscellaneous Papers*, 1888–1938, Vol.5 of *Collected Papers*. London: Hogarth and Institute of Psycho-Analysis, 198–204.

Gaines, J. (1986). "White privilege and looking relations: Race and gender in feminist film theory." *Cultural Critique*, (4), 59–79.

Gledhill, C. (2006). "Pleasurable negotiations." In J. Storey. (Ed.), *Cultural theory and popular culture: A reade*r. Athens: University of Georgia Press, 111–123.

Hall, S. (1980). "Encoding/decoding." In S. Hall, D. Hobson, A. Love & P. Willis (Eds.), *Culture, media, language*. London: Hutchinson, 128–138.

Hansen, M. (1993). "Early cinema, late cinema: Permutations of the public sphere." *Screen, 34*(3), 197–210.

hooks, b. (1992). "The oppositional gaze: Black female spectators." In *Black looks: Race and representation*. Boston: South End Press, 115–131.

Jenkins, H. (2006). *Convergence culture: Where old and new media collide*. New York: NYU Press.

Jones, S. G. (2002). "The sex lives of cult television characters." *Screen, 43*(1),

79–90.

Kaplan, E. A. (1983). *Women & film: Both sides of the camera*. London: Routledge.

Khanna, R. (2003). *Dark continents: Psychoanalysis and colonialism*. Durham: Duke University Press.

Mayne, J. (1993). *Cinema and spectatorship*. London: Routledge.

Metz, C. (1974). *Film language: A semiotics of the cinema*. Chicago: University of Chicago Press.

Modleski, T. (1988). *The women who knew too much: Hitchcock and feminist theory*. London: Routledge.

Mulvey, L. (1975). "Visual pleasure and narrative cinema." *Screen, 16*(3), 6–18.

_____ (1981). "Afterthoughts on 'Visual pleasure and narrative cinema' inspired by King Vidor's Duel in the Sun (1946)." *Framework*, 15–17, 12–15.

Penley, C. (1997). *NASA/Trek: Popular science and sex in America*. London: Verso.

Ponzanesi, S. (2017). "Postcolonial and transnational approaches to film and feminism." In K. Hole, D. Jelača, E. A. Kaplan & P. Petro (Eds.), *The Routledge companion to cinema and gender*. London: Routledge, 25–35.

Radway, J. A. (1984). *Reading the romance: Women, patriarchy, and popular literature*. Chapel Hill: University of North Carolina Press.

Russ, J. (1985). "Pornography by women, for women, with love." In *Magic*

mommas, trembling sisters, puritans and perverts: Feminist essays.
Trumansburg: Crossing Press, 79–99.

Shohat, E., & Stam, R. (1994). *Unthinking Eurocentrism: Multiculturalism and the media.* New York: Routledge.

Stacey, J. (1994). *Star gazing: Hollywood cinema and female spectatorship.* London: Routledge.

Staiger, J. (1992). *Interpreting films: Studies in the historical reception of American cinema.* Princeton: Princeton University Press.

Studlar, G. (1984). "Masochism and the perverse pleasures of the cinema." *Quarterly Review of Film Studies, 9*(4), 267–282.

_____ (1985). "Visual pleasure and the masochistic aesthetic." *Journal of Film and Video,* 37(2), 5–26.

White, P. (1999). *Uninvited: Classical Hollywood cinema and lesbian representability.* Bloomington: Indiana University Press.

3장. 영화와 신체

Barker, J. M. (2009). *The tactile eye: Touch and the cinematic experience.* Los Angeles: University of California Press.

Beugnet, M. (2007) *Cinema and sensation: French film and the art of transgression.* Edinburgh: Edinburgh University Press.

Deleuze G., & Guattari, F. (1984). *A thousand plateaus: Capitalism and schizophrenia.* Minneapolis: Minnesota University Press.

Dolmage, J., & DeGenaro, W. (2005). "'I cannot be like this Frankie':

Disability, social class, and gender in Million Dollar Baby." *Disability Studies Quarterly, 25*(2). Online Access.

Elsaesser, T. (2014). *German cinema – Terror and trauma: Cultural memory since 1945.* New York: Routledge.

Gertz, N., & Khleifi, G. (2008). *Palestinian cinema: Landscape, trauma and memory.* Edinburgh: Edinburgh University Press.

Halberstam, J., & Livingston, I. (Eds.). (1995). *Posthuman bodies.* Bloomington: Indiana University Press.

Hirsch, M. (2008). "The generation of postmemory." *Poetics Today, 29*(1), 103–128.

Hole, K. L. (2016). *Towards a feminist cinematic ethics: Claire Denis, Emmanuel Levinas and Jean-Luc Nancy.* Edinburgh: Edinburgh University Press.

Jelača, D. (2016). *Dislocated screen memory: Narrating trauma in post-Yugoslav cinema.* New York: Palgrave.

_____ (2017). "Film feminism, post-cinema, and the affective turn." In K. L. Hole, D. Jelača, E. A. Kaplan & P. Petro (Eds.), *The Routledge companion to cinema and gender.* London: Routledge, 446–457.

Jelača, D. (2018). "Alien feminisms and cinema's posthuman women." *Signs: Journal of Women in Culture and Society, 43*(2), 371–400.

Kaplan, E. A. (2005). *Trauma culture: The politics of terror and loss in media and literature.* New Brunswick: Rutgers University Press.

_____ (2015). *Climate trauma: Foreseeing the future in dystopian film and fiction.* New Brunswick: Rutgers University Press.

Kennedy, B. (2000). *Deleuze and cinema: The aesthetics of sensation.* Edinburgh: Edinburgh University Press

Longmore, P. K. (1985). "Screening stereotypes: Images of disabled people." *Social Policy, 16*(1), 31–37

Markotíc, N. (2008) "Punching up the story: Disability and film." *Canadian Journal of Film Studies, 17*(1), 2–10.

Marks, L. U. (2000). *The skin of the film: Intercultural cinema and embodiment.* Durham: Duke University Press.

McRuer, R. (2006). *Crip theory: Cultural signs of queerness and disability.* NewYork: New York University Press.

Merleau-Ponty, M. (1962). *The phenomenology of perception.* London and New York: Routledge.

Mitchell, D. T., & S. L. Snyder. (2008). "'How do we get all these disabilities in here?': Disability film festivals as new spaces of collectivity." *Canadian Journal of Film Studies*: 11–29.

Naficy, H. (2001). *An accented cinema: Diasporic and exilic filmmaking.* Princeton: Princeton University Press.

Nikolaidis, A. (2013). "(En)Gendering Disability in Film." *Feminist Media Studies, 13*(4), 759–764.

Norden, M. F. (1994). *The cinema of isolation: A history of physical disability in the movies.* New Brunswick: Rutgers University Press.

Saadi Nikro, N. (2014). "Situating postcolonial trauma studies." *Postcolonial Text, 9*(2), 1–21.

Sobchack, V. (1991). *The address of the eye: A phenomenology of film experience*. Princeton: Princeton University Press.

Walker, J. (2001). "Trauma cinema: False memories and true experience."
Screen, 42(2), 211–216.

_____ (2005). *Trauma cinema: Documenting incest and the Holocaust*.
Berkeley: University of California Press.

White, P. (2015). *Women's cinema, world cinema: Projecting contemporary
feminisms*. Durham: Duke University Press.

Williams, L. (1991). "Film bodies: Gender, genre, excess." *Film Quarterly,
44*(4), 2–13.

Young, I. M. (1980). "Throwing like a girl: A phenomenology of feminine
body comportment, motility, and spatiality." *Human Studies, 3*(2),
136–156.

4장. 스타: 젠더화된 텍스트, 순환하는 이미지

Beltrán, M. (2008). "When Delores del Río became Latina: Latina/o stardom
in Hollywood's transition to sound." In A. N. Valdivia (Ed.), *Latina/o
communication studies today*. Bern: Peter Lang, 27–50.

Carman, E. (2016). *Independent stardom: Freelance women in the
Hollywood studio system*. Austin: University of Texas Press.

Dyer, R. (1980). *Stars*. London: BFI.

_____ (1986). *Heavenly bodies: Film stars and society*. New York: St.
Martin's Press.

Henniker, C. (2013). "Pink rupees or gay icons? Accounting for the camp appropriation of male Bollywood stars." In R. Meeuf & R. Raphael (Eds.), *Transnational stardom: International celebrity in film and popular culture*. Basingstoke: Palgrave Macmillan, 207–226.

Hill Collins, P. (1990). *Black feminist thought: Knowledge, consciousness, and the politics of empowerment*. London: Harper Collins.

Holmes, S., & S. Redmond. (2010). "A journal in celebrity studies." *Celebrity Studies, 1*(1), 1–10.

Mask, M. (2009). *Divas on screen: Black women in American film*. Champaign: University of Illinois Press.

Meeuf, R. (2014). *John Wayne's world: Transnational masculinity in the fifties*. Austin: University of Texas Press.

Mire, A. (2010). "Pigmentation and empire." *The new black magazine*, www. researchgate.net/publication/228644290_Brain_Brow_and_Booty_ Latina_Iconicity_in_US_Popular_Culture

Miyao, D. (2007). *Sessue Hayakawa: Silent cinema and transnational stardom*. Durham: Duke University Press.

Molina Guzmán, I., & Valdivia, A. N. (2004). "Brain, brow, and booty: Latina iconicity in US popular culture." *The Communication Review, 7*, 205–221.

Naremore, J. (1988). *Acting in the cinema*. Berkeley: University of California Press.

Negrón-Muntaner, F. (1997). "Jennifer's butt." *Aztlán, 22*(2), 181–195.

Osuri, G. O. (2008). "Ash-colored whiteness: The transfiguration of Aishwarya Rai." *South Asian Popular Culture, 6*(2), 109–123.

Rodríquez-Estrada, A. (1997). "Dolores del Río and Lupe Vélez: Images on and off the Screen, 1925–1944." In E. Jameson & S. Armitage (Eds.), *Writing the Range: Race, class, and culture in the women's west.* Norman: University of Oklahoma Press, 475–492.

Shaw, L. (2010). "The celebration of Carmen Miranda in New York, 1939–41." *Celebrity Studies, 1*(3), 286–302.

Shingler, M. (2014). "Aishwarya Rai Bachchan: From Miss World to world star." *Transnational Cinemas, 5*(2), 98–110.

Shohat, E., & R. Stam (1994). *Unthinking eurocentrism: Multiculturalism and the media.* London: Routledge.

Valdivia, A. N. (2005). "The location of the Spanish in Latinidad: Examples from contemporary U.S. popular culture." *Letras Femininas, 31*(1), 60–78.

Varia, K. (2013). *Bollywood: Gods, glamour, and gossip.* New York: Wallflower Press.

Wang, Y. (2011). "To write or to act, that is the question: 1920s to 1930s Shanghai Actress-writers and the death of the 'New Woman'." In L. Wang (Ed.), *Chinese Women's Cinema: Transnational Contexts.* New York: Columbia University Press, 235–254.

Yu, S. Q. (2015). *Jet Li: Chinese masculinity and transnational film stardom.* Edinburgh: Edinburgh University Press.

5장. 다큐멘터리: 지역의 현실, (초)국가적 시각

Anderson, M. (1999). "The vagaries of verities: On Shirley Clarke's Portrait of Jason," *Film Comment, 35*(6), 56–59.

Anzaldúa, G. (1987). *Borderlands: La frontera.* San Francisco: Aunt Lute Books.

Butler, J. (1990). *Gender trouble: Feminism and the subversion of identity.* New York: Routledge.

Butt, G. (2007). "'Stop that acting!': Performance and authenticity in Shirley Clarke's Portrait of Jason." In K. Mercer (Ed.), *Pop art and vernacular cultures.* London: Iniva and Boston: MIT Press, 36–55.

Citron, M. (1999). "Fleeing from documentary: Autobiographical film/video and the ethics of responsibility." In D. Waldman & J. Walker (Eds.), *Feminism and documentary.* Minneapolis: University of Minnesota Press, 271–286.

Cunningham, J. (2004). *Hungarian cinema: From coffee house to multiplex.* London: Wallflower Press.

Erens, P. (1988). "Women's documentary filmmaking: The personal is political." *New Challenges for Documentary,* 554–565.

Getino, O., & Solanas, F. (1970). "Toward a Third Cinema." *Tricontinental, 14,* 107–132.

Grewal, I., & Kaplan, C. (Eds.). (1994). *Scattered hegemonies: Postmodernity and feminist practices.* Minneapolis: University of Minnesota Press.

_____ (2003), "Warrior marks: Global womanism's

neocolonial discourse in a multicultural context." In E. Shohat & R. Stam (Eds.), *Multiculturalism, postcoloniality, and transnational media*. New Brunswick: Rutgers University Press, 256–278.

Halberstam, J. (1999). "F2M: The making of female masculinity." In J. Price & M. Shildrick (Eds.), *Feminist theory and the body: A reader*. New York: Routledge, 125–133.

Hill Collins, P. (2000). *Black feminist thought: Knowledge, consciousness, and the politics of empowerment*. London: Routledge.

Jelača, D. (2013). "Between mothers and daughters: Adoption, family, and black female subjectivity in Finding Christa and Off and Running." *Camera Obscura: Feminism, Culture, and Media Studies, 28*(2(83)), 77–107.

Johnston. C. (1973) [1999]. "Women's cinema as counter-cinema." In S. Thornham (Ed.), *Feminist film theory: A reader*. New York: NYU Press, 31–40.

Juhasz, A. (1999). "Bad girls come and go, but a lying girl can never be fenced in." In D. Waldman & J. Walker (Eds.), *Feminism and documentary*. Minneapolis: University of Minnesota Press, 95–115.

Khanna, R. (1998). "The Battle of Algiers and The Nouba of the Women of Mount Chenoua: From third to fourth cinema." *Third Text, 12*(43), 13–32.

Lane, J. (2002). *The autobiographical documentary in America*. Madison: University of Wisconsin Press.

Lesage, J. (1978). "The political aesthetics of the feminist documentary film."

Quarterly Review of Film Studies, 3(4), 507-523.

Mbembe, A. (2003). "Necropolitics." *Public Culture, 15*(1), 11-40.

McGarry, E. (1975). "Documentary, realism and women's cinema." *Women and Film, 2*(7), 50-9.

Minh-ha, T. T. (1991). *When the moon waxes red: Representation, gender and cultural politics.* London: Routledge.

Mohanty, C. T. (1988). "Under western eyes: Feminist scholarship and colonial discourses." *Feminist Review, (30)*, 61-88.

Moraga, C., & Anzaldúa, G. (Eds.). (1981). *This bridge called my back: Writings by radical women of color.* Albany: SUNY Press.

Portuges, C. (2004). "Diary for my children, 1982." In P. Hames (Ed.), *The cinema of central Europe.* London: Wallflower Press, 191-202.

Rabinowitz, P. (1994). *They must be represented: The politics of documentary.* London: Verso.

Shohat, E. (Ed.). (2001). *Talking visions: Multicultural feminism in a transnational age.* Cambridge: MIT Press.

Shohat, E., & Stam, R. (1994). *Unthinking eurocentrism: Multiculturalism and the media.* New York: Routledge.

Waldman, D., & Walker, J. (Eds.). (1999). *Feminism and documentary.* Minneapolis: University of Minnesota Press.

White, P. (2006). "Cinema solidarity: The documentary practice of Kim Longinotto." *Cinema Journal, 46*(1), 120-128.

_____(2015). *Women's cinema, world cinema: Projecting contemporary feminisms.* Durham: Duke University Press.

Williams L., & Rich B. R. (1981). "The right of re-vision: Michelle Citron's Daughter Rite." *Film Quarterly, 35*(1), 17–22.

Zimmerman, P. (1999). "Flaherty's midwives." In D. Waldman & J. Walker (Eds.), *Feminism and documentary*. Minneapolis: University of Minnesota Press, 64–83.

6장. 페미니즘과 실험 영화 및 비디오

Blaetz, R. (Ed.). (2007). *Women's experimental cinema: Critical frameworks.* Durham: Duke University Press.

Cutler J. (2007). "Su Friedrich: Breaking the rules." In R. Blaetz (Ed.), *Women's experimental cinema: Critical frameworks.* Durham: Duke University Press, 312–338.

Lim, B. C. (2001). "Dolls in fragments: Daisies as feminist allegory." *Camera Obscura, 16*(2 (47)), 37–77.

Mulvey, L. (1975). "Visual pleasure and narrative cinema." *Screen, 16*(3), 6–18.

Petrolle, J., & Wexman, V. W. (Eds.). (2005). *Women and experimental filmmaking. Champaign*, IL: Illinois University Press.

Wees, W. (2005). "No more giants." In J. Petrolle & V.W. Wexman (Eds.), *Women and experimental filmmaking. Champaign, IL*: Illinois University Press, 22–43.

7장. 서사영화: 젠더와 장르

Adejunmobi, M. (2015). "Neoliberal rationalities in old and new Nollywood." *African Studies Review, 58*(3), 31–53.

Basinger, J. (1993). *A woman's view: How Hollywood spoke to women, 1930–1960.* New York: Knopf.

Brody, J. D. (1999). "The returns of Cleopatra Jones." *Signs: Journal of Women in Culture and Society, 25*(1), 91–121.

Brown, J. A. (2004). "Gender, sexuality, and toughness: The bad girls of action film and comic books." In S. Inness (Ed.), *Action chicks.* New York: Palgrave Macmillan, 47–74.

Burstyn, V. (1985). *Women against censorship.* Vancouver: Douglas and McIntyre.

Clover, C. J. (1992). *Men, women, and chain saws: Gender in the modern horror film.* Princeton: Princeton University Press.

Comella, L. (2013). "From text to context: Feminist porn and the making of a market." In T. Taormino, C. Penley, C. Shimizu & M. Miller-Young (Eds.), *The feminist porn book: The politics of producing pleasure.* New York: The Feminist Press, 79–96.

Cornea, C. (2007). *Science fiction cinema.* Edinburgh: Edinburgh University Press.

Creed, B. (1993). *The monstrous-feminine: Film, feminism, psychoanalysis.* London: Routledge.

Doane, M. A. (1990). "Technophilia: Technology, representation and the feminine." In M. Jacobus, E. F. Keller & S. Shuttleworth (Eds.), *Body/ politics: Women and the discourses of science*. London: Routledge, 163–177.

Dworkin, A. (1979). *Pornography: Men possessing women*. New York: Plume.

Fischer, L. (1996). *Cinematernity: Film, motherhood, genre*. Princeton: Princeton University Press.

Haskell, M. (1974). *From reverence to rape: The treatment of women in the movies*. New York: Holt, Rinehart and Winston.

Johnson, E., & Culverson, D. (2016). *Female narratives in Nollywood melodramas*. London: Lexington Books.

Kaes, A. (1989). *From Hitler to Heimat: The return of history as film*. Cambridge: Harvard University Press.

Kaplan, E. A. (1992). *Motherhood and representation: The mother in popular culture and melodrama*. New York: Routledge.

Kuhn, A. (1985). *The power of the image: Essays on representation and sexuality*. London: Routledge.

_____ (Ed.). (1990). *Alien zone: Cultural theory and contemporary science fiction cinema*. London: Verso.

MacKinnon, C. A. (1985). "Pornography, civil rights, and speech." *Harv. CR-CLL Rev, 20*, 1.

McRoy, J. (2008), *Nightmare Japan: Contemporary Japanese horror cinema*. Amsterdam: Rodopi.

Miller-Young, M. (2013). "Interventions: The deviant and defiant art of black women porn directors." In T. Taormino, C. Penley, C. Shimizu & M. Miller-Young (Eds.), *The feminist porn book: The politics of producing pleasure*. New York: The Feminist Press, 105–120.

Mishra, V. (2002). *Bollywood cinema: Temples of desire*. London: Routledge.

Modleski, T. (1982). *Loving with a vengeance: Mass-produced fantasies for women*. London: Routledge.

Mulvey, L. (1975). "Visual pleasure and narrative cinema." *Screen, 16*(3), 6–18.

Neale, S. (2000). *Genre and Hollywood*. London: Routledge.

Taormino, T., Penley, C., Shimizu, C. & Miller-Young, M. (Eds.). (2013). *The feminist porn book: The politics of producing pleasure*. New York: The Feminist Press.

Tasker, Y. (1993). *Spectacular bodies: Gender, genre and the action cinema*. London: Routledge.

Teo, S. (2009). *Chinese martial arts cinema: The wuxia tradition*. Edinburgh: Edinburgh University Press.

Thomas, R. (1995). "Melodrama and the negotiation of morality in mainstream Hindi film." In C. A. Breckenridge (Ed.), *Consuming modernity: Public culture in a South Asian world*. Minneapolis: University of Minnesota Press, 157–182.

Williams, L. (1984). "'Something else besides a mother:' Stella Dallas and the maternal melodrama." *Cinema Journal, 24*(1), 2–27.

_____ (1989). *Hard core: Power, pleasure, and the "frenzy of the visible."* Berkeley: University of California Press.

_____ (1991). "Film bodies: Gender, genre, and excess." *Film Quarterly,* *44*(4), 2–13.

8장. 영화에서 뉴미디어로: 페미니즘의 새로운 시각들

Brock, A. (2011). "'When keeping it real goes wrong': Resident Evil 5, racial representation, and gamers." *Games and Culture, 6*(5), 429–452.

Busse, K. (2015). "Fan labor and feminism: Capitalizing on the fannish labor of love." *Cinema Journal, 54*(3), 110–115.

Chong, S. S. J. (2017). "What was Asian American Cinema?" *Cinema Journal, 56*(3), 130–135.

Condis, M. (2015). "No homosexuals in Star Wars? BioWare, 'gamer' identity, and the politics of privilege in a convergence culture." *Convergence, 21*(2), 198–212.

Coppa, F. (2009). "A fannish taxonomy of hotness." *Cinema Journal, 48*(4), 107–113.

De Kosnik, A. (2009). "Should fan fiction be free?" *Cinema Journal, 48*(4), 118–124.

_____ (2015). "Fifty Shades and the archive of women's culture." *Cinema Journal, 54*(3), 116–125.

Dubrofsky, R. E., & Wood, M. M. (2015). "Gender, race, and authenticity: Celebrity women tweeting for the gaze." In R. E. Dubrofsky & S. A. Magnet, (Eds.), *Feminist surveillance studies.* Durham. Duke University Press.

Dyer, R. (1988). "White." *Screen, 29*(4), 44–65.

Ferreday, D. (2015). "Game of Thrones, rape culture and feminist fandom." *Australian Feminist Studies, 30*(38), 21–36.

Florini, S. (2014). "Tweets, tweeps, and signifyin': Communication and cultural performance on 'Black Twitter'." *Television & New Media, 15*(3), 223–237.

Gray, K. (2013). "Collective organizing, individual resistance, or asshole griefers? An ethnographic analysis of women of color in Xbox Live." *Ada: A Journal of Gender, New Media, and Technology*, (2).

Hasinoff, A. A. (2014). "Contradictions of participation: Critical feminist interventions in new media studies." *Communication and Critical/ Cultural Studies, 11*(3), 270–272.

Hobson, J. (2008). "Digital whiteness; primitive blackness." *Feminist Media Studies, 8*(2), 111-126.

Jelača, D. (2018). "Alien feminisms and cinema's posthuman women." *Signs: Journal of Women in Culture and Society, 43*(2), 371–400.

Jenson, J., & de Castell, S. (2010). "Gender, simulation, and gaming: Research review and redirections." *Simulation & Gaming, 41*(1), 51–71.

_____ (2015). "Online games, gender, and feminism in." In R. Mansell & P. H. Ang (Eds.), *The international encyclopedia of digital communication and society*. Hoboken, NJ: John Wiley and Sons, Inc, 1–5.

Jung, S. (2010). *Korean masculinities and transcultural consumption: Yonsama, Rain, Oldboy*. New York: Hong Kong University Press.

Kwon, J. (2015). "Queering stars: Fan play and capital appropriation in the age of digital media." *Journal of Fandom Studies, 3*(1), 95–108.

_____ (2016). "Co-mmodifying the gay body: Globalization, the film industry, and female prosumers in the contemporary Korean mediascape." *International Journal of Communication, 10*, 1563–1580.

Lothian, A. (2009). "Living in a den of thieves: Fan video and digital challenges to ownership." *Cinema Journal, 48*(4), 130–136.

_____ (2016). "Choose not to warn: Warnings and content notes from fan culture to feminist pedagogy." *Feminist Studies, 42*(3), 743–756.

Mann, L. K. (2014). "What can feminism learn from new media?" *Communication and Critical/ Cultural Studies, 11*(3), 293–297.

Morrison, C. (2016). "Creating and regulating identity in online spaces: Girlhood, social networking, and avatars." In C. Mitchell & C. Rentshler (Eds.), *Girlhood and the politics of place*. New York: Berghahn Books, 244–258.

Mulvey, L. (1975). "Visual pleasure and narrative cinema." *Screen, 16*(3), 6–18.

Nakamura, L. (1995). "Race in/for cyberspace: Identity tourism and racial passing on the internet: The resurrection of the corpus in text-based VR." *Works and Days, 13*(1–2), 245–260.

_____ (2002). "'Where do you want to go today': Cybernetic tourism, the internet, and transnationality." In N. Mirzoeff (Ed.), *The visual culture reader*. London and New York: Routledge, 255–263.

Phillips, W. (2015). *This is why we can't have nice things: Mapping the relationship between online trolling and mainstream culture.* Boston: MIT Press.

Portwood-Stacer, L. (2014). "Feminism and participation: A complicated relationship." *Communication and Critical/Cultural Studies, 11*(3), 298–300.

Shaw, A. (2009). "Putting the gay in games: Cultural production and GLBT content in video games." *Games and Culture, 4*(3), 228–253.

_____ (2014) "The internet is full of jerks, because the world is full of jerks: What feminist theory teaches us about the internet." *Communication and Critical/Cultural Studies, 11*(3), 273–277.

Stanfill, M. (2015). "Spinning yarn with borrowed cotton: Lessons for fandom from sampling." *Cinema Journal, 54*(3), 131–137.

Thornham, S. (2007). *Women, feminism and media.* Edinburgh: Edinburgh University Press.

Turkle, S. (1997). *Life on the screen: Identity in the age of the internet.* New York: Simon and Schuster.

Vanderhoef, J. (2013) "Casual threats: The feminization of casual video games." *Ada: A Journal of Gender, New Media, and Technology,* (2).

Yue, A. (2013). "Critical regionalities in inter-Asia and the queer diaspora." In L. McLaughlin & C. Carter (Eds.), *Current perspectives in feminist media studies.* London; New York: Routledge.